21 世纪创新金融教材系列

国 际 金 融

朱海洋　编著

上海交通大学出版社

内 容 提 要

本书为21世纪创新金融教材。全书主线清晰，侧重突出基本理论、基本概念和基本方法，知识点阐述准确完整，分析通俗易懂，知识信息密度高，便于学习者透彻理解和全面系统掌握学科的重要基础知识。

本书由四部分共10章组成。第一部分包括第1～2章，主要介绍构成国际货币收支与国际金融交易基础的对外收支内容，以及影响国际金融稳定的国际清偿力素。第二部分包括第3～5章，主要围绕外汇汇率主线分析汇率理论、汇率风险防范和外汇交易方法与实务，以及各国的汇率制度。第三部分包括第6～8章，着重介绍国际金融市场结构、交易业务和发展动态，介绍国际贸易融资基本业务与实务操作，介绍国际资本形式及其管理，以及国际债务与债务危机管理。第四部分包括第9～10章，主要介绍国际金融领域制度框架与机构组织体系的演变与改革，探讨分析国际货币危机理论及其防范管理。

本书可作为高等院校经济、金融和管理类及相关专业的本科教材，也适宜作为社会各级各类学校相关专业、职业培训的教材和自学参考书。

图书在版编目(CIP)数据

国际金融/朱海洋编著．—上海：上海交通大学出版社，2008(2012 重印)
(21世纪创新金融教材系列)
ISBN 978-7-313-05120-2

Ⅰ．国...　Ⅱ．朱...　Ⅲ．国际金融—高等学校—教材　Ⅳ．F831

中国版本图书馆 CIP 数据核字(2008)第011791号

国际金融
朱海洋　编著
上海交通大学 出版社出版发行
(上海市番禺路951号　邮政编码200030)
电话:64071208　出版人:韩建民
上海交大印务有限公司印刷　全国新华书店经销
开本:787mm×1092mm 1/16　印张:18.5　字数:452千字
2008年2月第1版　2012年3月第3次印刷
印数:6081－8110
ISBN 978-7-313-05120-2/F·753　**定价:35.00元**

前 言

在国际经济金融全球一体化大趋势下，当今国际金融领域正在并继续发生广泛而深刻的时代变革。国际金融市场交易规模急剧扩大，国际资本大规模频繁流动，金融创新层出不穷，金融动荡与风险加剧，金融危机时有发生，国际金融领域新的矛盾和热点问题不断涌现。国际金融在呈现强劲生机活力并取得迄今为止最富成果的重大发展的同时，又成为对世界各国经济金融有着重大影响和最具风险的领域。

自改革开放以来，我国的经济与金融取得了举世公认的历史性发展，正快速全面融入世界经济与国际金融体系。但作为一个新兴市场与体制转轨的发展中大国，我国实现金融现代化与国际化的历史任务艰巨。一方面，在推动国内金融深化与发展的基础上，肩负走出去参与国际金融活动，逐步与国际接轨，利用国际金融资源为我国经济发展和对外经贸交流服务的重任；另一方面，要在深化对外开放和对外融合依存的潮流下，适应纷繁复杂的巨变中的国际金融环境，研究应对国际金融领域出现的新情况和新问题，力争以后发优势实现国家金融安全前提下的金融全面发展。要实现这一目标，一个重要的前提条件是需要源源不断地培养大批具备国际金融知识和实际工作能力的专业人才。

国际金融学是专门研究国际范围金融活动规律的学科，自产生以来取得了全面深入的进步，形成了完整的学科理论体系。作为金融专业涉外金融的专业基础课程，国际金融学对培养学生系统掌握国际金融理论知识，熟悉和运用国际金融方法与实务技能，了解和研究国际金融领域的发展趋势和动态，成为具有全面知识结构和涉外金融工作能力的专门人才意义重大，作用不可或缺。

基于国际金融发展和我国对外金融开放形势下国际金融教学与人才培养的需要，我们编写了适用于高等院校本科经济类、管理类各相关专业，以及各级各类院校同类专业培训与自学参考的《国际金融》教材。本教材的编撰力求贯彻基础性、时代性和实践性的指导原则：

首先，强调学科知识体系的系统性与基础性。教材依据长期专业教学形成的国际金融学科的教学纲要，经对国内外同类教材体系反复比较，优选确定全书的体系结构。全书主线清晰，侧重突出基本理论、基本概念和基本方法，知识点阐述准确完整，分析通俗易懂，语言表述和篇幅精炼简洁，知识信息的密度高，便于学习者透彻理解和全面系统扎实地掌握学科的重要基础知识。

其次，注重学科理论与实践发展的时代性。教材尽力采用最新的较权威的统计数据、文献与资料信息，以充分反映当代国际金融领域发展的新进展和新问题，反映我国国际金融实践的新动态与管理体制的重大变革，反映国际金融学科的最新研究成果。对国际金融领域存在争议的有待深入探讨的重大问题，本书摆出各种不同观点，并启发读者自行思考研判。

第三，坚持理论与实际结合的实践性。着眼于培养具备扎实理论功底和较强实际工作能力的人才，教材秉承理论结合实际的宗旨，对基础理论知识的分析阐述紧贴国际金融实践，涉及重点与难点知识尽可能深入浅出地举例说明，帮助读者从实践角度加深理解。同时，重视对学生应用国际金融方法与掌握实务操作能力的训练，打好从事实际工作能力的基础。

本教材由四部分共10章组成。第一部分包括第1～2章，内容为国际收支和国际储备，主要介绍构成国际货币收支与国际金融交易基础的对外收支内容，以及影响国际金融稳定的国际清偿力因素；第二部分包括第3～5章，内容为外汇汇率、汇率风险和汇率制度，主要围绕外汇汇率主线分析汇率理论、汇率风险防范和外汇交易方法与实务，以及各国的汇率制度；第三部分包括第6～8章，内容为国际金融市场、国际贸易融资和国际资本流动，着重介绍国际金融市场结构、交易业务和发展动态，介绍国际贸易融资基本业务与实务操作，介绍国际资本形式及其管理，以及国际债务与债务危机管理；第四部分包括第9～10章，内容为国际货币体系、国际金融组织和国际货币危机，主要介绍国际金融领域制度框架与机构组织体系的演变与改革，探讨分析国际货币危机理论及其防范管理。

参与本教材编写的均为在高等院校长期从事国际金融教学与研究工作的专业教师。全书由上海交通大学安泰经济与管理学院朱海洋任主编、许源任副主编。具体各章节编写者为朱海洋(第1～5章)、东华大学旭日工商管理学院王千红(第6、第8章)、许源(第7章)、上海电力学院徐信艳(第9～10章)，由朱海洋统纂全书各章内容，由许源文字统稿。

在教材编撰中，编写者查阅和参考了相关教材著作及各种文献资料，在此对作者表示衷心感谢。

由于国际金融体系庞大，涉及面广泛，发展日新月异，新的矛盾和问题层出不穷，加之编写者学识水平所限，书中疏漏与错误，恳请读者与同仁不吝赐教指正。

编　者

2007年12月于上海

目　录

第1章　国际收支 …… 1

1.1　国际收支 …… 1

1.1.1　国际收支概念及其演变 …… 1

1.1.2　国际收支概念的理解 …… 2

1.2　国际收支平衡表 …… 3

1.2.1　国际收支平衡表的内容 …… 3

1.2.2　国际收支平衡表编制原理和方法 …… 6

1.2.3　国际收支平衡表各科目的差额 …… 7

1.3　国际收支失衡 …… 9

1.3.1　两类对外交易与国际收支失衡 …… 9

1.3.2　影响国际收支失衡的基本因素 …… 10

1.3.3　国际收支失衡对本国经济的影响 …… 11

1.4　国际收支失衡的调节 …… 12

1.4.1　国际收支失衡的市场调节 …… 13

1.4.2　平衡国际收支的政策调节 …… 14

1.5　宏观经济的内外均衡调节 …… 15

1.5.1　宏观经济均衡含义 …… 16

1.5.2　宏观经济内外均衡矛盾及其调节 …… 16

1.6　国际收支调节理论 …… 21

1.6.1　国际收支调节的弹性平衡理论 …… 21

1.6.2　国际收支调节的收入分析理论 …… 23

1.6.3　国际收支调节的吸收分析理论 …… 24

1.6.4　国际收支调节的货币分析理论 …… 27

第2章　国际储备管理 …… 33

2.1　国际储备概述 …… 33

2.1.1　国际储备概念与特征 …… 33

2.1.2　国际储备的作用 …… 34

2.1.3　国际储备的构成 …… 35

2.2　国际储备的供给与需求 …… 39

2.2.1　国际储备的供给 …… 39

2.2.2　国际储备的需求 …… 41

2.3　国际储备管理 …… 42

2.3.1 国际储备规模管理…… 42
2.3.2 国际储备结构管理…… 46
2.3.3 我国的国际储备管理…… 50

第3章 外汇与汇率 …… 54

3.1 外汇 …… 54
3.1.1 外汇概念…… 54
3.1.2 外汇的特征…… 55
3.1.3 外汇的种类…… 55

3.2 汇率 …… 57
3.2.1 汇率…… 57
3.2.2 汇率标价方法…… 57
3.2.3 汇率的种类…… 59
3.2.4 汇率变动率与汇率指数…… 63

3.3 汇率折算与进出口报价 …… 65
3.3.1 即期汇率下的汇率折算与进出口报价…… 65
3.3.2 远期汇率下的汇率折算与进出口报价…… 67

3.4 汇率决定与汇率调整 …… 68
3.4.1 金本位货币制度下的汇率决定与汇率调整…… 69
3.4.2 纸币制度下的汇率决定与汇率调整…… 70
3.4.3 影响汇率变化的因素…… 71
3.4.4 汇率变化的经济影响…… 74

3.5 汇率决定理论 …… 76
3.5.1 购买力平价理论…… 76
3.5.2 利率平价理论…… 79
3.5.3 国际收支理论…… 81
3.5.4 资产市场理论…… 83

第4章 外汇风险管理 …… 90

4.1 外汇风险概述…… 90
4.1.1 外汇风险概念…… 90
4.1.2 外汇风险的构成因素…… 91
4.1.3 外汇风险的类型 …… 91

4.2 汇率预测与外汇风险计量…… 93
4.2.1 汇率预测…… 93
4.2.2 外汇风险计量…… 96

4.3 外汇风险管理 …… 100
4.3.1 外汇风险管理的内容与策略 …… 100
4.3.2 外汇风险管理的方法 …… 103

第5章 汇率制度与外汇管制 …… 111

5.1 汇率制度 …… 111
5.1.1 固定汇率制度 …… 111
5.1.2 浮动汇率制 …… 113
5.1.3 固定汇率制与浮动汇率制的比较 …… 116
5.1.4 其他汇率制度 …… 119
5.1.5 影响一国汇率制度选择的因素 …… 122
5.1.6 我国人民币汇率与汇率制度的演变 …… 123
5.2 国际货币一体化 …… 128
5.2.1 国际货币一体化概述 …… 128
5.2.2 最优通货区理论 …… 130
5.2.3 欧洲货币一体化 …… 132
5.3 外汇管制 …… 135
5.3.1 外汇管制概述 …… 136
5.3.2 外汇管制内容 …… 139
5.3.3 我国外汇管理体制演变与改革 …… 143
5.4 货币可自由兑换 …… 146
5.4.1 货币可自由兑换概述 …… 146
5.4.2 货币可自由兑换的认定标准 …… 146
5.4.3 货币可自由兑换的利弊与条件 …… 149

第6章 国际金融市场与国际金融创新 …… 154

6.1 国际金融市场 …… 154
6.1.1 国际金融市场概述 …… 154
6.1.2 国际金融市场类型 …… 156
6.1.3 国际金融市场的形成与发展 …… 157
6.1.4 国际金融市场发展的新趋势 …… 159
6.2 国际金融市场构成 …… 160
6.2.1 国际货币市场 …… 160
6.2.2 国际资本市场 …… 162
6.2.3 国际外汇市场 …… 164
6.2.4 国际黄金市场 …… 171
6.3 新型国际金融市场 …… 172
6.3.1 欧洲货币市场 …… 172
6.3.2 亚洲货币市场 …… 175
6.4 国际金融创新 …… 176
6.4.1 国际金融创新概述 …… 177
6.4.2 金融衍生工具 …… 179

第 7 章 国际贸易融资 …… 186

7.1 国际贸易短期信贷 …… 186
7.1.1 国际贸易短期信贷形式 …… 186
7.1.2 国际贸易保付代理业务 …… 190
7.2 国际贸易中长期出口信贷 …… 194
7.2.1 国际贸易中长期出口信贷及特点 …… 194
7.2.2 出口信贷主要形式 …… 195

第 8 章 国际资本流动与国际债务危机 …… 205

8.1 国际资本流动 …… 205
8.1.1 国际资本流动概述 …… 205
8.1.2 国际资本流动形式 …… 208
8.1.3 国际资本流动控制 …… 212
8.2 国际项目融资与国际租赁 …… 214
8.2.1 国际项目融资 …… 214
8.2.2 国际租赁 …… 217
8.3 国际债务危机 …… 220
8.3.1 外债与债务危机 …… 221
8.3.2 国际债务危机的成因与影响 …… 224
8.3.3 缓解国际债务危机的对策 …… 225
8.4 我国的外债与外债管理 …… 227
8.4.1 我国的外债 …… 228
8.4.2 我国的外债管理 …… 229

第 9 章 国际货币体系与国际金融组织 …… 235

9.1 国际货币体系 …… 235
9.1.1 国际货币体系概述 …… 235
9.1.2 早期国际货币体系 …… 236
9.1.3 布雷顿森林国际货币体系 …… 240
9.1.4 牙买加国际货币体系 …… 245
9.1.5 国际货币体系的改革 …… 247
9.2 国际金融组织 …… 250
9.2.1 国际清算银行 …… 250
9.2.2 国际货币基金组织 …… 252
9.2.3 世界银行集团 …… 255
9.2.4 区域性国际金融组织 …… 261

第 10 章　国际货币危机 …… 265

10.1　国际货币危机 …… 265

10.1.1　国际货币危机概述 …… 265

10.1.2　国际货币危机理论 …… 269

10.2　国际货币危机管理 …… 275

10.2.1　一国内部的反货币危机管理 …… 275

10.2.2　国际反货币危机管理 …… 277

主要参考文献 …… 283

第1章 国际收支

本章学习目标

理解国际收支含义；掌握国际收支平衡表科目内容；把握国际收支平衡关系、国际收支失衡的影响及国际收支失衡的调节；理解国际收支的调节理论。

在当今经济全球化的时代背景下，世界各国经济贸易联系及社会交往日趋紧密，国与国之间不可避免地进行商品、劳务和技术贸易，发生资金、劳务、原材料等要素资源的跨国流动，并对由此产生的债务和单方面转移产生的非债务通过货币跨国收付进行结算清偿。任何开放经济国家的国际收支，是本国与其他经济实体国家或地区跨国经济交易的结果和会计汇总反映，也是探讨国际金融活动的基本出发点。国际收支的平衡状况不仅直接影响本国货币汇率政策与对外经济政策的制定与实施，而且对本国国民经济平衡运行和持续健康发展有着及其重要的影响。

1.1 国际收支

1.1.1 国际收支概念及其演变

国际收支(Balance of payments)是指在一定时期内本国居民(Resident)与非居民(Non-resident)之间各项经济交易的货币价值的系统记录。

上述广义国际收支概念是一国在一定时期内对外经济往来中发生的所有收入和支出的会计汇总核算。如同企业需要对日常生产经营中发生的货币收入和支出进行会计记录和会计核算，并以此为依据对资金收支和生产经营活动进行管理一样，国际收支反映一个国家或地区一定时期内全部国际经济交易和非经济交易的收支，既包括对外贸易、非贸易和资本流动等跨国经济交易引起的债权债务清偿的货币收支，也包括资产单方转移等跨国非经济交易引起的非债权债务清偿的货币收支；既包括以外汇计价和收付的国际经济交易收支，也包括无外汇收付的易物贸易、补偿贸易和无偿物资援助等国际经济交易收支。

国际收支概念的内涵是随世界经济不断发展，国际经贸与金融活动内容与形式的扩展丰富而不断演变形成的。国际收支的概念产生于17世纪初，在工业革命导致工业品产出规模迅速扩大后需要拓展海外国际市场的背景下，世界范围的国际贸易蓬勃兴起引起国际收支结算迅速增加，为便于管理本国的对外贸易经济活动，客观上产生对国际贸易收支的统计和国际收支管理要求。在国际收支概念萌芽时期，其内涵仅仅指"贸易收支"，即仅反映一国在一定时期内对外商品进出口贸易的收支状况，国际收支差额就是进出口贸易差额(Balance of trade)。

20世纪20年代以后，跨国资本输出逐渐成为国际经济交易的重要形式，在国际收支中的地位日益提高。因而，国际收支原有的贸易收支内涵已不能完整涵盖这一时期国际经济交易的全部内容，于是国际收支概念转向更广泛的"外汇收支"内涵(Balance of foreign exchange)，即国际收支是一国在一定时期内的全部外汇收支的总和，不论是贸易或非贸易，还是资本借贷或资金形态的单方面转移，对一国而言，凡有外汇收支的国际经济交易，都属于国际收支范畴，而无外汇收支的对外易货贸易和实物形态的单方转移则不归入国际收支的统计范畴。

第二次世界大战以后，国际经济交易新产生许多对世界经济影响日益增大，又不涉及外汇收支的内容与形式，例如对外易货贸易、补偿贸易、跨国清算支付协定下的记账贸易、政府之间的实物援助、战争实物赔款等，都超出了原有"外汇收支"的范畴。同时，第二次世界大战后建立的国际货币基金组织(International Monetary Fund, IMF)要求各成员国定期报送本国的国际收支表。为使国际收支表统计指标衔接，以保证各成员国之间的横向可比，国际货币基金组织制定了国际收支统计范围及指标的统一标准，并随情况的变化进行了多次调整修改，形成系统涵盖一国一定时期内发生的所有对外收支的广义国际收支概念。目前，世界各国普遍使用广义国际收支概念。

1.1.2 国际收支概念的理解

对国际收支概念，应当从以下几方面全面理解。

首先，国际收支是一个流量概念。从统计学角度说，流量是作为统计对象的变量在规定期限内发生的变动数值。国际收支应反映通常为一年的报告期内发生的各种对外经济交易和非经济交易的货币收支流量，而不是反映报告期截止日时点上对外经济交易和非经济交易的货币收支的盈余额或赤字额等结存存量。

其次，国际收支是反映以对外经济交易为基础的货币收支记录。其中，对外经济交易既包括有货币收付的交易，也包括无货币收付的交易，对不涉及货币收付的交易对象必须折算为相等价值额的货币金额记录进国际收支。

国际收支中的经济交易是指经济价值从一个经济实体向另一经济实体转移，具体包括：

(1) 交换。即指某交易者或经济体向另一交易者或经济体提供一定量的经济价值并从对方获得等额价值回报的行为，交易的经济价值可以是以货物、服务、收入表示的实体资源和金融资产。交换是国际收支中最重要和最普遍的交易现象，例如商品之间、劳务与商品、劳务之间的跨国易货贸易；国际贸易中金融资产与商品、劳务之间的贸易收支；国际金融市场中借贷金融资产或金融产品买卖收付等。

(2) 转移。即指一方交易者或经济体向另一方交易者或经济体提供一定量经济价值，但并未从对方获得任何价值补偿与回报的行为，其实质是资产无偿转移。例如政府援助和私人侨汇等商品、劳务和金融资产的单方赠予转移收支。

(3) 移居。指居民个人将住所从一国或地区迁往另一国或地区的行为。由于移居引起的居民个人的资产债权关系改变必然使移入和移出的两个经济实体的对外资产与负债发生相应变化，因而需要记入当期两国各自的国际收支。

(4) 其他未实际发生但根据推论而存在的交易。某些国际经济交易在一定条件下，尽管实际交易并未发生，也可以根据推论确定交易的存在而记录在国际收支中。例如国外直接投资的收益用于投资国的追加再投资，尽管这一行为并不涉及两国间资金的实际流动收支，但必须记入国际收支资本与金融账户中直接投资项目下的收益再投资，以反映外国投资者投资额的增加。

第三，国际收支是记录一国居民与非居民之间的交易支付。判断经济价值从交易的一方向另一方转移是否属于国际收支的性质，不是依据交易双方分属不同的国籍，而是以交易双方当事者一方为本国居民，另一方为本国的非居民为标准。在国际收支的统计中，居民是指一个国家的经济领土内具有经济利益的经济单位。所谓一国的经济领土，一般包括本国所管辖的领土、领空、水域以及延伸的大陆架。经济领土居住地的不同，即交易者所代表的经济利益体的所在地或交易者从事生产、消费活动的所在地不同，以及在居住地居住时间的差别是划分居民和非居民的标准。国际货币基金组织规定，在一国经济领土内具有一定经济利益的居民，必须在所在国从事经济活动或交易一年或一年以上。按照经济利益中心所在地划分居民与非居民的原则，在所在国从事一年或一年以上经济活动的企业、非盈利性机构和政府机构等法人机构，均属所在国居民。自然人个人不论其国籍，只要其在所在国的经济领土内从事一年或一年以上经济活动或交易，就是所在国的居民，否则，属非居民。因而，一国的居民主要由家庭和组成家庭的个人，以及公司、机构和政府等经济实体与社会团体两大类单位组成。本国居民之间的交易属于国内交易，而只有本国居民与外国居民，即与本国非居民之间的交易属国际交易，归入国际收支的范畴。

1.2　国际收支平衡表

1.2.1　国际收支平衡表的内容

国际收支平衡表(Balance of payments statements)又称国际收支差额表，是系统记录一国在一定时期内全部对外经济交易的收入和支出，并按照经济分析需要设置的账户与科目编制而成的统计报表。编制国际收支平衡表可以为全面分析把握本国的国际收支状况，有针对性地制定科学合理的对外经济政策，有效地实施宏观调控管理服务。

根据国际货币基金组织《国际收支手册》(第五版)中有关国际收支平衡表的项目分类建议，将国际收支平衡表分为以下三类账户：

1. 经常账户(Current account)

经常账户或称经常项目，是记录本国与外国之间商品、服务进出口及净要素支付等实际资源流动的账户，其反映本国与国外大量经常发生的经济交易，也是影响一国国际收支平衡最基础的项目。经常账户具体包括货物、服务、收入和经常转移四个子项目。

(1) 货物(Goods)。记录货物所有权从本国居民向非居民转移的商品进出口价值额，其中进口记入借方，出口记入贷方，两者的差额称为贸易差额(Trade balance)，又称为有形贸易差额(Balance of visible trade)。货物项目是一国经常账户中最基本和收支规模最大的项目。

货物除一般进出口商品外，还包括各种运输工具在本国以外港口采购的货物；非货币性黄金(Nonmonetary gold)即不能作为货币直接对外进行国际支付，仅作为一般货物的黄金；不发生所有权转移的运出国外进行加工和运入国内进行加工的进出口加工货物，以及运出国外修理并向非居民支付修理费和运入国内修理并向非居民收取修理费的进出口修理货物。按照IFM的要求，各国货物进出口均应按离岸价(FOB)计价统计。

(2) 服务(Service)。记录本国居民与非居民之间相互提供服务形成的服务贸易额，又称无形贸易(Invisible trade)，其中服务输出记入贷方，服务输入记入借方。服务项目通常是经常项目中的第二大的子项目。

随着技术进步和产业升级以及第三产业的迅速发展，国际服务贸易的领域迅速扩展。目前，服务子项目下主要记录运输、旅游、通信、建筑、保险、金融、电子计算机和信息服务等各项交易收支；各种知识产权（专利权、版权、商标权等）使用权和特许权使用产生的相关收支；文化和娱乐服务等方面的跨国交易收支等。

（3）收入（Income）。记录劳动力和资本等生产要素跨国流动所获得的报酬收支，具体包括劳务交易产生的职工报酬和资本流动产生的投资收入两类。

职工报酬（Compensation of employees）反映本国与外国雇主相互雇佣居民与非居民工人产生的跨国报酬收支。其中，受雇在国外季节性工作的和工作时间不超过一年的短期工作的本国居民，以及在外国使领馆、国际组织驻本国机构工作的本国居民等获取的薪金报酬与其他报酬，记入职工报酬的贷方；受雇于本国季节性工作的和工作时间不超过一年的短期工作的非居民，以及在本国驻外使领馆工作的非居民获取的薪金报酬和其他报酬，记入职工报酬的借方。

投资收益（Investment income）又称投资收入，反映本国居民与非居民之间相互投资形成的对外金融资产和负债的收入与支出，包括相互之间的直接投资、证券投资和其他投资的收入与支出以及储备资产的收入。最常见的投资收入与支出形式，是股本分红支付的股息和债务到期支付的利息。凡本国居民因对外投资掌握的国外企业资本所有权和国外证券或债权（各类贷款和存款）等金融资产所获的利润、股利和利息，记为本国的投资收益贷方，凡非居民因对本国投资持有的本国企业资本所有权和本国证券或债权（各类贷款和存款）等金融资产所获的利润、股利和利息，记为本国的投资收益借方。需要注意的是，投资收益应和资本损益区分，分别记入不同的账户。投资收益是因资本投资带来的收益，而资本损益则是投资的资本金本身因各种原因产生的损益，投资收益记入经常账户的收入科目，而资本损益应记入金融账户。

（4）经常转移（Current transfers）。又称无偿转移（Unrequited transfers）或单方转移（Unilateral transfers），是记录本国居民与非居民之间无偿提供商品、劳务或金融产品等实际资源及金融资产形成的收支科目，也是无等价支付的实物或金融资产所有权在国际间转移的统计。凡本国资产无偿向国外的转出，记入经常转移项目的借方；国外资产无偿向本国的转入，记入经常转移的贷方。经常转移按照实施转移的主体不同可分为两大类。

第一类是政府等法人居民与非法人居民之间的无偿转移，例如政府之间的经济援助、军事援助、捐赠款或救济物资、外债豁免和战争赔款，政府向国际组织交纳费用或国际组织向各国政府提供的资金与实物等，以及非政府机构之间相互提供的无偿转移。

另一类是自然人居民与自然人非居民之间的无偿转移，包括私人侨汇、养老金等年金、财产继承、退休金、赡养费和私人馈赠等单方转移。

在国际货币基金组织发布的《国际收支手册》（第五版）中，将跨国资产的单方转移区分为经常转移和资本转移，经常转移归入经常账户，反映固定资产和其他资产所有权转移的资本转移则归入资本与金融账户。

2. 资本与金融账户（Capital and financial account）

资本与金融账户是对资产所有权跨国投资或转移的记录项目，反映一国与其他国家之间的资本转移；跨国非生产、非金融资产的收买和出让；本国金融性资产和负债的增减等方面的状况，具体分为资本账户和金融账户。

1）资本账户（Capital account）

资本账户是记录本国与外国之间资产转移和非生产、非金融性资产交易的账户，反映一定时期内本国对外资产与负债的增减变化。同经常账户以贷方总额和借方总额的记录方法不同，资本账户是按收支净额（Net amount），即按借贷差额记入相应科目的贷方和借方。凡是本国债权或资产的净减少，或负债的净增加记入贷方；凡是资产或债权的净增加，或负债的净减少记入借方。资本账户有以下两个子科目：

（1）资本转移（Capital transfers）。即记录不同国家之间居民与非居民资产所有权的跨国转移收支。其中，主要有投资捐赠（Investment grants）引起的固定资产所有权的跨国资产转移，以及与固定资产收买和放弃相关的或以其为条件的资产跨国转移；债务注销（Debt cancellation）引起的债权人不索取任何补偿而放弃的资产。

（2）非生产、非金融性资产的收买和出售（Acquisition/Disposal of non-product, nonfinancial assts）。即记录与生产商品相关但本身并非由生产创造的有形资产，如土地和地下资产的跨国交易；以及无形资产如专利、商标、版权、经销权等权利的跨国收买和出售。需要指出的是，资本账户的资本转移科目下记录的是无形资产所有权跨国买卖转让所引起的国际收支，而经常账户的服务科目下记录的是无形资产自身使用所产生的收支。

2）金融账户（Financial account）

金融账户是记录本国居民与非居民之间投资与借贷交易的收支。与资本账户相同，金融账户也是按净额记入相应科目的贷方和借方。凡是居民对非居民提供信贷和投资形成的债权或资产净额增加记入借方，凡是居民接受非居民提供贷款和投资形成的负债净额增加记入贷方。依据投资类型不同，金融账户细分为四个子科目：

（1）直接投资（Direct investment）。即记录一国居民对非居民的企业以获取持久性权益为目的的投资交易额，其与证券投资相区别的特征是，投资者对另一经济体的企业拥有永久性利益，从而意味着投资者与企业存在长期关系，并能对企业经营管理活动施加有效的影响。直接投资既可以是直接创建企业的原始投资，也可以是购买国外企业10%或10%以上的普通股或投票权，既包括股东原始投资，也包括投资收益的再投资等。

（2）证券投资（Portfolio investment）。即记录本国居民对外购买或出售国外发行的金融产品的投资交易额，具体包括：股本证券，如股票、股权证、参股证、存股证或其他类似的所有权益凭证；债务证券，如外国公债、国库券、公司债券等各类债券，商业和银行票据、可转让大额存单等货币市场产品，以及金融衍生工具产品等。

（3）其他投资（Other investment）。即记录直接投资和证券投资未包括的其他本国居民与非居民的跨国金融交易额，包括贸易信贷和其他贷款、预付款，金融租赁项下的货物和存款等。

（4）储备资产（Reserve assets）。又称官方储备（Official reserves）或国际储备，记录一国货币当局拥有的可随时用于平衡国际收支和干预市场汇率的对外资产变动状况，包括货币性黄金、特别提款权、在国际货币基金组织中的储备头寸、外汇资产和对非居民拥有的其他债权等。当一国国际收支出现差额时，可利用储备资产进行调节。凡经常账户和资本与金融账户出现顺差，储备资产增加，应记入国际收支平衡表中储备资产科目的借方。用“—”号表示；反之，凡经常账户和资本与金融账户出现逆差，储备资产减少，应记入储备资产贷方，用“＋”号表示。

3. 净差错与遗漏账户(Net errors and omissions account)

国际收支平衡表是按照会计的复式记账法编制的,从理论上说,所有账户的借方总额与贷方总额总是相等的。但由于不同账户的统计资料来源多渠道导致统计口径、时间不尽一致造成的重复计算和漏算,加上一些人为因素,如虚报进出口额、走私、资本外逃和洗钱等行为影响统计数据失真,使国际收支平衡表实际上不可避免地会出现借方净余额或贷方净余额。为此,通过在净差错与遗漏账户列出与经常账户和资本与金融账户的余额相等而方向相反的资金额度进行抵消,如其他账户出现贷方余额,即在净差错与遗漏账户的借方列出相等额度抵冲;反之,则在贷方列出相等额度抵冲,最终实现国际收支平衡表的平衡。

1.2.2 国际收支平衡表编制原理和方法

国际收支采用现代国际会计通用的复式记账方法编制。复式记账法的原理是以借、贷为符号,每笔交易都要同时分别记入借方(Debit)和贷方(Credit),借方记录资产增加和负债减少,贷方记录资产减少和负债增加,并按照"有借必有贷,借贷必相等"的平衡原则记账和核算账目。

运用复式记账法记录国际收支,借方表示本国经济体持有实体资源和金融资产的数量增加,贷方表示相反。因而,凡是引起本国从国外获得外汇收入或引起本国外汇供给增加的交易,记入贷方,或称正号项目(Plus items);凡引起本国对国外外汇支付或引起本国外汇需求增加的交易记入借方,或称负号项目(Minus items)

具体而言,每笔交易要分别记入不同账户的贷方和借方。

(1) 本国出口商品记入贷方;本国进口商品记入借方。

例如:A国某公司出口100万欧元(EUR)产品,并相应增加该公司在国外银行存款额。由于出口意味着本国拥有的实体资源的减少,应记入贷方;同时,出口公司收取货款,表明本国持有的外汇资产增加,应记入借方。本例的国际收支应记录为:

贷:商品出口　　　　　　　　100万EUR
　借:本国在国外银行存款　　　　100万EUR

(2) 本国居民向非居民提供服务或从国外取得收入,记入贷方;非居民向本国居民提供服务或从本国取得收入,记入借方。

例如:A国居民前往境外旅游各种费用共开支5万美元(USD),其从国外银行存款账户支付。该居民赴境外旅游是接受非居民提供的旅游服务,属服务进口增加本国拥有的实际资源,应记入借方;同时,其从国外银行的存款账户支付费用,引起本国金融资产减少,应记入贷方。本例的国际收支应记录为:

借:服务进口　　　　　　　　5万USD
　贷:国外银行存款　　　　　　　5万USD

(3) 本国居民接受国外非居民的单方转移,记入贷方;本国居民向国外非居民支付单方转移,记入借方。

例如:B国政府动用外汇储备向A国提供100万USD的紧急无偿灾害援助。B国政府向A国政府提供100万USD援助,属本国居民向非居民单方转移,增加了本国的外汇需求,应记入借方;同时,动用官方外汇储备表明本国拥有的金融资产减少,应记入贷方。本例的国际收支应记为:

借:单方转移　　　　100 万 USD

　贷:官方储备　　　　100 万 USD

(4) 本国居民对外投资形成的债权或资产净额增加,应记入借方;非居民向本国居民投资形成的债务或负债净额增加,应记入贷方。

例如:A 国居民动用其海外银行存款 100 万 USD 购买国外公司的股票。该居民购买国外公司股票属对外证券投资,引起本国金融资产和外汇需求增加,应记入借方;同时,动用国外银行存款支付,应记入贷方。本例的国际收支应记为:

借:证券投资　　　　100 万 USD

　贷:国外银行存款　　　　100 万 USD

(5) 本国居民偿还非居民债务记入借方,非居民偿还居民债务记入贷方。

例如:国外公司向 A 国银行偿还贷款本息 200 万 USD。国外非居民向本国居民偿还债务,应记入贷方;增加本国银行金融资产,应记入借方。本例国际收支应记为:

贷:其他投资　　　　200 万 USD

　借:银行存款　　　　200 万 USD

1.2.3　国际收支平衡表各科目的差额

国际收支平衡表是按照复式记账法事后编制的会计记录,从会计记账角度说,借贷双方的总额应当相等的。但就具体科目而言,借方和贷方经常是不相等的,借贷额相互抵消后仍有差额,形成收大于支的顺差(盈余)和支大于收的逆差(赤字)。分析国际收支平衡表,需要区分不同口径差额的内涵。国际收支平衡表按照账户顺序排列存在以下口径的差额:

1. 贸易收支差额

贸易收支差额是本国一定时期内包括商品和服务贸易在内的进出口收支差额,如出口大于进口出现顺差,表明该国产品具有较强国际竞争力,对外部产品和服务依赖性小,产业结构在国际分工体系占有重要地位;反之,表明该国的产业和产品竞争力弱,对外部产品和服务依赖性大。虽然贸易收支仅仅是国际收支的一个组成部分,但贸易收支差额对各国国际收支具有特殊的重要意义。对多数国家而言,贸易收支规模占一国国际收支总额的比重较高,其差额变动对国际收支平衡有基础性和决定性影响。更重要的是,贸易收支差额反映一国或地区的自主创汇能力,一国国际收支的持续平衡根本上取决于本国的创汇能力,出口创汇能力强,贸易收支顺差时可积极增加进口,平衡的主动性强;反之,出口创汇能力弱,贸易逆差时只能被迫压缩进口,被动平衡甚至无法平衡收支。因此,贸易收支的平衡是整个国际收支最基础和最重要的平衡。

2. 经常账户差额

经常账户差额是本国一定时期内贸易差额加上收益、单方转移科目收支的汇总差额,从理论上说,有形与无形贸易差额可以通过和收益与单方转移差额反向冲抵,实现经常账户平衡,但一般各国的收益与单方转移发生额有限,远不能冲抵作为经常账户收支主体的贸易发生额,所以,事实上贸易差额通常决定一国经常账户的差额。经常账户差额实质反映实体资源在国与国之间的净输出或净输入额,表明一国的境外财富净额的变化。如经常项目有盈余表明该国的实体资源净流出,使本国的境外资产净额增加;反之,有赤字表明该国实体资源净流入,使本国的境外资产净额减少。

经常账户差额是一国基于进出口贸易(包括商品和劳务)实际支配使用实体资源规模的综合反映,逆差表明该国发展需借助外部国际经济体系的实体资源,差额越大依赖度越大,负担也越重;顺差表明该国自身实体资源剩余而向外部国际经济体系输出,差额越大剩余额越多,闲置资源也越多。由于实体资源是财富价值的根本所在,因而,经常账户差额常被用作调控国际收支平衡的基本目标值和考核指标。

3. 资本与金融账户差额

资本与金融账户差额是本国一定时期内对外资本输出入与金融交易收支的汇总差额,反映本国资本输出入与金融产品跨国交易等收支的平衡状态。差额为正值时,表明该国资本与金融资源流入大于流出的净盈余;反之,差额为负值时,该国是资本与金融资源流出大于流入的净赤字。随世界经济的金融化发展,跨国资本流动和金融产品交易日益频繁,一般而言,一国的资本与金融市场的开放程度高,资本与金融账户流量规模就大,平衡难度也大。此外,受客观存在的投资环境、经济发展水平、资本与金融市场的成熟度和监管程度影响,以及国际资本与金融市场固有波动的干扰,各国资本与金融交易收支极难保持绝对平衡,即便是一国顺差或逆差额的波动幅度差异也比较大。由此,资本与金融账户差额成为各国货币当局监管内外资金流动、制定本国货币政策、外汇与汇率政策和平衡内外收支的重要指标。

4. 综合账户差额

综合账户差额又称总差额,是经常账户差额加上资本和金融账户中资本转移、直接投资、证券投资和其他投资收支的汇总差额,也就是经常账户差额加上剔除官方储备后的资本金融账户收支额。综合账户差额在国际收支分析中具有最终平衡的意义。

首先,代表实体资源收支的经常账户与代表价值资源收支的资本和金融账户之间存在相互依存的对应关系,该差额综合反映私人自主性交易融资在国际资本与金融市场上,对冲本国经常账户差额的自动平衡能力。由于经常账户的余额对应着资本与金融账户上数额相等方向相反的余额,这就意味着一国经常账户存在逆差时并非其国际收支最终就是赤字,通过私人资本流入与金融借贷为本国经常账户赤字融资,或者当本国经常账户存在盈余时,通过对外投资、融通资金,可能实现两大账户的平衡。但这个功能从长期平衡看不能过于夸大,解决经常账户赤字的根本途径在于提高本国创汇能力和实施收支基本平衡的调控政策,利用资本与金融账户融通资金为经常账户平衡赤字或盈余只能是有限的、暂时的调节手段。这是因为,国际资本市场有其自身周期规律,其融资规模并非被动地由经常账户决定,无论是吸引外国资本投资或通过金融市场融资都具有不稳定性,一国内部和外部众多影响因素的变动,都可能引起国际资本流动和国际金融市场供求关系的改变,使投资减少甚至资本特别是短期投机性资本撤离,产生筹资困难,从而导致经常账户出现支付危机。并且,向国际金融市场长期巨额地融资还有利息负担和偿还压力,如果本国的创汇规模不能扩大,流入的资金因各种因素干扰使用不当,就极易形成恶性循环,最终引发债务危机。

其次,综合账户差额反映一国货币当局为消除国际收支失衡和稳定汇率而进行的补偿性交易量,反映货币当局干预外汇市场的程度及官方储备资产变化。因为该差额是本国居民与非居民在一定时期中所有商品、服务和金融等自主性交易收支的结果,因一国居民自主性对外交易的收支差额需要动用官方储备,进行补偿性交易来弥补平衡,使得综合差额对官方储备产生相应压力。当一国综合账户发生长期巨额顺差,必然导致本国官方储备的大量超储,引起本国货币投放剧增、储备成本与风险增加;反之,当一国综合账户发生长期巨额逆差,必然导致本国官方储备不足，引发本国对外支付危机。同时，综合账户差额也从侧面反映短期外币与本币汇率的强弱。当一国居民自主性国际交易收大于支顺差时，表明外汇供大于求而疲软，本币供不应求而坚挺；而当综合账户差额收小于支逆差时，表明外汇供不应求而强势，本币供过于求处于弱势。

对不同汇率制度而言，综合账户差额对官方储备的调节压力是不同的。在固定汇率制度下，本国居民自主性交易收支失衡时，即综合差额为顺差或逆差时，必然引起该国外汇供过于求或供不应求而带动汇率波动，为保持汇率不变，迫使本国货币当局动用官方储备吞吐外汇或本币实施反向的刚性干预，从而对货币当局外汇储备规模提出较高的管理要求。在浮动汇率制度下，货币当局仅在有限条件下对市场外汇供求进行有限的汇率干预，本国官方储备管理具有较大的弹性，压力相对较轻。

1.3　国际收支失衡

国际收支失衡是一国在一定时期中各类跨国收入大于支出产生顺差，或是支出大于收入产生逆差的状态。分清国际收支失衡的性质，了解失衡对本国经济发展的影响，把握失衡产生的原因，有助于科学制定国际收支管理对策，有效地实施管理。

1.3.1　两类对外交易与国际收支失衡

按照借方与贷方相互平衡的复式簿记原理编制的国际收支平衡表反映的国际收支总是相等的，但事实上，不同交易动机下的跨国交易影响国际收支平衡有不同的结果。按照不同交易主体的不同交易动机，国际收支可分为两类，其中，自主性交易通常会引发国际收支失衡。

1. 自主性交易(Autonomous transactions)

自主性交易是指经济实体与个人出于自身经营或生活工作需要，独立自主地进行的自发性跨国交易，如进出口贸易、跨境旅游、侨汇等。由于参与跨国交易的经济实体和个人都具有独立的经济利益和自主的经济行为，从事跨国交易的经济动机千差万别，交易又具有随机和自发性，自主性交易的结果是极难平衡的。一般所指的国际收支失衡，实质上就是指自主性交易收支的失衡，如其形成的借贷方金额相等或基本相等，就表明该国的国际收支相等或基本相等；否则，就表明该国的国际收支失衡。由于自主性交易的收支结果一般是不平衡的，为维持本国国际收支的平衡，需要一国的货币当局进行事后的逆向调节，所以，又把在货币当局调节性交易之前发生的自主性交易称为事前交易(Ex-ante transactions)，或线上项目(Super-lying items)交易。

2. 调节性交易(Accommodating transactions)

调节性交易是指一国货币当局为保持当期国际收支平衡，对自主性交易收支差额进行的逆向补偿性交易(Compensatory transactions)，如为弥补国际收支逆差向国际金融组织或外国政府借款，动用官方储备支付等。调节性交易是在自主性交易完成之后进行的交易，又称为事后交易(Ex-post transactions)，或线下项目(Under-lying items)交易。一般说，一国货币当局的补偿性交易弥补了自主性交易的差额，同时引起官方储备的增减，当自主性交易收支顺差时，官方储备资产增加或负债减少；当自主性交易收支逆差时，官方储备资产减少或负债增加。从这个意义上说，调节性交易体现了政府的意图，是货币当局借助储备资产集中性交易，来实现一国自主性交易收支的平衡。

1.3.2 影响国际收支失衡的基本因素

国际收支不平衡是一种经常性的宏观经济现象，引发的原因复杂，涉及面广，从最基础方面看，影响国际收支失衡的有以下主要因素：

1. 经济周期因素

经济周期因素指受一国经济发展周期性更替波动影响，使国内外资源流量改变而引发盈余和赤字交替出现的国际收支失衡，这类失衡通常被称为周期性失衡(Cyclical disequilibrium)。当本国经济处于扩展繁荣期，国内投资与消费需求旺盛，出口减少而进口增加产生逆差；反之，在衰退期则出现顺差。在经济全球化背景下，本国经济周期导致周期性失衡可通过本国的宏观调控缓解，但世界经济的周期性循环和各国经济周期的内外互动影响产生的系统性风险，单靠一国自身力量被动应对，已难以克服周期性国际收支的失衡。

2. 货币因素

货币因素指因本国货币的实际币值(实际购买力)变化，引起国内物价水平与其他国家物价水平发生相对变动，影响汇率水平和国际收支产生的国际收支失衡，这类失衡通常被称为货币性失衡(Monetary disequilibrium)。如本国产生通货膨胀，物价上涨带动出口商品价格涨价而出口量下降，进口商品价格相对便宜而进口量增加，导致进出口失衡，经常项目逆差；反之，导致经常项目顺差。货币性失衡既可是短期的，也可是中长期的，是上世纪中期以来引发各国国际收支失衡的重要原因，其根源在于一国的货币供求失衡，需要有效运用货币政策调节。

3. 经济结构因素

经济结构因素是因一国的经济和产业结构与世界经济结构脱节而导致的国际收支失衡，其主要表现为贸易账户或经常账户的收支失衡，这类失衡通常被称为结构性失衡(Structural disequilibrium)。结构性因素通常是由两类经济结构问题引起的：一类是在世界经济结构调整和产业升级时，本国的经济、产业结构应变调整滞后，导致贸易收支失衡。如世界市场上产品升级，推出高技术和高附加值新产品，一国不能及时调整技术结构和产品生产结构，使得老产品出口受阻而新产品进口增加，引起贸易收支逆差；二是受多种因素限制，本国的国民经济体系残缺不全或产业结构单一，对外部经济体系依赖大，或自身创汇能力弱导致进出口贸易收支不平衡。如资源对外依赖国的资源进口是刚性的，但自身产品结构单一，缺乏出口创汇能力或国际市场变化出口受阻，就出现结构性失衡。结构性失衡特别是第二类失衡在中小国家和发展中国家尤为明显，且具有长期的性质，平衡难度极大。

4. 国民收入因素

国民收入因素是因一国国民收入增减变化引起本国国际收支的失衡，这类失衡通常被称为收入性失衡(Income disequilibrium)。一般地说，在一国经济快速发展、经济处于高涨期和货币流动性充足时期，国民收入会较快增加；反之，则会停滞甚至下降。当本国国民收入增长，必然带动内需增加，使本国产出不变时进口扩大而出口减少，国际收支出现逆差；反之，则使国际收支出现顺差。

5. 季节性或偶然性因素

季节性或偶然性因素是因本国生产、消费的季节性变化或短期的、偶然性因素影响进出口贸易造成的国际收支失衡，这类失衡通常被称为偶发性失衡(Accidental disequilibrium)。如灾害造成一国短期内大量进口救灾物资，并因灾减产使国内大量进口紧缺商品导致的国际收支失衡。这类失衡在正常情况下是难以避免的，一般持续时间短，程度轻，容易平衡。在浮动汇率下，偶发性失衡往往依靠汇率的市场机制就能自动实现平衡。在固定汇率下，可动用官方储备交易来调节平衡。

近些年来，国际游资(International hot money)利用一些国家潜在的套利机会或汇率制度存在的缺陷，进行大进大出的投机牟利，或者为躲避所在国可能或已经出现的货币贬值、外汇管制、政治动荡和战争威胁而资本外逃，也成为引发国际收支突发性和大额度不平衡的重要原因。

在各种因素引发的失衡中，经济结构、经济增长带动国民收入增长因素导致的国际收支失衡具有长期性，属于持久性不平衡(Secular disequilibrium)，需要通过调整本国经济发展战略和中长期经济政策进行调节。而其他因素引发的国际收支不平衡虽突发性强，但一般持续期较短，属于暂时性不平衡(Temporary disequilibrium)，一般短期内经综合运用货币、财政等政策手段调节和官方储备交易可加以克服。

1.3.3 国际收支失衡对本国经济的影响

在对外开放的经济形态下，国内收支与国际收支相互依存，相互影响，国际收支持续存在大额顺差或逆差的不平衡，都会给本国未来国际收支的平衡和国内经济运行产生带来多方面的负面影响。

1. 国际收支持续大额逆差对一国经济的负面影响

主要表现在：

(1) 恶化本国对外支付能力和影响本国金融安全。当一国存在长期大额逆差时，一方面，货币当局必然消耗大量外汇储备进行补偿性交易弥补，由此，使得本国官方储备大量减少甚至枯竭，本国对外支付能力不足，既损害本国的对外信用等级，又埋下支付危机的隐患；另一方面，需要对外筹资弥补逆差，增加本国债务本息负担，或者以储备资产弥补逆差，降低本国既有债务的偿债能力，在本国缺乏新增创汇能力条件下，又埋下债务危机的隐患。支付危机或债务危机是触发金融危机的引信，一旦引起金融市场动荡和金融危机，将严重损害本国的金融安全和国家利益。在一些国家发生的金融危机事实已得到充分证明。

(2) 削弱本币的国际地位和恶化本国对外清偿能力。存在国际收支持续大额逆差时，对外支付需求引起的外汇需求大幅度增加，而外汇供不应求促使市场外汇汇率上升，本币贬值，相应地本币对外信誉下降，既促使本国资本外逃，国内资本减少进一步加剧本币贬值，而本币国际地位下降又降低对外筹资能力和本国的国际清偿能力，导致对外支付能力和本币国际信誉的恶性循环。

(3) 影响本国对外经贸和国内经济发展。一国长期存在大额逆差，从短期看，表明本国是进口大于出口，大量进口增加供给使本国面临潜在的通货紧缩压力和就业机会外流，影响经济增长，激化就业矛盾。从长期看，当受对外支付能力限制，被迫压缩商品与劳务进口规模时，本国的对外经贸发展规模也被动收缩。同时，对于对外依存度大的国家而言，必需的资源、设备和技术等资本投资品进口减少使国内生产性物资投入减少，制约经济增长和未来供给规模，而生活消费品减少进口则使国内当期供给不足，从而形成通货膨胀压力。因而，无论从短期或长期看，长期大额逆差都是有害的。

2. 国际收支持续大额顺差对一国经济的负面影响

主要表现在：

(1) 容易引起贸易摩擦和本国国际收支的大幅波动。国际收支长期大额顺差是不可长期持续的，必然造成对外经贸发展的波动。一方面，一国国际收支长期大额的顺差，就意味着其他贸易伙伴国的国际收支长期巨额逆差，在逆差国无法增加本国出口创汇收入时，为平衡差额，逆差国或者减少从顺差国的进口，或者采取贸易和非贸易限制措施控制顺差国对本国的出口，甚至直接动用各种贸易报复手段来遏止逆差，导致贸易摩擦，最终影响双边和多边经贸关系正常发展。另一方面，在浮动汇率下，大量顺差使外汇供过于求汇率下降，本币供不应求导致汇率上升，本国商品出口价格相对上涨减少出口，商品进口价格相对下降增加进口，由此对外增支减收引起本国的国际收支大幅起落波动。

(2) 加大本国通货膨胀压力和干扰本国货币政策效应。国际收支顺差需要通过商品与劳务出口换取，长期大额顺差的实质是出口大于进口，国内大量实体资源外流，势必使国内资源紧缺，有效供给减少；同时，无论是经常项目或资本项目顺差，大量外汇流入国内需要兑换本币，使本国被动地增加货币供应量投放，社会购买力随之扩张，供给减少而需求增加必然带动国内通货膨胀。并且，在有限浮动的管理汇率制度下，货币当局为维持汇率稳定，顺差需要大量收购外汇投放本币，而反通货膨胀又需要收紧本币银根，由此造成货币政策的内在冲突，形成货币调控政策相互冲抵，削弱货币政策的有效性和独立性。

(3) 增加本国外汇资产的风险和管理难度。在国际收支长期大量顺差时，本国商业银行汇兑业务必然增加外汇资产，中央银行为稳定市场汇率收购商业银行超储外汇，也会增加外汇储备。本国大量顺差外汇供过于求而外汇贬值，使商业银行和中央银行都面临外汇资产或外汇储备的缩水风险。同时，顺差带来的超过正常对外支付所需要的外汇积压，不仅提高了外汇管理成本，增加外汇管理难度，在外汇储备投资收益率低于国际平均投资收益率时，还导致本国可利用资源的收益损失。

(4) 影响本国经济稳定健康发展。国际收支如长期存在大额顺差，该国应是出口大于进口，大批量出口带动本国增加投资扩展产能，以应付出口需要，经济也相应快速增长。但当受对外支付能力限制，逆差国被迫压缩商品与劳务进口规模时，本国出口规模相应收缩回落，如国内需求不能同步放大递补，势必导致产能过剩、产品积压、企业开工不足、失业率上升和投资回落，导致经济发展出现大起大落，影响经济增长，激化就业矛盾。

1.4 国际收支失衡的调节

在现实中，国际收支的绝对平衡是非常态现象，存在顺差或逆差的不平衡则是经常的、普遍的。因而，并不是只要出现失衡，一国货币当局就必须动用政策手段加以干预。一般说，在市场经济环境下，当一国国际收支发生短期和小额差额时，汇率、利率、物价、国民收入等各种经济杠杆在市场机制的综合作用下，会自发应变调节，促使国际收支从不平衡自动趋向平衡。只有当一国国际收支出现大额或长期的趋势性顺差或逆差，才需要货币当局动用适当的政策措施来调节平衡。

1.4.1　国际收支失衡的市场调节

在市场经济中,国际收支失衡依靠市场机制的内在功能自发调节实现平衡是基本的平衡途径。所谓国际收支市场调节机制,是指经济变量变化后在市场规则约束下形成的市场内生反馈应变和自我平衡功能。在不同货币制度下,市场自动调节机制也有所差异。

1. 金本位货币制度下国际收支的市场自动调节机制

是指各国实行金本位制条件下,一国通过市场物价涨跌和货币(黄金)对外输出输入自发恢复国际收支差额平衡的功能,又称为"价格-现金流动机制"(Price specie-flow mechanism),1752年由英国古典经济学家大卫·休谟(David Hume, 1711～1776)提出。金本位货币制度发行流通金币或以黄金为发行保证的纸币,对黄金买卖不加限制,并允许自由输出入国境,作为国际贸易最后清偿手段的黄金执行国际货币职能,两国货币的兑换比价以铸币平价为基础,实行严格的固定汇率制度。

在金本位货币制度下,"价格-现金流动机制"自动调节国际收支失衡的作用过程是:如果一国的国际收支出现逆差,对外支付需求增加使得外汇供不应求,外汇汇率上升。当外汇汇率超过铸币平价时,支付者便不再用本币购买外汇对外支付,而是直接以黄金对外支付,导致黄金外流。黄金流出减少了本国流通中的货币存量,相应引起居民收入减少和物价下跌,本国物价下降使得以外币计价的出口商品竞争力提高,出口增加,进口减少,从而改善国际收支逆差直至平衡。该机制作用过程可简要概括为:国际收支逆差—货币(黄金)外流增加—国内货币流通量减少—国内物价水平下降—出口增加,进口减少—增收减支,货币净流入—国际收支恢复平衡。如果国际收支出现顺差,则各经济变量反向变动调节。

2. 不兑现纸币制度下国际收支的市场自动调节机制

在不兑现纸币制度下,货币与黄金脱钩,货币内在价值缺少外在直接度量标准,货币发行规模也不受金准备约束,国际收支的市场自动平衡,主要受一国经济增长、物价、货币供求、国民收入以及汇率、利率等经济变量的综合作用,引起市场供求关系波动自发调节。具体作用过程表现在:当一国出现国际收支逆差,对外净支付使外汇需求增加,在外汇供给不变情况下外汇汇率上升,本币贬值汇率下降,以外汇标价的本国出口商品价格下降,出口增加,以本币标价的进口商品价格上涨,进口减少,实现增收减支,国际收支趋于平衡。并且,当国内出口大于进口,本国实体资源投入减少,使经济增长速度放缓,物价下跌,国民收入下降,居民购买力减少,商品过剩,又进一步支撑出口,收紧进口,缓解收支赤字。同时,国际收支逆差表明本国持有的外国资产减少或对外负债增加,为换汇对外支付致使本币回流,银根收紧,市场流通的货币存量减少,资金供应紧张推动利率上涨,既抑制了国内投资与消费需求,推动出口,压缩进口;又吸引外部资金流入,阻止资本外流,维持资本与金融账户平衡甚至有剩余弥补贸易账户的赤字,达到综合平衡。

但是,由于现代市场经济制度中不存在纯粹的自由市场经济环境,加之市场自动调节机制自身也存在缺陷,政府宏观经济政策也或多或少地发挥影响,都使得国际收支自动调节机制不能单一有效地发挥调节作用,事实上,各国政府都会依据本国经济发展目标,在市场自动调节的基础上运用政策调控手段辅助调节。

1.4.2 平衡国际收支的政策调节

平衡国际收支的政策调节是通过采用财政、货币政策等外在宏观经济政策调控手段，诱导经济变量变化来实现国际收支平衡的辅助性途径。调节国际收支的政策手段多种多样，主要包括货币政策、财政政策、汇率与外汇管理政策和对外贸易政策等经济手段，也包括必要的外汇和贸易管制等行政手段。所有平衡国际收支的政策调节都可以归结为调节国内与国外需求规模与结构的需求调节，以及调节国内与国外供给规模与结构的供给调节两类。

1. 平衡国际收支的需求调节政策

从总体看，需求调节政策是通过调节国内需求总规模和转换国内外需求结构来改善本国的国际收支状态，这类政策调节的功效时滞短，见效快，适宜国际收支失衡的中短期调节。

国内需求总规模调节政策是调节国内投资与消费总需求水平的政策，旨在通过改变国内总需求规模来间接改变对国外商品、劳务和金融资产的边际进口倾向和边际出口倾向，实现国际收支平衡。当国内总供给不变时，国内总需求减少意味着潜在进口需求收缩和出口供给扩张，而国内总需求增加表明潜在进口需求扩张和出口供给减少。

调控国内需求总规模扩张或收缩的政策主要有财政政策、货币政策等。财政政策主要利用紧缩的、扩张或中性的公共预算政策、公共投资政策、税收政策和国债政策等改变公共预算收支规模与结构、税收与国债规模，达到调控社会总需求目的。财政政策的工具包括公共预算、转移收支、公共投资、财政补贴、税收、社会保障、国债等。当一国国际收支顺差时，实施扩张性财政政策，减少税收和公共预算收入，扩大公共支出、公共投资、转移支出、社会保障和补贴规模，增加预算赤字以扩张本国的内需规模，减少对外顺差；反之，则采用紧缩性财政政策调节，以紧缩本国的国内总需求规模，减少对外逆差。货币政策是中央银行借助利率、法定存款准备金率和公开市场业务及其他政策手段调节货币供求平衡间接调节本国总供给与总需求的政策。从调控社会总需求看，紧缩、扩张与中性的货币政策分别起到减少、扩大和维持本国货币供给规模，进而影响国内需求规模的作用。当一国国际收支顺差时，实施扩张性货币政策，降低存贷利率和法定存款准备金率，实施公开市场业务操作增加流动性，鼓励国内投资与消费以扩张总需求，减少对外顺差；反之，采用紧缩性货币政策调节，以紧缩本国的国内总需求规模，减少对外逆差。

调控国内与国外需求转换的政策包括财政税收政策、货币信贷政策、外贸政策、汇率与外汇管制政策等。通过政策运作改变本国居民与非居民在国内与国外投资、消费上的边际成本与边际收益，推动国内与国外需求支出的跨国转换，形成新的进出口结构和国内外需求结构，实现国际收支平衡。当一国国际收支顺差时，可实施促使国内需求向国外转换的鼓励进口和限制国外消费向国内转移的抑制出口政策，如采取减轻进口税负，加重出口税负；减少出口补贴或出口退税，增加进口税收优惠和补贴等财政税收政策；实施压缩出口信贷，扩大进口信用、控制资本流入，放宽对资本流出限制和降低利率，促使资金外流的货币信贷政策；实行干预外汇市场诱导本币汇率上升或直接上调本币汇率的汇率政策；采用放宽进口非关税壁垒，提高出口门槛和成本的外贸政策；运用各种有利于进口、不利于出口的外汇管制和外汇管理政策等，引导国内需求向国外转换，扩大进口，压缩进口，实现国际收支平衡。反之，采用反向的政策调节，引导国外需求向国内转换，压缩进口，扩大出口，平衡国际收支。

2. 平衡国际收支的供给调节政策

由于固定资产投资形成新的产能和存量资产改造的周期较长，一旦投产可以形成长期供给的产能，因而供给调节政策偏重对国际收支失衡的中长期调节，其旨在通过改善或提升本国产品、产业和经济结构，提高产品技术含量、附加值和质量，降低成本，减少高耗能、高污染、低技术、低附加值产品产能，增加低耗能、低污染、高技术、高附加值和高竞争力出口产品、比较优势产品和进口替代品的供给，扩大出口供给能力和优化出口产品质量与结构来平衡国际收支逆差。同时，在本国资源已充分利用条件下，本国产能扩张意味着资源供给不足，需要扩大进口弥补资源缺口，在一定程度上也会抵消改善供给带来的国际收支增收规模。供给调节政策具体包括税收政策、公共投资政策、货币信贷政策、产业政策、科技政策和企业组织政策等。

一般说，供给调节政策对改善国际收支逆差具有较强的长期政策功效优势。当一国国际收支逆差时，可依据本国优化产品、产业和经济结构，发展高新技术和改善企业组织结构的政策导向，通过给予税收减免优惠，加大公共投资或配套资金投入，信贷优先配给或贷款额度、贷款期限与利率的优惠，以及外汇供给、设备与材料进口等措施扶持新兴产业、优势产品和出口产品的生产能力，来扩大出口创汇或进口替代，平衡国际收支。但当一国国际收支处于顺差，产品、产业又具有明显的比较优势和较强的出口创汇能力时，就难以使用供给政策逆向调节，破坏业已形成的出口供给产能和削弱竞争优势，只能在调整淘汰相对高耗低效的出口产品和企业的同时，运用需求调节政策扩大本国内需规模吸收过剩的出口产能，或扩大本国的进口规模缓解国际收支顺差的压力。

在现实中，上述平衡国际收支政策调节的具体使用需要从实际出发相机抉择，综合搭配使用。这是因为，由不同因素引发的国际收支失衡既需要在不同的内外部环境下针对性地采用不同的政策手段调节，更需要配套运用各种政策手段进行综合治理。例如由货币性因素引起的国际收支失衡，既要重点运用扩张或紧缩性货币政策手段调节货币供求关系，也应适当运用财政税收政策、外贸政策、汇率与外汇管制政策等其他政策手段，配合调节社会总需求以及内外需求结构，以实现政策调节的最佳叠加效应。其次，在对外开放环境下，国内收支与国际收支是相互依存和相互影响的，调节国际收支失衡的政策也会间接影响国内经济平衡，例如当国际收支逆差时，采用大量削减财政预算支出和减少货币供应等紧缩国内总需求的政策手段调节，在纠正对外收支逆差的同时，也可能引发国内失业增加，经济增长减速和收入下降等副效应。因此，调节国际收支逆差要兼顾国内经济，将调节总需求规模的政策手段与调控国内外需求转换的政策手段结合使用，既适度削减财政预算支出和收缩货币供应量，避免影响国内经济衰退，又采取本币贬值和鼓励出口、抑制进口的政策有效调节逆差。其三，各种政策调节手段面对不同的调控对象和调控环境都有各自的适应性和优劣，需要从国际收支平衡调节的成本最小化和本国社会福利最大化目标出发，因地因时制宜，相机灵活抉择，进行政策手段优化搭配，互补协调使用。

1.5 宏观经济的内外均衡调节

国际收支平衡是一国对外收支的平衡，仅是一国宏观经济的局部平衡，从根本上说，只有将国际收支平衡放到宏观经济整体框架内考察，实现宏观经济内外均衡的全局平衡，才能体现平衡国际收支的终极目标和根本意义。

1.5.1 宏观经济均衡含义

宏观经济内外均衡指基于国内经济循环的国内收支和基于对外经济循环的国际收支两者之间的综合平衡。开放经济环境下，一国宏观经济均衡既包括实现经济增长、物价稳定和充分就业目标的内部均衡，也包括实现国际收支平衡目标的外部均衡，并且，也是基于内部平衡与外部平衡基础上实现的总体和全局均衡。用国民经济总收支恒等式表示，设 C 为私人部门消费，I 为私人部门投资，G 为政府公共支出，S 为私人储蓄，T 为政府税收收入，X 为出口，M 为进口，一国的总收入即为：$Y=C+I+G+M$，其中来源于国内的收入为 $C+I+G$，一国的总支出为：$E=C+S+T+X$，其中由国内供给的支出为 $C+S+T$，宏观经济均衡具体包含两个层面的含义。

一方面，宏观经济内外均衡是在国内经济收支与国际收支各自平衡基础上形成的总体均衡，即在 $C+I+G=C+S+T$ 和 $X=M$ 条件下实现的 $Y=E$，其实质是本国家庭、企业、政府及国外部门对国内商品和服务预期总支出等于本国的实际总收入，本国货币需求量等于货币供给量，也是本国对外贸易收入与支出的平衡。尽管基于双平衡的宏观经济均衡是最佳均衡状态，但在现实中由于众多内外部因素的复杂影响而有较大难度。

另一方面，宏观经济均衡是在国内经济收支与国际收支各自不平衡的基础上，利用两者收支差额反向互补对冲实现的总体均衡。当局部不平衡，国内收支有盈余或赤字，而同期国际收支有赤字或盈余时，以国内收支盈余冲抵国际收支赤字，或相反利用国际收支盈余弥补国内收支缺口。也就是说，当 $C+I+G>C+S+T$ 时，国内资源不足，可通过 $M>X$ 国外资源净输入弥补本国内部的供给缺口，达到内外经济的均衡；当 $C+S+T>C+I+G$ 时，内部资源过剩，可通过 $X>M$ 国内资源净输出消化本国内部的盈余，平衡内外收支。在开放经济态势下，上述平衡的实质是利用国内与国外两种资源、国内与国际两个市场、内部与外部两类收支动态互补实现的宏观经济总体均衡。

需要指出的是，在国内收支与国际收支不平衡前提下，实现动态互补的宏观经济均衡并非是无条件的。首先，内外均衡需要一国的内部收支与国际收支存在盈余和赤字的反向互补条件。如果在同一时期，本国的内外收支都呈现盈余或赤字的相同状态，即当内部收支 $C+I+G>C+S+T$ 时，对外贸易收支 $X>M$；当国内收支 $C+S+T>C+I+G$ 时，对外贸易收支 $M>X$，就没有互补的余地，也不可能协调均衡。其次，以内外收支互补实现的是有限和短期的均衡。一国在一定时期无论以国内资源的盈余弥补对外收支逆差，或以国际收支的顺差弥补国内收支赤字的额度规模有限，期限不能过长，如果长期存在大额度的内外收支差额互补，表明一国的国内资源长期大量不足或大量过剩，需要国际市场和世界经济体系外部的支撑才能达到平衡，该国经济自身内部的平衡能力不足，对外依赖度过大，势必受外部经济体系较大的制约和影响，也容易导致对外支付压力或贸易摩擦，是不可持续的。只有在有限额度和国内外收支双向交替的动态互补中实现的宏观经济均衡，才是积极的和平稳的均衡。

1.5.2 宏观经济内外均衡矛盾及其调节

宏观经济内外均衡矛盾是指一国国内经济与国际收支的矛盾冲突状态，是一国内部的经济体系、经济结构和国际经济体系矛盾的外在表现。对一国而言，内外均衡冲突严重影响本国经济的持续健康发展，是宏观经济均衡调控的重点内容。

1. 米德冲突及其成因

英国经济学家米德(J. Meade)于 1951 年在其著作《国际收支》一书中首次提出固定汇率制度下的内外均衡冲突问题,后来人们便将内外均衡冲突的现象称为米德冲突。米德认为,在固定汇率制度下汇率固定不变,一国政府无法运用汇率政策手段调控国内与国外需求的转换,只能依靠调节本国社会总需求规模来平衡内外收支,宏观调节难以兼顾内外均衡的多重目标,由此产生内外均衡的冲突。

米德冲突是一国内部经济与外部经济的矛盾冲突,在对外开放环境下,本国内部经济与外部经济存在四种可能的组合状态,如表 1-1 所示。

表 1-1　固定汇率制度下内部均衡与外部均衡的均衡与矛盾

搭配组合	内部经济状况	对外经济状况
1	通货膨胀	国际收支逆差
2	经济衰退/失业增加	国际收支逆差
3	经济衰退/失业增加	国际收支顺差
4	通货膨胀	国际收支顺差

其中,第 1 和第 3 种搭配组合为内外均衡状态,即当国内处于经济衰退,失业增加状态时,利用对外贸易顺差消化国内的过剩资源;当国内处于通货膨胀状态时,通过减少对外出口和增加进口,利用贸易收支逆差弥补国内供给不足。同样,内外均衡的政策调节效应也是内外顺应联动的,调控者只要采用增加或减少国内总需求的调节需求规模政策,就可相应改善国际收支的不平衡。因为增加国内需求会相应减少出口和增加进口,从而减少对外收支顺差;减少国内需求会相应增加出口和减少进口,从而减少对外收支逆差,在实现内部均衡的同时,自动调节了对外收支的顺差或逆差,使国际收支趋于平衡。

而第 2 和第 4 种搭配组合属于内外均衡冲突状态,即米德冲突。当本国经济处于经济衰退和失业增加状态时,国内资源是过剩的,对外收支应当是出口大于进口而出现顺差,内部经济状态与对外贸易收支存在逆差是矛盾冲突的;当本国经济处于通货膨胀状态时,国内资源供不应求,对外收支应当是进口多于出口而出现逆差,与实际存在的顺差也是矛盾冲突的。同样,内外冲突使宏观均衡的调控也处于两难境地,决策者采取反经济衰退和反失业的调控政策需要扩大本国内部的总需求,对外自然会增加进口,减少出口,这将会进一步扩大国际收支逆差;反之,国内反通货膨胀需要抑制国内总需求,对外将引起进口减少,出口增加,又将导致国际收支顺差扩大。可见,内外均衡冲突使宏观对内调控政策在改善国内收支均衡的同时,会进一步恶化对外收支状况;反之,也难以达到内外联动兼顾的效果。

显然,米德冲突是固定汇率制度下,一国内部收支与对外收支的内在平衡矛盾以及内外均衡调节的矛盾现象。产生米德冲突的原因是多方面的,从基本因素看主要有:

(1) 一国经济对外开放是引发内外冲突的基本原因。一国经济对外开放,增加了宏观经济调控体系的新目标参数,宏观调控不仅要维持原有的经济增长、物价稳定和充分就业等多重目标的内部均衡,还要保持对外国际收支平衡与内外部收支的均衡,极大地增加了内部经济变量之间和内外部经济变量之间的相互交错影响和协调难度,埋下内外冲突的隐患。

(2) 本国宏观经济体制与手段不适应对外开放调控要求是引发内外冲突的体制原因。在固定汇率制度下，宏观调控不能主动以平衡对外收支为目标，运用支出转换政策调节内外需求结构去适应内外市场与内外收支变化的需要，例如当内外经济搭配组合处于第 4 种状态时，本国不能借助汇率变动本币升值来促进进口，抑制出口，而运用平衡内部收支的调节总需求规模的政策手段，缩减内部总需求规模又加剧对外贸易收支顺差，产生负效应，大大削弱调控成效。对外开放使宏观经济调控对象复杂化的同时，如果经济管理体制和调控手段滞后，不能运用内外兼顾的政策手段调控内外收支，必然造就引发内外均衡冲突的条件。

(3) 本国经济与外部经济的结构性矛盾是产生冲突的内部原因。内外部经济结构的矛盾突出表现为本国产业结构、产品结构、需求结构和外部市场结构之间缺乏互补性，囿于本国经济体系与产业结构的缺陷，对外供给能力强而对外需求不足，或者相反，对外需求大而对外供给能力不足，导致出现内外均衡的冲突矛盾。例如在本国产业低级化和产品低档化时，尽管国内总需求不足，供给过剩，但本国产品对外竞争力不足，出口有限，而对国外高技术、高品质产品和资源要素的需求依赖刚性，导致国内经济衰退时出现贸易收支逆差。由于经济结构调整的周期长，难度大，因而其对内外均衡冲突的影响是长期的。

(4) 国际经济一体化下国际经济变量波动的相互影响是产生内外均衡冲突的外部原因。经济全球化下实行对外开放，本国不能自主控制的外部经济变量对内外均衡的影响大大增加，不仅有国际市场供求波动、世界经济周期变化等系统性因素的整体影响，还有各个国家之间经济以至社会政治的全方位的非系统因素的互动影响，由此加大了一国内外均衡的调控难度，甚至带来负面干扰产生内外均衡冲突。例如当本国由货币性因素引发通货膨胀时，如果外部经济增长也处于高涨阶段，需求旺盛，必然带动本国出口剧增而出现贸易收支的顺差。

(5) 各种突发性因素也是引发内外冲突不可忽视的原因。宏观经济运行难免要受到国内外经济、自然、社会政治、军事、外交等各种偶发性、突发性因素的干扰影响，进而引发内外均衡的冲突。例如在一国经济萧条、内部需求不足时，因发生大规模的自然灾害，大量进口国内急需的救灾物资而发生国际收支的逆差。另外，国际游资无序的投机性大进大出的流动冲击，也会导致内外均衡的冲突现象。一般突发性因素引起的内外冲突时间周期较短，但破坏或影响面大，程度深，需要高度警惕防范。

2. 宏观经济内外均衡冲突的政策调节理论

20 世纪 50 年代以来，开放经济下，宏观经济内外均衡的政策调控问题引起国外经济理论界的广泛关注，其中，丁伯根的政策协调理论和蒙代尔的政策指派与有效市场分类理论，对解决内外均衡冲突的政策调控有现实意义。

(1) 政策协调的丁伯根原则。首位诺贝尔经济学奖获得者、荷兰经济学家丁伯根(J. Tinbergen)运用线性函数模型推导证明了，如果一个经济体具有线性结构，要实现 N 个独立的政策目标，必须有对应的 N 种有效的相互独立的政策工具搭配使用才能实现多个目标的政策协调原则，被称为丁伯根原则。

丁伯根认为如果宏观调控目标是政策工具的线性函数，当存在两个政策目标，而政策工具对各自对应目标的影响是相互独立时，决策者只要控制两个线性无关的政策工具，就能通过政策工具的配合运用实现两个预期目标，但两种政策工具各自分别能对两个政策目标同时发生相同影响，即决策者试图运用一种政策工具就可同时实现两个政策目标的可能是不成立的。这一结论对于开放经济下的内外均衡政策调控有明确的理论指导意义，说明使用单一政策工具试图同时实现内外均衡的多目标是不可能的，只有协调使用对应的多种相互独立的政策工具才能实现。

(2) 政策指派与有效市场分类原则。美国经济学家蒙代尔(R. Mundell)于20世纪60年代,针对在内外均衡调控中,各种政策工具是否可由决策者集中控制并通过各种工具的协调使用来实现目标,以及调控中每种工具有无必要侧重于调节特定目标的问题,提出了政策指派的有效市场分类原则。

蒙代尔认为,在多数情况下不同的政策工具实际掌握在不同的决策者手中分散决策,如中央银行掌握货币政策,财政政策则由财政部门掌管,如果决策者都独立地、而不是围绕共同目标通过密切协调来使用各自所掌管的政策工具,就不能实现最佳的政策目标。但是,如果每一种政策工具都被指派调节一个目标,并且在该目标偏离其最佳水平时按规则进行调控,在分散决策的情况下仍有可能实现最佳调控目标。

蒙代尔提出政策工具应按照有效市场分类的原则指派给各自相应的目标,即每个政策目标应指派给对这一目标有相对最大影响力和相对优势的政策工具,如果指派发生错误,内外均衡会距均衡点越来越远,经济会动荡而不稳定。依据这一原则,蒙代尔区分了货币政策与财政政策影响内外均衡的不同效果,提出应以货币政策调节外部均衡目标,以财政政策调节内部均衡目标的政策指派方案。

3. 宏观经济内外均衡冲突的政策搭配调节

根据宏观经济内外均衡冲突的政策调节理论,需要进行政策工具的指派与协调,即通过政策工具与政策目标的搭配调节内外均衡的冲突矛盾,有两类政策搭配组合的典型模型。

(1) 内外均衡冲突调节的斯旺政策组合模型。澳大利亚经济学家斯旺(T. Swan)提出以支出增减政策与支出转换政策的搭配组合调节内外均衡冲突。其中,支出增减政策主要运用货币和财政政策等政策手段,调节包括国内私人消费和投资、公共支出在内的国内总需求支出规模,侧重实现国内收支平衡目标。支出转换政策主要运用汇率、外贸与外汇管制、财政税收和货币信贷等政策手段,改变本国居民与非居民在国内与国外投资、消费上的边际成本与边际收益,推动国内需求与国外需求支出的跨国转换,形成新的进出口结构和国内外需求结构,侧重实现对外贸易收支平衡目标。

在图1-1中,横轴表示包括本国私人消费、私人投资和公共支出在内的国内总需求支出规模的增减;纵轴表示按直接标价法反映的本国货币实际汇率变动。IB线代表在一定的汇率水

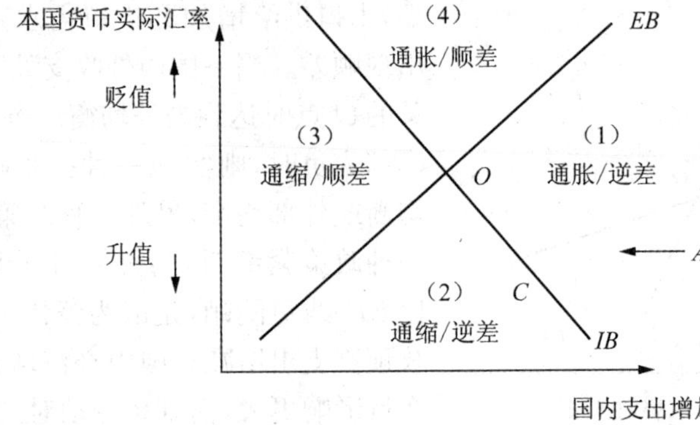

图1-1　支出增减政策与支出转换政策搭配组合

平下，包括经济增长、物价稳定和就业充分在内的内部均衡状态，当一国内部收支处于 IB 线上时表明达到内部均衡。该线从左到右向下倾斜，右边有通货膨胀压力，表明随国内支出增加，内需扩大而物价水平上涨；左边有通货紧缩压力，表明随国内支出减少，内需收缩而物价水平下跌。EB 线表示在一定的国内供求水平下的对外收支均衡状态，当一国国际收支处于 EB 线上时表明达到外部均衡。该线从右到左向下倾斜，右边有贸易收支的逆差压力，表明随本国内部支出增加和本币对外升值，出口减少和进口增加，对外贸易收支出现逆差；左边有贸易收支的顺差压力，表明随本国内部支出减少和本币贬值，出口增加和进口减少，对外贸易收支出现顺差。当一国内外收支处于 IB 线和 EB 线交叉的 O 点时达到内外均衡。

在上述内外均衡状态组合中，第(1)、(3)区间处于内外均衡状态，而第(2)、(4)区间处于内外冲突状态，需要搭配组合运用政策手段调节。如当宏观经济处于第一区间的 A 点时，内外均衡调节的重点是运用支出增减政策，通过压缩国内支出，减少总需求来减轻国内通货膨胀压力，使 A 点向 IB 线靠拢的同时，通过调整汇率，使本币贬值来减少进口，增加出口，缓解逆差压力，促使 A 点向 O 点靠拢。如当宏观经济处于内外冲突失衡的第(2)区间 C 点时，需要组合搭配使用政策实施调节，在实施适度扩张的支出增减政策，适当增加国内总需求刺激国内经济增长，增加就业，使 C 点向 IB 线靠拢的同时，运用支出转换政策，通过本币贬值刺激出口，抑制进口来减少逆差，使 C 点向 O 点靠拢，实现内外均衡。

(2) 内外均衡冲突调节的蒙代尔政策组合模型。蒙代尔主张以财政政策和货币政策的指派搭配来调节内外冲突，实现内外收支均衡。其中，财政政策侧重调节国内总需求的支出规模，平衡内部经济收支；货币政策侧重于通过调节内外部之间的需求结构，平衡对外收支。

在图 1-2 中，横轴表示财政支出预算，向右移动财政预算支出增加，反之为减少；纵轴代表货币政策工具利率的变化，向上表示放松银根，货币政策扩张，反之，表示收紧银根，货币政策紧缩。IB 线表示在一定货币政策与财政政策组合调节下的内部均衡状态，当国内收支处于 IB 线上时，表明内部收支实现平衡。该线从左到右向下倾斜，右边有通货膨胀压力，表明在既定的货币政策下，财政预算支出过大导致国内经济过热；左边有通货紧缩压力，表明在既定的货币政策下，财政预算支出不足引起国内经济衰退。EB 线表示在一定的货币政策与财政政策组合调节下的对外收支均衡状态，当一国国际收支处于 EB 线上时表明达到外部均衡。该线从左到右向下微斜，上边有贸易收支的逆差压力，表明随本国货币政策的扩张，出口供给减少和进口需求增加，对外贸易收支出现逆差；下边有贸易收支的顺差压力，表明随本国银根紧缩，出口供给增加和进口需求减少，对外贸易收支出现顺差。当一国内外收支处于 IB 线和 EB 线交叉的 O 点时达到内外均衡。当 IB 线和 EB 线的斜率都为负时，则实施一种扩张政策时，为达到内部均衡或外部均衡，另外一种政策必须紧缩；反之，当一种政策紧缩时，另外一种工具必须扩张。IB 线比 EB 线更陡峭，是因为蒙代尔假定，相对而言，财政预算支出增减对国内经济增长、就业等内部经济变量影响更大，而利率变动对国际收支影响更大。

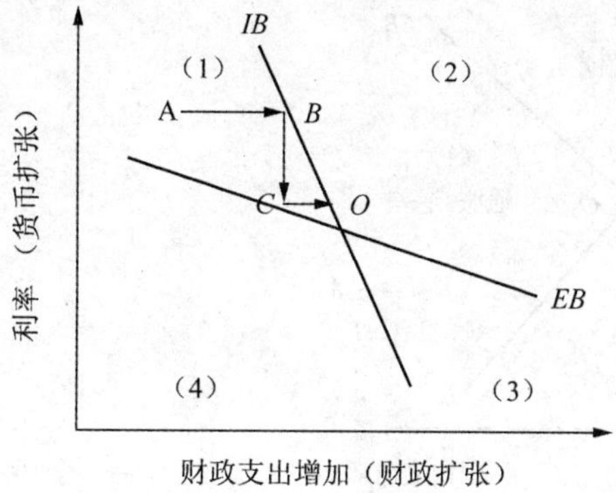

图 1-2 财政政策与货币政策搭配组合

蒙代尔认为当国内经济和国际收支处于失衡状态时，如(1)区间的 A 点，可采用扩张性的财政预算支出政策，增加国内需求刺激经济增长和增加就业，使A点向B点靠拢，同时实施紧缩性的货币政策解除国际收支逆差，使B点向C点靠拢，最终使A点靠拢O点，实现内外部均衡。在不同的内外部经济状况组合区间，财政政策与货币政策应按不同情况搭配使用，具体政策组合如表1-2。

表1-2　财政政策与货币政策组合搭配

组合区间	内外部经济状况	财政政策	货币政策
1	经济衰退、失业/国际收支逆差	扩张型	紧缩型
2	通货膨胀/国际收支逆差	紧缩型	紧缩型
3	通货膨胀/国际收支顺差	紧缩型	扩张型
4	经济衰退、失业/国际收支顺差	扩张型	扩张型

1.6　国际收支调节理论

国际收支调节理论是国际金融理论的重要组成部分。早期国际收支理论可追溯至18世纪休谟的物价现金流动机制理论。20世纪以来，在西方宏微观经济学发展的基础上，形成各种调节国际收支的理论。

1.6.1　国际收支调节的弹性平衡理论

弹性平衡理论(The theory of elasticities approach)是研究通过货币贬值引起进出口商品供求弹性变化来改善国际收支的理论，1937年由英国剑桥大学经济学家琼·罗宾逊(J. Robinson)在英国著名经济学家马歇尔(A. Marshall)局部均衡分析基础上提出的。到20世纪40年代初，美国经济学家勒纳(A. P. Lerner)通过深入分析既定进出口供求弹性条件下货币贬值平衡贸易收支的效应，提出著名的马歇尔-勒纳条件，即ML条件，从而进一步完善了国际收支弹性理论。

1. 弹性平衡理论与供需弹性

弹性平衡理论是在进出口贸易商品的供给弹性接近无限大，贸易收支完全取决于贸易商品需求变化；国与国之间不存在资本流动，国际收支等同于贸易收支；各国的国民收入不变，进出口商品需求仅是这些商品及其替代品价格水平的函数；其他商品价格、需求偏好等不变的假设条件下，用局部均衡分析方法探讨汇率变动引起供求弹性变化对平衡一国贸易收支的影响。

弹性理论基于供求弹性展开分析。弹性是一个变量对另一变量变动的敏感反映度。由于市场需求与供给对市场价格变化一般有应变反映，由此产生需求对价格的弹性和供给对价格的弹性。

需求弹性是需求量变动百分比与价格变动百分比之间的比例，具体有进口商品需求弹性(E_m)和出口商品需求弹性(E_x)。其公式为：

$$E_m=\frac{进口商品需求量变动率}{进口商品价格变动率}$$

$$E_x=\frac{出口商品需求量变动率}{出口商品价格变动率}$$

供给弹性是供给量变动百分比与价格变动百分比之间的比例，具体有出口商品供给弹性(S_x)和进口商品的供给弹性(S_m)。其公式为：

$$S_x=\frac{\text{出口商品供给量变动率}}{\text{出口商品价格变动率}}$$

$$S_m=\frac{\text{进口商品供给量变动率}}{\text{进口商品价格变动率}}$$

上述进出口商品的供需弹性的比值越大，弹性越大，价格变化对进出口商品供给量与需求量变化影响也越大；反之，比值越小，弹性越小，价格变化对进出口商品供给量与需求量变化影响也越小。

弹性平衡理论认为，当本国货币实施贬值，本外币汇率的变化使进口商品相对价格上升，出口商品相对价格下降，在价格需求弹性的作用下，带动本国进口减少和出口增加，起到刺激出口，抑制进口，改善本国贸易赤字的作用。但是，价格需求弹性的作用不是无条件的。出口商品数量的增加是以出口商品价格下降为前提的，改善贸易逆差不仅要增加出口量，关键是要通过增加出口金额来扩大外汇收入，在出口商品价格下降的条件下，只有当出口商品数量的增加幅度大于出口商品外币价格的下跌幅度时，才能增加外汇收入，改善本国贸易收支。同样，从进口需求角度看，只有当进口商品数量的减少幅度大于进口商品本币价格的上涨幅度时，才能减少外汇支出，改善本国贸易收支。

2. 马歇尔-勒纳条件分析

马歇尔-勒纳条件(Marshall-Lerner condition)以价格需求弹性分析为基础，进一步揭示了通过汇率变动、货币贬值改善贸易收支的必要条件。一国在外汇倾销条件下，是否能借助本币对外贬值，使以外汇标价的本国出口商品价格下降和以本币标价的本国进口商品价格上涨，带动本国增加出口额、减少进口额来改善贸易逆差，关键取决于是否具备ML条件。只有当货币贬值国出口商品的需求价格弹性(E_x)和进口商品的需求价格弹性(E_m)系数之和大于1，即$E_x+E_m>1$时，本币贬值才能起到改善贸易收支逆差的作用；如$E_x+E_m=1$，本币贬值不能起到改善贸易收支逆差的作用；如果$E_x+E_m<1$，需求价格弹性不充分，则本币贬值还将恶化贸易收支逆差，因此，实施本币贬值的国际收支改善效果取决于进出口商品价格需求弹性的大小。

这是因为，当货币贬值国出口商品外币价格下降时，通常会引起进口国的进口需求增加，但只有在$E_x>1$，商品出口量增加幅度远高于相对价格下降幅度的条件下，实际出口收汇额高于本币贬值前的出口收入，才能改善本国的国际收支。否则，出口需求价格弹性$E_x=1$或$E_x<1$时，因出口相对价格下降必然导致出口额和实际出口收汇减少而恶化国际收支。

设我国对欧盟出口贸易在欧元(EUR)对人民币中间汇价1EUR=10RMB时，每件出口商品单价平均为人民币10元，出口相对价格为1 EUR，如出口总量为100万件，则外汇总收入100万欧元。如果人民币对欧元汇率贬值为1EUR=1.1RMB(贬值率约10%)，相应每件平均10元人民币的出口商品相对价格下降为0.9090 EUR(价格下降9.1%)，如仍出口100万件，则外汇总收入90.909万欧元，减少外汇收入9.091万欧元。如出口规模扩大10%，出口总量为110万件时，外汇总收入99.99万欧元，仅维持本币贬值前的外汇总收入水平。如出口规模增加20%，出口总量为120万件(即$E_x>1$)时，外汇总收入109.08，才高于本币贬值前的外汇收入总水平，达到改善贸易赤字的效果。

同样，货币贬值国在本币汇价上升引起进口商品相对价格上涨时，通常会引起国内需求下降，但只有在 $E_m<1$，商品进口量减少幅度远大于相对价格上涨幅度的条件下，实际进口付汇额小于本币贬值前的进口外汇支出，才能改善本国的国际收支。否则，进口需求价格弹性 $E_m=1$ 或 $E_m>1$ 时，因进口相对价格上涨必然导致进口额和实际进口付汇增加而恶化国际收支。

设我国从欧盟进口商品，在欧元(EUR)对人民币中间汇价 1EUR＝10RMB 时，每件进口商品单价平均为 1 EUR，即人民币售价 10 元，进口总量为 100 万件，则外汇总支出 100 万欧元。如果人民币对欧元汇率贬值为 1EUR＝1.1RMB(贬值率约 10%)，相应每件平均 1EUR 单价商品的人民币售价上涨为 11 元(涨幅 10%)，如仍进口 100 万件，则外汇仍需支出 100 万欧元，无助于国际收支改善。当进口量减少 10%，进口总量为 90 万件时，对外支付外汇总额减少为 90 万欧元，才能达到改善国际收支效果。

可见，ML 条件表明，只有当 $E_x+E_m>1$ 条件成立时，出口额大量增加和进口额大幅减少，本币贬值才能起到改善贸易收支逆差的作用，并且两个弹性系数之和的数值越大，改善的效果越佳。

3. 弹性时滞的 J 曲线效应

20 世纪 80 年代经国外实证研究证明，一国货币对外贬值后，短期贸易收支反而恶化，长期才能起到改善贸易收支的作用。这是由于本币贬值后，进出口商仍然在按原有的贸易合约实施，出口数量不能立即大幅增加冲抵出口商品价格下跌带来的收汇损失，进口数量也无法立即大量减少弥补进口商品价格上升带来的付汇损失，即无法满足马歇尔-勒纳条件的合同时滞所导致的。但本币贬值能在中长期逐渐显现改善国际收支的效应，根据各国实际经验，通常货币贬值改善贸易收支逆差的时滞短为 6～9 个月，长则 2～3 年，改善效果大小具体取决于贬值幅度和进出口商品供给与需求的价格弹性。由于货币贬值对改善贸易收支时滞效应过程的函数图形如大写英文字母“J”，因而称为 J 曲线效应。

4. 弹性平衡理论的贡献与局限性

弹性论的贡献在于纠正了只要本币贬值一定能改善本国贸易收支的片面观点，指明了只有满足一定的进出口供求弹性条件，货币贬值才能改善贸易收支。

弹性平衡理论也存在局限性。首先，其将国际收支局限于贸易收支，把劳务和服务贸易以及跨国资本流动排除在外，与当代国际收支范围的实际状况不符，大大限制了理论的实际应用范围。其次，其以国内外资源未充分利用为条件，作出供给具有完全弹性的假定，使理论仅适用经济萧条时期，而不适用经济高涨时资源紧缺环境。第三，其是在充分假定其他条件不变时，对汇率与贸易收支之间关系作的局部均衡分析。实际上，汇率不是影响贸易收支的唯一因素，它是与其他众多因素共同相互作用和在既定的宏观经济环境中影响贸易收支的。第四，理论的实际使用还受供需弹性统计的技术难题困扰，供需弹性不仅因进出口商品种类繁多，供求结构频繁变动而难以统计，并且，受国民收入等其他因素的共同影响也难以测算。

1.6.2 国际收支调节的收入分析理论

收入分析理论(The theory of revenun)又称为乘数分析理论，是在 20 世纪 30～40 年代，由英国经济学家哈罗德(R. F. Harrod)和奥地利经济学家马克卢普(P. Machlup)，将凯恩斯的乘数原理应用于国际贸易收支调节领域形成的理论。

1. 收入分析理论的"外贸乘数"概念

凯恩斯的乘数理论认为国内投资、储蓄量与国民收入量之间存在线性相关性，在乘数作用下，国内投资额的增加会产生倍增的国民收入额，相反，国内储蓄的增加会使国民收入总量数倍地减少。

收入分析理论将凯恩斯"乘数理论"引入国际贸易收支的分析框架后提出"外贸乘数"的概念。外贸乘数是指本国进出口量的增减变化对本国国民收入发生的倍增或倍减的影响作用，一国出口量的增加可使本国出口部门收入增加，带动国内市场需求上升，进而刺激本国生产供给、就业、收入和进口全面增长，起到数倍放大国民收入的效应；相反，一国进口量的增加则起到数倍缩小国民收入的紧缩效应。

2. 影响外贸乘数的因素和外贸乘数公式

影响出口增量(Δx)诱发国民收入增量(Δy)倍数大小的因素，即影响外贸乘数的因素主要取决于两个：一是边际储蓄倾向 S，是由出口增量诱发的国民收入增量中转为储蓄的比例，即 $S=\Delta s/\Delta y$，反映本国储蓄增量(Δs)占国民收入增量(Δy)之比；二是边际进口倾向 M，由于进口额是国民收入额的函数，M 是国民收入增量(Δy)中转为进口增量(Δm)的比例，即 $M=\Delta m/\Delta y$，反映本国进口增量占国民收入增量之比。

外贸乘数 $K=1/(S+M)$，是边际储蓄倾向与边际进口倾向之和的倒数。国民收入倍数增量(Δy)，等于出口增量(Δx)乘以外贸乘数 K，即 $\Delta y=\Delta x(1/\ S+M)$。可见，边际储蓄倾向 S 与边际进口倾向 M 越小，外贸乘数 K 值越大，在相同的出口增量 Δx 条件下，国民收入增量 Δy 越大；边际储蓄倾向 S 与边际进口倾向 M 值越大，外贸乘数 K 值越小，在相同的出口增量 Δx 条件下，国民收入增量 Δy 越小。由于国民收入增量 Δy 中有部分收入会转为本国内部消费，因此，$(\Delta s/\Delta y)+(\Delta m/\Delta y)<1$，外贸乘数必然大于1。

3. 外贸乘数与国际贸易收支差额的调节

因 Δx(进口增量)引致 Δy(国民收入增量)，$\Delta m=\Delta y M$，当 $S=0$ 而 $M>0$ 时，出口增加或减少量所导致的国民收入增加或减少额，可通过进口增加或减少量引起的国民收入增加或减少额反向冲抵，来实现贸易顺差或逆差的平衡调节。在既定的出口增量 Δx 和边际储蓄倾向 S 下，可借助各种政策手段调节外贸乘数平衡贸易差额：当一国贸易收支顺差时，边际进口倾向 M 越大则外贸乘数越小，进口增量 Δm 越大，净出口增量($\Delta x-\Delta m$)越小，国际收支顺差减少；反之，当贸易收支逆差时，边际进口倾向 M 越小则外贸乘数越大，进口增量 Δm 越小，净出口增量($\Delta x-\Delta m$)越大，国际收支逆差减少。

收入分析法通过外贸乘数将国际收支与国民收入及一国内部经济有机结合，从独特视角分析影响国际收支平衡的原因，并提出相应的调节方式，是有理论价值与实际意义的。但该理论也存在局限性，其关于汇率稳定，价格不变，国内充分就业和出口具有完全弹性等假设条件与实际宏观经济环境不尽相符，也限制了理论的应用范围和调节效果。

1.6.3 国际收支调节的吸收分析理论

吸收分析理论(The theory of absorption)又称为支出分析法、国际收支总量吸收模型，是1952年由英国经济学家米德(J. Meade)和在国际货币基金组织就职的美国经济学家亚历山大(S. Alexander)，在凯恩斯宏观经济学的国民收入恒等式基础上提出的。由于亚历山大称国内支出为吸收，故称为吸收分析理论。

1. 国民收入与国际收支的平衡关系

凯恩斯考察封闭型经济的国民收入均衡方程式，即一国内部经济的均衡方程式 $Y = C + I + G$ 是吸收分析理论的出发点，其中，Y 为国民收入（总产出），C 为私人消费，I 为私人投资，G 为政府支出，$C + I + G$ 为国内总吸收（国内总支出），设国内总吸收为 A。在上述均衡式基础上，加入 X（出口收入）和 M（进口支出）额，形成开放型经济的国民收入均衡公式：

$$Y = C + I + G + (X - M) \tag{1-1}$$

上式中 $(X-M)$ 表示一国的贸易收支差额，设定为 B，如差额为正，表明贸易收支顺差；如差额为负，表明贸易收支逆差。

由于 $C+I+G=A$，因此，可将(1-1)式转化为：

$$Y = A + (X - M) \tag{1-2}$$

并进一步转化为：

$$Y - A = X - M \tag{1-3}$$

由于 $X-M=B$，所以(1-3)式可再转化为：

$$B = Y - A \tag{1-4}$$

(1-4)式表明，国际收支不平衡实质是国内总收入与国内总吸收之间不平衡，是国内经济差额影响的结果。总收入大于总吸收 $(Y > A)$，则 $X > M$，贸易收支顺差，是国内总吸收不足的后果；总吸收大于总收入 $(Y < A)$，则 $X < M$，贸易收支为逆差，是国内总吸收过多的表现。同理，当 $X > M$，贸易收支顺差时应扩大国内总吸收规模来吸收对外贸易的盈余；当 $X < M$，贸易收支为逆差时应压缩国内总吸收规模弥补对外贸易的逆差。由此，调节国际收支差额的根本就是要平衡国内总收入与总吸收规模，调节国民收支差额无非是按照增加或减少总收入（实质为增加或减少供给管理）或是扩张或压缩总吸收（实质为增加或减少需求管理），或是两者兼顾的要求，依据实际情况相机选择国内总需求规模增减调节政策、国内外需求结构转换调节政策和国内供给规模调节政策进行合理的搭配组合调节，实现内外经济的均衡。

2. 本币贬值的国际贸易收支调节效应

本币贬值对国际贸易收支的调节效应分析是吸收分析理论最主要的内容。吸收分析理论认为，本币贬值是通过收入效应和吸收效应两大机制调节国际贸易收支的，由于国民收入均衡式引出的国际贸易收支差额方程式为：$B=Y-A$，进一步可知国际贸易收支差额的增加额方程式为：

$$\Delta b = \Delta y - \Delta a \tag{1-5}$$

公式中本币贬值引发的新增吸收额 (Δa)，一方面取决于本币贬值下国民收入增加 (Δy)，带动国内消费、储蓄和进口量相应增加，以及间接带动投资扩张诱发的国内支出额扩大 $(c\Delta y)$ 的收入效应，即贬值引起的间接吸收效应；另一方面取决于直接吸收系数 d 决定的本币贬值引起的国内新增吸收量，即贬值引起的直接吸收效应：

$$\Delta a = c\Delta y + d \tag{1-6}$$

再将(1-6)式代入(1-5)式，则有：

$$\Delta b = (1 - c)\Delta y - d \tag{1-7}$$

其中，c 为边际吸收倾向系数，是边际消费倾向与边际投资倾向值之和，也是国民收入增加额中消费和投资吸收额占的比重，即总吸收增加额占总收入增加额的比例。从上式中可以看到，边际吸收倾向、国民收入增量引起的收入效应与直接吸收系数引起的吸收效应，是影响本币贬值改善贸易收支的关键因素。

(1) 本币贬值改善国际贸易收支的收入效应。本币贬值的收入效应是指通过本币贬值引起国民收入增加或相对增加,带动国内支出扩大而改善贸易收支差额的效果。具体表现为两大效应:

首先是闲置资源效应。闲置资源效应是借助本币贬值充分利用国内闲置资源效用而改善贸易收支的效果,是收入效应最基本的效应。当本币贬值刺激国外需求增加,只有本国存在可资利用的闲置资源来扩大出口供给时,才能产生收入效应改善贸易收支。在本币贬值条件下,出口商品相对价格下降刺激出口需求增加,进口商品相对价格相对上涨导致进口需求减少,带动国内闲置资源追加投入增加对外出口供给,并通过外贸乘数作用使国民收入成倍增长,进一步带动国内消费和投资支出等间接吸收额增加,便产生发挥闲置资源效能改善贸易收支的效用。

依据公式(1-7)可知,闲置资源效应改善贸易收支的效果大小,取决于贬值诱发的国民收入增加额 Δy 与吸收增加额 $c\Delta y$ 的差额。在国民收入增加额 Δy 为既定量时,改善效果取决于边际吸收倾向 c 的大小,当边际吸收倾向 $c>1$ 时,吸收增加额 $c\Delta y$ 大于国民收入增加额 Δy,国内需求旺盛,进口增加,出口减少,贸易收支恶化;$c<1$ 时,新增的总收入 Δy 大于吸收增加额 $c\Delta y$,国内需求相对减少,出口增加,进口下降,货币贬值才会起改善国际收支的作用。在边际吸收倾向 c 为既定值时,改善效果取决于国民收入增加额,Δy 值越大,改善效果越好,反之越差。

其次是贸易条件效应。贸易条件效应是本币贬值引起贸易条件恶化,促使对外贸易收支改善的效果。在本币贬值的初期,由于弹性时滞的J曲线效应作用恶化贸易条件,进出口数量不变而贸易收入下降,导致实际国民收入减少,国内吸收额相应下降,进口萎缩,出口扩张,增收减支而改善国际贸易收支。

(2) 本币贬值改善国际贸易收支的吸收效应。本币贬值的吸收效应是在充分就业或边际吸收系数 c 接近于1甚至大于1条件下,通过本币贬值引起国内直接吸收额扩大,改善贸易收支的效果,具体表现在提高直接吸收系数 d 改善贸易收支的效应:

第一,现金余额效应。现金余额效应是本币贬值,物价高企引起抑制国内需求(国内总吸收)而改善贸易收支的效果。本币贬值致使国内物价上涨,为维持原有消费水平,居民必须增加手持现金余额,但在资本管制与既定货币供应量条件下,意味着国内货币供应量不增加,从而使国内实际消费量相对减少,进口需求相应下降,出口供给相对扩大,贸易收支改善。同时,居民手持现金余额紧张使本国货币市场供不应求,利率上升抑制私人投资与消费,直接减少国内吸收而改善贸易收支。现金余额效应既作用于商品市场,又作用于资金市场,是货币贬值吸收效应中最重要的效应。

第二,收入再分配效应。收入分配效应是本币贬值引起价格再分配,进而调节国内吸收规模改善贸易收支的效果。本币贬值引发物价上涨,必然伴随收入再分配,收入更多地向边际消费倾向较低的"利润收入者"和边际吸收倾向较低的政府部门转移,导致国内边际吸收系数下降,吸收规模收缩,对外进口需求减少而出口供给增加,贸易收支改善。

第三,货币幻觉效应。货币幻觉效应是指本币贬值,国内物价上涨引起价格抑制,减少国内吸收而改善贸易收支的效果。货币幻觉是价格变化引起的消费心理现象,当物价上涨时,虽然收入也会增加,但消费者在货币幻觉作用下,价格上涨的效应被放大而抑制必要的消费,导致国内投资、消费等吸收量减少,对外进口需求下降,出口供给增加,贸易收支改善。

吸收论的主要理论贡献在于提出了一个涵盖宏观经济主要变量的较完整的汇率调整国际收支的模型,提高了货币贬值分析的逻辑严密性和完整性。其次,摆脱了局部均衡分析的框架,建立了结合内部经济与外部经济、国内收支与国际收支联动的一般均衡分析模型,具有重要的理论价值,并且,吸收论提出的调节国际收支的政策搭配取向也具有指导性。

吸收分析理论也存在局限性。首先,吸收论关于本币贬值是增加出口,改善国际收支的唯一原因,以及存在资源自由跨国流动的假设条件与实际不尽相符,除货币贬值外,事实上还存在其他促进出口,改善贸易收支的条件,资源的自由流动也受实际存在的贸易管制的制约。设置前提条件还大大限制了理论的应用范围。其次,吸收论仅分析贸易收支项目,将资本与金融收支排除在外,存在理论分析的盲区,因而对平衡整个国际收支的分析是不完整的。

1.6.4 国际收支调节的货币分析理论

货币分析理论(The theory of monetary approach)是随着现代货币主义学说兴起,在20世纪70年代由美国芝加哥大学和英国伦敦经济学院的约翰逊(H. Johnson)与弗兰克尔(J. Frenkel)创立的。货币分析理论将现代货币主义理论延伸至国际收支领域,运用一般均衡方法考察国际收支的平衡,强调国际收支是与货币供求相关联的货币现象,国际收支的失衡根源在于货币供给与需求的失衡,平衡国际收支的根本是要保持本国货币供求的平衡。

1. 货币分析理论的假设前提条件

货币论为便于理论分析,假设了若干前提条件:

(1) 一国处于充分就业的均衡状态下,货币需求是物价、恒久性收入和利率等变量的稳定函数,在长时期内货币需求是稳定的。

(2) 贸易商品的价格是外生变量,从长期看,一国的商品市场与金融市场服从“一价定律”(Law of one price),国际间的贱买贵卖交易会使其同类商品价格与利率水平与世界市场趋于一致。

(3) 本国货币供给增减变化不影响实物产量。

(4) 购买力平价理论在长期内是成立的。

(5) 各国货币当局不对跨国资本流动采取冲销政策(Sterilizing policy),即各国执行既定的货币供应量政策不受资本流入或流出量变化的影响。

2. 货币分析理论的基本方程式与国际收支不平衡原因

货币论通过建立和推导货币供求基本公式,证明国际收支不平衡是货币现象。

按照货币分析理论推导,一国名义货币需求为:$M_d = pf(Y, i)$,其中 M_d 为名义货币需求,f 为函数关系,p 为国内价格水平,Y 为实际国民收入,i 为利率。在开放型经济中,一国的名义货币供给 M_s,既包括国内信用创造货币的部分 D,即由中央银行国内信贷或支持货币供应的国内资产形成的基础货币投放,也包括国外货币供给基数 R,即由国际收支差额形成的国际储备转换的基础货币投放。因而,本国名义货币供给的公式应为:

$$M_s = D + R \tag{1-8}$$

将上述公式移项,表明由国际收支盈余形成的国际储备转换的基础货币投放量,是国内名义货币供给减国内实际货币供给基数的差,公式为:

$$R = M_s - D \tag{1-9}$$

从长期趋势看,一国的货币需求与货币供给是平衡的,因而:

$$M_d = M_s \tag{1-10}$$

由此,可将(1-9)式同理转换为:

$$R = M_d - D \tag{1-11}$$

(1-11)式表明国外货币供给基数 R 是一国名义货币需求与国内实际货币供给基数的差,由于一国的国际收支差额表现为国际储备(或国外净资产)的增减,R 又是国际收支差额形成的国际储备转换而成的基础货币投放,因而国际收支差额等于本国货币需求减去本国的货币供给,也就是说,本国货币需求与货币供给不平衡是引起国际收支不平衡的原因。

货币分析理论的公式表明,国际收支逆差或顺差的根源在于货币供求不平衡,国际收支逆差,是本国的实际货币供应量 D 超出了名义货币需求量 M_d。当一国货币供给增加,货币需求保持不变时,由于就业充分本国产出无法增加,货币供应增减变化也不影响实物产量,在一价定律作用下,国内物价又无法上涨,公众手中实际持有的货币余额超过其期望持有的货币余额,多余的货币便对外寻找出路,增加进口和对外投资,国内的超额货币流向国外,使国际收支顺差减少或逆差扩大。在固定汇率制下,逆差使本国外汇供不应求,为稳定币值和汇率,中央银行只能出售外汇储备,回笼本币,由此货币供给减少而货币供需趋于平衡。反之,国际收支顺差,是本国的名义货币需求量 M_d 超出了实际货币供应量 D。当国内货币供给维持不变而货币需求扩张时,公众实际持有的货币余额不足,便寻找国外货币供给,扩大出口、减少进口,吸收外部投资,国外资金流入国内,导致国际收支顺差扩大或逆差减少,由此使本国外汇供给过剩,中央银行便购回外汇,投放货币,通过增加货币供给平衡供需。

平衡国际收支的调节实质是实际货币存量对名义货币供应量的调整过程,当 $M_d = M_s$ 时,货币供求平衡,国际收支便达到平衡。因而,货币分析理论提出国际收支不平衡可由国内货币供应政策调节,因为货币当局可掌控货币供应量规模,而货币需求是实际收入、物价和利率的稳定函数,不易直接调控。在固定汇率制度下,一国货币当局可按照内外均衡的调控目标,当本国实际货币供应量 D 超出名义货币需求量 M_d,国际收支逆差时,实施紧缩性货币政策调节;当本国名义货币需求量 M_d 超出实际货币供应量 D,国际收支顺差时,采用扩张性货币政策调节。在浮动汇率制度下,国际收支主要依靠汇率的波动形成自发调节机制:当一国货币供给增加,出现超额供给时,公众持有的真实货币余额大于意愿持有货币余额,流动性过剩使国内消费和投资规模扩大,导致出口减少,进口增加,资本输出增加而输入减少,国际收支恶化使外汇供不应求,外汇汇率上升,本币贬值,引致本国商品涨价,在通货膨胀下货币需求扩张,货币供求趋于平衡,同时,在本币贬值作用下,出口商品价格下降而出口增加,进口商品价格上涨而进口减少,改善国际收支逆差。

3. 货币论关于货币贬值影响国际收支的分析

货币分析理论以假设的“一价定律”为前提条件,在本国名义货币的需求公式 $M_d = pf(Y, i)$ 基础上,加入汇率因素将公式扩展为 $M_d = EPf(Y, i)$,其中,E 为直接标价法表示的外汇汇价;P 为国外的价格水平。当本国货币贬值,外汇升值,E 值上升,相应引起国内物价 p 上涨($p = EP$),国内名义货币需求量 M_d 随之扩大,当国内货币供给 D 值维持不变时,公众实际持有的货币余额不足,只有通过扩大出口、减少进口,吸收外部投资,国外资金流入国内,形成国际收支盈余,来增加国外货币供给补充国内货币短缺,从而达到改善国际收支的目的。但要通过货币贬值改善国际收支,前提条件是不能在贬值引起国内货币需求量增加的同时,增加国内货币供应量,即在 M_d 扩大时,D 不变。因为 $R = M_d - D$,若本币贬值,国内货币需求量扩大时

D 量与 M_d 量同步增长，便无须增加国外的货币供应，国际收支仍维持原状，若本币贬值时，D 量扩张大于 M_d 量，则国际还将恶化。

货币论从货币供求关系的新角度，运用内外均衡的分析方法解释国际收支的平衡调节，认为国际收支失衡是货币供求不平衡的结果，货币的超额需求导致国际收支顺差，货币的超额供给导致国际收支逆差，调控货币数量是调节国际收支的根本手段，由此开创了国际收支全新的理论领域。其次，突破了传统国际收支调节理论将国际收支局限于对外贸易收支分析框架，从贸易收支与资金收支的整体高度及相互联动关系考察国际收支的平衡调节，既符合经济运行的实际，也使理论分析更完整全面。再次，创新地将货币供给区分为国内与国外两部分，并运用内外资金供求的相互关系解释国际收支不平衡现象，提出不同与以往的调节国际收支的政策主张。

货币分析理论也存在理论局限性。首先，货币论过分强调货币因素对国际收支失衡与调节的作用。事实上，货币供求平衡并非是影响国际收支平衡的唯一决定因素，收入与支出水平、贸易条件等其他因素同样是重要的影响因素，将货币因素绝对化与简单化不能不影响理论本身的可靠性。其次，其对国际收支长期均衡的分析是以一价定律与购买力平价的假设条件为前提的，由于运输成本、贸易壁垒及信息阻隔等原因，使现实中假设条件极难完整具备。因此，货币论的理论和政策效应必然受到影响。第三，货币分析法认为解决国际收支逆差，或以货币贬值改善国际收支必须采用紧缩性的货币政策调节，实际是以牺牲国内消费、投资和收入来纠正国际收支，无论从短期或长期看，对本国经济的发展都是不利的。

本章重要名词概念

国际收支　经济交易　国际收支平衡表　经常账户　资本与金融账户　服务贸易　职工报酬　投资收益　经常转移　资本转移　储备资产　直接投资　自主性交易　调节性交易　周期性失衡　货币性失衡　结构性失衡　收入性失衡　偶发性失衡　宏观经济内外均衡　米德冲突　丁伯根原则　政策指派与有效市场分类原则　支出增减政策　支出转换政策　ML条件　J曲线效应　外贸乘数　吸收分析法　收入效应　吸收效应　现金余额效应　闲置资源效应　收入再分配效应　贸易条件效应　货币幻觉效应

本章复习思考题

1. 广义与狭义国际收支有何区别？
2. 经常项目由哪些子科目组成？
3. 资本与金融账户由哪些子科目组成？
4. 如何运用复式记账法统计国际收支？
5. 各类国际收支差额的内涵及其在国际收支平衡中的地位和作用是什么？
6. 为何综合账户差额在国际收支分析中具有最终平衡的意义？
7. 自主性交易与调节性交易具有怎样的相互关系？
8. 各种影响国际收支失衡的因素是如何作用影响国际收支平衡的？
9. 国际收支大额逆差和顺差对本国经济发展有何负面影响？
10. 金本位与不兑现纸币货币制度下市场机制是如何自动调节国际收支失衡的？
11. 如何运用需求规模调节政策和需求转换政策调节国际收支失衡？
12. 如何运用供给调节政策调控国际收支失衡？

13. 为何在国内和国际收支各自不平衡基础上互补形成的宏观经济内外均衡是不可持续的？
14. 一国为何会出现内外均衡冲突现象？
15. 斯旺的政策组合是如何调控一国内外均衡冲突的？
16. 蒙代尔的政策组合是如何调控一国内外均衡冲突的？
17. 为何只有满足马歇尔-勒纳条件本币贬值才能改善国际收支差额？
18. 如何运用乘数分析理论调节一国的国际收支差额？
19. 为何说国际收支不平衡是国内总收入与总支出失衡的结果？
20. 为何说收入效应和吸收效应是影响本币贬值改善贸易收支的关键因素？
21. 为何说本国货币供求失衡是引起国际收支失衡的成因？
22. 一国货币供求失衡是如何引发国际收支失衡的？
23. 如何运用国内货币供给政策调节国际收支差额？

本章附件

2006 年度中国国际收支平衡表

单位：千美元

项　目	差　额	贷　方	借　方
一、经常项目	249 865 995	1 144 498 935	894 632 940
A. 货物和服务	208 912 147	1 061 681 544	852 769 397
a. 货物	217 746 060	969 682 307	751 936 247
b. 服务	−8 833 913	91 999 237	100 833 150
1. 运输	−13 353 741	21 015 285	34 369 026
2. 旅游	9 627 296	33 949 000	24 321 704
3. 通信服务	−26 202	737 871	764 073
4. 建筑服务	702 918	2 752 639	2 049 721
5. 保险服务	−8 282 919	548 176	8 831 094
6. 金融服务	−746 042	145 425	891 467
7. 计算机和信息服务	1 218 860	2 957 711	1 738 851
8. 专有权利使用费和特许费	−6 429 577	204 504	6 634 081
9. 咨询	−555 066	7 834 142	8 389 208
10. 广告、宣传	490 073	1 445 032	954 960
11. 电影、音像	15 954	137 433	121 480
12. 其他商业服务	8 432 227	19 693 334	11 261 106
13. 别处未提及的政府服务	72 306	578 685	506 379
B. 收益	11 754 607	51 239 761	39 485 153
1. 职工报酬	1 989 500	4 319 493	2 329 993

（续表）

项　　目	差　　额	贷　　方	借　　方
2. 投资收益	9 765 108	46 920 268	37 155 160
C. 经常转移	29 199 241	31 577 630	2 378 390
1. 各级政府	−146 541	64 714	211 255
2. 其他部门	29 345 782	31 512 916	2 167 135
二、资本和金融项目	10 036 765	653 276 252	643 239 487
A. 资本项目	4 020 115	4 102 477	82 362
B. 金融项目	6 016 650	649 173 775	643 157 125
1. 直接投资	60 265 011	87 285 179	27 020 168
1.1　我国在外直接投资	−17 829 655	717 771	18 547 426
1.2　外国在华直接投资	78 094 666	86 567 408	8 472 742
2. 证券投资	−67 557 571	45 601 579	113 159 150
2.1　资产	−110 418 771	2 740 379	113 159 150
2.1.1　股本证券	−1 454 000	224 000	1 678 000
2.1.2　债务证券	−108 964 771	2 516 379	111 481 150
2.1.2.1　（中）长期债券	−106 736 771	2 516 379	109 253 150
2.1.2.2　货币市场工具	−2 228 000	0	2 228 000
2.2 负债	42 861 200	42 861 200	0
2.2.1　股本证券	42 861 200	42 861 200	0
2.2.2　债务证券	0	0	0
2.2.2.1　（中）长期债券	0	0	0
2.2.2.2　货币市场工具	0	0	0
3. 其他投资	13 309 210	516 287 017	502 977 807
3.1 资产	−31 808 716	15 755 781	47 564 497
3.1.1　贸易信贷	−26 148 450	0	26 148 450
长期	−1 830 392	0	1 830 392
短期	−24 318 059	0	24 318 059
3.1.2 贷款	4 927 570	8 311 514	3 383 945
长期	−2 947 000	0	2 947 000
短期	7 874 570	8 311 514	436 945
3.1.3　货币和存款	−9 904 244	1 191 615	11 095 858
3.1.4　其他资产	−683 592	6 252 652	6 936 244
长期	0	0	0

（续表）

项目	差额	贷方	借方
短期	−683 592	6 252 652	6 936 244
3.2 负债	45 117 926	500 531 236	455 413 310
3.2.1 贸易信贷	13 227 047	13 227 047	0
长期	925 893	925 893	0
短期	12 301 154	12 301 154	0
3.2.2 贷款	11 037 860	438 447 496	427 409 636
长期	4 093 262	13 707 777	9 614 515
短期	6 944 598	424 739 720	417 795 121
3.2.3 货币和存款	10 709 837	33 998 998	23 289 161
3.2.4 其他负债	10 143 182	14 857 695	4 714 513
长期	3 862 519	4 297 088	434 568
短期	6 280 663	10 560 607	4 279 944
三、储备资产	−247 025 415	446 585	247 472 000
3.1 货币黄金	0	0	0
3.2 特别提款权	135 744	135 744	0
3.3 在基金组织的储备头寸	310 841	310 841	0
3.4 外汇	−247 472 000	0	247 472 000
3.5 其他债权	0	0	0
四、净误差与遗漏	−12 877 344	0	12 877 344

资料来源：国家外汇管理局网站。

第2章　国际储备管理

本章学习目标

掌握国际储备和国际清偿力概念及其构成形式；理解影响国际储备供给与需求的因素；把握国际储备规模与结构管理的内容、方法与要求；了解我国国际储备管理基本状况。

国际储备是一国平衡国际收支的重要手段，也是在信用纸币和浮动汇率制度下各国维持货币与汇率稳定，保持本国金融有序运行，推动国际贸易和世界经济持续发展的重要条件。随着国际金融环境的变化，以及世界各国国际储备规模扩大和储备结构的多元化，国际储备及其管理的重要性日益凸现，已成为国际金融理论与实践不可或缺的组成部分。

2.1　国际储备概述

2.1.1　国际储备概念与特征

国际储备(International reserves)是各国货币当局持有的，用于弥补国际收支差额、维持本币汇率稳定和保证对外债务清偿，为世界各国所接受的各种形式资产的总称。

各国用于国际储备的资产，一般应具有四方面特征：

(1) 官方持有性。作为国际储备资产，必须是归本国货币当局所有并直接集中掌握使用的外汇或黄金资产，非官方金融机构、企业和居民个人持有的黄金与外汇资产的所有权不归属货币当局，因而不属于国际储备资产。

(2) 充分流动性。国际储备资产必须具备能随时自由兑换为即期对外支付的现金的能力，并且必须是货币当局可以随时动用的资产。

(3) 普遍认可性。国际储备资产应当能够获得各国货币当局和国际金融市场的认同接受，从而能在外汇市场自由兑换，也能在政府间清算国际收支差额时被普遍接受。

(4) 价值稳定性。国际储备资产的自身价值必须相对稳定，以减少储备资产的风险和管理难度，保证储备资产有较稳定的对外支付能力满足国际支付的需要。

国际储备有广义与狭义的区分。广义国际储备包括自有储备与借入储备。其中，自有储备是一国货币当局已掌握可实际对外支付的资产，其流动性和支付能力最强，是无条件的国际清偿力，称为一线储备。借入储备是一国借助对外融资形成的潜在支付能力，是有条件的的国际清偿力，主要包括一国从国外借入作为储备的外汇、该国商业银行的短期外汇资产及居民私人拥有的中长期外汇资产等，称为二线储备。一、二线储备的汇总是广义国际储备，其全面反映一国为弥补国际收支逆差所能动用的一切外汇资源。通常所说的国际储备是指狭义的国际储备，其规模大小反映本国国际收支的短期平衡状况和对外日常支付能力，也反映一国货币当局调控外汇市场，稳定对外金融秩序的能力。广义国际储备又称为国际清偿力(International liquidity)，是指在保持经济正常运行条件下，一国弥补日常性与突发性国际收支逆差，稳定汇率波动的总体能力。国际清偿力与国际储备的区别体现在：

(1) 储备资产范围不同。一国的国际清偿力是该国政府对外支付能动用的一切外汇资源的总和，除货币当局直接掌握的国际储备资产外，还包括向国内外金融机构、公司和居民个人融通的借入资产，其范围远比通常所说的国际储备大，而国际储备仅是国际清偿力中的自有储备部分。

(2) 储备资产使用条件不同。国际储备是一国货币当局所有并直接控制当期可使用的外汇资产，其对外支付使用是无条件的。而国际清偿力中借入储备资产不属于本国货币当局所有，其仅是掌握了一定时期内的资产使用权，对外支付时要受使用期限和支付利息能力的制约，因而，国际清偿力使用不是无条件的，要考虑该国货币当局融通外汇资金的能力及使用的限制条件。

区分国际储备与国际清偿力，对平衡储备规模、储备成本与对外支付规模之间的矛盾有着实际意义。储备规模小能降低储备成本，减少储备资产风险，但无法应付突发性支付需要而有损本国的对外信用，甚至引发支付危机，反之，储备规模大可以确保对外支付和维护本国的信誉，但储备成本过高，储备资产风险大。因此，一方面，维持无条件支付的国际储备的适度规模与结构，在确保货币当局掌控必需的经常性对外支付能力和必要的干预调控外汇市场手段的同时，相对降低储备成本和管理储备资产的难度，减少储备资产面临的风险，避免超额储备导致外汇资产的资源闲置；另一方面，通过培育本国借入储备的资源，建立良好的国际信誉，以维持有效的国际清偿力，当本国面临突发性或临时性大额国际收支逆差需要对外支付，或者外汇市场出现剧烈波动甚至金融危机需要调节平息时，借助信用手段及时向蕴藏于民间的外汇资产或国际金融市场筹资，在保持日常国际储备规模的同时，利用机动灵活的借入储备确保对外支付安全，实现借两者所长趋利避害的目的。

2.1.2 国际储备的作用

国际储备是各国政府最重要的资产之一，持有适度规模的国际储备对保证对外支付，稳定本币汇率和外汇市场，维护本国的国际信用都有重要意义。国际储备的作用主要体现在：

(1) 弥补国际收支差额，维持对外支付能力。一国在对外经济交往中，国际收支难免出现差额，顺差时出现盈余，转结为国际储备资产，逆差时出现赤字，动用国际储备的外汇资产弥补赤字对外支付。因而，维持本国的国际支付能力是国际储备首要和最基本的职能。一般说，对于短期性、季节性和偶然性的国际收支失衡，可动用国际储备支付解决，而不必急于调整财政与货币等宏观调控政策，以便干扰宏观经济的正常运行。对于长期的、巨额的或根本性的国际收支失衡，也可利用国际储备对外支付来暂时缓冲赤字压力，防止逆差扩大或影响正常的经济贸易运行秩序，为调整宏观调控政策争取时间。

(2) 干预外汇市场，稳定本币汇率。在实行货币自由兑换和浮动汇率制度条件下，一国货币当局可借助国际储备，通过在外汇市场吞吐外汇与本币，来改变汇率变动方向和烫平过大的汇率波动幅度，实施外汇干预。当外汇汇率升幅过大，超出调控目标区间时，即在市场抛售外汇资产，购入本币对冲外币升值；当本币升值过快，即在市场购入外汇资产，沽售本币来抑制本币汇率上升，从而达到调节外汇市场，稳定汇率的目的。但国际储备作为干预资产的职能不是无限的，主要起短期调节汇率波动幅度过大的作用，无法从根本上扭转由一国经济基本面因素决定的汇率变动的中长期趋势。

(3) 充当信用保证，维护本国的国际信用。由于国际储备资产状况是评估国家信用风险的参考指标之一，也是债务国对外举债的信用基础和还本付息偿债能力的资产保证。一国国际储备充足达标，资信等级高，吸引外资与对外融资能力强，反之，对外收支逆差而储备不足则不利于本国吸收利用外资和对外融资。并且，充足的国际储备有助于提高公众对本币价值稳定的信心，是一国维持本币国际声誉和在国际市场稳定本币汇价的重要条件。

2.1.3　国际储备的构成

一国货币当局直接掌握的自有储备，即国际储备是无条件的国际清偿力，也是各国国际清偿力的主体成分，借入储备是有条件的国际清偿力，是各国对外支付储备的必要补充，两者相辅相成，构成一国完整的对外支付的国际流动性。

1. 国际储备

国际储备是组成国际清偿力的自有储备部分。在不同的历史时期，充当国际储备资产的种类也有所不同。按国际货币基金组织(IMF)的统计口径，各国的自有储备主要包括黄金储备、外汇储备、会员国在国际货币基金组织的储备头寸和基金组织分配给会员国的未动用的特别提款权四个部分。

(1) 黄金储备(Gold reserves)。指一国货币当局为应付国际支付而持有的作为金融资产的货币性黄金(Monetary gold)。

黄金作为国际储备资产有悠久的历史。在典型的国际金本位制度(International gold standard system)下，黄金具有完全的等同于货币的对外支付功能，是对外支付的最后平衡手段，自然成为各国最主要的国际储备资产形式。在第二次世界大战后建立的布雷顿森林体系(Bretton woods system)中，黄金与世界核心货币美元挂钩，仍具有对外支付和最后平衡手段的功能，出于其作为国际货币制度与国际储备基础资产的地位，因而黄金是当时最重要的国际储备形式。

自1976年起，国际货币基金组织依据《牙买加协议》开始实行"黄金非货币化"，规定黄金同国际货币制度及各国的货币脱钩，黄金不再成为国际货币制度的基础，也不能直接以黄金实物对外支付用于政府间的国际收支差额清算，只有将黄金出售变现为外汇后才能对外支付，黄金由直接弥补国际收支逆差的最后手段演变为备用的二级储备，其储备地位下降。并且，黄金储备不能生息，保管费用等储备成本较高，使得各国不同程度降低黄金储备数量，导致20世纪70年代后黄金占国际储备的总体比例下降。但是，至今黄金还是世界各国国际储备资产的重要组成部分，在部分国家甚至占有较高的储备比重，国际货币基金组织也仍然将黄金储备列入各成员国国际储备的统计范围之内，主要原因是以黄金充作一国的国际储备资产有其自身的优势：

首先，在不兑现的信用纸币和浮动汇率制度下，外汇储备的价值既要受货币发行国或金融机构的信用状况和偿付能力的影响，又要受外汇市场汇率波动的干扰，其"内在稳定性"差的缺陷使外汇储备资产面临缩水风险甚至是巨大风险，从而使储备当局处于被动地位。黄金作为实体财富，贵金属特性使其具有可靠稳定的内在价值。当国际国内出现政治、经济或金融危机的动荡或严重通货膨胀时，储备黄金通常便于避免存量资产的贬值，回避资产风险，容易被公众接受，是重要的资产保值手段。

其次，黄金作为国际商品与金融市场的交易对象，其生产和流通交易完全是由市场参与主体自主决策经营的。各国货币当局出于对外支付需要储备黄金，具有完全的自主性，不受任何限制与干涉，便于储备国依据本国实际需要和内外部条件确定储备规模与灵活调控管理。并且，国际金融市场有发达的黄金市场，各国货币当局能便捷地将黄金变现为外汇，用于平衡国际收支差额的支付。

第三，黄金通常是财富的代表，黄金储备规模大小反映一国经济与金融实力的强弱，因而其本身是本国信用和本国货币的有效担保。储备黄金对保持和提高本国对外信誉等级，稳定本国货币币值仍然具有不可替代的作用。

(2) 外汇储备(Foreign exchange reserves)。按照 IMF 的定义，外汇储备是一国货币当局以银行存款、财政部库存、长短期政府证券等形式所持有的，在国际收支逆差时可以使用的债权。外汇储备是各种储备资产中流动性最强的部分，其最主要的形式是在国外银行的外汇活期存款与持有的外国政府债券，其中用于弥补日常性国际收支差额和平准市场汇率的部分称为交易性储备，用于防备突发事件的部分称为预防性储备。

在国际金本位货币制度下，外汇储备在储备资产中地位低微。第二次世界大战结束建立布雷顿森林体系之后，外汇储备的地位有所提高，但与黄金储备相比，仍处于从属地位。随着布雷顿森林体系的崩溃和黄金储备地位的下降，从 20 世纪 70 年代起，外汇储备占国际储备的比重迅速提高，并超过黄金储备成为国际储备第一位的资产形式。目前，外汇储备是当今世界各国政府自有储备的主体成分，不仅其总金额超过所有其他类型的储备资产，其实际结算使用的频率和规模最大。鉴于外汇储备在国际储备中的主体地位，其储备规模与供给状况已经成为影响全球贸易和国际经济运行的重要因素。外汇储备规模小，国际流动性不足，容易引起外汇短缺国家实施外汇和贸易管制，造成跨国结算支付困难，抑制国际经贸发展；反之，国际流动性过剩，容易引发全球性通货膨胀。因而，保持适量的外汇储备，是世界经济和国际金融健康运行的必要条件。

由于充当外汇储备的货币通常要具备三个基本条件：必须是可自由兑换货币，即不受任何限制，随时可与其他货币进行兑换；币值相对稳定，即必须能通过有效地调控货币发行和控制通货膨胀来保持货币内在价值的基本稳定；必须为各国普遍接受，是国际结算中的常用货币，能随时对外支付或偿付债务。要具备上述世界储备货币的条件，必须有强大的经济实力作后盾。因而，充当各国外汇储备的世界主要储备货币的更替变化，与国家经济实力的历史变迁是一致的。在第一次世界大战前，基于英国领先于世界的强大经济实力，英镑成为世界最主要的储备货币。从 20 世纪 30 年代起，随着美国经济逐步崛起，美元开始与英镑共同成为世界主要储备货币。第二次世界大战以后，美国成为世界经济头号强国，美元直接与黄金挂钩，成为布雷顿森林国际货币体系的中心货币，确立了世界主要储备货币的地位，美国通过国际收支逆差，使得大量美元流出境外，提供了各国的美元储备资产。自 20 世纪 60 年代起，随布雷顿森林货币体系逐步解体，美元危机频发，其世界储备货币的垄断地位开始动摇，占各国外汇储备的比例也有所下降。同时，战后日本、前联邦德国的经济迅速发展，其世界经济地位不断上升，日元与马克的世界储备货币份额也不断增加。上世纪末，随欧洲经济货币一体化进程的深入，正式在欧盟成员国内部统一发行和流通欧元，由于欧洲联盟将各成员国分散的经济实力集中为仅次于美国的区域经济体，使得欧元诞生伊始就确立了其世界储备货币的地位，并形成当今以美元为主，欧元、日元等多种货币并存的多元化的世界储备货币体系。

(3) 在国际货币基金组织的储备头寸(Reserve position in IMF)。基金组织的储备头寸又称为普通提款权(General drawing rights)，指成员国按照规定从国际货币基金组织提取一定数额款项的权利。国际货币基金组织是类似股份制性质的互助基金，任何国家加入基金组织必须按照本国经济实力大小缴纳相应的资金份额。牙买加协议生效前，成员国认缴份额的25%部分以黄金缴纳，其余的75%部分以本国货币缴纳；牙买加协议生效后，以黄金缴纳的25%部分改用可自由兑换货币或特别提款权缴纳，其余75%部分仍以本国货币缴纳。会员国的份额认购后即成为国际货币基金组织的资产，也是其向成员国提供贷款的主要资金来源。当成员国发生对外支付困难时，有权以本国货币抵押的形式向基金组织申请提用可兑换货币，即申请普通账户的外汇贷款。

基金组织的储备头寸包括成员国在基金组织的储备部分头寸和债权头寸。成员国在国际货币基金组织的普通提款权分为5档，每档额度为该成员国缴纳份额的25%，最多可获得其认购份额的125%的贷款。第一档贷款额等于成员国以可兑换货币、特别提款权等储备资产认缴份额的部分，故贷款条件最为宽松，成员国提出申请便可提用而无须批准，属储备头寸的自动信贷额度。基金组织的信用贷款主要是以各成员国以本国货币缴纳的75%份额部分资金相互借贷形成的，当某成员国出现国际收支赤字，基金组织便将顺差国缴纳的本国货币份额家贷给逆差国，对借贷国而言，实质是以本国货币抵押形成对基金组织的债务，属于储备头寸中后四档的信用提款权，贷款条件逐档严格，利率逐档提高。债权头寸是基金组织将成员国以本国货币认购的75%部分的份额资金贷给其他成员国形成的债权，货币供应国提供的贷款额构成债权头寸，由于债权头寸是以基金组织使用该成员国货币对其他成员国贷款为前提条件的，该顺差国被基金组织贷出的份额也是其向基金组织贷款的额度，因而，贷款条件宽松，在额度内可自由提用。

货币基金组织对成员国储备头寸的贷款是基金组织最基本的贷款方式，主要用于平衡会员国的国际收支短期失衡，不能用于成员国贸易与非贸易的经常项目支付。贷款具体采用换购方式，即会员国以本国货币向基金组织换购所需的外汇款项，还款时再以外汇购回本国货币。其贷款对象限于会员国政府下属的财政、金融部门，如财政部、中央银行、外汇平准基金等。贷款额度与成员国认购份额成正比，但最高额度不超过所缴份额的125%。

(4) 特别提款权(Special Drawing Rights, SDRs)。特别提款权是国际货币基金组织创设分配给各成员国除普通提款权以外的一种特别使用资金的权利，是为会员国提供的补充储备资产的一种国际流通手段。

特别提款权作为新型的国际储备资产，具有以下特征：

首先，特别提款权是无任何附带条件的流动资金，由基金组织按照各会员国的认缴份额成正比确定的配额进行无偿分配，一国可实际动用的特别提款权数额平均不能超出其在基金组织中份额的70%，但可持有3倍于自身配额的特别提款权。动用特别提款权不需要缴纳任何款项，无须事先签订协议或经基金组织审批同意，使用后也不需要偿还。普通提款权则按成员国认缴的份额确定，其信用贷款部分的贷款条件也较特别提款权严格，资金融通使用后需要按期偿还。

其次，特别提款权是基金组织创设的无形货币，虽被称为“纸黄金”，但不能直接兑换黄金，仅仅是作为会员国政府国际储备的账面资产和会员国之间跨国收付的计价结算工具使用。成员国之间特别提款权的收付结算通过基金组织开立的特别提款权账户进行，具体可用于会员国向其他会员国换取可兑换货币外汇，支付国际收支逆差以及偿还国际货币基金组织的贷款，但不能直接作为流通手段用于成员国贸易与非贸易等经常项目的对外支付。

第三，特别提款权属于会员国政府的储备资产，只能由成员国货币当局持有，并在成员国货币当局之间，以及国际货币基金组织等国际官方金融机构之间使用，国际非官方金融机构不能持有与使用。目前,特别提款权有两类持有人:一类是作为法定持有人的基金组织成员国政府;另一类是国际货币基金组织特别指定可持有和使用的区域性或国际性金融机构,包括国际清算银行、世界银行及开发协会、亚洲开发银行、瑞士国民银行等16个机构。

第四,成员国作为取得特别提款权的条件,必须承担两项义务:一是按照基金组织的规定,凡会员国持有的特别提款权数额低于其累计分配的数额时,其不足的差额部分应由该成员国向国际货币基金组织支付利息;反之,会员国持有的特别提款权数量高于其累计分配的数额时,其超出部分由国际货币基金组织向该成员国支付利息,也就是说,凡以特别提款权换取外汇的借款国,要向基金组织付息,而出借外汇的贷出国,要向基金组织收取利息。二是在需要时,会员国应当按照基金组织规定的原则,接受特别提款权并兑出相应的货币。一般情况下,只有国际收支规模较大与国际储备资产实力较强的会员国家才会被要求承担第二项义务。

国际货币基金组织是于1969年9月创设,从1970年起正式向参与特别提款权的部分成员国分配使用特别提款权。迄今为止,基金组织共发行约合220亿美元的特别提款权,其中2/3以上为发达国家所持有。

在创立之初,特别提款权以黄金表示其代表的价值量,特别提款权的金平价等同于当时美元的金平价,即为0.88867克黄金,或35特别提款权等同于1盎司黄金,但不能直接兑换为黄金,因而又被称为"纸黄金"(Paper gold),事实上,当时1特别提款权代表的价值量等同于1美元。20世纪70年代起,布雷顿森林货币体系崩溃,黄金与国际主要储备货币脱钩,基金组织从1974年7月1日起,选择以往5年中出口贸易额占全球出口贸易额比重超过1%的16个国家货币作为计价定值的篮子货币,采用加权平均方法确定特别提款权的价格。具体以各国贸易额占16国总贸易额的比重为权重数,分别乘以计算日或前一日外汇市场上16国货币对美元的汇价,得出当日特别提款权对美元的价格,再根据美元对其他15国货币的市场汇率,套算出特别提款权对其他货币的比价。从1980年9月起,为了简化特别提款权的定值方法,基金组织改用世界贸易中美国、英国、德国、法国和日本等五个主要发达国家的货币定值,各种货币在货币篮子中的权重值由五国的商品和劳务的出口数额,以及基金组织各成员国货币当局持有五国货币的总额确定,并规定各种货币的权重值每五年调整一次,至今已在1986年、1991年和1996年三次修改。欧元诞生后,国际货币基金组织重新调整了特别提款权的货币组合和权重,至2001年2月,特别提款权的定值货币组合及各种货币的比重是美元45%、欧元29%、日元15%、英镑11%。

由于采用"篮子货币"定值,权数收敛了货币汇率波动的传导影响,并且,世界主要货币之间汇率的异向波动,也能在一定程度上相互抵消汇率波动的影响,在浮动汇率频繁波动环境下,使特别提款权具有价值相对稳定的优势。但因特别提款权自身缺乏内在价值,创设数量少,占国际储备的比重有限,发行与分配不尽合理,并仅用于成员国官方之间的转账结算,使其使用受到很大限制,难以成为各国国际储备的主要资产。

2. 借入储备

为全面反映一国的对外清偿能力,国际货币基金组织将具有国际储备特征的借入储备资产,纳入成员国的国际清偿力统计范围,主要包括备用信贷、互惠信贷和支付协议、本国商业银行的对外短期可兑换货币资产等三部分。

(1) 备用信贷。所谓备用信贷是成员国发生国际支付困难或预计可能发生对外收支逆差时,预先与基金组织签订的借款意向协议。该协议通常规定成员国政府可借用资金的额度、提款和使用期限、利率、币种等条款,一旦需要便可按协议规定提用,无须再申请审批。凡按协议可随时使用而尚未使用的额度,可计入成员国的借入储备,但协议金额中实际未使用部分的款项,成员国需要按1%的年息率缴纳管理费。

备用信贷是成员国政府未来调控本国国际收支平衡,保持市场汇率稳定和应对突发支付危机或金融危机的二线储备,对稳定市场参与者心理预期和抑制市场投机行为有预防作用。

(2) 互惠信贷协议。互惠信贷协议指两国签订的允许缔约国在约定条件下相互使用对方国家货币的双边合约。其签约国通常是有密切经贸往来和相互之间存在国际收支的国家,当协议国一方出现与另一方的国际收支逆差而又缺乏支付能力时,便可按协议规定的最高限额、使用限期等条件自动使用对方的货币向对方支付结算,并在规定的期限内偿还,但作为借入储备,其只能用于清算协议国之间的国际收支差额,而不能用于与第三国之间的国际收支差额清算。如美国在20世纪60年代曾同10多个国家签订双边互惠信贷协议,以减少因对外支付引起外汇市场对美元的压力。

(3) 货币互换协议。国际金融创新下推出的货币互换等新型金融产品,为各国货币当局拓展应对突发性国际支付的二线储备来源提供了新的手段。货币互换是协议方按照协议规定的币种、时间、数量和价格相互交换各自手中的货币,政府之间通过签订货币互换协议,为外汇短缺国应对紧急对外支付,克服支付危机提供外汇支持,借助政府间金融合作形成新的国际储备头寸。在上世纪末发生的东南亚金融危机中,印度尼西亚、泰国、马来西亚、菲律宾和新加坡五国之间签订货币互换协议,通过货币互换方式相互为货币受攻击国及时补充外汇,对减轻危机国的外汇冲击,维持市场汇率稳定起到了一定的积极效果。在2003年东南亚联盟10国与中、日、韩三国共同制定的《清迈协议》框架下,目前各国已达成17个双边货币互换协议,总金额达525亿美元。2005年10月我国与印度尼西亚签署的货币互换协议规定,当印度尼西亚外汇储备不足,对外支付需要短期流动性支持时,可以印尼盾兑美元互换的形式,从中国获得不超过20亿美元的融资支持。

(4) 本国商业银行的外汇货币资产。本国商业银行的外汇资产,如外汇存款、外汇债权票据和外汇证券等,虽然所有权不属于政府,但其资产流动性和趋利性较强,只要货币当局能恰当运用各种经济手段有效诱导调动资金流向,需要时也能将民间的外汇借入,补充为政府对外支付的手段,参与国际收支的平衡调节。

2.2　国际储备的供给与需求

静态的国际储备表现为各种储备资产的实际储备规模,从动态角度看,国际储备是储备资产供给与对外支付需求之间的均衡过程,即是与需求相匹配的动态变化的储备规模。由于国情差异使得影响各国储备资产供给与支付需求的因素不同,从本国实际出发,有效调节各种影响供求的因素,形成适度的国际储备规模并实现储备供求的基本均衡,是国际储备管理的基本任务。

2.2.1　国际储备的供给

国际储备的供给即储备资产的补充来源和可供量,在一定储备需求条件下,及时、适度成本、充足和稳定可靠的储备供给,有助于减少一国国际储备规模,有效维持储备供求平衡,否则,将扩大国际储备规模和增加平衡储备供求的难度。尽管各国的国际储备资产的实际供给

规模与结构不同,但影响储备资产供给来源及供给量的基本因素相同,主要有:

(1) 国际收支盈余。国际收支盈余是影响各国外汇储备的根本因素,也是形成国际储备最直接和最主要的来源。在进出口贸易和汇率基本稳定的情况下,经常项目的盈余是依靠本国实体资源出口创汇获取的收入,表明本国的产品与产业处于国际比较的优势地位,是比资本与金融项目盈余更为可靠和稳定的储备来源,其稳定可靠地形成的自有储备,是各国国际储备的基础来源,其盈余额大小及其稳定状况直接影响本国国际储备的规模与稳定性。资本与金融项目盈余虽然因资本的内外流动和还本付息,特别是短期资本较频繁的内外流动而具有不稳定性,但其同样是国际收支中自主性交易形成的线上项目盈余的组成部分,对一些国家在特定时期的国际储备供给有举足轻重的影响。

(2) 本国货币当局的外汇干预收入。在浮动汇率条件下,由市场机制自发形成汇率。货币当局不直接官定汇率,而是通过设置汇率目标区,运用外汇干预手段间接调控市场汇率。当本币汇率上涨突破汇率目标区时,本国货币当局买入外汇,投放本币抑制本币过度升值;反之,则抛出外汇,收回本币,控制本币的过度贬值。货币当局干预外汇市场时买入的外汇,冲抵抛售外汇后的余额形成本国外汇储备的来源。由于外汇干预是以烫平外汇市场波幅为目的,干预产生的收入额有很大的不确定性,其不能成为一国国际储备依赖的主要来源。

(3) 本国政府对外借款。本国政府对外借款包括在国际货币基金组织中的一般提款权和特别提款权借款形成的自有储备,还包括政府之间的相互融资和本国政府在国际金融市场上融资形成的借入储备。尽管基金组织的优惠借款与国际金融市场发达便利的融资环境,不同程度地增强了各国政府的储备弹性,但对外借款毕竟不同于外汇与黄金储备的自有属性,有还本付息能力和借款成本的硬约束。因而,借入储备仅是一国弥补国际收支赤字的短期周转手段,不能从根本上解决一国持久性逆差的矛盾。

(4) 本国政府收购黄金。本国中央银行在国内与国际黄金市场收购黄金,形成自有黄金储备,但通过收购黄金扩大本国的国际储备是有条件的。这是因为,对于大多数非自由兑换货币国家的而言,中央银行在国际黄金市场收购黄金必须使用外汇,其结果是在黄金储备增加的同时减少外汇储备,国际储备总量没有增加,只是改变了其国际储备的资产结构。当其在国内黄金市场以本币收购黄金时,不能对外支付的本币转换成可在国际市场抛售换取外汇的黄金,就不仅形成黄金储备,还增加了本国的国际储备总量,但储备规模也要取决于本国黄金储藏量与生产规模。至于可兑换货币国家货币本身就可直接对外支付,其不论是在国内或国际黄金市场以本币收购黄金,都无实际意义。

(5) 其他来源。其他来源是一国除上述渠道以外获取国际储备资产的来源,例如本国外汇储备的境外投资收益与利息收入,因汇率或黄金价格变动引起储备外汇和黄金资产溢价,政府与非政府组织的援助等。其他来源形成的储备通常是偶发性收入,占各国储备总量的比例小,对储备供给影响有限。

综上所述,外汇储备是目前影响世界各国国际储备的最主要因素,在现行国际货币体系下,储备货币的发行国以国际收支逆差输出的货币,是其他国家外汇储备的来源,一国国际储备规模的增减受制于储备货币发行国的国际收支状况,当储备货币发行国发生国际收支逆差,就使国际收支盈余国的外汇储备增加,反之,储备货币发行国出现国际收支顺差,必然减少国际收支逆差国家的外汇储备,由此,反映出现行世界货币体系存在不可调和的内在矛盾。

2.2.2 国际储备的需求

国际储备的需求即储备资产的对外支付，在既定储备资产供给条件下，本国的储备需求量直接影响储备供求平衡，储备需求越大，储备供求平衡的难度越大，反之，平衡难度越小。按照国际经济与贸易与本国经济发展的总体目标，通过调节影响国际储备需求的各种因素来有效管理对外支付需求，是实现储备供求均衡的决定性条件。各国所能调控的影响储备需求的因素主要有：

（1）国际收支逆差。弥补国际收支逆差是国际储备的基本功能之一，因而，国际收支逆差是形成储备需求的决定性因素。一国储备需求与国际收支可能产生的逆差规模、频率和弹性是正相关的，逆差数额越大，频率越高，受相关因素影响的敏感弹性越强，对储备需求越多；反之，则越少。此外，储备需求还与国际收支逆差的类型相关。如果是长期性、结构性或货币性的国际收支失衡，在用国际储备弥补逆差的同时，更要着重运用支出变更和支出转换政策进行全局的、内外经济联动的供求调控来平衡。而对突发性和短期性国际收支逆差主要是运用国际储备弥补。因此，国际收支逆差越偏向短期和突发类型，对国际储备的需求越大；反之，储备规模越小。可见，凡影响国际收支逆差规模、频率、弹性和类型的本国国民收入水平、货币供求状况、经济结构、总供给与总需求状态等因素，最终会间接影响本国的国际储备规模。

（2）汇率制度与外汇管制类型。在一定的汇率目标下，不同的汇率制度产生不同的储备需求。在固定汇率制度下，当外汇供不应求时，本币汇率面临贬值压力，货币当局只能抛售储备的外汇进行干预，通过增加市场的外汇供给，回笼本币来保持汇率的稳定，因而需要较大的国际储备规模。在完全自由浮动的汇率制度下，汇率完全由供求关系决定的市场机制自发调节，政府基本不作干预，因而需要的储备规模是有限的。在有管理的浮动汇率制度下，汇率主要由市场供求关系决定，货币当局必要的市场干预仅起辅助调节作用，其对国际储备的需求取决于本国货币汇率的目标即本国所能接受的本币贬值的程度，以及外汇市场汇率的波动幅度与频率，一般说，本国能接受的本币贬值有限、汇率波动频繁且波动幅度越大，对储备规模的需求也越多；反之，对储备规模需求越少。

此外，国际储备需求规模还通常与各国外汇管制的程度呈负相关。外汇管制越严厉，本国政府对外支付的可控度就越高，可能出现的支付风险就越小，所需的国际储备规模也越小；反之，货币自由兑换度越大，外汇监管越少，外汇市场可能发生的波动幅度、外汇风险和支付风险越大，需要较大的储备规模以备不测。

（3）本国经济对外开放度与对外经济交流实力。在经济全球化环境下，世界各国不同程度地实行对外开放的政策。一般说，一国经济越对外开放，国民经济对外依存度越大，内外经济贸易流量越大，其受各种不确定性因素影响的概率越大，程度越深，需要防范的风险越大，国际储备规模越大；反之，规模就越小。同时，本国参与对外经济交流的经济实力越强，产品与产业的竞争力和国际比较优势越强，外汇创收与吸引外来投资的能力越强，其潜在的外汇收入越多，国际信用越佳，需要的储备规模就越小；反之，储备规模越大。

（4）储备的机会成本与储备费用。国际储备耗费的成本与储备需求规模呈负相关。国际储备的成本包括机会成本和费用成本。国际储备的机会成本是储备资产闲置而损失的收益，其以国际投资的平均收益率标准衡量，也就是说，将国际储备资产的实际投资收益率与国际平均投资收益率比较，如果后者高于前者，表明储备资产收益率低，持有储备的机会成本大，需要控制国际储备规模来减少储备成本；反之，储备的机会成本小，可扩大储备规模的需求。由于储备资产投资收益取决于投资环境和投资管理水平，因而，投资环境优越，投资管理水平高的国家，可扩大储备规模；反之，应严格控制储备规模。国际储备费用是储备管理中发生的各项支出，也影响储备规模，如果储备资产管理费用高而效率低，就抑制储备规模扩大；反之，有利于扩大储备规模。

(5) 调节国际收支平衡的政策成本与效率。一国内部与外部经济是个相辅相成的整体，本国货币当局动用财政和货币等支出变更政策，以及汇率等支出转换政策调节国际收支差额，改善对外收支状况的同时，如对国内经济运行产生不利影响，便形成平衡国际收支的政策调节成本，制约政策效果。例如通过增加进口，抑制出口减少国际收支顺差的同时，如果不能相应增加内需，必然使国内供给过剩，就业率下降，国民收入减少，经济增长乏力；反之，通过控制进口，增加出口调节国际收支逆差的同时，容易使内部经济供给不足，引发通货膨胀和经济过热。显然，政策调节成本与储备需求呈正相关，调节国际收支的政策成本越高，政策效率损耗越大，必然制约政策实施的强度和广度，增加国际收支平衡难度，对国际储备规模需求就越大；反之，对储备规模的需求越小。

(6) 对外融资能力和国际货币合作水平。一国的国际资信等级越高，能稳定地在国际金融市场及时、足额和便利地筹措对外支付的流动头寸，或者与别国政府有良好的国际货币合作关系，一旦需要对外紧急支付能得到国际货币协作的外汇援助，相应对自有储备需求越少，储备规模也越小；反之，就需要有较大规模的一线储备。

此外，对于目前少数本币兼有世界储备货币功能而享有货币优势的国家，由于其货币可自由兑换，并在国际交易计价和国际结算中被各国广泛接受，只要增加本国货币发行，扩大对外负债即可满足对外支付，不需要大量的国际储备。对于大多数不享有世界储备货币优势的国家，其本币的国际认可度低，对外结算必须以其他国家普遍接受的外汇支付，需要较大的国际储备规模。

2.3 国际储备管理

国际储备管理是货币当局依据本国经济发展目标和国际收支调控要求，对国际储备的规模与结构以及外汇储备资产投资等进行组织规划、决策、调节和监督的活动。从储备资产的角度分，国际储备管理包括以保持适度储备水平为中心的规模管理和以维持合理储备结构为目标的结构管理，前者偏重总量控制，后者侧重币种与流动性调节，两者相辅相成，缺一不可。

2.3.1 国际储备规模管理

1. 国际储备的适度规模

国际储备规模又称国际储备水平，是指一国政府在一定时期内持有的国际储备资产的绝对数额，或是持有的国际储备资产额与某些重要经济指标的相对比值，如一国的国际储备额与本国的国内生产总值(GDP)的比值、国际储备额与本国国际收支差额的比值、国际储备额与本国外债余额的比值等。

国际储备规模管理的核心是合理确定适度的储备规模，对于保证本国对外支付能力，维护对外经济贸易秩序与金融稳定，维护本国信誉，提高储备资产收益关系重大。一方面，如果自有储备规模过小，无法满足对外贸易及经济往来的跨国支付需要，又不能及时以合适的成本获取所需的借入储备弥补逆差，势必阻碍对外经济贸易的发展，导致内外经济失衡，甚至因信用危机引发金融和经济危机，威胁本国的经济与金融安全。另一方面，并非储备规模越大越好。国际储备有机会成本，由于外汇储备实质是以国内实体资源出口换取的国际购买力，是本国掌握的以外国货币表示的存放于境外的财富，而黄金储备本身就是价值贵重的财富，超量储备是将可资利用的资源闲置或低效率运用，无助于本国社会经济发展，就意味着资源的浪费。并且，在汇率和国际市场黄金价格波动条件下，储备资产还需要面对资产缩水的风险。当超储资产包括资产价值、储备费用和资产风险在内的机会成本越大，即等值资产的国际市场平均投资收益率越大，则超储的储备资产规模越大，资源配置的效率就越低。并且，国际储备规模过大，超储的外汇资产兑换本币还将引发本国货币供应量的扩张，增加通货膨胀的风险。

长期以来，国际储备的适度规模是国际金融理论和实践探讨的难题。什么是适度的国际储备规模，国外学者提出过各种不同的观点。例如弗莱明(M. Fleming)认为，如果国际储备的库存数量增长使储备支付压力的缓解程度达到最大化，该储备存量的规模和增长率就是适度的。巴洛夫(T. Blogh)提出，在现有资源存量和既定的储备水平条件下，如果储备增长能实现经济增长的最大化，该储备增长就是适度的规模。总之，适度的国际储备规模应当兼顾国内经济发展目标和对外经济平衡，一方面，适度国际储备规模必须保证本国的国际支付能力和汇率稳定，另一方面，应当有利于本国内部经济目标的实现。

2. 国际储备适度规模的确定方法

早在1922年的热那亚世界货币会议上，最适国际储备规模的确定问题即被提出，并引起各方的高度重视。由于影响国际储备供给与需求的因素众多，各因素之间相互交错的互动影响复杂，国情不同又导致实际影响各国国际储备的供求因素存在差异，使得解决国际储备适度规模确定的方法困难而复杂。目前，国内外确定国际储备适度规模的适用方法主要有：

1) 指标测度法

指标测度法是依据国际储备额与特定对外经济指标之间的比例，或依据特定经济金融指标数值、经济金融政策调整力度等指标确定国际储备适度规模的方法。目前较适用的指标有：

(1) 国际储备额与进口额比率指标。美国耶鲁大学教授罗伯特·特里芬(R. Triffin)1960年出版《黄金与美元危机》一书，在分析国际货币制度变革对储备资产测度和储备规模的影响，以及统计半个多世纪以来全球数十个国家储备状况的基础上，提出的测量国际储备的方法和衡量储备水平的标准。特里芬认为，一国某一时期的国际储备供给与需求受多种因素的作用，适度储备规模的确定难以用精确的数学公式表示，测度方法与储备水平的衡量标准应随国家与时间的不同而变化。考虑到数据可得性与计算简便性，储备进口比率是简单实用的定量测量方法。特里芬认定，一国国际储备的合理规模应为该国当年进口总额的20%～50%。实行外汇与贸易管制的国家，控制进口的能力强，储备规模可适当降低，但不可低于20%；非外汇与贸易管制国家，储备规模应适当扩大，但不高于50%。多数国家应保持30%～40%的比率较为合理，通常不能低于25%。如果将进口额按周划分，国际储备应为一国9～13周的周平均进口额，即一般不少于本国3个月的进口支付规模为宜。

在贸易收支额占各国对外收支主要比重的条件下，储备进口比率直接反映一国对外贸易项目的支付能力，对保证本国国际支付安全，避免支付危机具有标志意义，加之其简便易行的优点，使其被各国与国际组织广泛采用。但其也存在明显的缺陷。首先，国际储备的主要功能是弥补对外收支逆差，并非是为进口支付提供外汇资金，因而，适度储备规模不是进口额决定的一元函数，是由众多经济变量决定的多元函数。其次，按照储备与进口比例的要求，储备需求对进口交易额的弹性系数为1，两者应同步增加。但现实中各国情况存在差异，储备量与进口额并非是完全同步变化，需要依据各国的实际确定。

（2）国际储备额与外债总额比率指标。国际储备额与对外债务总额的比率是衡量本国国际资信和对外清偿能力的指标。从国际经验看，国际储备额应占本国对外债务余额的50%。

储备与外债余额比率能直接反映本国的偿债能力和债务风险度，在国际资本流动频繁，资本与金融项目交易规模扩大和债务风险激增的环境下，对各国控制债务危机和避免金融风险具有重要价值，并且指标使用简便易行，因而，是测度和确定国际储备规模的重要指标。但其也存在不足，首先，储备与债务比率侧重控制资本与金融项目偿付能力，以防范债务风险为主，对占国际支付基础地位的经常项目，特别是贸易项目的支付保障反映不足。其次，各国的对外国际债务有长期与短期之分，对偿付的流动性和风险准备要求不尽相同，如果用同一指标衡量和控制国际储备规模，会出现短期债务占比较高时短期偿付的流动性不足，或长期债务为主时，储备资产过剩闲置的现象。

（3）国际储备额与国民生产总值比率指标。国际储备额与国民生产总值比率是反映与一国经济发展实力相应储备规模的指标。一般说，一国的国民生产总值与国际储备规模是正相关的，经济规模越大，经济实力越强，其所能提供的国际储备规模也越大；同时经济规模越大，其对外经济交易规模和支付需求越大，所需要的国际储备规模也越多。

由于影响国际储备供求存在众多复杂的因素，因而使用国际储备额与国民生产总值比率指标不能绝对化，需要结合考虑其他因素综合运用。例如对于本币充当世界储备货币的少数发达国家而言，由于具有对外支付的货币优势条件，因而作为当今各国国际储备主体资产的外汇储备规模远小于其应有的比值。

（4）国际货币基金组织评估成员国国际储备规模的经济与金融指标。鉴于最适国际储备量确定的复杂性，IFM在评估成员国的国际储备量是否短缺时，还采用了若干客观的经济金融指标为综合观察的依据，具体包括以下五方面的指标：

首先，该国执行的利率是否过高。在一国现行或潜在国际储备不足时，借助高利率吸引外来资本，增加资本与金融项目收入，制止资本外流，减少资本与金融项目对外支付，是稳定国际收支从而防范对外支付危机的措施。当成员国执行明显高于本国实际经济运行应实行的正常利率时，即可认定该国的国际储备不足。其次，该国是否采取严格的国际交易管制。严格控制资本流出和管制进口贸易是国际储备不足时，减轻对外支付压力的硬性措施，当成员国持续实行严格的资本与贸易管制政策，即表明该国的国际储备或潜在储备不足，只能借助于管制减少对外支出。第三，该国是否把扩大储备量作为经济运行的首要目标。当国际储备不足成为影响本国内外经济持续健康运行的主要矛盾，成为本国经济金融安全重大隐患时，增加国际储备必然成为该国经济运行所要解决的头号紧迫问题。第四，该国是否发生持续性的汇率不稳定。在固定汇率制度下，当发生外汇供不应求导致外汇升值，本币汇率下跌的汇率波动时，如果本国国际储备不足，无法通过售出大量的外汇抑制外汇升值，阻止本币贬值，汇率波动便将持续甚至进一步恶化酿成货币危机。在浮动汇率制度下，尽管小波幅的市场汇率波动一般无须政府货币当局的干预。但当波动幅度超出本国汇率目标时，仍然需要货币当局的适度干预，以维持汇率的稳定和保证本国经济的正常运行。如果成员国外汇市场发生持续性的汇率波动，便表明该国国际储备不足，缺乏干预外汇市场的必要能力，只能任由市场汇率持续波动。第五，该国新增储备是否主要源自信用安排。自有储备是本国经常性对外支付能力的中坚，其主要来自于贸易项目和资本金融投资项目的净收入，当成员国新增的国际储备资产主要依靠信用融资途径筹集时，便表明该国的外汇创收和吸引外资能力不足，缺少维持国际储备适度规模的可持续性。

2）相关分析法

相关分析法是在确定影响国际储备规模的因素与国际储备相关度的基础上，依据各种影响因素的变量参数确定国际储备适度规模的定量分析方法。自 20 世纪 60 年代后期起，西方学者开始运用线性回归分析方法建立计量模型，通过对影响国际储备供求因素与国际储备量之间的相关性分析，探讨解决如何依据各国实际经济变量确定国际储备适度规模的途径。由于各国学者建立的模型引进的解释变量和被解释变量不尽一致，使模型类型也不尽相同，概要介绍以下两种：

（1）弗伦克尔（A. Frenkel）的双对数模型。其回归方程式为：

$$\ln R = a_0 + a_1 \ln m + a_2 \ln\delta + a_3 \ln M + \mu \tag{2-1}$$

上述公式中，R 表示一国的国际储备规模，m 表示一国的平均进口倾向，δ 表示一国国际收支的变动率，M 表示一国的进口水平，a_1，a_2 和 a_3 为参数，分别代表 R 对 $m\delta$ 和 M 的弹性。模型以一国的国际收支变动、平均进口倾向和进口水平等因素为各自独立的影响变量，通过统计测定和检验国际储备量对各因素的弹性参数，计算在各种既定因素影响下各国应保有的适度国际储备规模。

（2）埃尤哈（A. Iyoha）的动态调整模型。其函数式为：

$$R_t = a_0 + a_1 x^e + a_2 \delta^2 + a_3 r + a_4 p + a_5 R_{t-1} + a_6 R_{t-2} + \mu \tag{2-2}$$

上述公式中，x^e 为一国预期出口收入，δ^2 为一国进口支出的变动率，r 为一国持有外汇资产的利率，p 为一国的经济开放度，R_t、R_{t-1}、R_{t-2} 分别为 t 期、$t-1$ 期和 $t-2$ 期的国际储备额。动态调整模型将一国的预期出口收入，进口支出变动率、持有外汇资产的利率，经济开放度以及前期的国际储备量等因素设为独立的影响变量，通过统计测定和检验国际储备量对各影响变量的弹性参数，计算在各种既定因素影响下 t 期应保有的适度国际储备规模。由于模型引入了 $t-1$ 期和 $t-2$ 期的国际储备量作为 t 期储备规模的解释变量，使得对适度储备量的分析有前期储备规模的基础，又参考其他因素的变化进行调整而具有动态连续性。

相关分析法将储备规模从单纯的定性规范分析，转向量化实证分析，使适度储备规模的研究趋于精确。并且，计量模型普遍引入国民收入、货币供应量、国际收支变动量、进口水平、边际进口倾向和持有储备的机会成本等诸多影响储备规模的经济变量，由此在相当程度上克服了指标法由单一因素确定储备规模的局限性，使结论更全面和更符合实际。但相关分析法实质是根据以往的国际储备额和其他影响因素的数据预测后期储备水平，鉴于以往数据的准确性、完整性程度和后期经济环境变化的干扰，难以保证测算结论的准确，因而应将其与其他方法结合使用。相关分析模型还将各种影响国际储备的因素设为各自独立的经济变量，也未进行各因素之间的相关性分析，但实际中各种因素之间存在的交错影响的相关关系，必然在一定程度上影响结论的可靠性。

3）成本收益分析法

成本收益分析法是在分析比较国际储备的收益与成本基础上，以边际成本与边际收益的均衡点为最适储备量的计量分析方法。自 20 世纪 60 年代末以来，成本收益分析法作为一种有效的工具被引入适度储备规模的研究。

成本收益法的使用基于测算国际储备的收益和耗费的成本。一方面，持有国际储备的收益包括因储备而节约的调节成本和融资成本。当国际收支产生逆差时，如果国际储备不足，便必须实行进口或外汇管制政策，以减少支付额，但会由此影响本国经济和国民收入的增长。如果一国储备充足，以此弥补逆差便争取了政策调节的缓冲空间，减少了经济硬着陆的损害，可见，因一国持有储备避免被迫采用硬性的国际收支调节政策压缩内部需求和进口，形成的国内产出和国民收入减少，失业增加等调节成本形成调节收益，可用以下公式表示：

$$RB = Y_2 = R/q_2 \tag{2-3}$$

式中 RB 为一国持有储备的收益，Y_2 为一国实行进口管制调节政策，减少进口导致国内减产的损失量，R 为一国储备规模，q_2 为本国进口的生产性物品与本国总产出（总产量）的比率。公式表明政策管制进口的调节成本（Y_2）与储备的调节收益（RB）成正比；储备越充足，进口管制越宽松，进口量越大，其与本国总产出的比值（q_2）越小，则 R/q_2 值越大，储备的调节收益越多；反之，越少。

同时，因一国货币当局持有国际储备，当发生国际收支逆差需要对外支付时，便无需再以较高的成本在金融市场融资，节约的融资成本形成储备收益，可用以下公式表示：

$$RB = R \cdot P/q_2 \text{，其中 } P = (\pi)^{R/D} \tag{2-4}$$

式中 P 为因本国储备不足需要为国际收支逆差融资的概率，D 为本国发生国际收支逆差的预期规模，π 为本国出现国际收支逆差的概率。公式表明当 q_2 为确定值时，本国预期发生的国际收支逆差规模越大，出现国际收支逆差的概率越大，P 值越大，P/q_2 值也越大，储备收益越多；反之，越少。

一般说，储备规模越大，弥补国际收支差额的能力越强，持有国际储备的收益越大。但随储备量的扩张，其弥补收支逆差的边际效用递减，也使持有储备的边际收益递减。

另一方面，持有一定规模的国际储备需要耗费一定的成本。国际储备的持有成本是一国资本生产率与储备资产收益率之差，即等量储备资金购买生产性进口产品投资本国企业生产获取的收入大于储备资产投资所获得的收益，可用以下公式表示：

$$OCR = Y_1 = R \cdot m/q_1 \tag{2-5}$$

式中 OCR 为本国国际储备的机会成本，Y_1 为本国使用储备购买生产性进口产品投资本国企业生产的产出量，R 为本国可用于进口生产性物资的外汇储备额，m 为本国增加的资本与产量的比率，q_1 为本国追加资本的进口含量。公式表明当 m/q_1 为确定值时，一国外汇储备规模（R）越大，储备的机会成本越高，并且，随储备资产规模的增加，储备的边际成本是递增的；反之，越小。当 R 为确定值时，m/q_1 值越大，储备的机会成本越大；反之，越小。

由此，当持有国际储备的边际收益大于边际成本时，扩大储备规模是合理的；反之，当持有储备的边际成本大于边际收益时，应压缩储备规模；当持有储备的边际收益等于边际成本时，即一国最合适的国际储备均衡规模。可见，一国适度的国际储备规模是由持有储备的收益与成本的均衡点决定的，即适度储备量（R_{Opt}）应为：

$$R_{Opt} \cdot m/q_1 = R_{Opt} \cdot (\pi)^{R/D}/\ q_2 \tag{2-6}$$

成本收益分析法将储备资产看作一种经济资源，从投入产出比较的绩效角度评判储备规模的合理性，作为确定适度储备量的依据是有效可行的。

2.3.2 国际储备结构管理

国际储备结构管理是国际储备管理的重要组成部分。在国际储备规模确定的条件下，保证储备资产流动性结构和币种结构符合支付需求结构，对于确保储备的有效性和对外支付安全，提高储备资产的收益，防范储备资产风险具有重要意义。

1. 国际储备结构管理及原则

国际储备结构是指充当国际储备的各类资产形态以及外汇储备资产内部要素的构成比例。国际储备结构管理是依据一定的目标和原则，对一国国际储备资产进行动态组合，以合理地配置国际储备资产，维持各类储备资产持有量的合适构成比例的活动。国际储备结构管理的核心任务，是依据影响本国储备供求因素的实际状况，合理配置黄金、外汇、国际货币基金组织的储备头寸和特别提款权等不同储备资产的比例结构，以及按照安全性、流动性和收益性原则要求，保持外汇储备资产合适的流动性结构与币种结构。

国际储备的结构管理应贯彻安全性、流动性和收益性原则。

(1) 安全性原则。安全性原则要求各类国际储备资产配置结构的确定和储备资产的保有、存放和投资等各个管理环节必须确保储备资产不遭受损失，将储备资产安全放在一切管理工作的首位。安全性是各国国际储备资产管理的首要原则和根本要求。首先，配备储备资产的结构不仅要考虑各类资产的来源可得性、成本和储备费用高低、支付需求结构等因素，还要评估其潜在风险度，始终保持储备资产的最低风险组合。其次，储备资产的保有载体应选择币值坚挺、稳定、支付面宽和管制宽松的货币或高信用等级、流动性强和安全度高的信用工具，形成低风险的资产形态结构。第三，储备资产应选择经济发展持续稳定，金融秩序规范，国际资信卓著的国度与银行存放，并对储备资产日常性收支实行严格的内部程序控制和外部审计跟踪监管，确保储备资产存放保管安全可靠。第四，储备资产投资要严格控制投资对象与投资领域，限定投资的风险承受度，实施严格的投资决策程序和动态监管制度。

(2) 流动性原则。流动性原则要求储备资产的配置结构具有良好的变现能力，当需要运用储备资产时，能及时兑现支付，以确保对外支付的能力与国际信誉。储备资产流动性管理主要体现在两方面：一是要按照恰当的比例配置流动性程度不同的储备资产形态，形成储备资产流动性的梯队配置，确保在任何时期保有能满足即期支付需要比例的流动性强的资产，例如变现方便、快捷、安全的活期或短期银行存款，短期债券和商业、银行票据等；二是储备资产投资在考虑收益的同时，应当兼顾流动性要求，按照适当比例配置各种投资期限和变现能力不同的投资品种，形成储备资产收益性与流动性匹配的投资结构。

(3) 收益性原则。收益性原则要求在满足安全性与流动性前提下，通过投资尽可能使储备资产增值，产生高于机会成本的收益。由于储备资产有多种投资形式，每种投资形式在不同时期的市场投资环境下又具有不同的风险和收益，储备资产收益性管理要依据一国储备管理的目标，动态地优化投资资产的流动性和收益性组合，在控制风险的同时获取最大的收益。

应当看到，国际储备结构管理原则中，安全性、流动性与收益性是矛盾的，一般安全性好、流动性强的资产盈利性较低，盈利好的资产往往安全性和流动性较差。出于国际储备保证支付的基本职能需要，储备结构管理必须始终将安全性和流动性放在首位，在确保资产安全的前提下，尽量提高储备资产的投资收益率。

2. 国际储备资产结构管理

国际储备资产结构管理的中心是依据各种储备资产的三性特征，围绕保证资产流动性满足支付需求，兼顾资产收益性的要求，动态调整储备资产的配置比例。

在当前的国际货币制度和金融环境下，各种自有储备资产的安全性、流动性和收益性具有不同特征：

(1) 黄金储备资产。首先，黄金因其内在价值相对稳定，价值评估标准相对独立，保值功能强而具有较高的安全性。这是因为，在纸币本位制度下，黄金价格会随通货膨胀而相应上涨，作为储备资产可避免因通货膨胀遭受贬值的风险。与外汇储备资产相比，黄金与各国的国内政策和国际关系变化的直接关联度较低，政治风险相对较小。其次，自上世纪 70 年代起黄金丧失国际货币支付功能后，不能直接以黄金实物对外支付用于政府间的国际收支差额清算，只有将黄金出售变现为外汇后才能对外支付，并且在黄金市场价格波动条件下，黄金变现率的不确定风险使其流动性减弱导致储备地位下降。再次，黄金是实体财富，其储存、保管、运输和交易的成本相对较高，其自身的价值又受市场交易价格波动的影响，收益是不确定的，甚至存在风险。因而，考虑黄金的安全性，在国际储备中应配置适量的黄金作为基础资产，但其规模增减要视黄金市场价格变动而定，当预期黄金价格进入上升周期，黄金资产的流动性和收益性提高，可适当增加黄金储备比重，反之，适当减少黄金资产比例。自本世纪以来，黄金价格逐渐走强，不少国家或组织随之增加黄金储备，如欧洲央行的黄金储备至 2005 年 10 月初，新增 121 亿欧元，达到1 498.82亿欧元，而同期外汇储备减少 7 亿欧元，为1 654亿欧元。俄罗斯 2005 年 9 月黄金储备达到1 562亿美元，比年初增加近 1/4。

(2) 外汇储备资产。在现行浮动汇率制度下，影响外汇市场价格的国际经济、政治及世界主要储备货币国的内部因素众多而复杂，使得国际市场外汇价格波动幅度大，频度高，各国的外汇储备面临较大的市场风险。但国际外汇市场交易以国际银行体系为基础健全发达，交易制度完善，交易工具方便快捷，并可进行全天候交易，使外汇储备资产具有良好的流动性，在相当程度上减少了风险。并且，作为金融资产外汇储备多数有一定的收益。鉴于外汇具备的自主对外直接支付优势，使外汇储备仍然是各国尤其是发展中国家自有储备的主体资产，但在目前国际外汇市场频繁震荡的环境中，在维持交易性外汇储备规模保证支付流动性的同时，借助国际合作，运用多种借入储备形式来控制预防性外汇储备的比重，成为防范外汇储备资产缩水风险的途径之一。

(3) 国际货币基金组织储备资产。各国在国际货币基金组织中的储备头寸与特别提款权等储备资产基于其自身的特殊性质和管理制度，具有良好的安全性和必要的流动性保证。但受基金组织安排储备头寸和特别提款权份额的限制，各国仅能被动接受对其的储备配置比例。

从储备资产的基本职能出发，国际储备通常以流动性为中心，兼顾收益性组合配置成三级资产结构：①一级储备资产，包括现金、以及平均期限约 3 个月的活期存款、短期存款、国库券等短期债券、商业票据等准现金资产形式，属流动性最强，收益性最弱的资产，以确保短期支付为配置目的，是各国货币当局可随时直接支付使用的交易性储备。②二级储备资产，主要为中期政府债券及金融机构、公司债券等形式，属流动性低于一线储备，收益性强于一线储备的资产，以平衡兼顾两性为配置目的，是补充性的交易储备。③三级储备资产，主要为长期公债和其他信誉良好的债券等形式，其流动性最差，收益性最强，以收益性为主，流动性为辅的配置目的，属于预防性储备资产。

会员国的普通提款权能随时向基金组织提取使用，相当于一级储备资产。特别提款权仅能用于成员国政府对基金组织与其他成员国政府的支付，如需用于其他用途，须向基金组织申请，并由基金组织指定参与特别提款权账户的成员国向申请国提供所需货币，履行全部程序耗时较长影响其流动性，因而可视为二级储备。各国的黄金储备资产通常不频繁使用，一般仅在突发性或紧急性支付需要时变现对外支付，相当于三级储备资产。

3. 外汇储备货币结构管理

外汇储备通常由多种储备货币组成，外汇储备的货币结构管理实质是依据各种储备货币安全性、流动性和收益性特征，动态配置币种的储备比例结构，以保证支付有效性和储备效率，降低储备风险，提高储备收益。

随着布雷顿森林体系崩溃，浮动汇率制度取代固定汇率制度，外汇储备的货币结构管理日益凸显其重要性。首先，在浮动汇率制度下，取消汇率波动的上下限制，各种货币汇率随市场供求关系的自发波动而涨跌。尤其是上世纪 90 年代以来，国际外汇市场上的汇率波动总体上加剧，世界主要储备货币的汇率波幅扩大，频率加快，使得各国的外汇储备的币值和资产的实际价值频繁波动，引发币值结构与外汇储备供给总量的不确定性，极大地增加了外汇储备的贬值风险和外汇储备管理的难度。并且，在汇率波动可能引起贬值的情况下，储备货币的变现能力连带受损。但各种储备货币在不同时期实际汇率的升降波动方向与波幅，因各国经济金融环境不同而不尽一致，因而，可通过币种结构的合理配置，降低或回避储备货币风险。其次，各种储备货币的实际收益率等于汇率变动率加名义利率，其中，各种储备货币的汇率变化率随市场波动随机变化而不确定，汇率如上升则汇率变化率为正数，反之，为负数，并且，即使变化方向相同，变动幅度也不尽相同。名义利率虽然相对稳定，但各国的利率水平也不相同。因而，客观上需要按照各种储备货币的实际收益率变化，通过动态调整币种结构来提高外汇资产的收益水平。

按照支付流动性需求，外汇储备可分为交易性储备和预防性储备，币种结构组合应依据交易性和预防性储备的不同需求特性，配置相应的储备币种结构和各币种储备量结构。

1) 交易性储备结构管理

交易性储备是为满足本国对外贸易、金融交易和其他日常性对外支付，以及外汇市场干预而储备的外汇。交易性储备资产始终应将保证必需的支付流动性放在管理的首要地位。因此，应按照以下要求配置交易性储备的币种结构与各币种的实际储备量，以尽可能减少不同币种兑换的汇率风险，节约交易成本，提高储备资产使用效率：

(1) 储备币种与储备量应与本国日常性交易支付所需的币种与支付量相一致。一国持有的交易性储备主要是应对本国贸易支付与金融支付的准备。具体说，贸易支付是动用外汇交易性储备支付本国的进口贸易额，因此，应在充分调研分析基础上，按照本国进口贸易结构、预测的进口贸易计价币种结构和支付量配置外汇资产币种结构。金融支付是动用外汇交易性储备支付本国的国际债务额，应按照储备期内到期债务的币种结构与偿还额储备相应的外汇资产。

(2) 储备币种与储备量应与本国干预外汇市场所需要的币种与支付量相一致。为便于有针对性地运用交易性储备干预外汇市场，维持汇率稳定，应从本国的汇率政策所确定的需要重点调控的目标货币和干预强度，以及目标货币汇率制度的不同特征出发，配置币种结构和各币种储备量。具体说，对实行单一货币盯住汇率制度的目标货币，由于被盯住货币对目标货币的汇率趋势有直接的联动影响，干预储备中被盯住货币与目标货币的储备规模，应与预定干预强度所需的支付量匹配；对实行一篮子盯住汇率制度的目标货币，应按照篮子货币的权重值，组合外汇干预储备中目标货币及篮子货币不同币种的结构与持有量；对实行自主浮动汇率制度的目标货币，应在综合分析影响汇率因素基础上，按照预测的目标货币汇率指数与波动幅度，配置干预储备的币种及储备量。

2）预防性储备结构管理

预防性储备是本国防范可能发生的突发性对外支付而储备的外汇。由于在正常支付情况下一般无须动用预防性储备，其支付具有不确定性，因而，预防性储备的币种结构配置应以资产的保值与增值，防范储备风险为重点，兼顾对外支付的流动性。在考虑币值稳定和收益性前提下，达到币种结构多元化和储备量组合分散化，并根据汇率变化趋势适时调整软币与硬币的币种结构比例。

（1）储备币种与储备量应与各储备货币的汇率变化趋势相一致。汇率变动会引起储备货币的币值升值或贬值，进而引起储备资产的升水或缩水。预防性外汇储备应以汇率变动的趋势为导向，选择或适时增加币值有升值趋势的硬币储备量，回避或适时减少币值呈下跌趋势的软币储备量。

（2）储备币种与储备量应与各储备货币的收益率变化趋势相一致。鉴于各种储备货币的名义利率、通货膨胀率和汇率变化不同，导致各种储备货币的实际收益率存在差异。应根据各种储备货币收益率的变化预测，选择相对高收益的币种动态调整预防性外汇储备的配置结构。

2.3.3 我国的国际储备管理

近年来，伴随国民经济与对外贸易的快速增长，我国国际储备的规模急剧增加，有效控制外汇储备增速，完善国际储备特别是外汇储备的结构，防范外汇储备风险，在保证安全和必要的流动性前提下，提高国际储备资产的收益水平，以有效发挥国际储备的功能，已成为宏观经济调控管理需要解决的紧迫任务。

1. 我国的国际储备

在计划经济体制下，我国未建立符合国际惯例的国际储备体系。自 1980 年 4 月恢复国际货币基金组织的合法地位后，我国的国际储备成分开始与国际通行方式接轨，由外汇储备、黄金储备以及在基金组织的储备头寸和特别提款权四部分组成。从目前的状态分析，我国的国际储备具有以下特点：

（1）国际储备构成以外汇储备为主。长期以来，外汇储备是我国国际储备的主体，且占全部国际储备的比重持续上升，由 20 世纪 90 年代初的 80%左右升至目前占 95%以上。

（2）国际储备中非外汇储备比重较小，规模有限。长期来我国黄金储备规模总体有限，稳中有增，1980 年我国恢复 IMF 的合法席位后于 1981 年公布国家黄金储备为 400 吨（约合1 280万盎司），此后长期稳定在1 267万盎司。1997 年后有所增加，近几年保持在约 600 吨，按现行国际黄金价格折算，约占全部国际储备的 1.1%。在国际货币基金组织的储备头寸和特别提款权受缴纳资本金份额的限制，其占全比储备的比重十分有限，以 1997 年为例仅占 1.39%。

（3）外汇储备增长迅猛，规模已居全球首位。改革开放以来，随着我国国民经济和对外经济持续快速发展，外汇储备规模改变了之前有起有落的增长态势，直线上升，规模迅速扩大。1979 年，我国外汇储备额仅为 8.4 亿美元，至 2006 年，我国外汇储备已达10 663.44亿美元，比 1979 年增长1 268.5倍，年均增长约 45 倍，创造了世界罕见的增速。至 2007 年 6 月，我国外汇储备为13 326.25亿美元，半年间又增加2 663亿美元，是 2006 年全年新增外汇储备的 107.6%。

（4）外汇储备的来源多样化。改革开放后，我国外汇储备的来源日益多样，不仅有贸易项目下的外汇收入，还有非贸易项目下的外汇收入；不仅有经常账户盈余，还有资本金融账户引进外资形成的外汇结余。目前，国际收支经常项目与资本金融项目的“双顺差”是形成我国外汇储备高速增长的基础。

2. 我国国际储备的管理

鉴于我国国际储备中外汇储备占有绝对比例，因而国际储备管理侧重于外汇储备的管理，具体包括我国国际储备的管理体制、我国外汇储备的规模管理和外汇储备的结构管理。

1）我国国际储备的管理体制

我国国际储备管理实行由中央政府集中统一管理的体制。1979 年之前，我国国际储备储备由中国人民银行统一经营，集中管理。此后，中国银行从中国人民银行独立分设，作为国家外汇专业银行统一管理外汇结存业务，国家外汇管理局成立后，集中行使全国外汇和国家外汇储备的管理职能。目前，我国政府未设国际储备的统一管理机构，由各主管部门分别管理国际储备资产。具体由国家外汇管理局管理各商业银行移存的国家外汇储备库存，中国人民银行外事局基金组织处管理基金组织的储备头寸和特别提款权，中国人民银行黄金管理司负责管理黄金及黄金储备。

我国国际储备管理的目标是保持适度的国际储备规模，以满足国民经济发展和公众对外交流的需要；在确保安全的前提下，保持储备资产合理的资产结构、流动性结构和币种结构，严格控制资产风险，提高储备资产的保值和增值水平。

2）我国外汇储备的规模管理

我国外汇储备规模管理的重点是参照国际通行标准，从我国的实际出发，通过分析影响因素和定量测算，以合理确定和控制外汇储备适度规模的上下限区间。我国外汇储备规模的下限应能确保满足我国对外支付、弥补国际收支逆差、稳定人民币汇率和充当偿付外债保证的需要，其上限应充分考虑外汇储备资产的机会成本、储备成本、资产风险、资产收益水平和融资能力等因素确定。

进入新世纪以来，我国外汇结余额迅猛增长，外汇储备规模已居世界首位并仍以较快的速度增长，按照国际通行标准测算，已远超过必需的储备规模。外汇超储已经对国民经济运行产生了现实的负面影响和压力，主要表现在：大量的外汇超储形成的人民币基础货币超量投放，既使国内货币供给过快增长，流动性过剩，通货膨胀压力骤增，又大大压缩了货币政策独立调控的空间，增加了宏观调控的难度和风险；外汇超储占用了我国大量宝贵的经济资源，在引进外资的投资收益率相对高，外汇储备资产投资收益率相对低的反差下，势必降低我国经济资源的整体利用效率和收益；在现行国际浮动汇率环境下，世界主要储备货币的汇率波动频繁，波幅扩大，我国巨额的外汇储备资产面临汇率风险暴露和汇率波动的潜在损失风险，增加了外汇储备的管理压力与成本负担。

近年来，我国政府已逐步调整政策并从多方面采取措施，以调控外汇结存和外汇储备的过快增长。应当看到，外汇储备超储根本上是一国内部的经济增长结构、产业与产品结构、国民收入分配结构、需求结构与需求规模，以及对外贸易与非贸易收支、资本流动和汇率变化等众多因素交叉影响和综合作用的结果，是一国经济内外非均衡的产物，需要循序渐进运用多种政策手段进行综合调控。从短期看，我国已按照贸易收支平衡的政策，通过运用财政税收政策和外汇管理政策调节对外贸易收支，控制高耗能、高污染和资源性产品出口，增加国内紧缺的资源性、高技术产品的进口，缓和贸易顺差的增速。如我国从 2007 年 7 月起，取消 500 多种高耗能、高污染和资源性产品的出口退税，降低2 200多种容易引起贸易摩擦的出口产品的出口退税率。同时，国家外汇管理局和商务部自 2007 年 7 月起废止实行多年的《出口收汇考核试行办法》,不再盲目鼓励企业出口收汇。其次,通过运用产业政策、财政税收政策和外汇管制政策调节外资输入的产业和区域投向,防止单纯追求引进外资的规模,限制外资在高污染、淘汰产品或产业、低技术和高资源消耗,以及供过于求的产业的投资,鼓励外资投向中西部地区和薄弱产业、基础产业、高技术产业。同时,放松资本输出管制,允许我国企业"走出去"投资,并开通了对外金融投资的通道。例如通过 QDII 制度允许合格的投资境外的境内机构通过信托基金募集资金投资境外资本市场等扩大资本流出规模。第三,通过调整外汇汇率政策和货币政策,提高国内自然人居民的非贸易用汇标准和放松外汇兑换,开放国内居民移居境外的资产流出,不断提升人民币汇率,以增加外汇支出,抑制外汇收入增速。同时,通过中国人民银行发放中央银行票据,成立国家外汇投资公司运用外汇储备对外投资等缓解外汇超储形成的货币供给和资产管理压力。从长期看,保持适度外汇储备规模取决于我国经济增长方式的转变、内部经济结构的合理调整和内需规模的有效扩大,是一项长期的任务。

3) 我国外汇储备的结构管理

我国外汇储备结构管理的目标是要通过管理,保持合理的外汇币种结构和流动性结构。

(1) 我国外汇储备的币种结构管理。受外汇收入与对外收支结算币种的限制,我国的外汇储备资产形成以美元为主,欧元和日元为辅的币种结构。在美元对人民币汇率呈下降趋势和欧元、日元对人民币升值条件下,美元占全部外汇储备资产的比重过大,会导致储备资产缩水,影响外汇储备的保值和增值。由于外汇储备的币种结构是动态的,应随本国对外贸易和债务支付的币种需求,以及各种外币汇率变动趋势确定和调整各种外币占外汇储备的权重值。从我国实际看,一方面,应按对外支付需要,形成能满足实际支付需求的多元货币储备结构。另一方面,根据保值需要,适当减少美元储备比重,逐步增加日元和欧元储备比例,形成以汇率坚挺的货币为主的外汇储备币种结构。

(2) 我国外汇储备的流动性管理。我国外汇储备流动性管理根本是要通过动态配置储备资产的期限和资产形态比例结构,在确保对外支付安全,降低储备风险的同时,提高储备资产的收益水平。目前,我国外汇储备在兼顾对外支付和资产收益的流动性管理中,储备的支付流动性充足,但储备资产的收益率较低。对此,我国已建立国家外汇投资公司,拨出部分外汇储备专门进行对外投资。同时,还应调整外汇储备的存量资产形态结构,适当增加二级和三级储备资产的比重,以提高外汇储备的收益水平。

本章重要名词概念

国际储备　国际清偿力　一线储备　二线储备　货币性黄金　外汇储备　黄金储备　普通提款权　特别提款权　自动信贷额度　债权头寸　交易性储备　预防性储备　备用信贷　互惠信贷协议　货币互换协议　国际储备规模　国际储备结构　指标测度法　相关分析法　成本收益法

本章复习思考题

1. 具备哪些条件的金融资产才能充当一国的国际储备资产?
2. 国际储备与国际清偿力有何区别? 区分两者有何实际意义?
3. 国际储备具有哪些功能?
4. 为何黄金在丧失国际支付功能后仍是各国国际储备重要的储备资产形式?

5. 充当外汇储备的货币应具备哪些基本条件？
6. 作为新型国际储备资产的特别提款权有何特征？
7. 各种国际储备来源对形成国际储备有何影响？
8. 各种需求因素是如何影响国际储备规模的？
9. 确定合理的国际储备规模现实有何意义？
10. 如何运用指标测度法的各种指标测算确定合理的国际储备规模？
11. 成本收益法如何从成本和收益角度测算确定合理的国际储备规模？
12. 相关分析法如何运用两种计量模型测定国际储备合理规模？
13. 如何理解国际储备管理的三个原则？
14. 怎样按照管理原则合理配置国际储备的资产结构？
15. 为何要实施外汇储备资产的币种结构管理？
16. 如何配置交易性和预防性外汇储备资产的币种结构？
17. 我国目前国际储备的基本状况是怎样的？

本章附件

中国历年外汇储备规模表(1950～2005年)　　单位:10亿美元

年末	外汇储备	年末	外汇储备	年末	外汇储备
1950	0.157	1969	0.483	1988	3.372
1951	0.045	1970	0.088	1989	5.550
1952	0.108	1971	0.037	1990	11.093
1953	0.090	1972	0.236	1991	21.712
1954	0.088	1973	−0.081	1992	19.443
1955	0.180	1974	0.000	1993	21.199
1956	0.117	1975	0.183	1994	51.620
1957	0.123	1976	0.581	1995	73.597
1958	0.070	1977	0.952	1996	105.049
1959	0.105	1978	0.167	1997	139.890
1960	0.046	1979	0.840	1998	144.959
1961	0.089	1980	−1.296	1999	154.675
1962	0.081	1981	2.708	2000	165.574
1963	0.119	1982	6.986	2001	212.165
1964	0.166	1983	8.901	2002	286.407
1965	0.105	1984	8.220	2003	403.251
1966	0.211	1985	2.644	2004	609.932
1967	0.215	1986	2.072	2005	818.872
1968	0.246	1987	2.923		

资料来源：国家外汇管理局网站。

第3章 外汇与汇率

本章学习目标

掌握外汇概念、特征与外汇分类；把握汇率、汇率表示法和汇率的不同种类；了解汇率折算与进出口商品外汇报价方法；理解汇率变化的经济影响；理解不同货币制度下汇率决定机制和影响汇率变化的因素；掌握西方汇率决定理论。

外汇是国际经济金融交易的基本支付手段和对外财富的载体，汇率作为外汇的价格，是影响国际经济金融的基础变量，也是一国平衡国际收支与调节对外经济运行的重要工具。随着世界经济金融一体化进程的深入，外汇与汇率对全球经济金融的影响全面渗透，强化外汇与汇率管理的重要性日益显现。深入研究外汇市场的汇率变化，完善国际汇率制度和汇率机制，加强国际外汇市场监管和国际协调合作，防范外汇风险已经成为国际金融理论与实践的紧迫课题。

3.1 外汇

在现行各国货币制度下，外汇是在国际经济金融活动中执行价值尺度、支付手段和储藏手段职能的对外信用工具，是国际金融市场的主要交易对象，也是调控干预对外经济的手段，理解外汇概念及其特征，是掌握国际金融理论的基础。

3.1.1 外汇概念

外汇(Foreign exchange)是国外汇兑的简称。

早期外汇的含义即国外汇兑是动态的概念，指将一国货币兑换为另一国货币，以完成对外贸易支付和债权债务清偿的行为。受一国货币主权的管制，本国货币不经允许不能在他国境内流通使用，当需要国际贸易支付或跨国清偿债权债务时，便只能先通过“汇”和“兑”的方式，将本币兑换为外国货币，尤其是兑换为自由兑换的、为各国普遍接受的世界主要货币再行支付结算，不同国度之间货币兑换的金融活动就是国际汇兑。从这个意义上说，最初的外汇概念是指国与国之间货币的兑换与清算。

目前各国广泛使用的外汇概念是指静态含义，具体包括广义外汇与狭义外汇概念。

广义外汇指以外国货币表示的，可用于国际清算的支付手段、资产等国际债权。国际货币基金组织认定：外汇是货币行政当局(中央银行、货币机构、外汇平准基金组织和财政部等政府组织或机构)以银行存款、国库券、长短期政府债券等形式所保有的、在国际收支逆差时可以使用的债权。我国外汇管理条例规定，外汇是以外币表示的可以用作国际清偿的支付手段和资产，具体有：①外国货币，包括纸币、铸币等现钞；②外币支付凭证，包括商业或银行票据、银行存款凭证、邮政储蓄凭证等；③外币有价证券，包括政府债券、公司债券、股票等；④特别提款权、欧洲货币单位；⑤其他外汇资产。

狭义外汇是国际金融活动普遍使用的概念，指以外币表示的可用于国际结算的支付手段，仅是广义外汇中即期支付流动性最强的部分，一般由外币表示的银行存款凭证尤其是银行活期存款凭证，以及汇票、支票、本票等银行票据和商业票据等各种支付凭证组成，其中银行存款凭证是狭义外汇的主体。

狭义外汇与广义外汇存在区别：①资产范围不同。广义外汇包含的资产范围宽，不仅包括可直接用于即期对外清算的支付手段，还包括须经交易出售转为银行存款等支付手段后才能对外支付的资产；狭义外汇涉及的资产范围窄，仅是广义外汇中支付手段的部分。②流动性不同。广义外汇总体流动性弱，既有用于当期交易性支付的流动性强的资产，也有用于支付准备，收益高而流动性弱的资产；狭义外汇仅是所有外汇资产中即期支付能力最强的部分。③适用对象不同。广义外汇涵盖所有的外汇资产，主要是满足政府货币当局的外汇统计完整性与外汇管理全局性的需要；狭义外汇仅仅针对日常交易最活跃，流动性最强的资产，主要适用于国际外汇市场银行等金融机构从事外汇业务和管理的需要。

3.1.2　外汇的特征

外汇主要是狭义外汇要在国际贸易结算与国际债权债务清偿广泛使用，其必须具备以下三方面特征：

1. 相对性

外汇相对本国居民而言，必须是以本国以外的货币即外币表示的资产。即便本国货币或以本国货币表示的银行存款凭证、支付凭证和有价证券可用于对外清算，对本国居民也不是外汇。例如美元以及以美元表示的资产，是国际结算中广泛使用的外汇资产，但只是相对其他国家居民而言是外汇，对美国居民仅是本币和以本币表示的本国资产。

2. 国际支付性

外汇的国际支付性一方面要求外汇应具有较高的国际信用度，具备真实的对外支付能力，否则，不会被清算的另一方所接受，例如空头支票、拒付汇票不具备外汇的国际支付性。另一方面，外汇必须是国际结算的适用工具，为国际金融界普遍接受使用。一种货币和以该货币表示的各种资产能否成为国际支付手段，被他国视为外汇，并不取决于其价值高低，而是以该货币被各国普遍承认、接受使用为前提。因而，并非所有外国货币及以外币表示的资产都是外汇，只有具备为别国政府与非政府组织、公司团体和非居民个人接受时，才能承担国际支付的职能而成为外汇。

3. 可兑换性

外汇应当是能自由兑换的支付手段或资产，一种货币只有当其能自由兑换成其他货币或以其他货币表示的资产时，才能将一国的购买力转换为另一国的购买力，为不同国别的结算方接受。如果一国货币限制在国际之间自由兑换，不能随时转换成以其他货币表示的支付手段或资产，该货币就不具备可兑换性而不能执行国际支付的职能。因而，狭义外汇主要指自由外汇。

3.1.3　外汇的种类

外汇按照不同的标准，可分成不同的类别。

1. 按自由兑换的程度为标准划分

(1) 自由兑换外汇。又称为自由外汇,指不需要经货币发行国货币当局审查批准,即可自由兑换成其他国家的货币、或向第三国办理支付结算的外币支付手段和资产。自由外汇是外汇中的典型形式和主体,在国际支付中应用广泛。根据国际货币基金组织协定第八条第2.3.4款的规定,凡符合对本国国际收支中经常往来项目(包括贸易和非贸易)的付款资金转移不加限制;不采取歧视性的货币措施或多种货币汇率;在另一个成员国要求下,随时有义务购回对方经常项目中所结存的本国货币等条件的货币,才能成为自由外汇。目前全球约有50个国家基本取消外汇管制或实行较松的外汇管制,实行单一汇率制,其货币成为自由兑换货币或有限自由兑换外汇,持有者可随意兑换为其他国家货币或对第三者支付,是世界各国普遍接受的支付手段。

(2) 有限自由兑换外汇。是指未履行货币发行国货币当局一定的审批手续,不能完全自由兑换成其他国家货币或对第三国办理支付结算的外币支付手段和资产。根据国际货币基金组织协定第十四条第2.3款的规定,对经常项目收支款项和资金转移有一定限制的货币,均属于有限自由兑换货币。其自由兑换的限制具体反映在两方面,一是条件限制,即只有符合货币发行国规定的一定限制条件,才能兑换成其他国家货币对外支付。二是地域限制,即在规定的区域内可兑换成特定国家的货币,但不允许兑换成非指定国家的货币,也不允许将外汇资金转移至规定区域以外的国家。由于有限自由兑换外汇的兑换受到限制,使其在国际支付中的应用有限。

(3) 记账外汇。又称协定外汇或双边外汇,是指按两国清算协议的规定,仅记录在两国特定银行账户上,只能用于协议国双方贸易款项的相互支付或冲销两国之间的债权债务,未经货币发行国审批不能兑换为其他国家货币或自由外汇,也不能向第三国支付的支付手段。记账外汇通常发生在经贸往来紧密的国家之间,依据政府间的跨国清算协定,两国相互间发生的进出口货款和待支付债权债务,记录在指定的银行往来账户上并相互冲抵,冲抵后的净盈余债权即为一方的记账外汇,净欠账债务即为另一方待支付的记账外汇债务,双方在协议期内发生的进出口货款可持续冲抵,直到协议规定的结算日形成最终的净差额。记账外汇的实质是通过两国间贸易收支款项记账冲抵方式充当外汇的国际支付手段功能,避免了真实外汇的收支,由此减少了外汇储备的成本和兑换支付的汇率风险。但记账外汇须以两国间商品互有所需、交易规模大致平衡的长期稳定的真实贸易为基础,才能进行双边对等收付冲抵,现实中符合条件的国家有限,因而大大限制了记账外汇的应用范围。

2. 按来源为标准划分

(1) 贸易外汇。是指一国由对外贸易中商品进出口款项及相关费用所收付的外汇,包括商品出口外汇收入、商品进口外汇支付,以及相关的运输费、保险费、广告费等外汇收支。由于商品贸易收支是各国国际收支的主体和基础,决定了贸易外汇是国际外汇收支的基础。

(2) 非贸易外汇。是指一国商品贸易以外,主要是服务贸易所收付的外汇,如侨汇、旅游、银行、保险、广告、航运、对外工程承包等收付的外汇。随产业升级和服务贸易的迅速发展,非贸易外汇的收支快速增长。

此外,按身份标准,可分为由本国居民持有的、具备对外购买力的居民外汇;由本国非居民持有的、具备对本国购买力的非居民外汇等。

3.2　汇率

汇率是国际经济与国际金融活动的重要影响变量，是调节一国内外收支转换，实现内外部经济均衡的基本工具，掌握汇率及标价方法，了解汇率的种类对深入理解汇率有着重要意义。

3.2.1　汇率

汇率(Exchange rate)又称汇价、外汇牌价或外汇行市，是指两国货币之间的相对比价，即一国货币折算成另一国货币的比率。如同任何商品的买卖都必须有标示价格一样，外汇作为在国际外汇市场上自由交易的金融资产，是一种特殊的商品，汇率就是这种特殊商品的标示价格。一般商品的价格是以货币来度量和表示的，一国货币用另一国货币来度量和表示出的相对价格就是汇率。

汇率是既定国际经济金融制度的产物，对国际经济贸易与国际金融活动起着至关重要的作用。首先，汇率通过反映各国货币的相对价值为各国货币的国际支付奠定前提条件。国际经济贸易和金融交易中，各方使用各国货币频繁对外收付的首要条件，是必须明确各国货币自身的内在价值量。但在纸币制度下，纸币本身的价值大小无从自动外化表现，一国货币只有借助与另一国货币的对比，即通过汇率反映各国货币的内在价值，确定与其他各国货币之间的比价，才具备真实的国际支付性。其次，汇率是反映外汇市场供求关系的基本信号。在市场经济中，价格既是商品供求关系的集中反映，又是引导调节供求关系的关键导向。汇率是外汇的价格，国内外众多影响各国货币币值的复杂因素首先综合反映至外汇市场的供求关系，进而集中表现为汇率。市场供求各方通过汇率变动趋势可以把握外汇供求走向，指导自身经营决策。第三，汇率是宏观经济调控政策的重要传导媒介。由于汇率是市场上各种影响国际经济贸易与金融运行因素综合作用的聚焦点，其变动对全球经济金融运行有极广泛的影响。各国平衡国际收支和调节内外经济均衡的政策都将汇率作为政策工具之一，借助汇率传导政策意图，干预市场行为，以实现本国经济持续发展目标。

3.2.2　汇率标价方法

在国际汇兑中，不同国家货币之间的汇率具有相互表示对方价格的双向表示的特点，既可用本币表示外币的价格，也可用外币表示本币的价格，使得汇率具有不同的表示方法。

1. 直接标价法(Direct quotation)

又称为应付标价法，是指以固定数量的外币为基准货币(一般为 1 或 100 或10 000的外币固定单位)，通过本币数量变动的浮动报价来反映外汇汇率变化的表示方法。在直接标价法中，外币是基准货币，本币是报价货币。例如，某日美元、日元和港币对人民币以直接标价法表示的市场汇价为：

US$100 ＝ RMB￥833.39

J￥100 ＝ RMB￥7.7476

HK$100 ＝ RMB￥107.84

在上述直接标价法的汇价下，等式左边的外币数量固定不变，等式右边的本币数量随着外币或本币币值的变动，以及外币与本币的供求关系变化而波动。本币数量的变动既反映外汇汇率的变化，也反映本币价格的变化，当与固定数量的外汇对应的本币数量增加，表明外汇汇率上升或外币升值，本币汇率下降或本币贬值；反之，当与固定数量的外汇对应的本币数量减少，表明外汇汇率下降或外币贬值，本币汇率上升或本币升值。

直接标价法实质是以本币数量变动反映外币价格的变化，因而本币数量的增减与外汇汇率的升降成正比变化，但与本币价格涨跌成反比变化。

2. 间接标价法(Indirect quotation)

又称为应收标价法，是指以固定数量的本币为基准货币(一般为 1 或 100 或10 000的本币固定单位)，通过外汇自身数量变化的浮动报价来反映外汇汇率变化的表示方法。在间接标价法中，本币是基准货币，外币是报价货币。例如，某日纽约外汇市场美元与德国马克、日元和法国法郎以间接标价法表示的市场汇价为：

US$1＝ DM1.5273

US$1＝ J￥104.725

US$1＝ FF5.1633

在上述间接标价法的汇价下，等式左边的本币数量固定不变，等式右边的外币数量会随着外币或本币币值的变动，以及外币与本币的供求关系变化而波动。外币数量的变动既反映外汇汇率的变化，也反映本币价格的变化，当与固定数量的本币对应的外汇数量增加，表明外汇汇率下降或外币贬值，本币汇率上升或本币升值；反之，当与固定数量的本币对应的外汇数量减少，表明外汇汇率上升或外币升值，本币汇率下降或本币贬值。

间接标价法实质是以外汇数量变动反映外币价格的变化，因而外币数量的增减与外汇汇率的升降成反比变化，但与本币价格涨跌成正比变化。

英国历史上一直沿用间接标价法。美国早期采用直接标价法，以后随着美元地位的提高，成为国际结算和国际储备的主要货币，为便于计价结算，从 1978 年 9 月 1 日起改为采用间接标价法，但美元对英镑和爱尔兰镑的汇率报价仍沿用直接标价法。目前世界上除美英外，仅有英联邦和欧元区国家采用间接标价法，绝大多数国家都采用直接标价法。我国人民币汇率也采用直接标价法。

需要强调的是，无论直接标价法或间接标价法都是表示外汇价格的方法，但前者是借助本币数量的波动反映外汇价格的变化，而后者是通过外汇自身数量的波动表明外汇价格变化。至于本币汇率的变化只是两种标价法在反映外汇价格变化时的连带间接反映。

3. 关键货币标价法(Key currency quotation)

又称美元标价法，是指以固定数量的某种世界主要货币(通常为美元)为基准货币，通过其他货币数量变化的浮动报价来反映外汇汇率变化的表示方法。

由于直接标价法和间接标价法都是表示外国货币与本国货币之间的比价，给国际货币汇兑带来不便。从某个国家货币或外汇市场角度看，本币以外的其他国家货币之间的汇价无法判断其是用直接标价法还是间接标价法，加之世界各国的货币众多，本国外汇报价通常为本币与世界主要货币之间的牌价，难以直接掌握本币与世界非主要货币之间的汇价。为此，上世纪第二次世界大战以后，为便于国际汇兑和外汇市场交易，国际银行业间普遍采用国际主要货币或关键货币为基准货币对其他货币进行外汇报价，与直接和间接标价法共同使用。鉴于第二次世界大战后美元是世界货币体系的核心货币，各国外汇市场均以美元为标准发布外汇牌价，即以各国的货币直接对美元报送价格，大大便利了各国货币间的价格比较和汇兑交易。例如两种世界非主要货币之间没有外汇牌价时，只要借助美元分别对两种货币的报价，通过套算即可得出两种货币之间的汇率。

3.2.3 汇率的种类

从汇率的使用、制定和管理等多个角度，可将汇率分为以下种类。

1. 按银行外汇交易使用的价格不同划分

(1) 买入汇率(Buying rate)。又称买入价，是外汇交易银行向客户或同业买入外汇时使用的汇率。

(2) 卖出汇率(Selling rate)。又称卖出价，是外汇交易银行向客户或同业卖出外汇时使用的汇率。

买入汇率与卖出汇率都是从交易银行买卖外汇的角度，而不是从客户买卖外汇的角度划分的，银行外汇交易遵循低买高卖的原则，两者之间的差价是银行买卖外汇的兑换收益，成为银行外汇交易经营费用和利润的来源，其差价大小因币种、金额以及外汇市场行情、银行的经营策略不同而不同，一般为1‰～5‰。

外汇市场日常交易实行外汇双向报价，一种货币对另一种货币同时报出买入汇率和卖出汇率，例如2005年1月25日伦敦金融时报公布的当日外汇市场美元对港币的汇率为：US$1=HK$7.7990/7.7998，或者省略报价为：US$1= HK$ 7.7990/98，由于外汇交易中当日汇率通常在最后两位数内波动，所以还可省略报价为：US$1= HK$90/98。其中买入与卖出汇率价差为每美元0.0008港币。在外汇报价中，小数点后第四位数的单位是点，即0.0001为1个基点(日元为0.01)，因而上述美元对港币汇率的买卖差价为8个基点。

需要注意的是，外汇双向报价的买卖价格位置在不同的标价法中是有区别的。

在直接标价法中，斜线前面价格低的是银行买入外汇的价格，即买入价，表示银行从客户手中买入1美元要向客户支付7.7990港币；斜线后面价格高的是银行卖出外汇的价格，即卖出价，表示银行向客户卖出1美元要向客户收取7.7998港币。

在间接标价法中，由于外汇与本币的位置与直接标价法相反，因而汇率中的买入价与卖出价位置也相反，并且买入价大于卖出价。设伦敦外汇市场在间接报价法下英镑对美元的报价为：£1= US$1.8644/1.8649，由于美元是外汇，斜线前面价格低的是银行卖出外汇的价格，即卖出价，表示银行向客户卖出1.8644美元要向客户收取1英镑；斜线后面价格高的是银行买入外汇的价格，即买入价，表示银行从客户手中买入1.8649美元同样只要向客户支付1英镑。同样收取或支付1英镑，银行卖给客户的外汇比银行向客户买入的外汇少0.005美元。

(3) 中间汇率(Middle rate)。又称中间价，是外汇银行买入汇率与卖出汇率的算术平均数。例如US$1= HK$7.7990/7.7998，则中间价为7.7994。中间汇率常用于汇率趋势分析和测算或用于商业银行与企业内部的会计核算。

(4) 现钞汇率(Foreign banknote rate)。又称现钞价，是外汇银行买卖外汇现钞使用的汇率。外币现钞价又分为现钞买入价和现钞卖出价，现钞卖出价一般与外汇卖出价相同，而现钞买入价则要低于外汇买入价，现钞卖出价与买入价两者的价差要大于外汇卖出价与买入价的价差。这是因为，外汇卖出与买入价是现汇的买卖价格，银行购入现汇后可以直接通过银行转账快捷地对外划拨支付，并生息获利，而外币现钞不能在其发行国以外流通，银行买入外币现钞后需经一段时间积累至一定规模后，将其运输并存入发行国银行转为现汇后才能对外划拨支付，而现钞买卖差价高于现汇买卖差价的部分，用以抵消因现钞不能在货币发行国外流通而发生的利息损失以及现钞的保管、运输、保险等相关费用。

2. 按外汇买卖交割的期限不同划分

(1) 即期汇率(Spot exchange rate)。又称现汇汇率，是指外汇交易双方达成外汇买卖协议后，在两个营业日内办理交割使用的汇率。所谓交割是外汇买卖双方各自支付卖出的货币，收进买入货币的交付结算过程。外汇即期汇率用于外汇现货交易，反映现时外汇市场的汇率水平。

(2) 远期汇率(Forward exchange rate)。又称为期汇汇率，是指外汇交易双方签订外汇买卖协议约定在未来某时点交割时使用的汇率。远期汇率是未来某一时刻，如 1 个月、3 个月、6 个月或 1 年后的交割汇率，用于外汇远期交易。远期汇率与未来市场的即期汇率是不同概念，远期汇率是合同双方约定的未来交割所使用的汇率，是反映外汇市场交易者对汇率远期变化趋势的主观判定，未来的即期汇率是未来市场外汇供求关系决定的真实客观的实际汇率，两者可能一致，也可能不同，但不论两者差价多少，协议双方都必须按照合同规定的远期汇率交割结算。

即期汇率与远期汇率的报价方式存在差异。即期汇率采用直接标出方式，远期汇率有两种报价方法，一种方式是与即期汇率标价方式相同，按不同交割期限直接报出远期买入价和卖出价，通常用于银行对客户报价以及银行同业交易之间的相互报价，例如，某日伦敦外汇市场英镑对美元的即期汇率为：£1＝ US$1.8644/1.8649，可直接报出 1 个月的远期汇率为：£1＝ US$1.8664/1.8675，6 个月的远期汇率为：£1＝US$1.8735/1.8765。

另一种方式是不直接报出远期汇率，仅报出即期汇率与各期限远期汇率的差价，再根据即期汇率与差价推算各期的远期汇率。差价是远期汇率与即期汇率之差，表明升贴水的幅度，当远期汇率高于即期汇率时称为升水(Premium)，反之，当远期汇率低于即期汇率时称为贴水(Discount)，当远期汇率与即期汇率持平时称为平价(At par)。

在远期汇率报价中升贴水幅度具体用点数表示，但由于直接标价法和间接标价法表示方式不同，升水和贴水的表示方式也不同。

直接标价法中，外汇远期汇率升水以即期汇率加上升水点数表示，如某日香港外汇市场美元对港币的即期汇率为：US$1＝ HK$7.7990/7.7998，设 1 个月后美元对港币升水 20/30 个基点，则美元对港币 1 个月的远期汇率为 US$1＝ HK$7.8010/7.8028。直接标价法中外汇远期汇率贴水以即期汇率减去贴水点数表示，如某日香港外汇市场美元对港币的即期汇率为：US$1＝ HK$7.7990/7.7998，设 1 个月后美元对港币贴水 15/10 个基点，则美元对港币 1 个月的远期汇率为 US$1＝ HK$7.7975/7.7988。

间接标价法中外汇远期汇率升水以即期汇率减去升水点数表示，如某日纽约外汇市场瑞士法郎对美元的即期汇率为：US$1＝ SF2.1170/90，设 1 个月后瑞士法郎对美元升水 50/60 点，则瑞士法郎对美元 1 个月远期汇率为：US$1＝ SF2.1120/30。间接标价法中外汇远期汇率贴水以即期汇率加上贴水点数表示，如某日伦敦外汇市场英镑对美元的即期汇率为：£1＝ US$1.5305/15，设 1 个月后美元对英镑贴水 30/25 点，则美元对英镑 1 个月远期汇率为：£1＝ US$1.5335/40。

现实中使用远期汇率时，经常需要将远期汇率的差价换算成年升水率或年贴水率，以反映特定时期远期汇率高于或低于即期汇率的比率。计算年升水率或年贴水率一般使用中间汇率，计算公式为：

基准货币的年升(贴)水率＝(远期汇率－即期汇率)÷即期汇率×12÷远期月数×100％

设英镑对美元的即期汇率为：£1＝ US$1.5305/15，英镑对美元 1 个月远期汇率为：£1＝US$1.5325/55，先将即期与远期汇率折算为中间汇率，再按公式计算英镑的年升水率为：

(1.5340－1.5310)÷1.5310×12÷1×100％＝2.351％

计算结果表明，如果英镑对美元每月升水 30 点，年度内将升值 2.351％。

本例中如果要计算美元的年贴水率，应先将英镑对美元的中间汇率折算为美元对英镑的中间汇率，即将即期中间汇率换算为：US$1＝£0.6518905，将 1 个月远期中间汇率换算为 US$1＝£0.6531679，再按公式计算美元的年贴水率为：

(0.6518905－0.6531679)÷0.6531679×12÷1×100％＝ －2.347％

3. 按制定汇率的方法不同划分

(1) 基础汇率(Basic rate)。又称为基本汇率或直接汇率，是一国本币与基准货币或关键货币之间的汇率，是确定本币与其他货币之间汇率的基础。由于外国货币众多，本国货币难以对所有外国货币单独制定汇率，只能以本币与对外支付结算的关键货币之间的汇率为基准，再套算本币与其他国家货币之间的汇率。基础汇率的关键货币一般是本国国际收支使用最多，在外汇储备中占比最高和可以自由兑换且为国际上普遍接受的货币，目前多数国家把美元当作关键货币，将本币与美元的汇率定为基本汇率。

(2) 套算汇率(Cross rate)。又称为交叉汇率，是指两种货币通过各自对第三种货币的汇率而计算出的汇率。现实中需要套算汇率是因为在基本汇率的基础上，需要按照对外收支结算的实际使用币种，套算本币与其他国家货币之间的汇率。其次，在国际外汇市场以美元标价法公布汇率牌价，反映美元与各国货币之间的汇价，但美元以外的其他国家货币之间的汇率，也需通过各国货币各自与美元的汇价进行套算。

套算汇率主要有两种类型。一种是依据 A 国货币对 B 国货币的汇率和 B 国货币对 C 国货币的汇率，套算 A 国货币对 C 国货币的汇率。设某外汇市场英镑对美元和美元对瑞士法郎的汇率分别为：£1＝ US$1.4530/40，US$1＝ SF1.5110/20。则英镑对瑞士法郎的套算汇率为：£1＝SF1.4530×1.5110/1.4540×1.5120 ＝ SF2.1955/84。另一种是依据 A 国货币对 B 国货币的汇率和 A 国货币对 C 国货币的汇率，套算 B 国货币对 C 国货币的汇率。设某外汇市场美元对瑞士法郎和美元对港币的汇率分别为：US$1＝ SF1.5110/20，US$1＝ HK$7.7990/7.7998。则同期瑞士法郎对港币的套算汇率计算为：SF1＝ HK$7.7990÷1.5120/7.7998÷1.5110＝ HK$5.1581/5.1620。

4. 按汇率采用的类别数量不同划分

(1) 单一汇率(Singe exchange rate)。又称单汇率，是指本国货币当局规定本国货币对外国货币仅实行一种适用于所有对外收付结算使用的汇率。单一汇率对所有国家和各类贸易、金融交易活动一视同仁，没有任何歧视，各国目前基本都实行单一汇率。

(2) 多种汇率(Multiple exchange rate)。又称为复汇率或多重汇率，是指本国货币当局针对不同性质外汇收支或外汇交易，规定本币对同种外国货币同时实行两种或两种以上的不同汇率。多种汇率是一国实施外汇管制的结果，具有明显的歧视性，极易招致受歧视方的对等报复而引发贸易与金融活动失序，目前极大多数国家不再使用。

多种汇率具体可分为双重汇率和多重汇率。双重汇率是本币对同种外国货币同时实行两种不同的汇率，各国较多是同时采用贸易汇率和金融汇率。贸易汇率是专门用于本国进出口贸易及相关费用收支结算的汇率，金融汇率是专门用于资本流动、金融交易和其他非贸易外汇收支结算的汇率。将汇率分为为贸易汇率和金融汇率，是要针对不同性质和用途的外汇收支，采用不同的管制措施，达到鼓励出口、限制进口、控制资本流动和改善国际收支的目的。多重汇率是本币对同种外国货币同时实行数种，甚至数十种不同的汇率，以强化外汇管制的效果。

5. 按汇率与通货膨胀、出口补贴的不同关系划分

(1) 名义汇率(Norminal exchange rate)。又称为现实汇率，是指在外汇市场挂牌或由政府外汇管理机构公开发布，未经剔除通货膨胀或政府补贴影响的汇率。名义汇率由于未排除通货膨胀对本币贬值影响和出口财政补贴、税收优惠对实际换汇收益的影响，使其难以真实反映本外币之间币值的比价，仅是在外汇市场交易时使用的汇率。

(2) 实际汇率(Real exchange rate)。又称为真实汇率，是指在名义汇率基础上按货币发行国的财政补贴率(税收优惠率)或通货膨胀率调整后的汇率。实际汇率反映了汇率变动对两国通货膨胀率和两国货币实际兑换收益水平的偏离程度，因而可以真实反映基于两国货币币值的两国商品服务交换的比率变化。

在名义汇率基础上剔除通货膨胀率测算实际汇率的计算公式为：

$$S_n = M_n(P_{an} / P_{bn}) \tag{3-1}$$

式中 S_n 为 A 国货币 n 期的实际汇率，M_n 为 A 国货币 n 期的名义汇率，P_{an} 为 A 国 n 期的物价指数变动率，P_{bn} 为 B 国 n 期的物价指数变动率。设某期 A 国货币对 B 国货币的名义中间汇率为 2.2450∶1，A 国当期的物价指数为 110%，B 国当期的物价指数为 102%，则该时期 A 国货币对 B 国货币的实际汇率为：$S_n = 2.2450 \times (110\% / 102\%) = 2.4210$。

6. 按外汇管理制度不同划分

(1) 官方汇率(Official exchange rate)。又称为法定汇率，是指由一国外汇管理当局制定并予公布管理的汇率，具体形式有单一汇率，也有多种汇率。官方汇率通常在汇率管制严格，不存在外汇市场的国家实施，官方汇率就是实际交易使用的汇率。官方汇率一经制定一般不会频繁地变动，具有汇率稳定和汇率风险小的优点，但同时也有不能及时有效反映市场供求关系，汇率缺乏弹性而调节功能弱的缺点。

(2) 市场汇率(Market exchange rate)。是指由外汇市场供求关系决定并随之波动的汇率。以市场汇率作为外汇交易实际使用汇率的国家，通常是实行浮动汇率制度，不实施外汇管制或外汇管制宽松，市场功能发达的国家，政府货币当局主要借助外汇平准基金干预外汇市场供求关系来间接影响汇率，实施汇率目标，保证汇率稳定。市场汇率能及时充分反映外汇市场供求关系，并借助汇率波动调节外汇供求进而调节国际收支平衡和内外部经济均衡。但市场汇率也有汇率随供求关系自发波动特别是大幅波动时汇率不稳定和风险大的缺点。

除通常外汇管制严格的国家实施官方汇率，外汇管制宽松的国家实行市场汇率以外，目前也有少数逐步放松外汇管制，增强外汇市场调节功能的外汇管理体制转型国家，处于官方汇率与市场汇率并存使用的过渡阶段，官方汇率主要起基准汇率的作用并在规定的范围内使用，外汇市场主要使用由供求关系决定的市场汇率，在扩大转型期中发挥市场调节汇率功能的同时，保证外汇市场和汇率的基本稳定。

7. 按外汇交易主体不同划分

(1) 同业汇率(Inter-bank exchange rate)。是指银行同业之间交易外汇使用的汇率。银行同业买卖外汇一般有最低交易金额的限制,买卖差价也比较小,同业汇率属外汇市场交易的批发价。并且,银行外汇交易处于外汇市场交易链的前端与基础地位,决定了同业汇率成为观察判断市场汇率变动趋势的重要上游指标。

(2) 商人汇率(Merchant exchange rate)。是指银行与买卖外汇的客户之间交易使用的汇率。商人汇率一般以同业汇率为基准适当调整形成,处于外汇市场交易链的末端,具有外汇市场交易零售价的性质,其买卖差价要大于同业汇率。

3.2.4 汇率变动率与汇率指数

在汇率的实际使用中,经常需要统计反映市场汇率的变化状况,以判断汇率变动趋势,规避汇率风险,或以此为依据实施汇率调控。汇率变动率与汇率指数就是统计和反映市场汇率变化的重要指标。

1. 汇率变动率

汇率变动率是反映某种货币相对于另一种货币升值或贬值幅度的比率。当两种货币之间的名义汇率发生变动时,可以借助汇率变动率说明两种货币汇率变化的水平。基准货币汇率变动率的计算公式为:

$$\mu_a = [(R_h - R_q)/R_q] \times 100\% \tag{3-2}$$

报价货币汇率变动率的计算公式为:

$$\mu_b = [(R_q - R_h)/R_h] \times 100\% \tag{3-3}$$

式中 μ_a 为基准货币的汇率变动率,μ_b 为报价货币的汇率变动率,R_h 为基准货币与报价货币之间变动后的汇率,R_q 为基准货币与报价货币之间变动前的汇率。

上述两公式计算结果若为正数,则反映货币的升值幅度;计算结果为负数,则反映货币的贬值幅度。例如,2005 年 9 月 20 日我国银行挂牌的美元对人民币的中间汇率为:US$1= RMB¥8.0908,至 2007 年 4 月 13 日中国人民银行公布的银行间外汇市场挂牌的中间汇率为:US$1= RMB¥7.7244,则作为基准货币的美元的汇率变动率为:

美元汇率变动率=[(7.7244−8.0908)÷8.0908] ×100%= −4.53%

表明在此期间美元对人民币贬值幅度达到 4.53%。反之,作为报价货币的人民币的汇率变动率为:

人民币汇率变动率=[(8.0908−7.7244)÷7.7244] ×100%= 4.53%

表明在此期间人民币对美元的升值幅度为 4.53%。

2. 汇率指数

汇率指数是报告期汇率与基期汇率的比值,反映货币汇率从基期至报告期的变化情况。常用的汇率指数主要有:

(1) 双边汇率指数。双边汇率指数是反映本币与外币之间报告期与基期汇率的比值,其计算公式为:

$$R_s = (E_1/E_0) \times 100\% \tag{3-4}$$

式中 R_s 为双边汇率指数,E_1 为报告期以外币表示的本币汇率,E_0 为基期以外币表示的本币汇率。例如美元对人民币基期汇率为:US$1= RMB¥8.0908,报告期汇率为:US$1=

RMB¥7.7244，美元对人民币的双边汇率指数＝(7.7244/8.0908)×100%＝95.47%，即与基期相比，美元对人民币汇率的比值下降至95.47%，贬值了4.53%。

(2) 多边汇率指数。多边汇率指数又称有效汇率指数或简称为有效汇率。双边汇率仅能反映一种货币与另一种货币的汇率变动状况，事实上，各国货币因贸易金融交易需要与多种货币发生比价关系。当一国货币在外汇市场上对某几种货币升值的同时，也对另几种货币贬值，并且升值和贬值的幅度不尽相同时，就需要多边汇率指数综合反映该国货币在世界范围内对多种货币的汇率变动状况。有效汇率指数是以一国货币分别与其他多种货币的双边汇率指数为基础，通过不同的权重系数调整后汇总而成的汇率比值。其计算公式为：

$$R_{\mathrm{d}} = \sum_{i=1}^{n} (E_{\mathrm{i1}}/E_{\mathrm{i0}}) \cdot W_{\mathrm{i}} \tag{3-5}$$

式中 R_{d} 为某国货币的多边汇率指数，E_{i1} 为报告期以 i 国货币表示的某国货币汇率，E_{i0} 为基期以 i 国货币表示的某国货币汇率，W_{i} 为 i 国货币的权重值，n 为选用的多边货币样本数。计算多边汇率指数可选择与该国经贸往来密切和收支频繁的国家货币为样本货币，以准确地综合反映该国货币在世界范围内的汇率水平，并以某时期该国与各样本国之间的双边进出口贸易额分别占该国同期进出口总额的比重为权重值，即采用双边贸易加权法确定多边货币各自的权重系数。例如2005年9月20日我国银行以直接标价挂牌的美元、日元、欧元和港币对人民币的汇价分别为8.0908、7.2600、9.8202和1.0426，则人民币对美元、日元、欧元和港币的汇价分别为0.1236、13.7741、0.1018和0.9591，至2007年4月11日中国人民银行公布的银行间外汇市场挂牌的美元、日元、欧元和港币对人民币的中间汇率分别为7.7274、6.4799、10.3708和0.9891，则人民币对美元、日元、欧元和港币的汇价分别为0.1294、15.4323、0.0964和1.0110，其中，人民币对美元、日元和港币升值，人民币对欧元贬值。设按双边贸易加权法设定美元、日元、欧元和港币的权重分别为0.28、0.23、0.31、0.18，则上述期间人民币对四种外币的有效汇率指数为：

$$(0.1294/0.1236)\times 0.28+(15.4323/13.7741)\times 0.23+(0.0964/0.1018)\times 0.31+(1.0110/0.9591)\times 0.18=1.0341\times 100\% =103.41\%$$

多边汇率指数按设定权重的计算结果表明，在四种外币对人民币汇率有升有降的条件下，人民币币值为基期值的103.41%，总体处于对外强势，期间对四种外币总体升值3.41%。

有效汇率指数计算选取权数除用双边贸易加权法外，还可使用以某时期各样本国进出口贸易额分别占世界贸易总额比重为权重值的世界贸易加权法。此外，国际货币基金组织设计的多边汇率加权模型，权数值除包括该国与样本国的双边贸易比重、样本国占世界贸易额的比重外，还综合考虑该国与样本国的对外贸易依存度、贸易商品的品种构成、进出口商品的需求弹性、劳动力成本等多种因素确定。目前，IMF定期发布运用多边汇率加权模型测算的17个工业发达国的多种有效汇率指数。

(3) 实际有效汇率指数。实际有效汇率指数是经物价指数调整的多边汇率指数。由于各国货币作为购买手段，不可避免地受各国物价波动的影响，经物价调整后的实际有效汇率指数，反映了汇率变动对样本国通货膨胀率和货币实际兑换收益水平的偏离程度，因而可以更真实反映基于样本国货币币值的两国商品服务交换的比率变化。实际有效汇率指数计算公式是以多边汇率指数计算公式为基础，加入各样本国的物价指数形成。其计算公式为：

$$R_s = \sum_{i=1}^{n}(E_{i1}/E_{i0}) \cdot (P_i / P_o) \cdot W_i \tag{3-6}$$

式中 R_s 为某国货币的实际有效汇率指数，E_{i1} 为报告期以 i 国货币表示的某国货币汇率，E_{i0} 为基期以 i 国货币表示的某国货币汇率，P_i 为 i 国同期的物价指数，P_o 为某国同期的物价指数，W_i 为 i 国货币的权重值，n 为选用的多边货币样本数。仍以上例为例，假设同期中国、美国、日本、欧盟和香港地区的物价指数分别为 102%、103%、102.5%、103.5%和 102.8%，则人民币对四种外币的实际有效汇率指数为：

$(0.1294/0.1236)\times(103/102)\times0.28+(15.4323/13.7741)\times(102.5/102)\times0.23+(0.0964/0.1018)\times(103.5/102)\times0.31+(1.0110/0.9591)\times(102.8/102)\times0.18=1.0441\times100\%=104.41\%$

实际有效汇率的计算结果表明，当我国同期物价指数低于其他货币国与地区时，受物价指数调整的影响，人民币的实际有效汇率指数就高于多边汇率指数；反之，当我国同期物价指数高于其他货币国与地区时，人民币的实际有效汇率指数就会低于多边汇率指数。

3.3 汇率折算与进出口报价

在对外经济交往中，外汇的进出口报价和汇率的折算是开展国际贸易和国际金融实务的基本技能之一。熟练掌握汇率折算与外汇报价方法，有助于提高从事外经贸与金融实务的实际工作能力。

3.3.1 即期汇率下的汇率折算与进出口报价

即期汇率下的汇率折算包括直接标价汇率与间接标价汇率之间的折算、各种货币之间的汇率套算，以及进出口商品的本外币报价。

1. 直接标价汇率与间接标价汇率之间的相互折算

直接标价汇率是以本币数量表示基准单位外币的价格，不直接表明单位本币兑换外币的数量。间接标价汇率是以外币数量表示基准单位本币的价格，也不直接表明单位外币兑换本币的数量。也就是说，各国无论是采用直接或间接标价法都不能同时双向报价，但在对外经贸实务中有时需要同时用本外币双向报价。直接报价汇率与间接报价汇率之间的相互折算，实质是将每单位外币兑换本币的数量折算为每单位本币兑换外币的数量或相反，以便本外币同时双向报价。

(1) 直接标价与间接标价汇率的中间价相互折算。直接标价与间接标价汇率中间价的相互折算，是以 1 除以外币对某种货币的中间价，即该种货币对外币的中间价，反之，也相同。

设香港外汇市场某日美元对港币的中间价为：US\$1＝ HK\$7.7970，则港币对美元的中间价报价为：HK\$1＝1/ 7.7970＝ US\$0.1283。对同期香港进出口贸易而言，设标价 10 美元的进口商品港币报价为 77.97 港元，标价 10 港币的出口商品美元报价则为 1.283 美元。

(2) 直接标价与间接标价汇率的买入价与卖出价相互折算。直接标价法的买入与卖出价折算间接标价法的卖出价与买入价，是以 1 除以直接标价法的买入价与卖出价成为间接标价法的买入价与卖出价，反之，也相同。

设香港外汇市场某日美元对港币的直接标价汇率为：US\$1＝ HK\$7.7920/7.8020，则同期香港外汇市场港币对美元的间接报价汇率为：HK$1＝US$1÷7.8020/1÷7.7920＝US$0.1282/0.1283。

需要特别指出，由于直接标价法中买入价在前，卖出价在后，间接标价法中卖出价在前，买入价在后，因而，以1除以直接标价法的卖出价应成为间接标价法中位置在前的卖出价，以1除以直接标价法的买入价应成为间接标价法中位置在后的买入价。

2. 不同种货币之间的汇率套算

(1) 本币对A国货币与A国货币对B国货币的汇率，折算为本币对B国货币或B国货币对本币的汇率。上述货币之间的汇率套算可用同边相乘法计算。同边相乘法是将本币对A国货币和A国货币对B国货币汇率的买入价和卖出价分别相乘，套算本币对B国货币汇率的方法。设伦敦外汇市场英镑对美元和美元对瑞士法郎的汇率分别为：

£1＝US$1.4530/40，US$1＝SF1.5110/20

运用同边相乘法套算英镑对瑞士法郎的汇率，是将英镑对美元买入价与美元对瑞士法郎买入价的乘积，作为英镑对瑞士法郎汇率的买入价；将英镑对美元卖出价与美元对瑞士法郎卖出价的乘积，作为英镑对瑞士法郎汇率的卖出价。即：

£1＝SF1.4530×1.5110/1.4540×1.5120＝SF2.1955/84

(2) 本币对A国货币与本币对B国货币的汇率，折算为A国货币对B国货币或B国货币对A国货币的汇率。上述货币之间的汇率套算可用交叉相除法计算。交叉相除法是将本币对A国货币汇率和本币对B国货币汇率的买入价和卖出价分别交叉相除，套算A国货币对B国或B国货币对A国货币汇率的方法。设纽约外汇市场美元对瑞士法郎和美元对港币的汇率分别为：

US$1＝SF1.5110/20，US$1＝HK$7.7990/7.7998

运用交叉相除法套算瑞士法郎对港币的汇率，是将美元对港币的卖出价除以美元对瑞士法郎买入价的商，作为瑞士法郎对港币汇率的买入价；将美元对港币买入价除以美元对瑞士法郎卖出价的商，作为瑞士法郎对港币汇率的卖出价。即：

SF1＝HK$7.7990÷1.5120/7.7998÷1.5110＝HK$5.1581/5.1620

不同种货币之间汇率套算的上述两种方法并非固定不变，可相互转换使用，以上例为例，同样可以使用同边相乘法套算瑞士法郎对港币的汇率。具体可先将美元对瑞士法郎的汇率转换为瑞士法郎对美元的汇率，即SF1＝US$1÷1.5110/1÷1.5120＝US$0.6614/0.6618，然后再运用同边相乘方法计算得出瑞士法郎对港币的汇率为：

SF1＝HK$0.6614×7.7990/0.6618×7.7998＝HK$5.1582/5.1620

(3) 本币与未挂牌外币之间的汇率折算。当本币与某国货币汇率未在外汇市场直接挂牌，而本国与该国贸易又需要以两国货币汇率折算报价时，就需要通过套算途径折算两国货币的汇率。具体方法可先确定本币与某种世界主要货币的中间价，再从国际外汇市场查找世界主要货币对未挂牌货币的中间汇率，再以本币对世界主要货币的中间价与世界主要货币对未挂牌货币的中间价，套算本币与未挂牌货币的汇价。

例如，香港出口商应西班牙进口商要求分别报出口商品的港币与西班牙比塞塔(PTS)两种货币价格，由于香港外汇市场无港币与比塞塔的挂牌汇价，可先找出香港外汇市场港币对英镑的挂牌中间价，设£1＝HK$12.28，再查询伦敦外汇市场同期英镑对比塞塔的挂牌中间价，设£1＝PTS 180，则按交叉相除法套算的港币与比塞塔之间的中间价为：

HK$1＝180÷12.28＝ PTS 14.66，PTS1＝12.28÷180＝ HK$0.0682

3. 进口商品不同报价货币的折算

在对外贸易中，以不同外币标价的进口商品通常需要将其折算为同种货币，以便进行价格比较。

(1) 进口商品不同的报价货币折算为本币价。同种进口商品以不同的外币报价，可按即期汇率统一折算为本币，才能比较何种外币具有报价优势。设某种进口商品以瑞士法郎报价为 100SF，以美元报价为 33US$，同期瑞士法郎对人民币的卖出价为：SF1＝ RMB2.9933，美元对人民币的卖出价为：US$1＝ RMB8.2720，则该进口商品的瑞士法郎报价折算的人民币为 299.33 元，该进口商品的美元报价折算人民币为 272.98 元，美元报价具有价格优势。

(2) 进口商品不同报价货币折算为同一外币。同种进口商品以不同的外币报价无法比较价格高低，可按照即期汇率折算为同种外币后比较何种货币具有报价优势。以上例为例，设美元对瑞士法郎的中间价为：US$1＝SF2.5691，则将瑞士法郎报价折算为美元为：SF100÷2.5691＝US$38.92，与直接以美元报价的 US$33 比较，美元报价更具有价格优势。

4. 本外币之间报价折算的买入与卖出价使用惯例

凡是将本币折算为外币或将外币折算为本币，需要按照通用惯例使用买入价与卖出价。

(1) 本币折算外币的报价应使用买入价。由于出口商出口收取外汇后出售给银行是按银行的买入价兑换本币，相应本币折算外币的报价也应当使用买入价。设香港外汇市场美元对港币的汇率为：US$1＝ HK 7.7890/910，则香港出口商价值 10 万港币的出口商品以美元报价，应按美元对港币的买入价折算为：(1÷7.7890))×100 000＝ US$12838.6。

(2) 外币折算本币的报价应使用卖出价。由于进口商进口对外支付外汇时向银行购买外汇是按银行的卖出价兑换本币，相应外币折算本币的报价也应当使用卖出价。设按上述汇率，香港进口商将美国出口商报价 100 美元的商品折算成港币价格为：100 × 7.7910 ＝ HK$779.1。

(3) 外币折算外币按国际外汇市场牌价折算。不论是直接标价法或是间接标价法表示的汇率，均将外汇市场所在国的货币视为本币，再按本币折算外币用买入价，外币折算本币用卖出价计算。

上述汇率买入价与卖出价的使用惯例，不仅适用于即期汇率下本币与外币之间的汇价折算，同样也适用于远期汇率下本币与外币之间的汇价折算。

3.3.2 远期汇率下的汇率折算与进出口报价

远期汇率下的汇率折算包括本币对外币与外币对本币远期汇率之间的折算、按远期实际汇率折算出口报价等。

(1) 本币对外币的远期汇率与外币对本币的远期汇率折算。当外汇市场无外币对本币直接挂牌的远期汇价时，可借助已挂牌的本币对外币的即期汇率与远期汇率来折算。本外币之间远期汇率折算的公式为：

$$L = P/(S \times F) \tag{3-7}$$

式中 L 为外币对本币的远期汇率升贴水点数，P 为本币对外币的远期汇率升贴水点数，S 为本币对外币的即期汇率，F 为本币对外币的远期汇率。设纽约外汇市场美元对瑞士法郎间接标价的即期汇率为：US$1＝SF1.6030/40，3 个月远期汇率美元对瑞士法郎贴水 140/135

点，计算瑞士法郎对美元3个月远期汇率点数。按上述公式可知：

P=0.0140/135；S=1.6030/40；F=1.6030－0.0140/1.6040－0.0135＝1.5890/1.5905（在间接标价法中，本币贴水要分别从外汇买入价与卖出价减去贴水点数），再将上述数值分别代入公式，计算以直接标价表示的瑞士法郎对美元3个月远期汇率的升水点数为：

0.0140÷(1.6030×1.5890)＝0.0055；0.0135÷(1.6040×1.5905)＝0.0053

经相互换位后，瑞士法郎对美元的3个月远期升水点数为53/55，以间接标价表示的瑞士法郎对美元的3个月远期汇率为SF1＝US$0.6287/0.6293。

(2) 按远期贴水实际汇率折算出口报价。出口商对外贸易如以远期贴水货币为计价货币，延期结算收汇时则将面临汇兑损失的风险。因而，出口商的出口商品应以贴水后的实际远期汇率折算报价，以减少贴水损失。

设瑞士某设备生产商向美国出口设备，如即期付款价格为US$2 000/台，现进口商要求出口商以瑞士法郎报价，并在发货后3个月付款。如纽约外汇市场美元对瑞士法郎的即期汇率为：US$1＝SF1.6030/40，瑞士法郎3个月远期贴水140/135点，则美元对瑞士法郎3个月的远期实际汇率为US$1＝1.6030＋0.0140/1.6040＋0.0135＝SF1.6170/1.6175。由于美元对瑞士法郎升水，如果出口设备价格按瑞士法郎的即期汇率报价，而3个月后收汇再按瑞士法郎的实际贴水汇率汇兑，出口商必定遭受汇率的贴水损失。因而，出口商应将瑞士法郎的贴水额加入货价，按照3个月贴水后美元对瑞士法郎的实际远期汇率，将美元折算成瑞士法郎报价。依照买入价与卖出价的使用规则，在纽约外汇市场本币折算外币应按买入价计算，该设备出口商出口设备的报价为：US$2 000×1.6175＝SF3235。

(3) 进口商品以硬币和软币同时报价，远期汇率是接受软币加价幅度的高限。从出口商角度看，出口商品以硬币报价转嫁汇率风险不易为进口商接受，而以软币报价结算又会使自己遭受汇率风险损失，因而其要将计价结算货币远期贴水损失加入出口商品的价格中。但从进口商角度说，进口商品以软币报价的加价幅度不能超出软币远期汇率的贴水点数，否则，进口商宁愿通过购买远期外汇来支付货款成本更低。设某国进口商从瑞士进口手表零件，货到后3个月付款。出口商报价为每件100瑞士法郎，同期苏黎世外汇市场美元对瑞士法郎即期中间汇率为：US$1＝SF2.0000，3月远期中间汇率为：US$1＝SF1.9500，如果出口商按作为软币的美元报价不能超出瑞士法郎对美元的3个月远期汇率，即SF100÷1.9500＝US$51.3，如果每件出口商品报价高于US$51.3，也即高于进口商按3个月远期汇率购买100SF的成本，其宁可直接购买远期外汇支付货款。

3.4 汇率决定与汇率调整

汇率是两国货币兑换的比价，从本质上说，是两国货币自身所具有的价值量或所代表的价值量之间的交换比率，因而，各国货币汇率是在自身具有的价值量或所代表的价值量基础上，受市场供求关系和其他因素影响决定和调整的。在不同的货币制度下，制度要素的规定不同，决定了各国货币具有的或所代表的价值不相同，汇率决定与调整的基础因素与方式也不相同。

3.4.1 金本位货币制度下的汇率决定与汇率调整

1. 金本位货币制度

金本位制是指以黄金为本位货币实体的货币制度。金本位制盛行于19世纪初至20世纪初。1816年英国颁布实行《金本位法》，标志着金本位货币制度确立其作为一国主体货币制度的地位，随后为一些经济发达的资本主义国家先后采用实施。第一次世界大战前，各国出于备战的需要，强化对黄金输出和黄金兑换的管制，一度使金本位制受到抑制，战后各国又逐步恢复金本位制。20世纪30年代初的全球经济大危机，严重削弱了英美等世界强国的经济实力，致使英镑、美元等世界主要货币贬值，1936年英、美、法三国签订通货协定，正式宣告结束金本位制。

金本位制一般主要指金币本位制。金本位货币制度具体包括金币本位制、金块本位制和金汇兑本位制形式，其中金币本位制为完全的、典型的金本位制。金块本位制和金汇兑本位制仅限于金币向纸币流通的过渡阶段，以及第二次世界大战后对货币与黄金兑换实行管制时期实施，前后时间较短，属于不完全的金本位制。

在典型的金币本位制下，各国货币均以黄金为材料，按法定的重量和成色，即法定的含金量铸造而成。金币可以自由流通、自由铸造、自由输出入，并具有无限清偿能力，辅币和银行券可按其票面价值自由兑换金币。

2. 金本位货币制度下的汇率决定

金本位制下各国通过立法规定单位本国货币的黄金重量与成色，即本币的法定含金量(Gold content)，称为金平价。各国货币之间的价值量之比即各国货币的含金量之比，称为铸币平价(Mint parity)或法定平价(Par of exchange)。按照等价交换法则，以各国法律规定的货币含金量为基础形成的铸币平价就是金本位制下汇率决定的基础。例如在1925～1931年期间，英国法定1英镑金币的重量为123.2744格令(Grains)，成色为22K(Carats)，折算为1英镑含113.0016格令纯金。美国法定1美元金币的重量为25.8格令，成色为0.9000，折算为1美元含纯金23.22格令。根据金平价之比，英镑与美元的铸币平价为：113.0016/0.9000＝4.8665，即1英镑的含金量是1美元含金量的4.8665倍，或者说，1英镑应兑换4.8665美元。

由于金本位制下汇率决定以各国的法定含金量为基础，各国的法定含金量一经确定不轻易变更，从而铸币平价作为汇率基础具有的稳定性奠定了汇率的稳定性。

3. 金本位货币制度下的汇率调整

在金本位制下，以铸币平价为基础，各国货币受外汇市场供求关系影响围绕铸币平价有限波动形成现实汇率。当本国贸易收支逆差，外汇供不应求时，现实汇率高于铸币平价；当本国国际收支顺差，外汇供过于求时，现实汇率低于铸币平价，但金本位制下汇率受外汇供求关系影响的波动幅度并非是无限的，而是被限定在黄金输送点的界限之内，也就是说，金本位制下汇率的调整是在以铸币平价为中轴，以黄金输送点为限度的范围内进行的有限波动。

金本位制度下汇率的有限波动调整是由金本位制度自身的性质所决定的。金本位制度下黄金可自由熔化、自由买卖、自由输出和输入，各国中央银行发行通货时须储备相应的黄金，保证按既定价格兑付黄金等规定，使黄金具备了可替代外汇用于国际债权债务清偿的货币支付手段功能。一方面，当外汇供不应求，汇率涨至高于铸币平价与黄金运输等费用的总和，即购买外汇支付货款的价格高于购买黄金支付货款的价格时，本国进口商不再购买外汇对外支付货款而直接通过运送黄金进行清算，因此，铸币平价加运出黄金等费用的总和，形成外汇汇率波动上限的“黄金输出点”。另一方面，当外汇供过于求，汇率跌至低于铸币平价与黄金运输等费用的总和，即收取外汇货款后卖出外汇的价格低于收取黄金货款后卖出黄金的价格时，本国出口商不再收取外汇结算货款而直接以收取黄金进行清算，因此，铸币平价加运入黄金等费用的总和，形成外汇汇率波动下限的“黄金输入点”。

以上述英镑和美元为例，设与1英镑等值的黄金在英国与美国之间的运输、保险、包装和利息损失等费用总共为0.03美元，则铸币平价加上相关费用为：4.8665＋0.03＝4.8965美元，如果外汇市场1英镑兑换美元的汇率涨至高于4.8965时，美国进口商宁可将美元按金平价兑换成黄金并输出黄金与英国出口商清算更为有利，因而1英镑兑换4.8965美元是美国的黄金输出点(英国的黄金输入点)，也是美元对英镑汇率的上限。相反，铸币平价减去运输等费用为：4.8665－0.03 ＝ 4.8365美元，如果外汇市场1英镑兑换美元的汇率跌至低于4.8365时，美国出口商不会按此低汇率收取英镑兑换美元，宁可直接从英国输入黄金结算后，再按金平价兑取美元更为有利，因此，1英镑兑换4.8365美元是美国的黄金输入点(英国的黄金输出点)，也是美元对英镑汇率的下限。由此，在金本位制下，汇率调整在以黄金输出点为汇率上涨高限，以黄金输入点为汇率下跌低限的有限区间内围绕铸币平价上下波动。

3.4.2 纸币制度下的汇率决定与汇率调整

纸币作为贵金属货币的替代物，在贵金属货币退出货币流通领域后执行货币的主要职能。纸币是价值符号，其中早期纸币是代表贵金属货币价值的符号，法定纸币是各国法律规定的纸币所代表的价值量的符号。基于纸币的性质，各国纸币所代表的价值量之比是决定各国纸币国际汇兑比例的基础，各国纸币所代表的价值量变动是影响各国纸币之间汇率变化调整的基础。

1. 纸币制度下的汇率决定

在不同的纸币制度规定下，纸币的汇率决定方式不尽相同。上世纪中叶第二次世界大战后，全球进入以美元为中心的布雷顿森林体系时代，作为国际金汇兑本位制的货币制度，布雷顿森林体系通过“双挂钩”政策规定各国纸币的含金量和各国纸币之间以含金量为基础的比价关系。“双挂钩”一方面实行黄金与美元挂钩，保持每盎司纯黄金等于35美元的固定比价，即发行35美元必须以1盎司黄金作金准备，各国政府可随时以35美元向美国货币当局兑取1盎司黄金。另一方面实行其他成员国的纸币与美元挂钩，各国货币对美元维持可调整的固定比价，未经国际货币基金组织同意，各成员国不得随意调整。“双挂钩”直接规定了单位美元的金平价，并通过规定其他成员国货币与美元的比价间接规定了各国纸币隐含的金平价，各国纸币之间的汇率决定实际是以布雷顿森林协议规定的金平价为基础，受外汇市场供求关系影响波动形成现实汇率。由于布雷顿森林体系下各国纸币的金平价是人为固定的，因而基于各国纸币的金平价形成的汇率体系延续了金本位制下汇率决定的基本特质，是波动有限的稳定的固定汇率体制。

1973年2月随着世界经济规模不断扩大与体系内在矛盾的尖锐爆发，布雷顿森林货币体系终于难以为继而崩溃。1978年4月随着牙买加协议生效实施，国际货币制度进入牙买加体系时代。新货币制度是不兑换的信用纸币制度，废除了美元与黄金挂钩、其他成员国货币与美元挂钩的双挂钩，实行黄金非货币化和浮动汇率制，黄金不再能直接用于政府官方之间的国际清算。双脱钩使各国纸币丧失了金含量的客观标准，黄金非货币化使各国纸币成为不能自由兑换黄金的不兑换纸币，由此，纸币制度下的汇率决定条件发生根本性变化，完全脱离金平价的固定比价基础，以各国纸币所代表的价值量为基础随供求关系变化而浮动形成。

在牙买加货币体系下，各国纸币丧失了法定的金平价，纸币作为价值符号，也失去了其所代表的价值量的直观外化标准，各国单位纸币所代表的价值量高低，主要以各自所能购买到的商品与服务的实际购买力为新的外化直观标准来度量，即以各国一定通货膨胀水平下的纸币对内购买力为衡量标准。一国物价指数上升，通货膨胀严重，本币对内购买力下降，对外比值随之下跌；反之，本国货币购买力上升，对外币值必然上涨。在不兑换的纸币制度下，决定汇率的一定时点上的货币购买力取决于流通中的货币供给量与货币需求量的相对均衡状态，同时各国货币发行又不再受纸币兑取黄金所必须的黄金储备的客观物质力量束缚，因而，各种直接或间接影响货币供给与需求平衡，进而影响纸币所代表的购买力升降的因素，都成为观察判断影响汇率决定和汇率波动趋势的相关因素。

2. 纸币制度下的汇率调整

在布雷顿森林货币体系下，国际货币基金组织通过协议严格限制会员国对汇率的调整幅度与调整方式，规定各成员国有义务对外汇市场进行干预，将汇率波动维持在金平价的±1%限度内，1971年12月成员国货币汇率波动区间放宽至金平价的±2.25%。各成员国不得自行调整协议规定的金平价，只有当一国发生根本性国际收支不平衡，经货币基金组织批准后才允许升值或贬值。布雷顿森林货币体系下的成员国货币当局，必须以行政手段或市场手段保持汇率的稳定，主要通过贸易、资本与外汇管制，强制性干预本国商品、资金的内外流动和对外国际收支来控制和稳定汇率，并通过建立外汇平准基金在外汇市场抛售和购进外汇的方式平抑汇价，人为地维持汇率目标，以至在必要时通过对本国货币的法定贬值等方式调整汇率。

布雷顿森林货币体系崩溃后，牙买加货币体系实行以市场供求调节为主的浮动汇率制度，也不再对各国货币汇率调整的范围加以明确限制。各国政府大都根据本国经济发展和内外经济平衡的需要，在市场供求形成汇率的同时，主要通过综合运用财政政策与货币政策调节本国的货币供求，维护货币供求均衡和本币币值的方式间接调节本币的对外汇率，辅之于汇率政策指导下运用外汇平准基金运作的市场化干预手段，以及贸易和外汇管制等行政手段等方式直接调控汇率。

3.4.3　影响汇率变化的因素

在牙买加货币体系下，汇率以纸币所代表的非外化直观的价值量为基础，随外汇市场供求变化涨跌。由于金平价不复存在，影响纸币代表的价值量变动的众多因素以及影响外汇供求变化的因素，都成为直接或间接影响汇率决定与汇率调整的因素。

1. 国际收支平衡因素

国际收支是一国对外经济贸易活动的综合反映，国际收支差额又是反映国际收支引起的外汇供求状况的基本信号，由于汇率变化是两种货币间供求关系相对平衡的结果，作为一国最主要的外汇供给来源与外汇需求支付的国际收支差额，就成为影响一国汇率实际水平和基本趋势的最重要的因素之一。

国际收支不同性质的差额对汇率的影响存在差别。一般说，短期和小额的国际收支差额因其时间短，额度小，通常可用国际储备弥补或为其他因素影响抵消化解，因而，对汇率变化的影响有限。而国际收支中长期存在的差额必然对汇率变化产生影响。当一国国际收支持续逆差时，该国的外汇需求大于外汇供应，使外汇汇率上涨，本币对外贬值；反之，当一国国际收支持续顺差时，该国的外汇供应大于外汇需求，使外汇汇率下跌，本币对外升值；当一国国际收支平衡时，外汇供求平衡使汇率保持平衡。

国际收支不同账户差额对汇率变化的影响也有差别。国际收支经常账户收支尤其是贸易账户收支属所有权性质的恒久性收支，其差额体现一国自主性的真实收支，其无论是顺差或逆差对汇率变化的影响都是根本性的。保持经常项目特别是贸易账户的收支平衡，从而保持对外收支的外汇供求平衡是维持一国汇率稳定的重要基础。如果经常账户大幅逆差，外汇供不应求，将不可避免地导致外汇汇率上涨，本币贬值。例如泰国1996年和1997年经常账户的赤字额分别占GDP比重高达7.9%和5%，成为诱发1998年金融危机爆发的重要原因，使泰铢的汇价从1996年12月的1美元兑换25.67泰铢，跌至1998年1月的1美元兑换53.5泰铢，贬值幅度高达108%。如果经常账户特别是贸易账户持续大幅顺差，外汇供过于求，也会引起外汇汇率下降，本币升值。例如我国近年来由于贸易收支连年保持大额顺差，使人民币汇价承受持续上升的压力，已从汇率体制改革前的1美元约兑换8.28元人民币，大幅度上升至2007年四季度1美元约兑换7.42元人民币，累计升幅已达10.47%。资本与金融账户收支差额对汇率变动的影响主要因资金流动时间长短而异。通常短期资本流动的投机性强，对汇率和市场变化反应灵敏并且有主动触发性，资金大规模频繁地内外流动极易导致汇率大起大落波动，是影响汇率变化重要变量。而中长期国际资本流动中大部分属直接投资的产业资本流动，其投资周期长，对汇率变动影响相对缓慢，具有较强的周期性和稳定性。

2. 通货膨胀因素

在不兑换纸币制度下，货币所代表的实际价值，即购买力是汇率决定的重要基础。纸币制度下发行货币无须黄金担保，以及纸币发行量难以与货币需求量始终保持一致的基本特点，决定通货膨胀是难以避免的货币现象，也决定纸币所代表的实际价值是不稳定的。通货膨胀影响纸币的购买力从而影响其对内价值，而对内价值是对外价值的基础，通货膨胀意味着本币代表的价值量减少，必然降低其与外汇的比值，反之，则会提高本币与外汇的比值。具体说，通货膨胀一方面使本国出口商品价格上升，市场竞争力下降，出口量减少而贸易收汇下降，同时使国外进口商品价格相对便宜，进口量增加而贸易付汇增加，对外贸易增支减收引起外汇需求增加，外汇供应减少，外汇汇率上升而本币贬值。另一方面，通货膨胀也影响本国资本与金融账户的外汇收支。高通货膨胀率必然引起市场交易者对本币汇率的贬值预期，出于向国外抽逃资金保值的需要，开始抛售本币购入外汇，造成外汇供不应求汇率上升，本币供过于求汇率下降。因而，高通货膨胀国家的货币对外汇价下跌，反之，趋于上升。

3. 经济增长因素

经济增长是提高本国经济实力的根本途径，经济实力又是支撑本国货币汇率的根本物质基础，从长远和趋势上看，本币汇率的变化态势与本国经济增长趋势是一致的。经济快速增长意味着本国劳动生产率持续快速上升，生产成本有效降低，产品对外相对价格下降，国际竞争力大大增强，反映到国际贸易领域，致使出口需求旺盛，进口疲软，贸易收支顺差。经济增长既提高吸引外资流入的投资回报率，又激发本国对资本的需求量，反映到国际金融领域，致使本国资本与金融账户净流入，并且经济持续增长会增强外汇市场参与者购入和长期持有本币的信心，增加外汇市场的本币需求量。可见，经济增长使本国的外汇收入增加而外汇供过于求，本币需求上升而供不应求，从而推动外汇汇率下降而本币升值。相反，一国经济长期增长乏力，必然导致本币汇价低迷，外汇汇率上升。

4. 利率水平因素

利率是货币资产的价格，具有金融市场供求导向的功能，对筹资者而言，利率高低决定成本高低，对投资者而言，利率高低决定收益高低，利率变化调节引起市场资金供求变化。在开放的市场经济环境下，当本国利率上升扩大国际利差，诱导跨国套利资本大量流入，外汇供应增加使汇率下降，大量流入的外汇需要兑换本币，增加对本币需求使本币升值。相反，一国降低利率缩小国际利差，则引起资本外流，外汇需求增加使汇率上升，本币贬值。

利率变动还影响本国内部经济间接影响汇率变化。一国提高利率必然带动社会储蓄，压缩投资与消费需求，在即期的有效供给不变时，内部需求下降既降低国内物价水平，增强商品对外竞争力，又增加对外出口供给能力，减少进口需求，形成国际收支顺差，增加外汇收入而使外汇汇率趋降，本币汇率趋升。相反，本国降低利率则会引起外汇汇率坚挺，本币汇率疲软。

应当看到，依靠高利率吸引国外资本流入维持汇率的效果是有限的，短期的。如果一国经济低迷，国际收支和储备恶化，仅靠提高利率维持本币汇率极易形成遭受货币攻击的本币高估泡沫，一旦泡沫破裂必然引发本币贬值风潮甚至演变为金融危机。例如1997年亚洲金融危机爆发前夕，泰国将同业拆借利率从9.25%提高至12.5%，马来西亚的利率从9%急升至50%，菲律宾先后三次提高利率，隔夜拆借利率从15%提高至32%，都试图利用提高利率方式阻止投机资本外流，但收效甚微，仅仅是短期稳定了局面，缺乏经济基本面支撑的本币，在投机资金攻击下大幅贬值，最终导致金融危机爆发。

5. 公共政策干预因素

当今各国的经济是政府宏观调控下的市场经济，同时，对外开放下的内外经济又是联动的，各种宏观调控不仅对国内经济起着至关重要的影响，也对汇率变动有着直接或间接的影响。主要表现在：

首先，实行管理浮动汇率制度国家的中央银行，为贯彻本国的汇率政策目标，保持汇率的基本稳定，避免汇率过度波动以及本币的过度贬值或升值对本国经济贸易的不利影响，通过在外汇市场干预性买卖外汇直接影响汇率变化。当本国货币当局大量抛售外汇收购本币，短期内必然促使外汇贬值而本币汇率上升；反之，当本国货币当局大量收进外汇售出本币，短期内必然促使外汇升值而本币汇率下降。

其次，一国政府实施财政与货币政策的宏观调控效应，也通过内外部经济的联动对汇率变化发生间接影响。当一国实行双紧的财政与货币政策，压缩国内投资与消费需求，引起内部总需求下降和出口供给量增加，使得进口减少和出口扩张，本国外汇支出减少而外汇收入增加，外汇供过于求而汇率下降；反之，则使本国进口增加和出口减少，外汇收入减少而外汇支出增加，外汇供不应求而汇率上升。

第三，本国调整包括关税在内的税收政策、贸易政策和外汇管理政策必然直接或间接影响公众的对外经济交流行为，进而影响内外经济贸易的流量和市场的外汇需求与供给，最终反映为汇率的升降变化。

6. 其他因素

国际外汇市场汇率变动还要受诸多非经济因素与非市场因素的波及影响，其中首先是社会政治因素，例如各国政局更替或政变、社会动乱或动荡、国内战争或对外战争、外交冲突以及国际重大事件等因素，都会不同程度地影响相关国家和地区正常的经济运行秩序、经济发展前景和经济政策，间接影响市场主体的决策判断，在寻求资金安全保值要求的驱使下进行外汇买卖操作，引起外汇市场行情的波动。其次是心理因素，市场主体的心理因素是市场参与者对汇率未来走向的心理预期，由于心理定势的惯性和市场羊群效应作用，当市场心理预期向好时产生叠加一致行为，放大各种外汇利多因素，导致外汇投资或投机性需求激增而汇率上升，本币贬值；反之，使汇率下降，本币升值。

此外，国际市场内部的互动干扰也是影响汇率变动的因素。在国际市场一体化环境下，各市场之间联系紧密，资金跨市场流动引起供求关系变动，导致各种市场的价格联动传递影响，使国际黄金市场、证券市场、金融衍生品市场和各种投资品市场价格变化会不同程度引起外汇市场汇率的连锁反应。例如近年来美元汇率与黄金价格走势呈现负相关的“跷跷板”效应，典型地说明国际金融资本跨市场套利引起的不同市场间价格的关联影响。

3.4.4 汇率变化的经济影响

汇率是一国货币的对外价格。在开放型市场经济中，汇率是市场机制的重要传导工具，汇率变化既受制于国际与国内经济的运行状态，同时又不可避免地从各个方面对本国经济产生不同程度的正面或负面的影响。把握与有效利用汇率效应是各国保持内外经济均衡和进行汇率风险管理必须正视的变量因素。

1. 汇率变化对本国贸易收支与服务贸易收支的影响

汇率变化引起市场微观主体进出口商品价格和兑换收益变动，进而改变其对外经济行为，最终从宏观层面改善或恶化本国贸易与非贸易收支是汇率变动最重要的影响之一。具体表现在：

一方面，本币贬值使相同本币价格的出口商品在国际市场的相对价格下降，提升了本国出口商品的国际市场竞争力，导致本国增加出口量和贸易外汇收入。同时，本币贬值使进口品相对价格上涨，抑制进口需求从而减少进口付汇。反之，本币升值不利于扩大本国出口量和外汇收入，不利于压缩本国进口规模和外汇支付量。

另一方面，外汇汇率上涨本币贬值增加了外汇的兑换收益，使劳务、运输、旅游等相同额度的服务贸易出口收汇能获得更多的本币收益，有利于刺激本国的服务贸易出口和创汇。同时，本币贬值增加了外汇的兑换成本，使等量的服务贸易进口付汇额度需要支付更多的本币成本，有利于抑制本国的服务贸易进口与对外付汇。反之，本币升值不利于扩大本国的服务贸易出口量和外汇收入，不利于压缩本国的服务贸易进口规模和外汇支付量。

外汇倾销是一国货币当局利用汇率变动效应改善本国贸易赤字的具体方式。所谓外汇倾销是指一国货币当局通过本币对外法定贬值或将本币对外贬值幅度大于对内贬值幅度，以更低的相对价格在国际市场倾销本国的商品，实现扩大出口，增加外汇收入，改善贸易差额的目的。可见，本币的对外贬值或对外贬值幅度大于对内贬值幅度是实施外汇倾销的条件，通过本币贬值使本币汇率下降，利用汇率效应相应降低本国出口商品的相对价格，最终因价格竞争力增强，出口销量激增带来外汇收入增加额超过价格下降造成的外汇收入减少额而扩大贸易净收入。由于实施外汇倾销的本币贬值通常是货币当局基于改善本国贸易收支逆差需要的人为行为，并非是基于本币内在价值变化的汇率调整，本币对外贬值成为倾销本国商品，扩大本国商品国际市场占有率的手段。因而，外汇倾销扭曲了市场机制，不利于鼓励生产者通过改进技术，改善经营，提高质量，完善服务来提高产品竞争力，无助于提高资源配置效率和贯彻市场竞争机制，受到世界各国的广泛抵制。

需要注意的是，汇率变化影响贸易收支的效果还应考虑一国进出口商品的需求弹性与供给弹性条件，只有满足马歇尔-勒纳条件，本币贬值才能发挥改善本国贸易赤字的效用，同样，只有满足负的马歇尔-勒纳条件，本币升值才能出现抑制贸易顺差的效果。

2. 汇率变化对本国资本流动和资本金融账户的影响

汇率变化对一国的长短期资本流动和债务有复杂的影响。从长期资本投资角度看，本币贬值使单位外币能兑换更多的本币，降低国外资本的长期投资成本，有助于增加国外资本对本国的投资和资本金融账户的外汇收入，同时增加本国居民对外投资的成本，抑制本国资本流出和资本金融账户外汇支出，最终改善本国资本金融账户的逆差。反之，本币升值的影响正好相反，有利于抑制外资流入，鼓励国内资本对外投资，缓解本国资本金融账户的过度顺差。从短期资本流动看，以投机套利为目的的短期资本跨国流动追逐的利差收入，会因本币贬值造成的外汇汇率上升而抵消，出于保利需要，短期资本在本币贬值预期下提前外逃，从而助长外汇需求，增加资本金融账户的外汇支付和逆差或减少资本金融账户的顺差。反之，出于套取本币升值利差的动机，短期资本在本币升值预期下大量渗透流入，从而助长本国外汇供给，增加资本金融账户的外汇收入和顺差或减少资本金融账户的逆差。

在本币贬值下，等量的外债本息需要用更多的本币兑取偿还，使本国以外币计价的对外债务负担加重，既增加企业融资成本，降低企业的盈利水平，又增加本国的外汇支付，不利于改善国际收支。反之，本币升值有利于减轻本国偿还外债的负担，降低企业融资成本，改善本国对外收支。

3. 汇率变化对本国物价水平的影响

汇率变化对本国物价的影响反映在，一方面，本币贬值后以本币标价的进口消费品价格上升，如果国内无法替代生产仍需刚性进口则直接带动国内消费物价指数上升，同时，进口原材料和中间产品价格提高而国内又无法替代供给，由此推动国内最终产品生产成本拉动型的通货膨胀。另一方面，本币贬值后以外币标价的出口产品和劳务价格下跌，价格需求弹性的刺激使对外商品劳务的需求扩大，本国出口规模扩张，如果国内生产能力和产品供给不能同比增加也会因为国内市场供不应求推动国内物价上涨。反之，本币升值有助于增加本国进口和减少出口，增加本国商品供给和减少商品需求，缓解国内市场的通货膨胀压力。

4. 汇率变化对本国金融资产价格的影响

汇率变动通过影响投资收益率和资本内外流动传导影响本国的金融资产价格。在资本自由流动前提下，本币对外贬值易引起对内通货膨胀，促使货币当局提高利率来执行紧缩的反通涨货币政策，提高利率扩大国内外的利差虽然阻止短期资本的外流，但提息使外国资本在本国投资证券等金融产品的相对收益率下降，必然导致投资者因收益预期改变而抛售股票和债券等金融产品，调整投资的组合结构，抽离资金减少了本国证券市场资金供应，导致证券债券等产品供给相对过剩而价格下跌。反之，本币升值有助于吸引国外资本流入和对本国金融产品的需求，增加国内金融市场资金供应而推动金融产品价格上涨。例如上世纪末，面对经济金融泡沫破裂和停滞萧条的日本经济，投资者缺乏信心抛售日元，导致日元持续疲软和汇率下跌，相应日经指数也持续下挫。

5. 汇率变化对本国经济增长、国民收入和就业的影响

首先,本币贬值刺激出口直接引起本国出口部门的生产规模扩张,带动上下游相关产业的生产发展,同时,由于进口品价格提高,促使国内的进口替代品生产发展,在国内工资水平不变或工资变动幅度小于汇率变动幅度时,国内产业扩张有助于创造更多的就业机会,提高本国就业率。反之,本币升值不利于本国增加就业机会和降低失业率。其次,在贸易环境不变和货币贬值国存在闲置资源的条件下,本币贬值促进出口,抑制进口增加外汇收入,减少外汇支出,从而增加本国的国民收入。在外贸乘数作用下,增收的国民收入转而拉动国内的储蓄、投资和消费,形成推动国内经济增长的新的市场供给与需求动力,从而数倍放大地连锁引起国内经济的强劲增长。相反,本币升值不利于本国经济的持续增长和国民收入的有效增收。

3.5 汇率决定理论

汇率决定理论又称为汇率理论,是对汇率形成与调整的内在机理与成因进行的基本理论分析。汇率理论是货币理论的延伸,也是国际金融的核心理论,随着国际经济金融实践的不断发展,汇率理论也更趋完善成熟。

3.5.1 购买力平价理论

购买力平价理论(Theory of purchasing power parity,简称 PPP 理论)是通过研究各国货币购买力比价关系来阐释各国货币汇率决定的理论,在现代汇率理论体系中占有重要地位,也受国际金融和外汇实践的广泛重视。

20 世纪初,购买力平价理论在前人研究的基础上,由瑞典经济学家古斯塔夫·卡塞尔(K. G. Cassel)阐释和发展而成。1918 年卡塞尔发表《外汇反常的离差现象》一文,首次提出购买力平价的基本概念。1920 年和 1921 年卡塞尔两次向国际联盟提交有关汇率问题的备忘录,提出在不兑换黄金的纸币流通制度下,汇率变动应根据各国货币的本国购买力与外国购买力的比率确定。1922 年卡塞尔发表《1914 年以后的货币与汇率理论》一书,系统阐述了购买力平价思想,标志购买力平价理论的确立。

购买力平价理论认为,本国居民之所以需要外国货币,是因为外币在国外市场具有购买能力,可在国际市场购买外国生产的商品与劳务;外国居民之所以需要本国货币,是因为本币在本国市场具有购买能力,可在本国市场购买本国生产的商品与劳务。因此,货币的价格取决于其对商品的购买力,两国货币的兑换比率由两国货币各自具有的购买力之间的比率决定,购买力之比即购买力平价是决定汇率的首先的最基本的依据。同样,汇率的变动涨跌也是由货币购买力变化决定的,或者说是货币购买力变化的结果,而购买力变化受物价变动的影响,因而,汇率变动最终取决于两国物价水平比率的变动。

卡塞尔将购买力平价具体分为绝对购买力平价和相对购买力平价两种形式。

1. 绝对购买力平价

绝对购买力平价是指两国货币之间某一时点上的均衡汇率等于两国物价总水平之间的比率。由于不同国家货币之间的汇率取决于不同国家货币的内在购买力比值,而一国货币的内在购买力由发行国一定物价总水平下所能购买的商品和劳务量决定的,是本国物价指数的倒数。因而,不同国家之间物价指数之比决定各自货币之间的绝对购买力平价,其公式可表示为：

$$R = P_a/P_b \tag{3-8}$$

公式中 R 为某一时点上两种货币之间的汇率，P_a 为某一时点上 A 国的物价指数，P_b 为某一时点上 B 国的物价指数。若某期 A 国物价指数为 B 国的两倍，则 $R=2$，也就是说 B 国货币与 A 国货币的均衡汇率是 1∶2。

需要注意，公式中定义绝对购买力平价的物价指数应是两国各自的价格总水平。卡塞尔强调，仅限于本国进出口商品与劳务的价格水平，不足以完整反映本国货币的购买力，只有一国自身生产并在市场上出售的全部商品与劳务的价格水平，才能真实代表本国货币的购买力。

绝对购买力平价理论实际是以暗含的一价定律假定为基本前提的。所谓一价定律（The law of one price）是指在自由贸易环境中，不同国度市场出售的同类同质商品扣除运输等费用后的交易价格应当相等。在一价定律条件下，商品价格充分反映市场供求关系，没有贸易障碍或贸易管制摩擦产生的商品套利机会，本国价格水平应等于以本国货币表示的外国货币的汇价与外国价格水平的乘积，即同一商品以不同货币表示的价格经均衡汇率的折算后最终是相等的。例如在 1 英镑等于 2 美元的汇率和剔除交易费用条件下，英国售价 4 英镑的同类衬衫，美国的售价应为：$4\times2=8$ 美元。如果不能使上述定律成立，实际存在的贸易障碍或贸易管制必然扭曲真实的供求关系从而扭曲商品价格，同一商品在不同国度的实际售价不同，以购买商品和劳务的数量为标准衡量的货币购买力就是扭曲的，同样以货币内在购买力比值为基础的绝对购买力平价就不能真实反映货币的内在价值，会形成货币汇率的高估或低估。因而，一价定律假设条件极大地限制了绝对购买力平价理论的实际应用。

2. 相对购买力平价

第一次世界大战结束后，针对各国战争期间滥发不兑现的银行券导致的战后严重的通货膨胀现实，卡塞尔通过修正绝对购买力平价理论，形成解释各国不同通货膨胀水平下决定汇率变化因素的相对购买力平价概念。

卡塞尔认为两国通货膨胀率的差异决定两国货币购买力的相对变化，不同国家货币购买力之间的相对变动是引起汇率变动的决定因素。由于各国物价水平在市场机制下是波动的，使各国货币的购买力也不断变动，汇率应按照同期两国物价水平的相对变动比例进行调整，直至形成均衡汇率，所以，相对购买力平价就是两国货币某一时期的动态均衡汇率，等于该时期内两国通货膨胀率的比率。相对购买力平价的汇率表示公式为：

$$R_1 = R_0 \times (P_{a1}/P_{a0})/(P_{b1}/P_{b0}) \tag{3-9}$$

公式中 R_1 为当期汇率，R_0 为基期的汇率，P_{a1} 和 P_{a0} 为 A 国当期和基期的物价指数，P_{b1} 和 P_{b0} 为 B 国当期和基期的物价指数，公式表明当期汇率应等于基期汇率与两国通货膨胀率比率的乘积，某一时期内汇率变动取决于同期两国物价水平的相对变动。如果同期 A 国通货膨胀率高于 B 国通货膨胀率，A 国货币汇率下跌，反之，则 A 国货币汇率上涨。例如 1979 年 6 月至 1980 年 6 月期间，美国的年通货膨胀率为 13.6%，前西德的年通货膨胀率为 7.7%，因而前西德马克兑换美元的汇率，从 1979 年 6 月的 DM1∶US\$0.54 上升至 1980 年 6 月的 DM1∶US\$0.57，即西德马克 1980 年 6 月的当期汇率为 $=0.54\times1.136/1.077=0.57$ 美元。

在不兑现纸币流通条件下，相对购买力平价比绝对购买力平价更具有现实应用性。相对购买力平价将各国市场看作是存在关税、贸易壁垒的有缺陷、不完全的市场，也承认不同国家的同类商品价格是不尽一致的，因而无须设置一价定律的前提条件。同时在分析影响汇率变动的决定因素时，其又将包括上述因素在内的众多影响因素，化为它们共同作用结果的各国物价变动率之间的比率，作为决定汇率变化的基本依据。事实上，只要具备基期汇率、基期与当期物价指数等基本条件，相对购买力平价便得以成立与检验。由此，拓展了相对购买力平价理论的应用面，成为汇率预测的重要工具，如世界银行就是运用购买力平价测算和比较各国的经济实力。

相对购买力平价理论假定了基期汇率 R_0 是均衡汇率，因而选择合适的基期汇率对形成当期汇率至关重要，如果因主观错误或技术、数据不足误判选择基期汇率，会对当期汇率的测算发生系统性偏差。一般说，并非以前任何时期的汇率都可作为基期汇率，应该选择汇率等于绝对购买力平价的正常时期的汇率，或选择市场汇率处于长期均衡水平时期的汇率作为基期汇率。

3. 购买力平价理论的评价

购买力平价理论自产生以来，在国际经济金融领域产生积极的理论与现实意义。首先，购买力平价理论为金本位制崩溃、货币与黄金脱钩以后各国纸币定值与币值比较提供了客观的标准。各国纸币在废除金平价后必须要解决以新价值度量标准与价值担保来维持正常货币流通和汇率稳定的难题。购买力平价以货币基本功能体现的实际购买力作为纸币价值和汇率决定的依据，具有度量标准的客观性和统一性，将复杂的难题化作最为简洁的理论描述，从而为分析与计算均衡汇率提供了广泛运用的方法。其次，购买力平价理论解释了中长期汇率变动的基本原因在于各国通货膨胀变动率决定的币值的变化。如果一国物价上涨高于其他国家，其本币对内贬值，虽然短期内汇率并非一定对外贬值，但中长期内必然引起对外贬值，形成与其他国家货币的新的均衡汇率。购买力平价理论关于决定中长期均衡汇率的因素分析是符合实际的。

购买力平价理论也存在不足。首先，购买力平价理论将汇率决定因素归结为物价水平下的单一购买力因素是不完全的，事实上，物价水平与购买力并非是决定货币价值与汇率变动的唯一因素，诸如利率水平、经济增长、生产成本、国民收入、投资储蓄、资本流动、贸易条件、国际市场需求以至国际政治形势等因素变动，都会影响外汇供求关系，进而影响汇率变化。此外，购买力平价理论还将物价水平与汇率的关系看作是物价水平决定汇率水平的单向传导关系，但实际上两者是相互作用与相互影响的，汇率水平的变动也会引起物价水平的变化。其次，购买力平价理论不适用发展水平不同的国家。购买力平价的实际使用要求两国的经济形态和发展阶段接近，生产结构和消费结构类似，价格体系相同才使两国货币购买力具有可比性。但实际中，各国经济发展方面和物价水平存在差异，必然影响理论的应用。第三，购买力平价理论的实证计量检验还存在技术标准的争议。主要是：物价指数应取自部分样本商品劳务的价格指数，还是应取自全部商品劳务的价格指数或一篮子商品的加权价格指数；全部商品劳务价格指数的权重值如何确定；物价指数应以贸易商品价格指数为准，还是应以所有商品价格指数为准；应当用批发物价指数还是用消费物价指数等，上述物价指数选择不同，测算的购买力平价结果也不相同。第四，运用购买力平价测算汇率，要求不同国家的商品分类应当保持一致以便实际操作，否则，商品分类的差异性不是扭曲购买力平价，便是无法实际操作。但现实中不同国家由于价格体系、经济体制、统计口径和政策差别难以满足一致性要求，也影响理论的操作应用。此外，购买力平价理论也无法阐明有悖于理论的短期内汇率变动幅度远超过价格变动幅度，以及实际汇率较大幅度地偏离购买力平价的现象。

3.5.2 利率平价理论

利率平价理论(Theory of interest-rate parity)又称为远期汇率理论。20 世纪 20 年代初，英国著名经济学家凯恩斯将汇率研究从实物部门转向货币部门，建立古典利率平价理论，明确提出远期汇率由利差决定的观点。凯恩斯 1923 年出版的《货币改革论》一书为战后远期汇率理论的研究奠定了基础。此后，许多研究者相继研究远期汇率，其中英国经济学家保罗・艾因齐格在古典利率平价理论的基础上，将货币理论和外汇理论结合，建立现代利率平价理论。

利率平价理论的基本观点是，在不存在市场交易成本、汇率自由浮动、资金不受人为限制地自由流动等前提条件下，不同国家之间的利率差决定远期汇率，或者说远期外汇水平应等于两国的利差。投资者以收益最大化为目标进行跨国投资，既可以本币投资于本国市场，按国内利率水平获取收益；又可以将本币按即期汇率兑换成外币投资于国外市场，按国外利率水平获取收益，然后再将收益按远期汇率兑换为本币。投资者必定按照两国市场的投资收益高低决策投资，如果两国市场的投资收益有差异，资本便跨国流动套取较高的利率差，直至通过汇率涨跌调整使两国市场的投资收益等同，形成利率平价。利率平价理论具体可分为：

1. 套补的利率平价(Covered Interest-rate Parity，简称 CIP)

套补的利率平价理论认为，外汇的远期汇率与即期汇率的汇率差等于两国的货币利率之差。如果本国利率高于外国利率，则外汇即期供过于求汇率下跌，本币即期供不应求汇率上升；外汇远期供不应求汇率升水，本币远期供过于求汇率贴水。如果外国利率高于本国利率，则外汇即期汇率上升，本币即期汇率下跌；外汇远期汇率贴水，本币远期汇率升水。通过投资者远期外汇合约的套补交易，汇率变动的升贴水最终抵消两国间利率差异，形成金融市场各自利率水平下的均衡汇率。

假设 A 国国内 1 年期利率为 R，B 国国内 1 年期利率为 r，直接标价的即期汇率为 e，远期合约的远期汇率为 f，如果投资者将单位 A 币投资于 A 国市场，到期回收本息额为：

$$1+(1\times R)=1+R \tag{3-10}$$

如果投资者将单位 A 币投资于 B 国市场，必须先按即期汇率将单位 A 币兑换成 $\frac{1}{e}$ 单位的 B 币，再投资于 B 国市场，到期回收本息额为：

$$\frac{1}{e}+\frac{1}{e}\times r=\frac{1}{e}(1+r) \tag{3-11}$$

再将到期回收本息额按 1 年期后交割的远期汇率兑换成 A 币，可得 A 币总额为：

$$\frac{1}{e}(1+r)\times f=\frac{f}{e}(1+r) \tag{3-12}$$

比较投资两国的回收本息额，如果投资两国市场回收的本息相等，即 $1+R=\frac{f}{e}(1+r)$，则投资于两国市场均可；如果投资于 A 国市场的收益大于 B 国市场，即 $1+R>\frac{f}{e}(1+r)$，则应投资于 A 国市场；如果投资于 B 国市场的收益大于 A 国市场，即 $1+R<\frac{f}{e}(1+r)$，则应投资于 B 国市场。如实际情况是投资于 B 国市场的收益大于 A 国市场，即 $1+R$ 小于 $\frac{f}{e}(1+r)$ 时，大量投资者要将资本投入 B 国市场，必然导致外汇市场上投资者大量按即期汇率购入 B

国货币，售出A币，从而使B币即期汇率上升，A币即期汇率贬值。同时，为锁定资本投资1年结束后的套利收益的汇兑风险，投资者要进行抛补交易对冲风险，通过签订1年远期外汇的出售合约，按1年远期汇率卖出在B国市场的本息回收额，由于大量投资国外结束后流回本国的本息，需要以B国货币兑换A币，从而使外汇远期供过于求，远期汇率下跌，A币远期供不应求，远期汇率升值，投资于B国的套利收益减少，如此不断作用，直到投资B国的套利收益逐渐为B国货币远期汇率的贴水额抵消，投资两国的收益趋于平衡，形成利率平价停止。

再将 $1+R=\frac{f}{e}(1+r)$ 公式整理为：$\frac{f}{e}=\frac{1+R}{1+r}$。整理后的公式表明，当本国利率水平高于国外，即 $R>r$ 时，则 $f>e$，外汇远期汇率升水，本币远期汇率贴水；反之，当本国利率水平低于国外时，即 $r>R$ 时，则 $e>f$，外汇远期汇率贴水，本币远期汇率升水。因而，如果设 V 为远期外汇汇率的升(贴)水率，则 $V=\frac{f-e}{e}$，套补的利率平价公式为：$V=R-r$，表明汇率的远期升贴水率取决于两国货币的利率差。

应当明确，套补性交易是使套补的利率平价成立的基本条件。由于远期套补是确定的无风险交易，当市场上套补交易下的利率平价不成立，也就是说，远期汇率升贴水幅度与国际利差不一致时，投资者可利用无风险套利空间进行套利，其结果便形成利率平价。其次，远期套补交易在影响汇率水平的同时，也影响两国的利差。按照艾因齐格的交互原理，本国利率高于国外，由于大量套利资金流入，货币数量增加促使利率下降，外国因资金外流货币数量减少而利率上升，两国利差缩小，利率平价下调与远期汇率趋近。

2. 无套补的利率平价(Uncovered Interest-rate Parity，简称UIP)

无套补的利率平价理论认为，投资者预期的外汇远期汇率升贴水率等于两国的货币利率之差。如果本国利率高于外国利率，则预期的外汇远期汇率升水，本币远期汇率贴水。如果外国利率高于本国利率，则预期的外汇远期汇率贴水，本币远期汇率升水。在市场投资者远期汇率预期合理的前提下，当预期的远期汇率升贴水率抵消跨国利差时，跨国套利资本流动停滞，形成无套补的利率平价。反之，当预期的远期汇率升贴水率小于跨国利差时，跨国资本继续流动套利，直至形成无套补的利率平价。套补的利率平价公式为：$V_e=R-r$，V_e 为预期的外汇远期变动率，公式表明预期的远期汇率升贴水率取决于两国货币的利率差。

无套补的利率平价与套补的利率平价的差别仅在于，后者是投资者套补交易远期外汇合约中形成确定的远期汇率，前者是投资者预期形成的外汇远期汇率。但实践中投机者的投机操作对远期交割的即期汇率形成起着重要作用，最终能将套补与无套补利率平价统一。因为投机者总是试图利用各种价格差博取收益，当投资者预期的未来即期交割汇率低于套补交易形成的远期汇率时，投机者便抛售远期外汇，迫使远期汇率降低靠拢市场预期，反之，相同。

无套补的利率平价依据市场预期的外汇远期汇率进行交易，尽管投资者会尽可能地获取充分信息以作出准确的预期，但毕竟预期的外汇远期汇率有心理因素的影响，难以充分完整收集可信数据进行分析，因而，无套补利率平价较难作出实证检验。

3. 利率平价理论的评价

利率平价理论对不兑现纸币制度下汇率形成机制的研究，从商品价值与商品跨国流动转向资金价格与国际资金流动，将汇率决定与调整放到利率与汇率的内在联动环境中考虑，开辟了汇率研究新的理论领域。其次，在开放型经济内外资金高度流动的市场常态下，利率是货币的对内价格，汇率是货币的对外价格，资金在国内外市场流动影响供求关系，必然引起价格变化。利率平价利用反映众多复杂因素影响又便于观察和度量的利率与汇率互动机制，简明合理地解释了各国纸币汇价的决定机理，成为当代汇率分析的基本理论。第三，利率平价理论具有重要的实践价值。由于利率是各国货币政策常用的基本工具，而在经济全球化和国际金融市场高度发达条件下资金高度跨国流动，利率平价具备了发挥作用的充足条件被广泛运用于外汇市场，成为国际金融机构预测远期汇率变动趋势与波动幅度的基本工具。

利率平价理论也存在理论预测和实际结果存在一些偏差的不足，其主要原因是现实极难满足理论设置的国际间资本完全的自由流动、套利无交易成本和套利资金供给弹性无限大等前提假设条件，并忽视了投机行为对金融市场的影响。

3.5.3　国际收支理论

国际收支理论（Theory of balance payments）包括早期的国际借贷理论和现代的国际收支理论，是从国际收支影响外汇供求的角度研究汇率决定与调整的理论。

1. 国际借贷理论（Theory of tnternational indebtedness）

1861年该理论由英国经济学家戈逊（G. L. Goschen）在其《外汇理论》一书中提出。国际借贷理论认为，外汇汇率主要由外汇市场的供给与需求之间的相互作用决定，而外汇供给与需求由国际借贷引起。国际借贷分为固定借贷和流动借贷，尚未进入还本付息支付期的固定借贷不发生国际收支，不对外汇供求从而不对汇率形成发生影响。已到还本付息支付期的流动借贷发生实际的国际收支，对外汇供求从而对汇率形成产生影响。当一国到期的流动债权形成的外汇收入大于到期的流动债务形成的外汇支付需求时，市场外汇供大于求，外汇汇率下跌，本币汇率上升；反之，市场外汇汇率上升，本币汇率下降；当一国的流动借贷平衡时，外汇收支相等，汇率处于均衡状态。

2. 国际收支理论

第二次世界大战后，国外学者在国际借贷说基础上，将凯恩斯的国际收支均衡分析方法应用于外汇供求的流量分析，1981年经美国经济学家阿尔盖（V. argy）系统归纳成国际收支理论。

现代国际收支理论认为，在汇率完全自由浮动的市场化汇率条件下，汇率是外汇的市场价格，由市场供求状态决定。一国的外汇供给取决于国际收支中商品、劳务、资本流入等能产生外汇收入的贷方科目，外汇需求取决于国际收支中商品、劳务、资本流出等需对外付汇的科目。从市场外汇需求方面看，当外汇供应量不变时，外汇需求与外汇汇率成正向变化，需求增加汇率上升，反之，汇率下降；从市场外汇供给方面看，当外汇需求不变时，外汇供给与外汇汇率成反向变化，供给增加汇率下降，反之，汇率上升。当市场外汇供求平衡时，形成均衡汇率。

由于国际收支的均衡条件是经常账户收支差额（C_a）等于资本金融账户收支差额（K_a），即当 $C_a+K_a=0$ 时，国际收支平衡并形成均衡汇率。

在国际收支两大账户中，经常账户的差额为商品劳务的出口额（X）与进口额（M）的差额，即 $C_a=X-M$，因出口额是外国国民收入以及本国商品与外国商品之间相对价格（P_d/rP_f）的函数，即 $X=f(Y_f, P_d, r, P_f)$，其中 Y_f 为外国国民收入，P_d 为本国产品价格，P_f 为外国产品价格，r 为单位外币的汇率。进口额是本国国民收入和本国商品与外国商品之间相对价格（P_d/rP_f）的函数，即 $M=g(Y, P_d, r, P_f)$，其中 Y 为本国国民收入。因而，经常账户差额取决于本国国民收入、外国国民收入以及两国商品之间的相对价格等因素，即 $C_a=C_a(Y,Y_f,P_d,P_f,r)$。当外国国民收入增加时，相应增加本国商品出口和外汇供给；当外国国民收入减少时，不利于本国商品出口，相应减少外汇供给。当本国国民收入增加时，相应增加本国商品进口和外汇需求。当本国国民收入减少时，不利于本国商品进口，相应减少外汇需求。当本国出口商品的相对价格上涨时，有利于本国商品进口，不利于本国商品出口，相应增加外汇需求和减少外汇供给。当本国出口商品的相对价格下跌时，有利于本国商品出口，不利于本国商品进口，相应增加外汇供给和减少外汇需求。

一国资本金融账户的差额取决于本国利率(I_a)、外国利率(I_c)以及对未来汇率变化的预期$\left(\frac{f-r}{r}\right)$，其中 f 为远期汇率的预期值，r 为即期汇率，也就是说，资本金融账户差额是上述变量因素的函数，即 $K_a=K_a\left(I_a,I_c,\frac{f-r}{r}\right)$。当本国利率上升或国外利率下降时，将增加国外资金流入和减少本国外汇流出，使本国外汇供给增加而外汇需求减少，外汇汇率下降，本币升值。反之，当本国利率下降或国外利率上升时，将增加本国外汇流出和减少国外资本流入，使本国外汇供给减少而外汇需求增加，外汇汇率上升，本币贬值。当预期外汇远期汇率上升时，投资者在外汇市场抛售本币，购入外汇，外汇需求增加使外汇即期汇率上涨，本币汇率下跌；反之，则促使外币汇率下跌，本币汇率上升。

当国际收支经常账户与资本金融账户处于平衡时的汇率水平，即 $C_a(Y,Y_f,P_d,P_f,r)+K_a\left(I_a,I_c,\frac{f-r}{r}\right)=0$ 时的汇率，就是均衡汇率。将以上公式整理可知：$r=h(Y,Y_f,P_d,P_f,r,f,I_a,I_c)$，公式表明汇率是众多影响经常账户与资本金融账户收支因素的应变函数。综合起来，影响均衡汇率的因素主要有：①国内与国外的国民收入。当本国的国民收入增加，带动本国进口增加，使本国外汇需求增加，在外汇供给不变时外汇汇率上涨，本币贬值。当外国的国民收入增加，带动本国出口增加，使本国外汇供给增加，在外汇需求不变时外汇汇率下降，本币升值；②国内与国外商品的相对价格。当本国物价水平上升，出口商品价格上涨而减少出口，使本国外汇供给减少，引起外汇汇率上升，本币贬值。当外国物价水平上升，出口商品价格相对下降而增加出口，使本国外汇供给增加，引起外汇汇率下跌，本币升值；③国内与国外的利率。当本国利率提高，国际利差扩大，国外资本流入增加，使本国外汇供给增加，外汇汇率下降而本币升值。当外国提高利率，国内资本流出增加和国外资本流入减少，使本国外汇供给减少，外汇汇率上升而本币贬值；④预期远期汇率与即期汇率。投资者预期外汇汇率上升，本币远期贬值，跨国投资资本为避免汇兑损失抢购外汇，抛售本币，引起外汇汇率上升和本币贬值。反之，使外汇汇率下降和本币升值。

从汇率的国际收支决定理论出发，凯恩斯主义认为一国可通过本国的财政和货币政策调节国际收支，进而影响决定汇率的各种因素，维持汇率均衡。

3. 国际收支理论的评价

国际收支理论是以凯恩斯主义为基础的现代汇率决定理论的分支，在 20 世纪 70 年代实行浮动汇率制度的早期占有重要地位。国际收支理论从宏观经济而非货币数量角度，运用供求均衡的分析方法，在揭示国际收支与汇率内在关系的同时，将影响国际收支的各种宏观变量因素纳入均衡汇率的形成与调整机制的分析框架，并从动态角度分析汇率变化规律和调节功能，为认识与把握短期汇率变动趋势提供了有益理论指导。

然而，国际收支理论是以外汇市场的市场机制充分有效运作和市场供求关系真实完整为前提的。但在市场机制不健全或存在宏观调控政策干预的现实中，市场通常反映的是受一定程度扭曲的外汇供求关系，由此，难以避免地限制了理论的适用性。并且，国际收支理论出于基本理论与逻辑推导，认为是国际收支引起的外汇供求流量决定汇率水平及其变化，但未对影响外汇供求流量和国际收支的交错复杂的变量因素之间关系，以及各因素与汇率之间关系进行深入的因果相关分析，因而，理论阐述本身是不完整的，也无法解释现实中诸如国际收支和外汇供求流量平稳而市场汇率频繁剧烈波动的一些矛盾现象。

3.5.4 资产市场理论

资产市场理论又称为资产市场说(Asset market approach)和资产平衡理论，是20世纪70年代中后期，国际货币体系进入浮动汇率制和国际资本大量流动背景下，由美国货币学派经济学家布兰森(William. H. Branson)、多恩布什(Rudiger. Dornbusch)和弗兰克尔(Jeffrey. A. Frankel)等人以货币数量与资产市场均衡关系为依据，提出的金融资产市场均衡状态影响汇率变动的汇率决定理论。自20世纪70年代以后，汇率决定的资产市场分析取代了国际收支流量分析，成为汇率理论的主流学说。

1. 资产市场学说的基本观点

资产市场理论认为在不存在资本控制，资本能在各国充分流动，各种资产形态能被充分地相互替代，即资本交易成本低廉，国际资本自由流动能使国内外市场的资产组合短期内调整到合理水平；套补的利率平价始终成立；一国资本市场是完整地包括本币货币市场、本币资产市场和外币资产市场；外汇市场是有效的，市场的当前价格已充分反映所有可能获得的市场信息的条件下，当国际金融市场需要调整因供求失衡引起的资产市场存量资产交易价格失衡时，或者国际金融市场存量资产供求关系没有发生根本变化，但市场投资者改变了对市场上存量资产价值的评价相应使资产价格发生变动时，不仅可以通过国内外商品市场进行调整，还可以通过国内外资产市场的调整来恢复市场均衡。汇率作为两国资产的相对价格，其变动有助于通过调节供给与消费行为来消除资产市场的超额供给或超额需求，恢复资产市场的均衡。所谓均衡汇率是在资产市场存量资产供求平衡条件下，资产持有者自愿并满足地保持其现有的各种本币资产和外币资产的规模与结构，无须对持有的资产进行调整组合时的汇率，即是两国资产市场存量资产供求均衡反映在两国货币上的相对比价，因而，汇率变化是货币现象，根本上是由货币供求均衡状态决定的。

按国内与国外的商品之间、本币资产与外币资产之间相互替代程度不同的假设，资产市场说可分为货币分析法和资产组合分析法。

2. 货币分析法(Monetary approach)

货币分析法从购买力平价出发，强调货币市场在汇率决定过程中的作用，认为汇率是两国货币的相对价格，而不是两国产品的相对价格，汇率由各国货币市场的货币存量决定，当货币存量供给与需求达到平衡时形成均衡汇率。当一国货币供给大于货币需求时，在国与国之间允许资本自由流动，本外币资产之间可充分替代条件下，大量的国内过剩资金跨国进行套利或商品套购活动，引起外汇需求增加使外币汇率上升，本币需求减少而汇率下降；相反，当一国货币供给小于货币需求时，使外币汇率下降，本币汇率上升。按照商品市场和资产市场价格变动形成均衡汇率的作用时间不同，即按照资本与商品的价格弹性不同，货币分析法可分为汇率的弹性价格分析法和粘性价格分析法。

(1) 弹性价格货币分析法(Flexible-price monetary approach)。又称为货币主义模型,是在购买力平价基础上,分析货币市场的货币供求变化对汇率影响的理论。弹性价格货币分析法在货币论的假设前提下,强调本外币资产市场是连通的,商品市场价格和货币市场价格均对货币供求变化具有充分的弹性,当货币供给变化或国民收入、利率变动等外在因素引起货币供求关系改变时,会引起资产价格迅速灵敏的应变调整,并相应影响货币的购买力,在购买力平价作用下传导影响汇率变化。

弹性价格货币分析法在货币需求是稳定的;利率与实际国民收入和货币供给无关;货币供给不影响利率和实际产出,仅影响价格水平调整;购买力平价成立和汇率自发波动能充分反映各种因素影响的条件下,通过建立汇率的货币模型,将不同货币供给量对资产价格的影响、以及本国与外国的实际国民收入水平、利率水平和货币供给量各自对物价水平的影响引入模型,形成受货币市场供求均衡影响形成的资产价格下的汇率决定与调整分析框架。根据上述假定条件,对货币供给与货币需求的均衡条件求对数为:

$$M_S - P = \alpha Y - \beta R \quad \alpha > 0, \beta > 0 \tag{3-13}$$

式中 M_S 为本国货币供应量,P 为本国的价格水平,Y 为本国国民收入,R 为本国的利率,α 与 β 均为常数因子,分别表示货币需求的收入弹性和利率弹性。上述公式经调整后,可得本国价格水平的表达式为:

$$P = M_S - \alpha Y + \beta R \tag{3-14}$$

假设外国的货币需求函数形式与本国相同,可得到外国价格水平的表达式为:

$$P^* = M_S^* - \alpha Y^* + \beta R^* \tag{3-15}$$

由于购买力平价汇率是两国价格水平的比价,即 $e = P - P^*$,将国内外价格表达式代入购买力平价公式整理后可得:

$$e = \alpha(Y - Y^*) + \beta(R - R^*) + (M_S - M_S^*) \tag{3-16}$$

从弹性价格货币分析法的基本模型中可见,国内外国民收入水平、利率水平和货币供应量的差异是影响一国货币存量供求均衡,从而也是决定本国货币对外汇率变动的基本因素:

首先,本国货币供应存量的因素。在其他条件不变情况下,本国货币供应量增加必然造成国内现有价格水平上的超额货币供给,由于货币供给仅仅影响价格水平调整而不影响产出,当超额货币供给刺激公众增加支出而社会产出不增加时,供不应求引发本国通货膨胀,在购买力平价作用下,本国价格水平上升使本币贬值,外汇汇率上升。反之,当本国货币供应量减少,将引起本币升值和外汇汇率下降。

其次,本国利率水平因素。本国提高名义利率水平后使持有本币的机会成本提高,公众相应减少对本币的需求,在其他条件不变情况下,本币供过于求而贬值,外币相对升值而汇率上升。反之,本国降低利率水平会使本币供不应求而升值,外币汇率下降。

第三,本国国民收入水平因素。随本国实际国民收入增加,其国内产生对货币的超额需求,在本国名义货币供应存量不变时,导致物价下跌,通过购买力平价机制使本币升值,外币汇率下降。相反,当本国国民收入减少则会引起本币贬值,外币汇率上涨。

需要强调的是,在国际收支流量模型与货币主义模型中,本国利率和国民收入变动对汇率决定与调整的效应是截然相反的,这主要是两种理论模型假设的前提条件与分析问题的着眼点不同,也与模型本身的理论分歧有关,需要在学习和实践中综合理解和运用。

建立在购买力平价说基础上的货币主义模型在现代汇率理论体系中占有重要地位。首先，其突破了传统汇率理论在国际收支范围内分析汇率变动效应的局限，对以后的汇率研究产生了深远的影响。传统汇率理论认为，影响汇率决定的外汇供求取决于进出口收支形成的外汇流量。在固定汇率制度下，只要满足进出口需求弹性条件，本币贬值就能增加出口创汇，抑制进口用汇，改善国际收支。货币主义认为传统汇率理论忽略了贬值后货币需求变化的关键性影响，因为本币贬值后会增加对本币的需求，减少对外币的需求，如果贬值后本国货币供应量不增加或者对外币需求不减少，贬值就不会对改善国际收支产生持久影响，汇率也会随本外币的供求状况相应调整。其次，货币主义模型将用于商品市场汇率决定的购买力平价用于资产市场的汇率决定，将汇率视为一种资产价格，突出了汇率作为变量的特殊性质，并结合引入的货币供应量、国民收入和利率变量，分析如何影响货币需求进而引发汇率变化的内在机制，其对现实中汇率与各种变量关系的解释有理论创新和现实意义。第三，货币模型是包含了弹性价格使产出不变的商品市场平衡、货币供给等于货币需求的货币市场平衡、购买力平价与非套补利率平价成立的外汇市场平衡在内的一般均衡模型，与传统汇率理论局部均衡相比，有效提高了理论涵盖的广度与深度，有助于分析说明汇率的长期变动趋势。

弹性价格货币分析法的不足主要表现在受其设置的若干严格的假设前提的限制，有些在现实中难以成立，有些不能得到实证检验，有些则存在争议。由此，不可避免地影响某些理论结论的可信度与实际应用。此外，货币模型过于绝对地将物价与货币市场均衡相联系，并忽略其他因素对资产价格的影响，也影响理论体系的完整性。

(2) 粘性价格货币分析法(Sticky-price monetary approach)。又称为汇率的超调模型(Overshooting model of exchange rate)，是1976年由美国经济学家多恩布什在《预期与汇率动态论》一文中提出的汇率动态调整模型。

粘性价格货币分析法假定购买力平价在短期内不成立而在长期成立；作为资产价格的汇率调整是迅速的，而商品价格调整粘性缓慢而滞后；总供给曲线在短期内是水平的，在不同时期则有不同形态。

多恩布什认为，货币供求均衡应当是资本市场、商品市场和外汇市场的联动均衡，但由于各个市场的主体与运行规律不同，从短期看，商品市场的价格对货币供求失衡反应迟滞，价格变动粘性缓慢，资金市场的价格对货币供求失衡的反应灵敏，利率应变迅速，可以保证货币供求的瞬时调节。因而当货币市场失衡后完全靠资金市场的利率调节恢复平衡，在货币供给增加而物价又未及时变动上涨时，资金供过于求引起利率下降，使利率在短期内调整幅度超出市场长期均衡水平，形成利率超调，即形成利率的变动幅度大于货币市场货币供求失衡程度的现象。由于国际市场资本充分自由流动，利率超调产生的利差必然引起跨国套利行为，在利率平价作用下引发汇率的调整幅度超出汇率失衡幅度的汇率超调现象。

可见，货币市场失衡后短期内汇率变动由资产市场的利率变动决定，超调现象使汇率形成短期均衡水平对长期均衡状态的偏离，多恩布什构建的短期汇率与长期汇率偏离的动态调整模型公式为：

$$E = r^* - \frac{1}{\alpha\beta}(P - P^*) \quad \alpha > 0, \beta > 0 \tag{3-17}$$

式中 E 为以本币表示的外币汇率的变动率，P 为即期价格的变动率，r^* 为利率长期均衡值的变动率，α 与 β 分别为实际货币需求的利率弹性和收入弹性，P^* 为价格的长期均衡值的变动率。从超调模型可以看出，如果商品市场即期价格变动率小于长期均衡价格变动率，即 $P<P^*$，资本市场即期利率变动率将高于长期均衡利率变动率，在利率平价作用下，套利资金流入，造成即期汇率高于长期均衡汇率，本币低估；相反，如果商品市场即期价格变动率大于长期均衡价格变动率，即 $P>P^*$，资本市场即期利率变动率将低于长期均衡利率变动率，在利率平价作用下，套利资金流出，造成即期汇率低于长期均衡汇率，本币高估。

从长期看，利率与汇率的变动最终会影响商品价格的变化。当商品市场价格开始调整时，总供给曲线的斜率不断增加，引起物价水平缓慢上升，货币市场的货币需求随之上升带动利率逐步上升，在利率平价作用下，本国利率上升带动本币汇率升值，使原有过度贬值的本币汇率向长期均衡水平靠近，汇率在商品市场价格和资产市场利率的共同调整下，最终达到长期均衡状态。

汇率的超调模型将汇率的变动区分为短期平衡与长期平衡过程，并以不同的原因加以解释，从动态角度开创了研究汇率的新领域，对解释长期均衡汇率的趋势具有重要的理论意义。同时，在货币模型框架内采用商品价格粘性的分析方法，使理论分析更贴近现实，增强了理论的实际应用性。并且，超调模型还具有政策导向性，在资本自由流动和汇率完全自由浮动条件下，汇率超调过程的过度波动会给金融市场和实体经济带来冲击和负面影响，显然，货币当局不能放任过度的金融自由化，有必要进行适当的干预管理。

超调模型由于以货币模型为基础，因而具有与货币模型相同的一些缺陷。作为存量货币理论的超调模型忽略了国际收支流量对一国的资产总量进而对货币需求的影响作用，因而影响到理论的完整性与严密性。模型设置的严格假设前提条件限制了其应用范围，复杂的模型也难以进行有效的检验证明。

3. 资产组合平衡法(The approach of portfolio balance)

又称为汇率的资产组合平衡模型(Portfolio balance model of exchange rate)。资产组合分析法于20世纪70年代中后期形成，由美国普林斯顿大学教授布朗森(W. Branson)进行最初的系统阐述，后经霍尔特纳(H. Hattune)和梅森(P. masson)等人充实完善。

资产组合平衡理论在本币资产与外币资产不能完全替代，存在风险及其他因素使非套补的利率平价不成立，本币资产与外币资产的供求平衡需要从两个相对独立的市场分别考察的前提条件下，分析资产组合的变动对汇率决定与调整的作用。其基本观点是将外汇看作资产，汇率是资产的价格，理性的投资者会将其拥有的财富按照风险与收益的比较，配置于可供选择的各种资产上。由于各种资产收益率高低和风险大小不同，当资产收益率和风险发生变动时，持有者会不断将资产向收益大而风险小的资产转移，造成流动资产转换和投资多元化，原有的资产市场存量资产组合发生变化而失衡，在调整现有的资产组合时，发生本币与外币的替换，引起外汇供求流量的变化，带动汇率波动，直到形成资产新组合平衡进而形成汇率平衡。因而，均衡汇率是资产持有者理性持有各种本外币资产组合下的汇率。在中、短期内，由资产转换引起的资本流动对汇率的影响，超过经常项目收支流量变动对汇率的影响。可见，汇率变动是由资产选择变化引起的，而资产不同的收益率和风险度是产生资产重新组合的根本动力，一切影响预期收益率的因素均会通过改变资产组合来决定汇率水平。

资产组合平衡理论认为，在国际资本完全自由流动前提下，包括个人、企业和金融机构在内的本国私人部门持有的金融资产不仅包括本国货币、本国证券等本国资产，还包括外国货币、外国证券等外国资产，公式可表示为：

$$W = M + B_p + e \cdot F_p \tag{3-18}$$

式中W为本国私人部门持有的金融资产净额，M为本国私人部门持有的本国货币量，B_p为本国私人部门持有的本国证券，e为以本币表示的外币汇率，F_p为本国私人部门持有的外国资产。私人部门将自身财富在各种本国与外国资产形态内按照预期收益率和风险度进行配置。本国货币的收益率为零，本国证券的预期收益率为国内利率r，外国资产的预期收益率为外国利率r^*与预期的外汇汇率上升率π^*两者之和。各类资产配置比例与资产自身预期收益率成正比，与其他资产的预期收益率成反比，由此，各类资产的配置数量是各类资产预期收益率的函数，公式为：

$$M = \alpha(r, r^*, \pi^*) \cdot W \tag{3-19}$$

$$B_p = \beta(r, r^*, \pi^*) \cdot W \tag{3-20}$$

$$e \cdot F_p = \gamma(r, r^*, \pi^*) \cdot W \quad \alpha + \beta + \gamma = 1 \tag{3-21}$$

式中α,β,γ分别表示私人部门持有本国货币、本国证券和外国资产形式的比例系数。

各种本外币资产形式随收益率变化进行配置时会影响本国的货币需求。从货币市场看，货币需求是本国利率、外国利率的减函数，是资产总量的增函数，当本国利率与外国利率上升时，投资者减持手中的货币降低了货币需求；当资产总量扩大时，对货币需求会增加。从本国证券市场看，对本国证券的需求是本国利率和资产总量的增函数，是外国利率的减函数。本国利率水平提高和资产总量增加会扩大对本国债券的需求量，外国利率水平提高则会减少对本国债券的需求规模。从外国证券市场看，对外国债券的需求是外国利率水平和资产总量的增函数，是本国利率水平的减函数。当某种资产供给存量或预期收益率发生变化时，投资者便对原有的资产组合进行调整，各种本外币资产更替的过程中必然引起本外币供求关系变化，间接引发汇率变化：

(1) 当外国利率上升，外国资产预期收益率提高或本国利率下降，本国资产预期收益率下降时，投资者趋利导致γ值上升，α、β值下降，国内资产超供使本币需求减少，本币汇率下降，外币汇率上升。反之，则外币汇率下降和本币汇率上升。

(2) 当一国国际收支经常项目出现盈余，私人部门持有的净外国资产增加额超出投资者既定配置比例时，投资者出售过多的外国资产，增持本国资产引起外汇供过于求而汇率下降，本币供不应求而汇率上涨。反之，当一国经常项目出现逆差时，外汇汇率上升而本币汇率下降。

(3) 当本国增加证券发行量，外国减少证券发行量时，将增加对本币的需求和减少对外币的需求，导致外汇汇率下降和本币汇率上升。相反，如果外国增加证券发行量，本国减少证券发行量，则引起外币汇率上升和本币贬值。

(4) 当本国中央银行购入债券释放基础货币，货币供应量增加时，本币供过于求使本国利率下降，刺激投资者对外国资产的需求，导致外汇汇率上升。反之，当本国中央银行紧缩货币供应量时，引起本币升值和外币汇率下降。

(5) 当投资者预期汇率将上下波动时，会顺势增加或减少外国资产数量，在资产重新组合中，本外币资产的相互替代将引起外汇与本币供求量增减和汇率变化。

资产组合平衡理论继承和综合了各种汇率理论的成果，将汇率变化与金融资产的配置结合，将资本流动、货币存量变化等各种变量纳入汇率分析模型，把汇率变动看作由各种因素影响下资产配置的调整过程，克服了传统汇率理论和货币主义汇率理论的片面性，提高了理论的完整性与严密性。并且，其强调本币资产与外币资产的不完全替代性也更符合实际，使之为许多国家的货币政策与汇率政策决策提供了理论依据。但资产组合平衡理论强调资产组合变化对汇率调整的作用，而未对经常项目商品与劳务收支流量影响汇率的作用进行深入的专门分析。加之模型过于复杂，制约了理论的实际应用，模型的有些变量极难获取统计数据，也影响了实证检验的效果。

本章重要名词概念

外汇　自由外汇　有限自由兑换外汇　记账外汇　贸易外汇　非贸易外汇　汇率　直接标价法　间接标价法　美元标价法　买入汇率　卖出汇率　中间汇率　即期汇率　远期汇率　基础汇率　套算汇率　复汇率　贸易汇率　金融汇率　名义汇率　实际汇率　法定汇率　市场汇率　同业汇率　商人汇率　汇率指数　有效汇率指数　实际有效汇率指数　金平价　铸币平价　黄金输出点　黄金输入点　外汇倾销　一价定律　绝对购买力平价　相对购买力平价　利率平价　均衡汇率　利率超调　汇率超调

本章复习思考题

1. 广义与狭义外汇有何区别？
2. 广义外汇包括哪些具体形式？
3. 充当外汇的资产必须具备哪些条件？
4. 汇率作为资产的价格有何作用？
5. 远期汇率如何报价和计算年升水率与贴水率？
6. 如何测算实际汇率？
7. 如何计算汇率变动率？
8. 如何计算双边和多边汇率指数？
9. 如何计算实际有效汇率指数？
10. 怎样运用同边相乘法和交叉相除法套算汇率？
11. 怎样折算本币与未挂牌货币之间的汇率？
12. 如何对进口商品的不同货币报价进行折算比较？
13. 如何进行远期汇率下的汇率折算？
14. 怎样按远期升贴水率形成的实际汇率折算进出口商品报价？
15. 金本位货币制度下汇率是如何形成和调整的？
16. 布雷顿森林体系下汇率是如何决定和调整的？
17. 在牙买加货币体系下汇率是如何决定和调整的？
18. 各种影响汇率的因素是如何影响汇率变动的？
19. 汇率变动对一国经济金融有何影响？
20. 为什么购买力平价理论认为汇率由货币购买力决定？
21. 为何一价定律假设条件限制了绝对购买力平价的实际应用范围？
22. 为什么相对购买力平价比绝对购买力平价更具有现实应用性？
23. 购买力平价理论有何积极意义与不足？
24. 利率平价理论的基本观点是什么？

25. 套补的利率平价是怎样形成的？
26. 无套补的利率平价是怎样形成的？
27. 国际收支理论是怎样解释国际收支两大账户差额影响汇率变动的？
28. 资产市场理论的基本观点是什么？
29. 货币主义模型是如何论证受各种因素影响的货币供求均衡状况决定汇率变动的？
30. 超调模型是如何解释汇率短期平衡与长期平衡的？
31. 为何说均衡汇率是资产持有者理性持有各种本外币资产组合下的汇率？

第4章　外汇风险管理

本章学习目标

掌握外汇风险概念、构成因素与外汇风险类别；了解汇率预测和外汇风险计量方法；全面把握外汇风险管理的策略与各种风险管理方法。

自上世纪80年代以来，在现行的浮动汇率制度下，国际外汇市场上世界主要货币的汇率波动加剧，加大了国际贸易与国际金融交易的外汇风险。同时，随着国际经济一体化、我国对外开放和汇率制度改革进程的深入，内外经济金融日益融合，对外经济交往范围扩大，人民币汇率波动幅度加大，增加了我国经济组织与个人面临的外汇风险。了解和掌握外汇风险管理知识，有效防范外汇风险已经成为刻不容缓的现实需要。

4.1　外汇风险概述

外汇风险的发生和变化有其自身的影响因素和内在基本规律，了解外汇风险含义、构成因素和不同的风险类型，是认识和防范外汇风险的基础。

4.1.1　外汇风险概念

外汇风险(Foreign exchange exposure)又称为汇率风险，或称为外汇暴露，通常是指国际经济的交易主体从事国际经济、贸易和金融交易需要兑换或折算不同货币时，因汇率变化蒙受资产损失或减少经济收益的可能性。

发生外汇风险损失的国际经济交易主体一般是从事对外贸易、国际投资与国际金融活动、并发生跨国外汇收入与外汇支付，或保有外币标价的债权债务、或需要以外币标示资产和负债价值的社会团体、经济组织实体和个人。从风险的本质看，外汇风险属非纯粹风险，其既可能给风险主体带来收益，也可能产生损失，但风险管理的根本目的是要防范可能的损失。因而，外汇风险管理将防范外汇兑换与折算可能产生的经济损失作为根本目标。

外汇风险有广义与狭义之分。广义外汇风险指国际经济交易主体在从事外汇业务中因汇率等各种因素变化而遭受损失或减少预期收益的可能性，具体包括从事外汇相关业务时面临的汇率风险、利率风险、政策风险、信用风险、决策风险、道德风险等各种风险损失的可能性。狭义外汇风险仅指因外汇汇率变化使交易主体遭受资产损失或减少预期收益的可能性。狭义的外汇风险仅包括汇率风险，外汇风险通常主要指狭义风险。

需要指出，并非只要社会团体、经济实体组织和个人持有以外币标价的资产和负债就一定会有外汇风险，通常只有需要在风险条件下进行交易或计价折算的资产和负债才面临风险损失的可能，如果同一家贸易公司前期出口收入外汇，后期以等额的同币种外汇支付进口货款时，不会产生汇率风险。外币资产与负债中承受外汇风险的部分称为受险部分、风险敞口或风险头寸，具体有直接与间接的区分。直接的风险敞口指市场主体因直接从事外汇交易、外汇兑换或外汇资产与负债的计价折算引发的自身风险资产和风险负债，一般其面对风险的资产和负债金额是确定的。间接的受险部分是指市场主体并未直接从事外汇交易、外汇兑换或外汇资产与负债的计价折算，是因汇率变动引起国内外经济与国内外市场环境改变而间接引发的自身风险资产与风险负债，且风险金额也往往是不确定的。通常人们所说的风险敞口主要是指直接的部分。

4.1.2 外汇风险的构成因素

外汇风险由以下要素引起，换言之，当具备以下条件便产生外汇风险。

(1) 本国社会团体、经济实体和个人实际持有承担外汇风险的外汇资产或负债等受险头寸，当外币汇率下跌时，产生受险头寸价值的折算缩水风险。如因美元汇率下跌，使美元资产折算成的人民币资产缩水。但如果持有人民币资产或其他对人民币升值货币的资产因不存在风险头寸，便不会产生外汇风险。

(2) 市场主体涉及两种以上货币的外汇业务交易，包括本币与各种外币之间或各种外币之间的兑换、买卖交割与资金清算时，因汇率变动产生的汇率差导致市场主体资产损失。如在欧元对人民币升值条件下，赴欧洲旅游的我国游客支付等额欧元的费用，却要花费更多的人民币购买欧元。如果旅游费用以人民币计价并以人民币支付，不涉及本外币之间的兑换，便不会产生外汇风险。

(3) 市场主体交易两种以上货币或在两种货币之间清算时存在间隔时间，并且在间隔期内因汇率波动产生汇率差。如我国外贸公司与国外进口商签订以美元计价的出口订单，半年后交货清算结汇时美元汇率下跌，导致贸易出口公司收取的等额美元货款兑换的实际人民币资金收入减少。如果贸易以现货和现金交易，当场结清无交易的间隔时间便不会形成外汇风险。

(4) 市场汇率受各种直接或间接因素影响波动并产生汇率差，与上述因素共同作用形成实际的外汇风险。当两种货币之间的汇率固定或基本固定，不存在汇率差或几乎没有汇率差，就如同持有同一币种的资产，不会产生汇率风险损失。

4.1.3 外汇风险的类型

按照引发风险的直接成因划分，外汇风险分为以下四类：

1. 外汇交易风险(Transaction exposure)

外汇交易风险是指在市场主体进行兑换、交易外汇或交割、清算对外债权债务时，因汇率变动遭受经济损失的可能性。交易风险是普遍存在的常见性外汇风险，其产生的前提条件是两种货币之间的交易兑换交割或清算对外债权债务的过程中，发生了汇率波动并出现汇率差。外汇交易风险主要有两种形式：

(1) 外汇买卖风险。又称为金融性风险，是指在汇率变动的环境中，市场主体交易本、外币或不同外币时产生经济损失的可能性。在外汇市场中，从事外汇买卖业务、作为外汇交易客户中介体的外汇银行需要经常性大量买进外汇和大量卖出外汇，在汇率频繁波动条件下，必然存在风险暴露而产生外汇风险，是外汇金融性风险典型的受险主体。例如东京外汇市场上某外汇银行某日买入3万美元，同日卖出2万美元，形成1万美元的多头风险敞口，当日美元对日元的买入价为1∶114.30，次日美元跌至113.50日元，导致外汇银行形成8 000日元的风险损失。

(2) 交易结算风险。又称商业性风险,是指进出口商在从事以外币计价的贸易业务或发生以外币计价的借贷时,在签单、交货至货款结算或借贷期间,因汇率变化致使贸易商可能遭受的经济损失。例如我国某出口公司当年2月与外商签订10万美元出口合约,规定3个月后交货收汇,签约时美元对人民币的汇率为1∶7.72。如果该出口商的出口商品总成本为72万元人民币,目标利润5万元人民币,收汇结算时如美元对人民币汇率仍为1∶7.72,则有5.2万元人民币的利润。收汇结算时如汇率低于7.70,则不能完成5万元人民币的目标利润任务。收汇结算时如美元对人民币汇率低于7.20,则外贸出口公司不仅无利润还要亏损。

2. 会计风险(Accounting exposure)

会计风险又称为折算风险或转换风险,是指涉外市场主体在会计处理以外币计价的资产、负债和收益科目时,因汇率变化所产生的本外币资产、负债或收益折算的账面损失风险。出于公司经营和财务管理的需要,各市场经济主体需要定时编制各种财务报表反映自身的资产负债与经营状况。拥有外币资产负债或收益的经济主体,就需要将原来以外币计价的各种资产、负债和收益,按照规定时点的汇率折算成以本币表示的资产、负债或收益,如果前后两次编制会计报表间隔期内汇率发生变动,以外币计价的等额资产、负债或收益折算为本币计价的资产和收益额缩水,或者负债扩大,便产生会计核算损失风险。如我国某公司在海外全资子公司的资产总额为1亿美元,当美元对人民币汇率中间价为1∶7.8时,反映在母公司资产负债表上的子公司总资产额为7.8亿元人民币,当人民币对美元汇率升至1∶7.68时,反映在母公司资产负债表上的子公司总资产额为7.68亿元人民币,资产缩水0.12亿元人民币。

会计风险在跨国公司的财务管理中比较常见,母公司需要定期将海外子公司或分公司以所在国货币计价的资产负债或损益,折算为本币后并入母公司总账,这时会计风险的损失仅仅是财务账面的会计核算损失,不涉及市场主体的实体资产或实物收益的实质性损失,也不代表经济实体的经营活动或实际经济状况发生改变,主要是影响营业会计报表而影响公司的对外形象。但在跨国公司的海外子公司与母公司分拆和合并时,因独立核算、自负盈亏经济实体的分立或消失,发生实质性资产负债重新划归,会计账目中原有资产负债的折算风险就会实际暴露出来。

会计折算风险具体在各国会计制度规定的不同折算方法下,形成的风险大小也不同。

(1) 流动与非流动折算法。该法将跨国公司的海外分公司或子公司的资产负债分为主要包括银行存款、库存现金、应收账款和库存在内的可以迅速变现的流动资产;主要包括银行短期贷款、应付账款、应付税金和利息、短期票据等在内的短期负债;主要包括房地产、设备和长期证券在内的、持有期为一年以上不能迅速变现的非流动资产;主要包括长期票据和债券、长期贷款在内的一年期以上的长期负债。在编制资产负债表时,流动资产和流动负债按编制报表时的即期汇率折算,会产生折算风险;非流动资产和非流动负债则按资产负债发生时的原始汇率折算,不存在折算风险。

(2) 货币与非货币折算法。该法将跨国公司的海外分公司或子公司的资产负债分为主要包括金融资产和负债的货币性资产负债,以及包括实体性资产和负债的非货币性资产负债。在编制资产负债表时,货币性资产负债按编制报表时的即期汇率折算,有折算风险;非货币性资产负债则按资产负债发生时的原始汇率折算,不存在折算风险。

(3) 时态折算法。该法在编制资产负债表时,对跨国公司的海外分公司或子公司的货币性资产负债仍按编制报表时的即期汇率折算，但对非货币性资产负债的折算处理做了区分，如果真实资产负债以现行市场价格计价，则按即期汇率折算，有会计风险；如果真实资产负债按原始购置成本计价，则以原始汇率折算，就不存在折算风险。

（4）现行汇率法。该法将跨国公司的海外分支机构的全部资产负债按现行即期汇率折算，不仅使所有资产负债面对折算风险，也存在较大的风险度。目前，现行汇率法已为不少发达国家采纳。

3. 经济风险(Economic exposure)

经济风险又称为经营风险，是指由于汇率变化致使经济组织未来时期经营收益损失的风险。经济风险具有间接性特征，汇率变动并不直接影响公司企业的经营收益，而是通过改变市场供求关系和交易价格等市场经营环境，进而影响经济组织的生产成本、销售价格和产销规模等，来最终影响经济效益。例如当本币升值时，因出口商品的国外相对价格上涨，导致出口商的出口销售额和经营收益减少。

与交易风险与折算风险的一次性损失相比，经济风险因汇率变动传递周期长，影响逐渐释放，是全局性的系统风险，会长时期、大范围地改变市场经营环境，进而影响企业的经济行为和效益。

4. 国家风险(National exposure)

国家风险又称为政治风险，是指市场经济主体涉及的外汇交易或与之相关业务因国家法规政策变化造成损失的可能性。国家风险通常是由市场和汇率风险间接引发的风险，当外汇市场汇率剧烈大幅波动，引起金融经济危机时，为稳定市场秩序，维护本国的公共利益和长远的社会经济发展，货币当局实施外汇管制或贸易管制，致使市场主体的涉外业务中断或减少，经营规模收缩和经济收益减少。

国家风险是应急性宏观调控产生的风险，也属全局性系统风险，但风险释放快，刚性强，会在一定时期内影响市场主体的经营效果和投资收益。

4.2　汇率预测与外汇风险计量

汇率预测与外汇风险的计量是外汇风险管理具有决定性作用的基础工作，只有正确把握汇率变化的趋势，才能判断是否存在汇率风险和是否需要实施汇率风险管理；只有借助外汇风险计量把握潜在风险大小，才能有针对性地选择高效率、低成本的风险管理策略。

4.2.1　汇率预测

1. 汇率预测及其特征

汇率预测是依据不同货币之间比价波动的数据和规律，预判推测汇价变化趋势与波幅的行为。

汇率预测对外汇风险管理具有重要意义。汇率波动是形成外汇风险的决定性因素，但汇率波动是双向的，其既可能给市场主体带来收益，也可能产生风险损失。因而，只有借助科学的汇率预测，准确把握汇率波动方向和波动幅度，确定有无汇率风险和风险度大小，才能有的放矢地进行外汇风险管理，降低风险管理成本，减少风险损失，提高管理效率。

汇率预测是市场参与者依据过去与现在变化的客观状况，对汇率未来的可能变化状态所作的主观判断。尽管汇率预测以已发生的事实为依据,但受数据资料的准确性和完整性、预测者的分析判断能力、影响汇率变化因素的复杂及交互影响等众多原因的制约,使汇率预测具有以下特征:

(1) 汇率预测的复杂性。由于影响汇率变化既有经济金融的因素,也有社会、心理等方面的因素,既有国内因素,也有国际因素,既有宏观经济的因素,也有微观经济的原因,是众多因素共同作用、相互影响的结果,决定了无论是在发达国家或是发展中国家,影响因素的复杂性决定要高度精确预测汇率具有极高的难度。

(2) 汇率预测结果的近似性。汇率预测只是对未来汇率变化可能趋势和波动幅度所作的方向性和近似性的推测,并非是未来某个时点上汇率变化的精确值,更非一定是未来某个时期汇率变化的真实情形。并且汇率不仅是某个时点上外汇市场供求关系变化的静态结果,更是反映国际外汇供求关系不断动态变化的轨迹过程,汇率预测的结果需要在实践中进行动态连续的观察与修正,不断提高准确度。

(3) 汇率预测效用的参考性。汇率预测的根本目的,是在未来变化莫测的市场汇率变化环境中,为市场主体进行外汇风险管理决策提供可资参考的方向性意见,在一定程度上避免盲目行为产生的无谓经济损失。尽管借助汇率预测可以提高外汇风险管理的自觉性和有效性,但并非只要有汇率预测就可避免汇率风险,事实上,汇率的风险管理需要适时综合运用各种相关方法和措施,才能实现满意效果。

2. 汇率预测方法

汇率是外汇市场主体基于不同经济利益下共同参与交易的产物,也是政府宏观调控的结果,影响汇率的因素众多和汇率形成机制的复杂性,使预测汇率成为异常艰难的课题。世界各国在长期的理论与实践探索中,逐步形成预测汇率的一些基本方法,以下简要介绍两种主要的汇率预测方法。

(1) 基础相关因素预测法。基础相关因素预测法是依据与汇率变动相关的主要经济变量等基础性因素的变化,来预测汇率后期变化趋势与波动幅度的方法,是目前常用的预测工具。运用基础因素相关预测法的基本步骤是:

第一,确定与汇率变动相关的基本经济变量,以及各变量与汇率变化的相关程度,为构建汇率预测回归模型寻找相关参数因子和确立基本构架。实务操作中可选择国际金融理论的主流汇率理论已证明的影响汇率波动的主要影响因素,作为设立汇率预测回归模型的主要变量,如国内外的利率、经济增长率、国际收支差额、国民收入等变量因素,并依据理论阐述的相关关系,确定各因素与汇率变化的预测框架。

第二,构建汇率预测回归模型。运用回归分析方法建立汇率预测回归模型。

首先,应按照不同的汇率理论证明的解释变量和运作机制,在确定回归模型中适用的自变量和因变量对象基础上,建立汇率预测模型。如按照购买力平价理论,选择两种货币的通货膨胀指数建立模型,而利率平价或国际费雪效应则需要选择两种货币的名义利率建立模型。

其次,收集和整理所需的实际变量数据。用于汇率预测、反映影响汇率变化的实际变量数据来源应具有权威性,一般可使用各国政府统计部门发布的统计数据,也可使用国际货币基金组织、世界银行等国际金融组织发布的正规数据,以保证数据的全面性、准确性和可比性。

其三,确定参数和回归预测模型。在回归模型的基本假设条件下,通过相关计算,获得参数的最小二乘估计,确定各变量之间的数量,设立回归分析的实际模型。例如,按照利率平价理论建立汇率预测模型为：

$$ES_{t+1} = aF_{t+1} + b \tag{4-1}$$

$$F_{t+1} = (1+\lambda)S_t \tag{4-2}$$

$$\lambda = (i_{t+1} - i^*_{t+1})/(1 + i^*_{t+1}) \tag{4-3}$$

式中 ES_{t+1} 表示预期的第 $t+1$ 期的即期汇率，F_{t+1} 表示第 t 期的远期汇率，S_t 为第 t 期的即期汇率，i_{t+1} 和 i^*_{t+1} 分别表示第 $t+1$ 期本国与外国的利率，λ 表示预期的第 $t+1$ 期即期汇率的变动率，a 是参数，b 是随机误差变量，具有 $Eb=0$ 的性质。

其四，检验参数和模型。在设立汇率预测的回归模型之后，需要对所获得的参数和方程进行显著性检验和变量的自相关性检验，以确保选用的参数变量和方程准确可靠。回归参数的显著性检验要先获取方差 σ^2 的无偏差估计和回归参数估计分布等数据，通常回归参数检验的显著性应不低于5%，凡 F 值参数达不到显著性标准的应予排斥。回归模型的检验还应通过 R^2 值检验，以 R^2 值度量反映含有不同解释变量回归模型的拟合优度，其越接近于1，模型的预测值与实际值的偏差越小，预测的有效性越强。

第三，运用模型进行实际的汇率预测。实际预测要按照模型的操作步骤实施。如按照利率平价理论建立的预测模型，在已知两国利率和两国货币即期汇率条件下预测后期汇率，首先要用模型公式计算出两国货币汇率的变动率，再利用汇率波动率计算出两国货币的远期汇率，最后再利用参数值和远期汇率，测算出两国货币之间预期的即期汇率。

在实际中，需要同时考虑多种因素对汇率的影响，相应需要建立包含两个或两个以上解释变量的多元回归预测模型进行预测。

(2) 市场序列预测法。市场序列预测法是以市场现在与过去已发生的汇率时间序列数据为依据，推测未来即期汇率的方法。尽管该方法预测精度不足，但使用简便易行，成本低廉，在汇率小幅波动，外汇市场平稳时，适用无须高精度预测值的非金融机构预测短期汇率变化。市场序列预测可采用市场序列加权移动的预测方法，以及市场序列指数移动平滑的预测方法。

市场序列加权移动预测法是以预测期为基点倒推若干期的即期汇率数据为依据，经平均或加权平均后，取平均值或加权平均值作为预测值的方法。市场序列移动平均预测方法是加权移动预测法的基础，其预测公式为：

$$ES_{t+1} = (S_t + S_{t-1} + S_{t-2} + \cdots + S_{t-n})/N \tag{4-4}$$

式中 ES_{t+1} 表示预期的 $t+1$ 期的即期汇率，S_t、S_{t-1}、S_{t-2}、S_{t-n} 分别表示 t 期、$t-1$ 期、$t-2$ 期，直至 $t-n$ 的即期汇率，N 表示即期汇率的取值项数，假设预测 $t+1$ 期为当年6月的两国货币汇率，设 N 取值为5，则即期汇率数据的取值分别为当年5月、4月、3月、2月和1月期末的即期汇率值，取上述月份的即期汇率的平均值作为当年6月的预期汇率。

市场序列加权移动预测法是移动平均法的改进方法。在移动平均预测法中，各时期的即期汇率值在汇率预测值中的份量相同，即各期数据的重要性是均等的。但事实上，越是靠近预测期的时期，汇率生成的市场环境和宏观经济环境越是接近预测期，该期的即期汇率对预测汇率的影响越大，相对离预测期越远时期的即期汇率对预测汇率的影响越弱。由此，采取由近及远、由大到小分别给各期即期汇率加上不同权重值的方法，以体现不同时期实际汇率在预测汇率中的不同份量，越是接近预测期的即期汇率，权重值越大，随时期推移逐渐递减，以减少预测值的偏差。市场序列加权移动预测法的公式为：

$$ES_{t+1} = (a_1S_t + a_2S_{t-1} + a_3S_{t-2} + \cdots + a_nS_{t-n})/(a_1 + a_2 + a_3 + \cdots + a_n) \tag{4-5}$$

式中 $a_1, a_2, a_3, \cdots, a_n$ 分别为第 1、2、3 期直至第 n 期的权重系数，例如 a_1 为 0.5、a_2 为 0.3、a_3 为 0.2 等等，其实际取值应根据各时期即期汇率对预测期汇率的影响程度确定，并在实践中依据预测汇率的偏离差值不断修正。各期的即期汇率经加权系数不同程度放大后的平均值即为预测期的预期汇率。

市场序列指数移动平滑预测法是在利用平滑系数修正前期市场的即期汇率与前期预测汇率差额基础上，推测后期汇率的方法。指数移动平滑预测方法应用广泛，既具有移动平均预测方法的优点，又能减少数据储存量，使用简单明了。其基本公式为；

$$ES_{t+1} = ES_t + a(S_t - ES_t) \tag{4-6}$$

式中 ES_{t+1} 表示预期的第 $t+1$ 期的即期汇率，ES_t 表示第 t 期的预测汇率，S_t 表示第 t 期的市场即期汇率，a 表示平滑系数，其区域值应为小于或等于 1，大于或等于 0。按照上述公式，预测期的预测汇率应为上期市场的即期汇率减去上期预期汇率后的偏差额，经平滑系数修正后，加上上期预测汇率之和。平滑系数 a 值对后期的预测汇率有重要影响，其取值越大，对前期实际汇率与预测汇率之间偏差的修正越大，相应对形成后期预测汇率的影响越大。反之，对偏差修正越小，对形成后期预测汇率的影响也越小。一般说，平滑系数取值应针对前期预期汇率对实际汇率的偏差确定，两者偏差越小，说明前期预测汇率越接近实际汇率，准确性越高，平滑系数可取低值，以扩大前期预测汇率的作用；相反，平滑系数可取高值，以缩小前期预测汇率的影响。并且，平滑系数取值还应在实务操作中反复试验纠错，形成适应各种特定市场环境的平滑修正值。

需要明确，受预测方法自身局限性和汇率预测复杂性的影响，汇率预测值难免与实际值发生偏差，为提高预测的准确性，需要对预测值进行评估与调整。预测值的误差检测主要可采用同期同币种预测值与实际值之间的绝对误差值指标，以及误差值与实际汇率比值的误差率评估。通过预测汇率时间序列的偏差检验，不仅要为后期的预测汇率值的调整提供依据和为后期的汇率预测提供经验数据，更重要的是要从中发现预测模型的系统偏差并加以修正，以提高预测模型的可靠性。

4.2.2 外汇风险计量

外汇风险计量是对引发交易风险、折算风险与经济风险的风险源，包括风险暴露头寸、币值波动、货币相关性、进出口商品需求弹性与利润敏感度等进行计量测算，从而为选择外汇风险管理的有效策略提供基本依据。

1. 外汇交易风险的计量

交易风险是最常见的外汇风险类别，也是外汇风险管理的重点。外汇交易风险取决于市场主体日常大量发生的交易结算资金暴露的风险头寸、汇率波动导致的币值波动和不同种货币汇率的对冲水平。因而，计量交易风险要在测算净资金差额、币值波动幅度和货币相关性基础上，整体评估交易风险值。计量外汇交易风险的主要对象是：

(1) 计量现金流量净额。市场主体在某时点上如果相同币种的资金收入额与支付额相等，汇率波动产生的损益对冲不会出现汇率风险。只有应收款与应付款相互抵消后的净额，即净收入额和净支出额才形成风险头寸。

计量交易风险头寸应在分别统计本公司及下属经济实体、子公司或分公司年度对外业务涉及的各种现金收支流量基础上，计算预期现金收支的净收入额或净支付额，并将所有净现金流量汇总，合并编制总现金流量报表，得到各种货币的年度净现金头寸。净现金流量额等于现金流入额减去现金流出额，其差额为正值表示未来现金净流入，差额为负值表示未来现金净流出。

(2) 计量币值波动水平。市场主体的现金流量净额只有在汇率波动导致币值发生波动时，才会面临风险，币值波动幅度越大，面临的风险越大，因而，当存在风险头寸时，还须观察掌握资产币值的波动水平来预测和控制风险。

测量币值波动幅度的常用工具是标准差，币值的标准差值越小，表明未来时期内币值围绕均值离散波动的幅度越小，潜在风险度越小；相反，币值的标准差值越大，币值离散波动的幅度越大，潜在风险度越大。测算计价币值的标准差要完整收集特定时期内各种涉险货币的汇率历史数据，在计算各种币值平均差值的基础上，测算出均方根差值，再结合预期汇率确定汇率波动的可能区间，为未来控制外汇头寸交易风险提供参考，如果波动区间大，应严格控制风险头寸，反之，可适当放宽风险头寸数量。例如，A国货币对B国货币过去一年中汇率波动的标准差值为0.024，预期A国货币对B国货币一年后的汇率为7.5，则可以测算未来一年内A币兑换B币的币值波动范围为7.476～7.524。

(3) 计量货币相关性。货币相关性是指两种货币对第三种货币汇率变化的相互关联度，如果两种货币对第三种货币的汇价涨跌变化呈现同向变动，则属正相关性；反之，属负相关性。货币的相关性不仅有正负相关的方向差别，还有关联程度的差别。

货币相关性对调节控制外汇交易风险有重要作用。市场主体面对的交易风险既包括净现金流的差额，也包括对外交易收支流量的货币相关性风险。当市场主体同期收入和支出等值的两种高度正相关的外汇货币，就可对冲交易风险。例如某进出口贸易公司当年出口2亿美元商品，进口与美元等值的港币商品，假设美元与港币对人民币的汇率同步上涨，公司会因美元对人民币汇率上涨增加出口的人民币收入，但港币对人民币汇率上涨也需要公司增加等额的人民币换汇成本支付进口货款，两者对冲了可能的交易风险。同样，当美元与港币对人民币汇率同步下跌，则公司正好以减少的进口货款换汇成本弥补出口货款的减收额，也能对冲交易风险。但如果市场主体同期收入和支出等值的两种高度负相关的外汇货币，情况就不同。仍以上例为例，假设该公司出口计价货币美元对人民币汇率上升，进口计价货币港币对人民币汇率下降，两者升降幅度相同，则公司不仅增加出口货款换汇的人民币收入，还可减少进口货款换汇的人民币支出，实现双增收。但如果该公司出口计价货币美元对人民币汇率下跌，进口计价货币港币对人民币汇率上升，两者升降幅度相同，则公司不仅减少出口货款换汇的人民币收入，还要增加进口货款换汇的人民币支出，两种外汇的货币相关性导致公司蒙受双重损失。因而，货币相关性同样影响市场主体的外汇交易风险。

货币相关性以相关系数a为计量指标，相关系数是同期两种货币对第三种货币汇率波动值的比值。当两种货币对第三种货币完全同步正相关波动，相关系数$a=1$；当两种货币对第三种货币完全同步负相关波动，相关系数$a=-1$；当相关系数为零时，两种货币对第三种货币汇率的波动完全不相关。相关系数可按照需要的币种定期收集汇率数据计算，并存入数据库形成时间序列数据供分析使用。

2. 外汇会计风险的计量

会计风险的发生程度主要取决于市场主体涉外经营业务的规模与范围、涉外资产或负债的计账货币、以及折算使用的会计处理方法三大因素，会计风险计量相应就是对市场主体涉外资产与负债、计价货币汇率波动和不同会计折算方法影响的测量。

(1) 测算境外资产与负债净额。市场主体在某时间点上如果同币种的资产额与负债额相等,汇率波动产生的损益对冲不会出现折算风险。只有资产额与负债额相互抵消后的净资产额或净负债额,才形成风险头寸。

计量会计风险头寸应在完整统计本公司所属经济实体、子公司或分公司的境外各类外汇资产额和负债额基础上,计算会计年度内可能面临折算风险的以各种外币计账的净资产额或净负债额,并将其汇总合并编制总净资产和净负债报表,得到各种货币的净资产负债风险头寸。其额度越大,面临的可能风险越大。

(2) 预测计账货币的汇率波动趋势。境外属地资产和负债的财务核算通常以东道国的法定货币为计账货币编制财务报表,当计账货币对本币的汇率下降时,境外外币净资产对本币的折算值相应减少产生会计风险,贬值幅度越大,风险度越大;相反,当计账货币对本币的汇率上升时,境外外币净负债对本币的折算值相应增加产生会计风险,升值幅度越大,风险度越大。

预测计账货币对本币的汇率波动方向和幅度是控制外汇折算风险的基础工作。应在广泛收集分析东道国和本国影响汇率变动的相关基本经济变量的数据资料,以及外汇市场汇率变动的时间序列数据基础上,选择适用的预测方法测算预期汇率值,并以此作为控制境外净资产或净负债的依据。当预期计账货币汇率上升,通过合理控制境外的净负债规模控制折算风险;当预期计账货币汇率下跌,通过严格控制境外净资产规模控制折算风险。

(3) 测量不同会计处理方法下的风险头寸。处理合并财务报表数据采用不同国家会计制度规定的不同会计方法,对风险资产与风险负债以及适用汇率认定不同,折算风险也不同。因而,需要测算不同会计折算方法下的风险头寸。

在不同会计折算方法中,发达国家较多采用的现行汇率法,将跨国公司的海外分支机构的全部资产负债按现行即期汇率折算,是所有会计折算方法中折算风险最大的。例如美国财务会计准则规定,编制合并报表时国外子公司使用的计账货币必须是其经营地所在国的货币,应按照报表编制日的市场汇率将国外子公司的资产负债从计账货币折算为报告货币,应按照一定期限内的加权平均汇率将国外子公司的收入、盈利、费用和损失等从计账货币折算为报告货币。并且,由外汇交易引起的利得或损失可计入本期净收益,但由记账货币汇率变动引起的折算利得或损失不记入本期净收入。在现行汇率和会计制度下,可选择中长期强势货币或货币汇率稳定的国家设立境外子公司和经营地,以回避或减少折算风险。

在编制资产负债表时,流动与非流动折算法将流动资产和流动负债按即期汇率折算,会产生折算风险;非流动资产和流动负债则按资产负债发生时的原始汇率折算,不会面临折算风险。而货币与非货币折算法将货币性资产负债按即期汇率折算,有折算风险;非货币性资产负债则按资产负债发生时的原始汇率折算,不会产生折算风险。因而,两种会计方法下都有部分资产负债产生风险暴露,其风险程度取决于不同资产负债的比例结构以及相应计账货币币值的强弱。可依据计账货币的预期汇率走势适时调整流动资产负债与非流动资产负债、货币性资产负债与非货币性资产负债的比例调节折算风险。

时态折算法对跨国公司的海外分公司或子公司的货币性资产负债仍按编制报表时的即期汇率折算,但非货币性资产负债中以现行市场价格计账的真实资产负债按即期汇率折算,有会计风险;真实资产负债按原始购置成本计价的以原始汇率折算,不存在折算风险。因而,其会计风险小于现行汇率法,但大于流动与非流动折算法和货币与非货币折算法。在时态折算法下，应按照记账货币的预期汇率趋势选择真实资产负债的核价方法，当记账货币的即期汇率上升，真实资产负债可按现行市场价格记账，反之，可按原始购置价格记账。

3. 外汇经济风险的计量

外汇经济风险是通过汇率变动改变市场供求关系和交易价格等市场经营环境，影响经济组织的生产成本、销售价格和产销规模，最终影响其经济效益的风险。其中，外汇经济风险的直接影响表现在，汇率变化会引起进出口商品与服务的相对价格变动，一方面在进出口商品需求弹性作用下，影响进出口商的销售数量和销售收入；另一方面在进口成本上升推动下，会减少进出口商的利润额。因而，外汇经济风险的计量侧重于汇率变化引起的市场需求弹性和利润敏感性分析。

(1) 测量进出口商品和服务的市场需求弹性。进出口需求弹性是市场需求对进出口商品价格变化的反应程度，是同期进出口需求量变动的百分比与进出口商品价格变动的百分比之比。测算进出口需求弹性要借助进出口商品的相对价格与市场销量的历史数据计算。其公式为：

$$E_m = \frac{M_q}{p_m} \tag{4-7}$$

$$E_x = \frac{X_q}{P_x} \tag{4-8}$$

式中 E_m 表示进口商品需求弹性，E_x 表示出口商品需求弹性，M_q 表示进口商品需求量的变动率，X_q 表示出口商品需求量的变动率，p_m 表示进口商品价格的变动率，p_x 表示出口商品价格变动率。当外汇汇率上升引起进口商品相对价格上涨时，进口商品需求弹性值越小，对进口商进口销量影响越少，经济风险越小；反之，弹性越大，影响越大，风险也越大。当外汇汇率下降引起出口商品相对价格上涨时，出口商品需求弹性值越小，对出口商出口销量影响越少，经济风险越小；反之，弹性越大，影响越大，风险也越大。

在已知前期需求弹性条件下，可根据进出口商品计价货币的预期汇率测算出预测期进出口商品的市场相对价格变动状况，预判预测期进出口需求相应变动状况，据此企业也可以原有市场销量为基数测算未来经营期内进出口销售的增加量或减少量，并相应评估风险和制定应对风险的防范策略。

(2) 测量利润对汇率变化的敏感度。利润弹性是利润对汇率变化的敏感度指标，表示特定时期内涉外市场主体的利润额对汇率变化的反应程度，是同期利润额变动率与贸易计价货币汇率变动率之比，即为同期利润额变动的百分比除以贸易计价货币汇率变动的百分比之商。利润弹性的绝对值越大，表明小幅度的汇率波动越能引起企业对外业务盈利的大幅度波动，经济风险也越大，需要实施严格的风险监管；相反，利润弹性的绝对值越小，则表明汇率波动对企业的涉外业务盈利影响较小，经济风险也较小，可实施宽松的外汇风险管理。

测算利润额变动率和汇率变动率是计量利润弹性的基础。应通过全面统计各期财务损益表成本、费用和收入额，测算报告期对基期的利润额变动率；利用贸易计价货币各期汇率变动的时间序列数据，计算报告期对基期的汇率变动率。在已知利润弹性条件下，可借助预测期预期汇率的变动值，预判预测期利润增加额或减少额，并确定相应的经营风险管理策略。

4.3 外汇风险管理

面对国际外汇市场汇率频繁波动，汇率风险加剧的现状，从事涉外经济活动的市场微观经济主体必须通过管理外汇风险，将外汇风险管理纳入企业经营管理的整体战略，制定正确的风险管理策略，运用适当的管理方法来防范化解外汇风险。

4.3.1 外汇风险管理的内容与策略

确定合理的外汇风险管理内容，选择正确的管理策略是遵循外汇风险管理的客观规律，进行科学管理的前提条件。

1. 外汇风险管理原则

外汇风险管理是管理者为达到风险管理目标，通过风险识别与衡量、风险管理方案的决策与实施，实现以最低的管理成本投入，获取最佳风险管理绩效的行为。管理原则是实施外汇风险管理要遵循的基本要求与准则，主要有：

(1) 管理效能最大化原则。在外汇风险管理中，不仅要重视风险回避与风险控制，最大限度地减少风险损失，也要重视控制风险管理成本，以最少的风险管理成本投入，获取最大的风险管理效能，实现管理绩效与投入的最佳比。按照管理效能最大化原则，外汇风险管理首先要从本部门或本单位的实际需要出发合理确定管理目标，既要防止风险控制目标值过高、功效溢出导致的成本漏损，也要防止风险控制目标值过低、管理失效形成风险损失。其次要依据管理目标，选择经济、实用、高效的管理策略和方法，将超前防范的预防性风险管理与灵活调整、有针对性的应变性风险管理结合，将重点防范与一般监控结合，在保证有效控制主要风险的同时，通过放开次要或无谓风险以减少成本支出。

(2) 动态管理原则。所谓动态管理原则强调外汇风险管理的策略、方法和计划安排，应随外汇市场风险的变化及时进行动态调整，以确保管理效能发挥。国际外汇市场的供求关系时刻受各种不断变化的复杂因素的影响而变化，由供求关系决定的汇率以及衍生的风险也相应在不断变化。因而，外汇风险管理的目标、策略、手段和实施方案不是一成不变的，应随市场风险的变化相应做滚动调整，以避免管理滞后或失效。同时，也应根据管理实践的检验，发现既定实施方案存在的不足，通过跟踪调整来改进管理。

(3) 实行全员和全过程管理原则。外汇风险全过程和全员管理原则要求企业管理者在管理中，通过建立健全管理制度，促使本部门或本单位全体员工树立自觉防范外汇风险的意识，激励全体员工主动参与管理；通过分解风险管理的考核指标，保证将外汇风险管理目标与任务从上至下，落实到每一个部门机构、每一个岗位和每一个员工；将外汇风险管理融合进企业日常经营管理的活动，渗透到营销、生产、结算等业务全流程和辅助作业的各环节，从而，将外汇风险管理变为全体员工的行为。

(4) 责权利结合原则。实现责权利紧密结合是制定管理制度和有效实施管理的灵魂，同样也是提高外汇风险管理成效的基本保证。在外汇风险管理中，要将各种管理职责、权限和利益分配紧密挂钩、合理配置，通过制定和实施规范的责权利结合的管理制度，形成职责边界清晰，各司其职，各负其责，相互协调，奖罚分明的管理秩序，以防止管理脱节、相互扯皮等产生的内耗，保证外汇风险管理的高效能。

2. 外汇风险管理内容

按外汇风险管理的业务流程划分，市场微观经济主体的外汇风险管理内容主要包括外汇风险识别、风险衡量、确定风险管理目标、选择风险管理策略和方法、制定实施风险管理计划、风险管理绩效评估等环节。

（1）外汇风险识别。外汇风险识别是市场主体对未来从事涉外经济交易是否可能遭遇外汇风险，以及可能遭遇何种类型外汇风险进行的预判认定。外汇风险识别是进行外汇风险管理的前提，只有存在可能的风险，才有管理的必要，只有分清风险的类型，才能有的放矢进行管理。外汇风险识别要在全面摸清内部经营业务流量、净现金流和净资产负债存在的风险对象，跟踪了解外部市场汇率变动，深入评估汇率潜在风险的基础上作出准确认定。

（2）外汇风险衡量。风险衡量是在外汇风险识别基础上，计量各种类型外汇风险发生的概率和可能的损失程度。外汇风险衡量是科学合理管理外汇风险的必要依据，只有在掌握风险发生概率高低、风险覆盖范围大小和风险损失程度多少的基础上，管理者才能决策采用有针对性的管理策略与管理手段，合理高效地组织实施风险管理。外汇风险衡量应在汇率预测基础上，对不同风险采用不同的计量方法进行测量，并最终汇集成不同类别风险的风险度和在一定时期内外汇总风险度的统计表。

（3）确定外汇风险管理目标。制定外汇风险管理目标是管理者依据内外部现实条件和实际需要，选择确定一定时期内本部门或本单位的外汇风险管理所要达到的指标，如减少汇兑损失金额或降低外汇资产损失率的指标等。由于不同企业面对的外汇风险类型、发生概率和损失程度不同，引发风险的条件也有差异，因而，确定外汇风险的管理目标应从实际出发，适当留有余地，既要防止脱离实际需要的高指标，也要避免有风险控制缺口的低指标，要在管理成本与管理效能比较的基础上，选择相对满意的指标值。外汇风险管理指标一般可采用以前期指标为基点，根据计划期业务流量的增减变动率和预期汇率波动幅度比例，做相应增减修正的滚动修订方法，既可保持管理目标的连续稳定性，也可减少管理工作量和管理成本。

（4）选择外汇风险管理的策略和方法。外汇风险管理的策略与方法是实现既定管理目标的具体途径与必要手段。外汇风险管理策略与方法受制和服务于风险管理目标，不同的管理目标需要选择与之相应的管理策略与管理方法，同时，管理策略与方法又影响甚至决定管理目标的实现程度，影响管理效率的高低。不同的管理策略与方法有各自不同的利弊和适应性，具体选择要以符合自身实际条件和取得高效率为基本标准，还要在不同策略与方法之间以长补短，形成协整效应，并在实践中不断总结调整，提高使用效率。

（5）制定实施外汇风险管理方案。外汇风险管理是伴随经营活动的经常性工作，其延续时间跨度长，涉及业务范围广和人财物要素多，部门纵向之间和横向之间的协调要求高，需要依据管理目标、管理策略和方法，制定具体的实施计划来落实工作安排。制定外汇风险管理实施方案，应当包括在不同时间段和不同经营环境下的业务规模和种类的调整计划、资金头寸控制和币种选择组合安排、机构人员配置和责权利的划分落实制度、日常管理活动的整合协调与监控的机制、应对突发事变的措施等方面的多个备选计划，经比较后选择相对满意方案作为实施方案。实施外汇风险管理方案应当有定期的检查，通过发现执行中的不足与出现的新问题，修正完善管理计划，确保管理效果。

（6）外汇风险管理绩效评估。外汇风险管理绩效评估既是对本期管理绩效的评价认定，又要通过发现现有管理不足，为改进提高后期的风险管理提供经验借鉴。外汇风险管理评估要按照风险管理目标规定的分解指标，全面地对考核期内各业务环节、各部门和各职位的管理工作和绩效作出客观评价，为奖惩考核提供依据。同时，针对存在的问题，在后期计划的滚动修改中加以改进，推动外汇风险管理水平不断提高。

3. 外汇风险管理策略

外汇风险管理策略是从事涉外经贸活动的市场微观主体应对外汇风险采取的基本管理对策与基本管理方式。面对不同外汇风险类型和风险程度的市场主体，其外汇风险管理需要采用不同的应对策略。

(1) 完全不防范策略。所谓完全不防范的策略是指涉外市场主体对外汇风险不采取任何风险防范措施的应对策略，当面对外汇风险时顺其自然，或者因汇率变动产生收益，或者因此承受损失。因而，完全不防范策略总体上属于消极应对的策略，在市场汇率频繁波动，汇率风险加剧环境下，面对外汇风险的市场主体采取完全不防范策略事实上是放弃风险管理。

但在一定条件下，采用完全不防范策略也有其合理性。从管理成本投入与风险损失的比较角度看，当外汇风险管理的投入成本高于风险可能造成的损失时，完全不防范是理性和经济的。一般说，在涉外经济、贸易或金融业务量小，风险管理成本高于可能的风险损失时；在预期汇率波动幅度小，并且波动规律明显，汇率涨跌容易自动对冲烫平时；在汇率变化对己明显有利时可采用完全不防范策略。

(2) 完全防范策略。完全防范策略是涉外市场主体对所有可能造成损失的外汇风险跟踪监视，并采取各种手段和措施进行严密防范，不允许出现任何外汇风险损失的策略。完全防范策略管理下的外汇风险造成的可能损失最小，风险防控成效最佳，属于市场主体应对外汇风险积极主动防范的策略。

完全防范策略存在管理成本耗费大的缺点，一般在市场汇率大幅波动，进行大额涉外业务交易可能引起的损失明显大于管理成本时，采用完全防范策略才是经济合理的。否则，管理成本空耗必然降低管理效能。并且，在完全的外汇风险防范策略下，可能因追求高标准的风险防范而谨慎经营，失去市场机会，减少收益。

(3) 部分防范策略。又称为局部防范策略，是指涉外市场主体对外汇风险可能造成损失的主要风险业务、或业务流程的主要风险环节、或关键的风险时段进行严密防范管理，以避免主要或重大损失，而对非主要风险业务、业务流程的非主要风险环节、非关键的风险时段不实施风险管理的策略。部分防范策略是要以相对低廉的成本避免可能的较大风险损失，既体现积极防范外汇风险的主动性，又兼顾外汇风险防范的经济合理性，因而是实现外汇风险防范成本与效能统一的有效途径。

部分防范策略要取得预期成效，关键是要在比较风险防范成本与风险损失的基础上，按照风险损失明显大于防范成本的标准，准确甄别主要与非主要风险业务、业务流程的主要与非主要风险环节、关键与非关键的风险时段，即必须准确完整地分离出需要投入成本进行风险防范的受险业务部分，以便既突出防范重点，减少成本，提高管理成效，又防止遗漏风险隐患，造成大的风险损失。

由于各种业务中发生的实际外汇风险损失程度是不等的，因而实施部分风险防范策略时，管理者还可在考虑风险损失与管理成本比的基础上，依据管理目标的实际需要灵活调节风险防范的范围，当需要加大外汇风险防范力度，减少风险损失时，可扩大管理对象比例与范围；反之，当需要控制风险管理成本，提高管理效能时，可缩小防范对象范围，将管理重点集中于风险损失最大的受险业务。

4.3.2　外汇风险管理的方法

外汇风险管理的具体方法是实施风险管理的具体路径，主要有贸易要素控制方法、金融市场交易方法和内部管理调节方法。

1. 外汇风险的贸易管理方法

外汇风险的贸易管理方法是在进出口贸易中通过对各种贸易要素采用风险防范措施来回避或控制风险的方法。具体包括：

(1) 计价货币选择法。计价货币是用于进出口贸易商品标价和结算的货币。无论对进口商或出口商，作为外汇的计价货币汇率的波动都可能导致汇兑损失。当计价货币汇率上升时，进口商需要支付更多的本币兑换外汇支付货款；当计价货币汇率下跌时，出口商收取的外汇货款兑换的本币收入减少，因而，贸易商需要审时度势选择与己有利的货币作为计价结算货币。具体说，计价货币有以下选择形式：

首先，在对外贸易或经济交往中，无论是收取或支付均选择本币为计价货币。由于收付本币无须兑换，因而不存在汇率风险。但作为计价货币一般应是自由兑换货币，并具有较高的信用度，使许多国家的本币不能充当计价货币，限制了选择本币为计价货币方法的使用。同时，其在使用中因回避外币收付实际将外汇风险完全转嫁给贸易对手，容易被对方拒绝，需要作出相应的补偿或与其他方式结合使用。

其次，在出口贸易中选择硬币或具有上升趋势的货币为计价货币，在进口贸易中选择软币或具有下浮趋势的货币为计价货币，以避免汇率波动引起的收支汇兑损失。上述方法实质也是将外汇风险向贸易对方单向转移，容易引起交易破裂，因而，其实际使用时可以适当提高或降低货价弥补对方，或者货款以双方各自选择的软硬币各50%的比例计价结算，使双方共担风险，平等相待。

再次，在对外计价结算中选择一组货币作为计价货币，即选择一组由软硬币或汇率变动趋势反向的货币组成的组合货币计价结算，如两种硬币与两种软币的组合，当汇率发生波动时，利用组合货币中硬软币汇率升降反向对冲、损益相抵的机制防范风险。“篮子”货币的组合币种和各币种的组合比例具有弹性，可由贸易双方依据汇率风险大小和兼顾各方利益协商确定。

计价货币选择法是防范回避外汇风险的基本方法，其方法简单，成本低廉，在货币汇率变动趋势和幅度可预期的条件下，能有效地回避或减少外汇风险的损失。但在计价货币无选择余地时，该方法的使用受到限制。

(2) 货币保值法。货币保值法是在签订进出口贸易合同或贷款合同中，加列各种货币保值条款来防范汇率风险的方法，是外汇风险防范的常用方法。货币保值法与计价货币选择法的区别在于，后者是直接选用可保值的计价货币或计价货币组合回避外汇风险，前者是通过选择保值货币，并在合同期内将计价货币转换为保值货币进行保值。货币保值可采用的形式主要有黄金保值条款、外汇保值条款、综合货币单位保值条款和物价指数保值条款等。

黄金保值条款是货币保值的传统形式，主要通行于早期固定汇率制时期。黄金保值条款是贸易双方签订贸易合同时，规定以计价货币的金平价对计价货币进行保值，如计价货币汇率下降，则按其金平价调整实际的支付金额。在牙买加货币体系下，货币与黄金脱钩，金平价不复存在使黄金保值条款的应用失去标准。在浮动汇率制度下，国际贸易与金融交易的货币汇率风险增大,市场主体便借助黄金的市场价格进行货币保值。在签订大额长期合同时,规定按当时的黄金市场价格将支付货币金额折合为一定量的黄金,到实际支付日时,再按支付日的黄金市场价格将一定量的黄金折合成支付货币支付,如黄金市场价格上涨,折合的支付货币额增加,实现保值;反之,相应减少形成风险损失。由于黄金的市场价格也是不断波动的,只有当黄金价格稳定或价格上升时,才能担当货币保值功能,否则,同样会产生风险。

外汇保值条款是货币保值的主要形式。外汇保值条款是在贸易合同中规定以某种硬币或几种货币组合为保值货币,签约时按即时汇率将以软币计价的货款折算成硬币或货币组合保值,实际结算时再按结算日汇率将硬币折算回软币支付结算。外汇保值条款在实际使用中可选择多种具体形式:

其一,选用硬币外汇保值。即将货款折算为硬币,支付时按保值货币与计价货币的现行汇价折换支付,以保证不减少收入。例如某贸易合同计价货币为美元,以瑞士法郎为保值货币,合同金额为10万美元。签约时美元与瑞士法郎的汇率为US$1= SF1.5500,合同金额折算为15.5万瑞士法郎保值。到支付日汇率变动为US$1= SF1.4500,则合同货款应付金额为10.69(15.5/1.45)万美元,因计价货币美元汇率下跌向收款方多支付0.69万美元。

其二,以硬币汇率变动率保值。即计价货币用软币,但签约时规定计价货币与某一硬币的汇价挂钩,如实际支付时汇价发生变化,实际支付货价则按汇率变动幅度做相应调整。例如贸易合同规定以美元为计价支付货币,合同金额为10万美元,以签约时美元与瑞士法郎即期汇率US$1= SF1.5500为保值汇率,到支付日汇率变动为US$1= SF1.4500,期间美元对瑞士法郎下跌幅度为6.45%,相应以美元计价的货款调整为:100 000×(1+6.46%)=10.645万美元。

其三,以汇率波动幅度保值。即签订贸易合同时规定某软币与某硬币之间的汇率波动幅度,到实际支付日该汇率如未超出规定的波动幅度,支付货款不作调整,如汇率波动超出规定幅度时,支付货款则按比例作相应调整。例如交易货款金额1 000万日元,以日元计价,规定美元对日元汇率波动超出5%时要相应调整货款。设签订合同时美元对日元汇率为US$1=J¥100,货款支付日美元对日元汇率为US$1=J¥110,在合同期间美元升值10%,相应支付货款调整为:1 000÷100×110=J¥1 100万。如支付日美元对日元汇率的变动率低于5%,货款则不作调整,仍按1 000万日元支付。

其四,选用"一篮子"货币保值。即在签订贸易合同时,选择若干货币为保值货币组合,并将货款计价货币按即期汇率和"篮子"货币的组合比例折算为保值货币,到支付日时再按支付日汇率将各种保值货币折算为计价支付货币向对方支付货款。由于组合货币在此期间汇率波动有升有降,汇率风险在货币组合内相互冲抵而回避风险。例如某贸易合约交易货款为500万美元,合约规定以美元US$(30%)、日元J¥(30%)、英镑£(20%)和加元Can$(20%)组合保值。假设签约时即期汇率为美元对日元US$1= J¥120,美元对英镑汇率为US$1=£0.6667,美元对加元US$1= Can$1.6485。则500万美元货款折算的保值货币"篮子"组合为:US$$=500万×30%×1=150万;J¥=500万×30%×120=18 000万;£=500万×20%×0.6667=66.67万;Can$=500万×20%×1.6485=164.85万。假设在货款支付日各种保值货币的汇率为:US$1= J¥130,US$1=£0.7,US$1= Can$1.5,则保值货币组合折算成的计价货币美元应为:US$150万÷1= US$150万;J¥18 000万÷130= US$138.46万;£66.67÷0.7= US$95.24万;Can$164.85万÷1.5 = US$109.9万,合计以美元计价支付

的货款总额为US$493.6万。

此外，还有以特别提款权等价值比较稳定的工具进行保值的综合货币单位保值条款，以商品的价格指数或消费物价指数为标准，进出口商品交易货价依据价格指数变动相应调整进行货币保值的物价指数保值条款等。

(3) 价格调整法。价格调整法是通过提高或压低贸易商品交易价格，对冲减少计价货币汇率风险损失的方法。当进口商坚持以本币作为计价结算货币时，出口商要单方面承担外汇风险，出口商便可适当调高商品价格，将计价结算的软币汇价损失摊入商品价格中保值，弥补因使用对方货币可能蒙受的损失。但出口商品加价的幅度一般不能超过软币的预计贬值幅度，加价后的出口商品价格＝原价×(1＋货币预计贬值率)。同样，当进口商接受出口商以本币作为计价结算货币时，由进口商承担外汇风险，其可以进口商品计价结算的硬币预期升值幅度为限，要求出口商降低商品价格，将计价结算的硬币汇率上涨产生的损失从商品价格中扣除，实现减价保值，减价后的进口商品价格 ＝ 原价×(1－货币预计升值率)。

(4) 收付期限调整法。收付期限调整法是依据计价货币汇率走势的预测，通过提前或推迟合同规定的货款收付结算日期防范外汇交易风险的方法。当预期计价货币汇率将上涨时，出口商应推迟收汇清算日期而进口商应提前付汇结算；反之，当预期计价货币汇率将下跌时，出口商应提前收汇结算而进口商应推迟付汇结算。

实施收付期限调整要受合同约束，并且，提前付汇和推迟收汇要打乱企业的筹资计划，推迟付汇和提前收汇的企业要重新安排资金的运用计划，需要贸易双方协商解决，并给予对方适当补偿。鉴于提前支付货款相当给予对方贷款，提前收取货款类似借款，贸易双方可参照相应的机会成本，以提高或压低贸易价格的方式商定补偿折扣率。

(5) 对销贸易法。对销贸易法是在同一时期内，通过组合相同金额、相同期限、相同货币的反向业务资金流，或者通过组合相同金额、相同期限、汇率波动相反货币的业务资金流回避外汇风险的方法。对销贸易法具体有平衡法和组对法。

平衡法是指在同一时期内，组合一对相同金额和相同货币的买卖反向的业务资金流，以同币种资金收付相抵来避免汇率风险的方法。例如，某公司有3个月10万欧元的出口应收货款，该公司便签订等同金额、币种和期限的出口业务，形成3个月相抵的10万欧元进口应付货款对冲风险。从单家公司看，受进出口商品买卖撮合的限制，在相同时间内每笔进出口交易额要相等，形成应收应付货款的完全平衡是困难的。为此，可采取与贸易伙伴签订长期贸易清算协定的方式弥补。在长期贸易清算协定下，贸易双方在一个较长的时期内以同种货币计价结算，双方各自与对方的进口额和出口额都先行记载在指定银行设立的清算账户，不进行实际清算支付，到规定的结算期限，双方的贸易额先相互冲抵，余下的净差额再结算支付。

组对法是指在同一时期内，配对一组相同金额而不同货币、但不同货币的汇率变动呈正相关的买卖反向的业务资金流，以汇率升降相同的不同币种资金之间的收付资金流相抵来避免汇率风险的方法。例如，某公司有2个月的100万港币出口应收款，便组配2个月等额美元的进口业务，形成等额等期的美元应付款。由于港币汇率盯住美元，与美元汇率变动基本呈同向变化，当港币与美元汇率均下跌时，出口应收货款的汇兑损失与进口应付货款的汇兑收益对冲，回避了汇率变动的风险。

组对法与平衡法的区别在于，平衡法是在相同的交易金额与收付期限条件下，以同一计价货币但买卖方向相反的业务来对冲汇率风险，而组对法是在相同的交易金额与收付期限条件下，以汇率变动同向的不同计价货币的反向的买卖业务来对冲汇率风险，即选用的计价货币不同。两种方法各有利弊。平衡法能有效地对冲汇率风险，但实际使用要受实际贸易交易配对的限制；组对法使用灵活，易于实施，但如选用的组对货币汇率变动方向不同或波幅不同，则不能完全对冲汇率风险，甚至产生两种货币汇率变动的双重汇率风险。

此外，出口商还可通过货款的保付代理业务或货款债权买断的福费廷业务方式防范外汇风险。当外贸交易以延期付款形式交易，而未来计价结算货币又面临贬值风险时，只要保付代理的费率和买断的折扣率低于结算货币的贬值率，出口商向对方发运货物后可立即将交易发票、运输和提货单证等交易结算凭证，以一定的折扣率卖断给专业的外贸货款保理机构，收回货款兑换成本币，以货款的折扣费用为代价锁定汇率波动的风险。出口商也可以通过远期外汇票据的贴现方式回避外汇风险，当进口商以远期商业票据的方式向进口商支付结算，远期外汇商业票据的结算货币又面临贬值时，只要贴现率低于结算货币的贬值率，出口商收取远期结算票据后可立即向银行贴现，提前收入货款汇兑成本币，以支付的贴现利息为代价回避风险。

2. 外汇风险管理的金融市场交易方法

金融市场交易方法是利用各种金融工具，通过交易外汇市场与货币市场金融产品，以防范汇率风险的方法，主要包括即期外汇交易、远期外汇交易、外汇掉期交易、外汇期货交易、外汇期权交易和外贸短期信贷等方法。

(1) 即期外汇交易法。即期外汇交易法是指具有外汇债权或债务的进出口商，通过与外汇银行签订出售或购买外汇的即期交易合同来回避外汇风险的方式。所谓即期合同是在外汇交易合同签订后的2～3个营业日内，买卖交易双方相互向对方交割结算的合同。例如，某贸易公司进口业务要在2天内对外支付10万美元货款，当天美元对人民币的即期汇率为US$1＝RMB7.6550/70，该公司即与外汇银行签订购买10万美元的即期外汇交易合同，并于两个营业日内按US$1＝RMB7.6550/70的汇价，以76.57万元人民币购入10万美元对外结算支付。相反，外汇债权方可与外汇银行签订外汇卖出的即期交易合同回避风险。

即期外汇交易可锁定2～3天内汇率可能的变动风险，在汇率频繁大幅度剧烈波动时期，即期外汇交易有较高的应用价值，但在汇率波动平稳时期，其回避风险的作用有限。

(2) 远期外汇交易法。远期外汇交易法是指具有外汇债权或债务的进出口商，通过与外汇银行签订出售或购买外汇的远期交易合同来回避外汇风险的方式，其实质是利用市场远期汇率实施外汇的套期保值。所谓远期合同是在外汇交易合约规定的交割结算日，交易双方按照合约规定的远期汇率相互向对方交割结算的合同。远期外汇合约的期限由交易双方自行选择，一般有1个月、3个月、6个月和1年等。远期汇率通常采用外汇银行对外挂牌交易的外汇远期汇率。例如，某出口商将在1个月后收取1000万日元的货款，设日元对人民币1个月的远期汇率为J￥100＝RMB6.3465/95，出口商为防范汇率波动风险，即与外汇银行签订按照1个月远期汇率出售1000万日元的远期外汇交易合同，并在1个月到期用1000万日元兑换63.465万元人民币。由此，借助远期外汇交易的套期合同，锁定了1个月内两种货币间的外汇交易风险。相反，外汇债务方可通过外汇远期的买入合约套期保值。

远期外汇交易套期保值的效果取决于远期汇率与外汇远期市场上的即期汇率的差额。外汇远期市场上的即期汇率越低于远期汇率，套期保值的效用越大；反之，外汇远期市场上的即期汇率越高于远期汇率，套期保值的成本越高于不套期保值的成本，远期外汇交易防范的效用为负。

(3) 掉期交易法。掉期交易法是交易商通过与外汇银行签订不同期限的买入或卖出反向交易合同方式，来回避汇率风险的方法。在外汇掉期交易中，客户通常在与外汇银行订立外汇买入即期或远期合约的同时，再签订外汇的即期或远期卖出合约，或者在与外汇银行签订外汇即期或远期卖出合约的同时，再签订外汇的即期或远期买入合约，以回避不同合约之间时段内的汇率波动风险。例如，某贸易公司将在1个月后出口收取100万美元的货款，预计将在3个月后需要进口支付100万美元的货款，为防范收付款间隔期内美元对人民币汇率的先跌后涨的风险，公司与外汇银行签订交易币种和金额相同，但期限不同和资金流向相反的掉期交易合同，在卖出100万美元1个月远期合约的同时，签订买入100万美元的3个月远期合约，如果美元对人民币1月的远期汇率为US$1= RMB7.6645/65，3月的远期汇率为US$1=RMB 7.5610/40，则两个外汇交易合同的交易额差为：100万×7.6645÷7.5640－100万= US$13 286.6元，贸易公司在回避外汇风险的同时获得掉期交易收益。

实际使用外汇掉期交易需要全面比较和把握汇率变动的方向与波动幅度，以确定是否需要运用掉期交易来回避外汇风险，否则，可能起不到风险防范的效果，甚至带来损失。仍以上述例子为例，当美元对人民币1个月远期汇率不变，3个月的远期汇率升至US$1= RMB 7.7610/40条件下，使用外汇掉期交易则会造成12 815.559美元的损失。

(4) 外汇期货交易法。外汇期货交易法是交易商通过签订外汇期货交易合同来套期保值回避外汇风险的方法。当有预期的外汇收入或债权和预期外汇汇率下跌时，可签订等额相同币种的卖出外汇的空头期货合约，进行空头套期保值；当有预期的外汇支出或债务和预期外汇汇率上涨时，可签订等额相同币种的买入外汇的多头期货合约，进行多头套期保值。

例如，我国某出口商在年初1月10日签订的出口合同规定，4月10日其将结算收取100万美元的出口货款。在美元贬值预期下，出口商为避免未来的外汇货款收入遭受汇兑损失，签约后即在外汇期货市场卖出交割期为3个月的5份美元期货空头合约，每份标准合约20万美元，共计100万美元，成交价为US$1= RMB7.68。至4月10日外汇市场上美元对人民币的即期汇率下降为US$1= RMB7.55，该出口商收入的100万美元现汇货款可实际兑换755万元人民币(100万×7.55= RMB 755万)，与期货美元对人民币的合同汇率比，少兑换了13万元人民币(100万×7.68－100万×7.55= RMB13万)，但3个月期货卖出合约到期恰好能获取13万元价差收益(100万×7.68－7.55×100万=RMB13万)，与现汇兑换损失额对冲拉平，减少了汇率下跌的风险损失。

(5) 外汇期权交易法。外汇期权交易法是进出口商以签订外汇期权交易合同的方式来回避可能的汇率波动风险的方法。当贸易商后期有外汇收入或债权，而计价货币又面对汇率风险的可能汇兑受损时，可以支付小额期权费为代价，购买同币种、同期限的等额外汇认沽权证锁定汇率回避风险；当贸易商后期有外汇支付或债务，而计价货币存在汇率风险的可能汇兑受损时，可以支付小额期权费为代价，购买同币种、同期限的等额外汇认购权证锁定汇率回避风险。

例如，美国某进口商3个月后将支付10万英镑货款，为防范英镑对美元在未来3个月内升值，其即在外汇期权市场购买3个月到期行权的10万英镑认购期权合约，设购买认购期权的期权费为每英镑0.01美元，购买10万英镑期权的期权费总额为0.1万美元，每英镑的期权认购汇价为£1= US$1.6，则该出口商将购买3个月10万英镑的行权费用锁定为16.1万美元，也就是说，3个月到期其需要对外支付10万英镑的汇兑成本不会超出16.1万美元。这是因为，到行权日如果每英镑的市场汇率低于 1.61 美元，兑换 10 万英镑的总成本小于 16.1 万美元，该进口商可不履行认购英镑的期权合约，而直接在外汇市场以更低的价格购买英镑现汇，从而花费的汇兑成本低于 16.1 万美元；到行权日如果每英镑的市场汇率为 1.61 美元时，与认购期权的价格相等，该进口商无论履行或放弃认购期权，其购买 10 万英镑的总成本都不会超出 16.1 万美元；到行权日如果每英镑的市场汇率高于 1.61 美元时，该出口商则按照期权价格行权，其购买 10 万英镑的总成本为 16.1 万美元，实现以认购期权合约锁定 10 万英镑 3 个月后换汇成本的外汇风险。

(6) 外贸短期信贷法。外贸短期信贷法是利用资金的短期借入与贷出，错开对外贸易货款收付的换汇时间来回避汇率风险的方法。当出口商未来货款收入的计价货币面临贬值风险时，其可先行借入同币种、同期限的等额外汇贷款兑换成本币，到期再以收入的货款归还贷款；当进口商未来支付货款的计价货币面临升值风险时，其可先行以本币兑换同币种等额外汇，并将外汇借出到支付结算期回收本息支付货款。外贸短期信贷法通过将未来外汇与本币之间的兑换时间提前，消除了汇率风险的时间构成要素，达到防范风险的目的。外贸短期信贷法具体有借款法和投资法。

借款法是当计价结算货币汇率呈下降趋势时，有远期外汇货款收入的出口商在签订出口合同后，即与外汇银行签约，借入与远期外汇货款收入同币种、同期限的等额现汇贷款，并在外汇市场将贷款兑换成本币，当贷款到期时，再以收回的外汇货款归还贷款。出口商在贷款利率低于预期的货币贬值率时，将应在后期收汇时进行的外汇兑换本币，提前至即期进行而消除风险。例如，我国某公司签订贸易合同，6 个月后有 100 万美元的出口货款收入，设即期美元对人民币的汇率为 US$1＝ RMB7.76，在预期美元汇率呈下降趋势时，该公司可先行从外汇银行借入 6 个月期限 100 万美元的 6 个月期外汇贷款，并在外汇市场兑换成 776 万元人民币。6 个月到期时，公司将回收的 100 万美元偿还银行贷款，避免到期美元汇率下跌的汇兑损失，并以 776 万元人民币资金在 6 个月内的收益支付贷款利息。

投资法是当计价结算货币汇率呈上升趋势时，有远期外汇货款支付的进口商在签订进口合同后，即在外汇市场将自有或借入的本币资金兑换成外汇，并用外汇资金投资与远期外汇货款支付同期限的货币市场短期金融产品，到货款支付日期时，以收回的外汇投资资金对外支付进口货款。投资法与借款法相反，是将应在后期付汇时进行的本币兑换外汇，提前至即期进行而消除风险。例如，我国某公司 3 个月后需要对外支付 10 万欧元的进口货款，设欧元对人民币的即期汇率为 EUR1＝RMB10.8630/70，由于欧元对人民币汇率呈上升趋势，为避免欧元升值导致的汇兑损失，该公司即在外汇市场以 108.67 万人民币购买 10 万欧元，并将 10 万欧元购买 3 个月期的外汇债券，到期后以收回的资金对外支付进口应付货款。

在实际中，上述两种方法经常结合运用，形成借款—即期合同—投资法和提早收付—即期合同—投资法两种方法。

借款—即期合同—投资法(Borrow-Spot-Invest)简称 BSI 法，是贸易商向银行贷款后，通过外汇买卖的即期合约卖出未来收入的外汇或买入未来支付的外汇，并将汇兑获取的本币或外汇进行投资，以投资收益抵付借款利息的方法。当贸易商有出口应收外汇账款时，先从外汇银行借入同期限、同币种的等额外汇贷款，通过外汇即期交易合约卖出借入的外汇，换回本币从而消除了应收货款的贬值风险。同时，将换回的本币进行投资，以投资收益支付贷款利息，到期后用回收的外汇货款与投资收益兑换的外汇归还银行贷款本息。例如，某香港公司 180

天后有100万美元的出口应收货款，为防止美元对港币贬值形成汇兑损失，该公司即向银行借入180天100万美元的贷款，并与外汇银行签订即期卖出100万美元的合约，收回本币并进行投资。180天后该公司以收回的外汇货款及投资收益支付银行贷款本息。当贸易商有进口应付外汇账款时正好相反，先从外汇银行借入同期限的等额本币贷款，通过外汇即期交易合约买入后期支付的等额外汇，从而消除应付货款的升值风险。同时，将购买的外汇进行投资，以投资收益支付贷款利息，到期后用回收的外汇对外支付进口应付货款。

提早收付—即期合同—投资法(Lead-Spot-Invest)，简称LSI法，是贸易商提前收取货款兑换外汇进行投资，或借款买入外汇提前支付货款回避外汇风险的方法。当贸易商有出口应收货款时，在进口商同意并给予一定折扣条件下，由债务方提前支付货款并在外汇市场即期卖出外汇，换回本币锁定风险，再将换回的本币进行短期投资，以投资收益弥补货款折扣损失。当贸易商有进口应付外汇账款时，以相同期限等额自有资金或向银行贷款借入资金，在外汇市场买入外汇提前向出口商支付货款消除汇率风险，并获得折扣弥补借款利息。

3. 外汇风险管理的公司内部管理方法

企业内部管理法是借助公司内部各种管理措施效用来控制外汇风险的方法，其主要适用于在全球许多国家有子公司、经营业务和资产负债涉及多种计价货币的跨国公司。通过企业内部管理控制外汇风险主要有内部结算、多样化管理和调整资产负债等途径。

(1) 建立企业内部结算中心。建立企业内部结算中心是利用国际跨国公司常年在全球各国有大量的进出口业务或国际借贷业务的条件，在跨国公司内部集中结算，形成进口与出口的业务组对或资金收付的反向资金流，来对冲消除外汇交易风险的方法。内部结算首先要在跨国公司设立财务结算中心，将公司在世界各地的子公司或机构的不同货币的交易结算业务统一集中到结算中心，进行内部的组对冲销结算，对剩余的风险暴露头寸再采用各种方法防范外汇风险，由此，大大减少了公司的外汇风险暴露头寸，也便于进行统一集中的风险管理。

对于跨国公司内部的地处不同国家的子公司之间的交易结算，出口品直接由出口子公司向进口子公司供货，货款结算先由出口子公司以其所在国货币向公司结算中心开单结算，再由结算中心与进口子公司以其所在国货币开单结算，进出口子公司均以公司所在地的本币与结算中心结算，不存在货币兑换的风险。结算中心再利用公司控制的地处不同国家子公司之间发生的相同期限、相同币种，但进出口反向业务或收付对错的资金流，进行组对冲销结算。

对于跨国公司的各子公司与外部客户的贸易交易，先由跨国公司控股的进出口子公司直接与公司结算中心以子公司所在地货币结算，再由结算中心与外部客户按合同规定的计价货币结算，进出口子公司都以公司所在地的本币与结算中心结算，不存在货币兑换的风险。各笔款项先在结算中心内部进行相同币种收付资金的对冲抵消，余额部分再采取相应的风险防范措施。

(2) 实行公司内部业务与财务多样化管理。实行内部业务多样化管理是跨国公司利用各国货币汇率升降存在的损益互补可能，预先采取的将公司业务和资金多样化配置，以防范汇率变化导致经济风险的方法。多样化管理遵循分散风险的原则，将资产分散配置布局，当汇率发生大幅波动时，利用各国货币汇率升降存在的损益互补机制，实现风险损失与风险收益相互抵消，达到控制风险的目的。多样化管理主要体现为经营业务多样化和财务配置多样化管理。

经营业务多样化管理是指跨国公司将子公司的经营业务合理分布于多个行业，以及在世界各国范围内合理布局子公司的原料采购地、产品生产地和销售地，使各个子公司收支的各种货币的资金流尽可能地组对匹配，当汇率发生波动能实现损益互补对冲。经营业务多样化管理具有前瞻性和全局性，需要将外汇风险管理战略与公司经营战略结合实施。

财务多样化管理是指跨国公司利用同种货币汇率变化损益收付抵消，以及不同种货币汇率升降损益反向冲抵，在国际金融市场以多种货币组合搭配进行融资和投资控制汇率风险。当某种货币汇率上升，其融资成本增加，但其等额投资的收益相应增加，从而冲抵成本；当某种货币汇率下跌时，与其配对的货币汇率上升，两种投资的组合货币汇兑损益冲抵。

（3）调整资产负债。调整资产负债是根据各种货币汇率的实际变动情况，调整各种外币资产和外币负债结构，以减少汇率折算风险的公司内部管理方法。由于各国会计制度规定的资产负债折算方法不同，跨国公司可以通过对自身资产负债结构的合理调节，达到风险管理的目的。

调整资产负债控制外汇折算风险要突出重点和相机应变。一般说，长期资产与负债流动性差，较难经常性变动调整，短期资产与负债流动性强，较易进行调整。短期资产与负债调整的重点是短期资产的应收账款、存货、现金、银行存款和短期投资等，以及短期负债的应付账款、短期贷款、应付利息和短期票据等。调整资产负债的实际操作应视资产负债的计价货币汇率变动而定，当计价货币汇率上升时，应增加该货币计价的资产，减少该货币计价的负债；当计价货币汇率下降时，应减少该货币计价的资产，增加该货币计价的负债，通过调整缩小各种外币计价的受险资产与受险负债规模以及两者之间的净差额控制风险。

本章重要名词概念

外汇风险　直接风险敞口　间接风险敞口　外汇买卖风险　外汇交易结算风险　会计风险　经济风险　国家风险　外汇风险计量　货币相关性　利润弹性　外汇风险管理　外汇风险识别　计价货币　即期外汇交易法　外贸短期信贷法　BSI 法　LSI 法

本章复习思考题

1. 在哪些条件下产生外汇风险？
2. 不同的会计汇率折算方法形成的汇率风险有何差别？
3. 汇率预测有哪些基本特征？
4. 如何运用基础相关因素预测法预测市场汇率风险？
5. 如何运用市场序列预测法预测市场汇率风险？
6. 怎样计量测算现金流量净值、币值波动水平和货币相关性？
7. 怎样计量测算外汇会计风险？
8. 如何计量测算外汇经济风险？
9. 外汇风险管理包括哪些管理环节？
10. 各种外汇风险防范策略各有哪些优劣？
11. 在对外经济交易中应如何通过选择计价货币来回避外汇风险？
12. 如何运用各种货币保值方法防范汇率风险？
13. 如何运用价格调整法和货款收付期限调整法回避外汇风险？
14. 如何运用平衡贸易法和组合贸易法回避汇率风险？
15. 怎样运用远期外汇交易、掉期外汇交易、外汇期货交易和外汇期权交易方法防范外汇风险？
16. 怎样运用借款法和投资法回避外汇风险？

第5章 汇率制度与外汇管制

本章学习目标

掌握不同汇率制度的类别与比较、影响汇率制度选择的因素；把握外汇管制类型与外汇管制的内容；理解货币自由兑换的含义、条件及其利弊；了解国际货币一体化的理论与实践进展。

汇率制度与外汇管制政策是各国经济金融体制的组成部分，是决定汇率生成和调整的重要因素。货币自由兑换与货币一体化，是当今国际金融领域中金融自由化与货币制度创新的基本趋势与实践尝试。掌握汇率制度与外汇管制政策的基本知识，理解货币自由兑换与货币一体化理论，有助于深入研讨各国汇率管理现状和探讨国际汇率制度弊端，推动汇率制度变革和汇率管理水平的提高。

5.1 汇率制度

汇率制度(Exchange rate system)又称为汇率安排，是一国货币当局对本国汇率的形成与调整机制、汇率水平确定和汇率管理所作的根本性制度规定。汇率制度是各国金融体制的基本制度之一，其所要解决的根本问题包括选择与一国经济体制相配套的汇率制度类型、设置汇率的调整机制、制定汇率的监督管理法规与制度等。各国汇率制度受国际货币制度的制约影响，是国际货币制度在外汇汇率领域的延伸。国际货币制度的历史变迁，相应形成固定汇率制度与浮动汇率制度两种汇率制度的基本类型。

5.1.1 固定汇率制度

固定汇率制度(Fixed exchange rate system)是指两国货币之间的比价基本固定，市场交易汇率仅围绕货币金平价在极有限的范围内波动的汇率制度。从货币制度历史演变的角度看，又先后存在金本位货币制度下的固定汇率制和布雷顿森林货币体系下的固定汇率制度。

1. 国际金本位货币制度下的固定汇率制

国际金本位货币制度从19世纪后期至第一次世界大战爆发前夕处于鼎盛时期，其后至20世纪中期，处于中断、恢复和最后瓦解阶段。与此相对应，从19世纪末至第一次世界大战爆发前夕是固定汇率制的鼎盛时期，也是典型的固定汇率制时期。

国际金本位货币制度决定了固定汇率制度下汇率决定与调整的基本方式。在金本位货币制度下，各国货币规定法定含金量，即金平价，货币具有或代表的内在价值以同质并可精确计量的黄金来外化表示。依据各国货币的金平价之间比价确立的铸币平价，成为各国货币之间固定汇率的客观标准和汇率形成机制的固定基础，从制度上确立了各国货币的汇率水平。由于金本位制下金平价具有法定约束和黄金内在价值的稳定性，决定各国货币之间的汇率是固定的。并且，在金本位制度黄金自由输出输入条件下，汇率的调整仅在黄金输出点与输入点的约束范围内，作极其有限的波动，也呈现固定的特点。

2. 布雷顿森林体系下的固定汇率制

金本位货币制度崩溃后，世界各国经协商于1944年建立布雷顿森林国际货币体系，全球开始实行以美元为中心的兑现的纸币流通制度。《国际基金协定》规定的布雷顿森林国际货币体系主要内容为：①实行美元与黄金直接挂钩。协议规定认可美国制定的35美元兑换1盎司黄金的官价，美元的金平价为0.888671克黄金，美国政府承担外国政府或中央银行按黄金官价用美元向美国兑换黄金的义务，其他国家政府应协助美国政府维持黄金的官价水平。②其他国家货币与美元挂钩。其他主要经济发达国家相应规定本国货币的黄金平价，通过立法或者规定本国货币的含金量间接与美元挂钩，或者直接规定本国货币与美元的汇率。③各国货币与美元的法定汇率基本固定。各国货币与美元的法定汇率经国际货币基金组织确定后基本固定，不得随意变更。当成员国的国际收支发生根本性不平衡时，允许成员国政府调整本币的货币平价，调整幅度在10%以内的，各国有权自行调整，无须国际货币基金组织批准。本币平价调整幅度在10%～20%时，须经货币基金组织的批准，但审批必须在72小时内完成。本币平价调整幅度超过20%时，货币基金组织的审批不受时间限制。凡未经批准擅自调整本币平价的成员国，将受到基金组织的相应处罚。④限制汇率波动的上下限。协议规定外汇市场的现实汇率波动幅度不得超过货币平价的上下限各1%，1971年12月，货币基金组织将实际汇率围绕货币平价波动的幅度扩大至上下限各2.25%。当外汇市场的实际汇率波动超过限制幅度时，当事国政府有义务采用各种措施干预汇率。如使用贴现政策、动用外汇平准基金实施公开市场操作、利用国际借贷或直接输出输入黄金、实行外汇管制以及本币法定贬值或法定升值等干预措施，维持汇率稳定。

可见，在布雷顿森林国际货币体系下，各国货币的固定汇率是以各自的货币平价为基准，以协议规定的汇率波幅限制为条件，以政府的经济干预和行政干预为手段维持的。例如，1946年英镑的金平价为3.58134克黄金，美元的金平价为0.888671克黄金，英镑对美元的货币平价为4.03，即英镑的金平价除以美元的金平价(3.58134/0.888671)决定1英镑等于4.03美元。根据法定汇率波动上下限的规定，英镑对美元汇率的实际波幅区间为4.03×(1±1%)，即1英镑汇兑美元可在3.9897～4.0703区间波动。当超过限制区间时，当事国政府有义务采用干预措施进行调控。

金本位货币制度下的固定汇率制与纸币流通货币制度下的固定汇率制存在相同点：首先，在汇率形成方面，各国均直接或间接以黄金为外在物化标准，形成本国货币所代表价值的金平价，并以货币平价为基础确定各国货币的汇率。其次，在汇率调整方面，各国货币都围绕货币平价在有限浮动幅度内波动，在金本位货币制度下，汇率波动幅度仅为±0.6%，而在布雷顿森林国际货币体系下，汇率波动幅度为±1%，基本呈现固定状态。

金本位货币制度下的固定汇率制与纸币流通货币制度下的固定汇率制也存在差别：

(1) 汇率决定的基础不同。金本位货币制度下的固定汇率是以各国货币的实际含金量决定的金平价为基础，由市场自发形成；而纸币制度下的固定汇率是按布雷顿森林体系协议人为规定的各国货币的名义含金量，即虚设的金平价为基础，由制度规定强制形成的。

(2) 汇率的调整机制不同。金本位货币制度下的固定汇率围绕铸币平价波动，其波动幅度由黄金输送点决定，通过黄金自由输出输入自动调整，将汇率波幅限制在黄金输出输入的上下限范围内；而纸币流通条件下的固定汇率的波动幅度是人为规定的，并通过各国政府的干预，人为地将汇率维持在有限的波动范围内。

(3) 汇率稳定程度不同。金本位货币制度下各国货币的法定含金量一般不会变动，货币比价基本固定，变动幅度有限。布雷顿森林纸币制度下，当一国国际收支出现根本性失衡时，国际货币基金组织的成员国可在10%的幅度内自行调整货币平价，通过本国货币的法定贬值或法定升值调节国际收支恢复平衡。因而，需要依靠各国政府干预来维持汇率的稳定。上述区别表明，金本位货币制度下的固定汇率制是典型的固定汇率制，布雷顿森林体系下的固定汇率制，严格说属于可调整的盯住汇率制，或者是以美元为中心的金汇兑本位制。

5.1.2 浮动汇率制

浮动汇率制(Floating exchange rate system)是指一国货币制度不规定本国货币对外币的货币平价和汇率波动的幅度，汇率由外汇市场供求关系自发浮动形成和调整的汇率制度。当外汇市场外汇供过于求时，外汇汇率下跌，本币汇率上升；反之，外汇供不应求时，外汇汇率上涨，本币汇率下降。

浮动汇率制度已经历长期的演变发展过程。在金本位货币制度时代，就有少数未采用银本位货币制度的殖民地、附属国实行浮动汇率制，如印度实行银本位制时，印度卢比对实行金本位制国家货币的汇率，随金银比价的变动而浮动。第一次世界大战后，法国、意大利、加拿大和亚洲、非洲以及拉丁美洲的一些发展中国家，也曾先后实行浮动汇率制度。在布雷顿森林货币体系的固定汇率制度下，也有国家间隔地实行浮动汇率制度，如加拿大从1950年9月至1962年5月采用浮动汇率制，后到1970年5月又恢复浮动汇率制。1971年8月美国政府停止美元兑换黄金后，大多数西方国家都曾被迫实行浮动汇率制，直至当年12月签订“华盛顿协议”后才恢复固定汇率制度。1973年随着布雷顿森林货币体系矛盾尖锐化并走向崩溃，越来越多的国家开始采用浮动汇率制。1976年1月国际货币基金组织正式承认浮动汇率制度，1978年4月货币基金组织理事会通过“关于第二次修改协定条例”决议后，浮动汇率制开始成为各国的正式汇率制度。

在世界各国的长期实践中，浮动汇率制逐渐衍生出适合各国国情的多种具体类型：

1. 按政府是否干预市场汇率划分

(1) 自由浮动(Free floating)。又称为清洁浮动(Clean fioating)，是指一国货币当局始终对市场汇率不进行任何干预，汇率完全随市场供求关系变化自发波动决定与调整的方式。由于汇率的自由浮动可能产生的大幅波动会影响一国经济的稳定发展，在经济的实际运行中，各国政府出于宏观调控的需要，一般不会放任市场汇率受供求关系影响无限制地大幅波动，都会或多或少、或直接或间接地采取各种不同的手段和方式对市场汇率进行干预。因而，现实中纯粹的自由浮动汇率难以存在。

(2) 管理浮动(Managed floating)。又称为肮脏浮动(Dirty floating)，是指一国货币当局出自维护本国经济金融稳定的目的，采用各种直接或间接手段对市场汇率的波动幅度进行不同程度干预的汇率方式。在现行国际货币体系下，尽管有些国家在特定时期内放任市场汇率的自由浮动，但从整体上看，各国实际都实行的有管理的浮动汇率制度。各国货币当局干预汇率的主要方式包括：通过在外汇市场有目的地买卖外汇，一国单独或数国联合直接干预外汇市场的汇价；运用利率政策调节国内外资金流向和流量影响汇率变动；实行外汇管制，控制国际资本流动方向和流量等。

2. 国际货币基金组织根据各国政府干预汇率的方式与程度区别

国际货币基金组织将管理浮动汇率又分为盯住浮动汇率、有限弹性浮动汇率和较高弹性浮动汇率等三种类型：

(1) 盯住浮动汇率(Pegged and floating exchange rate)。是指一国货币当局通过规定本币与某种或某几种被盯住货币之间的货币平价，将实际汇率对货币平价的偏差幅度控制在零或极小范围内的汇率方式。盯住浮动的基本特点是本币与被盯住货币的汇率缺乏弹性，其波动幅度一般不超出货币平价的±1%，因而，盯住本国主要的对外收支国货币的汇率基本固定，大大减少了本国与主要贸易伙伴外汇收支的汇兑风险，有利于促进双边经贸发展。同时，本币与其他国家货币之间的汇率又实行浮动，以充分反映各自的市场供求关系。目前，实施盯住浮动汇率的国家多数为经济实力不强，国际储备不多，应付金融危机冲击的能力有限的发展中国家，但目前实行盯住浮动汇率制度的国家已呈下降趋势。

需要明确的是，盯住浮动汇率制度与布雷顿森林货币体系下可调整的盯住汇率制的性质有着根本的不同。在布雷顿森林货币体系下各国货币或者通过金平价、或者通过货币平价盯住美元，而美元又与黄金形成固定的金平价，因而，布雷顿森林货币体系下的盯住汇率制实质属于固定汇率制。纸币制度下的盯住浮动汇率是在世界各主要国家货币相互之间采用浮动汇率的背景下实行的，尽管盯住与被盯住货币之间的汇价波幅有限，但由于世界各主要国家货币之间的汇率是波动的，一国货币在与被盯住货币汇率有限波动的同时，与其他未被盯住的世界主要货币之间的汇率却是浮动的，因而，其根本性质上属于浮动汇率制度。盯住浮动汇率有单一盯住浮动和盯住一篮子货币浮动两种具体形式：

单一盯住浮动是指一国货币当局通过规定本币与某种被盯住货币之间的货币平价，将实际汇率对货币平价浮动的偏差幅度控制在极小范围内的汇率方式。在单一盯住的浮动汇率方式中，盯住货币与被盯住货币之间的汇率是基本固定的，但被盯住货币与世界其他主要货币之间的汇率是完全浮动的，使得盯住货币与世界其他主要货币之间形成间接浮动关系。通常采用单一盯住浮动汇率的多为经济规模不大的中小国家或地区，一般盯住世界经济发达国的货币或世界主要储备货币，如美元、欧元等。采用单一盯住浮动汇率制能有效控制两国货币汇率的波动，有利于两国利用稳定的汇率预期发展对外贸易；有利于盯住国吸引外资和保持国内物价的稳定。但因单一盯住浮动使两国货币比价形成事实上的捆绑联动，不利于盯住国独立实施货币政策和实行对外经济贸易的多元化。

盯住一篮子货币浮动是指一国货币当局通过规定本币与被盯住货币组合之间的货币平价，将实际汇率对货币平价浮动的偏差幅度控制在极小范围内的汇率方式。在盯住一篮子货币浮动汇率中，本币与被盯住货币组合之间的汇率是比较稳定的，但被盯住货币组合与世界其他货币之间的汇率是完全浮动的，使得本币与世界其他货币之间形成间接浮动关系。实务操作中被盯住的货币篮子组合可以是特别提款权，由于特别提款权实质是包含了世界发达国家货币权值的既定货币组合，操作简便易行，也便于稳定本国货币与世界主要货币的汇率。但由于特别提款权定价中美元所占的权重值最大(占45%)，因而盯住特别提款权在很大程度上是盯住美元，当美元币值波动时必然影响本币汇率的稳定。其次，盯住一篮子货币浮动也可以是盯住一组与本国经贸往来最密切的若干国家的货币组合，各种货币在组合中的权重值，主要依照本国对外贸易和资本金融交易总额中各国所占的份额，或者依据本国对外收支的币种权重结构灵活确定。由于货币组合包括了本国主要经贸伙伴国的货币，有利于保持本国对外收支主要货币汇率的稳定，但货币组合需要随本国对外经贸关系变化及时调整，使本币与货币组合之间的汇率能反映各自的币值与供求状况。

联系汇率制是盯住浮动汇率的一种特殊的派生方式，比较典型的是香港的联系汇率制（详情参见本章附件的介绍）。联系汇率制度是以被盯住的外币作为本币的发行保证、以本币与被盯住外币的固定发行汇率为基础，以反映市场供求关系的市场汇率围绕发行汇率浮动形成市场交易汇率的货币与汇率制度。就实质而言，联系汇率制属于盯住浮动汇率，因而国际货币基金组织未将其单独列为汇率的独立类别。

(2) 有限弹性浮动(Limited flexibility)。是指一国货币当局在规定本币与某种或某几种货币之间的货币平价基础上，允许市场汇率在货币平价的幅度区间内浮动的汇率方式。与盯住浮动汇率相比，有限弹性浮动汇率下本国货币当局也规定货币平价，但市场汇率能围绕货币平价在相对较大的区间内浮动，从而在更大程度上反映外汇的供求状况。同时，借助对外货币平价又能维持汇率的基本稳定，降低外汇风险，促进对外经贸发展。有限弹性浮动汇率的主要形式有单一盯住的有限弹性浮动汇率和联合浮动汇率：

单一盯住的有限弹性浮动是指一国货币当局通过规定本币与某种被盯住货币之间的货币平价，并允许实际汇率对货币平价在一定范围内自由浮动的汇率方式。单一盯住的有限弹性汇率仅在少数发展中国家实行，多数为单一盯住美元，浮动幅度一般是货币平价的±2.25%。采用单一盯住有限浮动汇率增加了本币与被盯住货币之间的汇率浮动幅度，但总体上汇率浮动区间仍受严格管制。

联合浮动汇率又称为可调整的中心汇率制，主要是指欧洲经济共同体成员国依据欧洲货币联盟计划实施的对联盟内部成员国的货币之间实行可调整的盯住汇率，并规定汇率的波动幅度，而联盟内国家货币对联盟外国家的货币则实行集体联合浮动的汇率制度。上世纪70年代，随着布雷顿森林货币体系崩溃，欧洲经济共同体国家为减少国际汇率波动对成员国区域经济的干扰，促进区域内国家商品和资本的流动，推动西欧经济一体化目标，于1971年通过建立欧洲货币联盟的计划。依据该计划欧共体设立欧洲货币合作基金和欧洲货币计价单位，并于1972年4月开始实行成员国货币汇率的联合浮动。按照协议规定，参与联合浮动的西德、法国、比利时、荷兰、卢森堡和意大利等西欧共同体六国的内部，成员国货币之间实行规定货币平价下的盯住汇率，并规定汇率的波动范围；对外则实行集体浮动汇率，规定参与联合浮动的六国货币汇率的波动幅度不得超过当时公布的对美元平价的±1.125%。由此，在国际货币基金组织当时规定的各国货币对美元平价±2.25%的汇率波动幅度内，又形成一个更加狭小的区域货币同盟的浮动区间。欧共体六国货币对外集体浮动汇率在狭窄区间内波动，犹如一条在隧道中游行的蛇，故又将联合浮动称为蛇形浮动。至1996年11月底，又有奥地利、丹麦、爱尔兰、葡萄牙、西班牙和芬兰等六国加入联合浮动，范围进一步扩大为12国。联合浮动的机制为以后欧洲货币诞生积累了经验和奠定了制度基础。

(3) 较高弹性浮动(More flexibility)。是指一国货币与外币在货币平价基础上，允许汇率由市场供求关系调节，本国货币当局对汇率的市场浮动限制较少，汇率波动幅度较大的汇率制度。在较高弹性浮动中，汇率依据市场供求关系变动的灵活较大，因而，汇率能更有效及时反映市场供求关系，自动调节平衡内外经济，但汇率受供求关系影响扩大了波动幅度，加大了对外经济活动的外汇风险。较高弹性浮动汇率的具体形式主要有指标浮动、单独浮动和其他管理浮动：

指标浮动又称爬行盯住或滑动平价，是指一国货币当局在规定本币与另一国货币平价的同时，再根据本国与国外的物价、国际收支、贸易、外汇储备等动态因素制定一组指标，经常性地依据该组指标的变动情况及时小幅度地调整本币与所盯住货币汇率的方式。指标浮动通过规定本外币之间的货币平价来保持汇率的基本稳定，以避免汇率剧烈波动的负面作用；同时，又依据影响汇率变化因素指标值的变动，及时调整汇率以充分反映市场供求关系，避免本币高估或低估可能产生的风险。

单独浮动又称独立浮动，是指一国货币当局不规定本币与其他国家货币之间的货币平价和汇率波动幅度，汇率由外汇市场的供求关系调节自发上下浮动的汇率方式。单独浮动下本币不与任何货币有固定的联系，基本由外汇市场供求关系调节，是在相对有限的政府外汇管制条件下，更多发挥市场机制作用的汇率安排。单独浮动的优点在于汇率水平变化基本能及时反映客观经济状况和外汇市场供求关系，汇率调整灵活而富有弹性，能较充分地发挥汇率自动调节内外经济平衡的功能。其弊端在于汇率容易遭受投机交易的冲击而加剧波动，影响国内经济与对外经贸的发展，增加汇率风险。需要明确的是，单独浮动下尽管本国货币当局对汇率的管制相对有限，但仍处于政府的外汇管制之下，与其他汇率形式相比仅是管制程度更宽松，因而，其本质上仍然属于汇率的管理浮动形式。

其他管理浮动是指由各国政府根据各国国情采用的管制相对严格而形式各不相同的汇率安排。其他管理浮动从总体上说，是在较为严格的外汇与资本管制条件下的汇率方式。如有的国家采用封闭浮动汇率方式，在实行外汇管制、货币非自由兑换和资本非自由流动的条件下，本币汇率仅由本国的外汇市场供求关系决定，本国货币当局既集中管理汇率，又在必要时干预汇率。也有国家规定本币的官方汇率，并严格控制汇率的波动幅度，通常在单日内保持汇率固定不变，单月的浮动幅度允许超过0.5%。由于管理浮动汇率相对稳定，货币当局的控制力强，比较适合金融市场基础薄弱，外汇储备不足和金融制度尚不健全的发展中国家。

从世界各国情况看，发达国家的汇率制度安排主要实行单独浮动或联合浮动，发展中国家的汇率制度安排则形式多样，总体趋势是由盯住浮动汇率向其他管理浮动和单独浮动汇率方式逐步转变。

5.1.3 固定汇率制与浮动汇率制的比较

固定汇率制与浮动汇率制的优劣比较与选择，是国际金融学科领域长期争论的问题。争论起始于20世纪20年代，焦点围绕对固定汇率的评价与是否应恢复金本位制及固定汇率制度。到20世纪60年代，随着布雷顿森林体系可调整的盯住汇率制度弊端日益暴露，又引发固定汇率制与浮动汇率制孰优孰劣的激烈争论。在实施牙买加体系的浮动汇率制度后，鉴于浮动汇率制度暴露的弊端，争论又重新再起，各派观点始终相持不下。归纳起来长期争论的焦点主要集中在以下方面：

1. 调节一国对外经济均衡的效率比较

浮动汇率制的支持者认为，浮动汇率具有比固定汇率更好的调节效果。

首先，在浮动汇率下，当一国对外经济失衡时，只需通过汇率变量自动地贬值或升值，即可对国际收支与国民经济进行自发调节，无需其他调节政策和手段协调，调节的时滞短，成本低，效率高。而在固定汇率下，调节国际收支失衡需要涉及调整国内货币供应量和本国的价格体系等众多经济变量，还需要实施特定的政策组合和综合采用各种政策手段，因而调节的时滞较长，成本高而效率低。

其次，在浮动汇率制下，汇率会随一国对外经济的均衡状况自发进行连续微调而避免经济的剧烈起伏。而在固定汇率制下，汇率调整通常是在内外经济矛盾累积到一定程度后进行，一般调整幅度大，引起的经济震动也较大。

第三，浮动汇率下的市场投机交易具有自动烫平汇率波幅的作用。在浮动汇率制下，投机者在市场汇率低于均衡汇率时买入外汇与在市场汇率高于均衡汇率时卖出外汇的套利交易，起到反向缩小汇率差和烫平汇率波幅，稳定市场汇率的功能。并且，不间断的套利投机交易必然减少汇率高估或低估发生的可能及程度，从而减少货币估值差额引起的汇率风险。而在固定汇率制下，基本稳定的汇率与国内外经济不断变化产生的差异，易产生本币的高估或低估引发的货币攻击机会，从而导致货币危机和市场汇率的大幅波动。

固定汇率制的支持者认为，浮动汇率调节对外经济均衡存在不足，固定汇率则有其长处。

首先，在许多情况下通过本国价格体系调整来调节对外经济失衡是必要的，仅仅单一依赖汇率工具调节是低效或无效的。如因本国劳动生产率低导致出口产品国际竞争力差时，本币汇率贬值虽然可在短期内刺激出口，但从长远看不利于从根本上促进本国产业发展和提高国际竞争力。而在固定汇率制下，要改善本国对外收支逆差，必须通过价格调整，促使产业部门提高技术水平，降低成本，从而造就长期改善国际收支的经济基础。

其次，单一的汇率调整并不能有效调整内外经济的失衡。这是因为，国际收支的逆差或顺差是由多种因素共同作用形成的，汇率变化仅通过价格因素影响国际收支，并非在任何情况下都能起到调节作用。如一国具备别国无法替代的高技术产品时，即便该国货币汇率升值，也不能改变产品的市场地位和创汇能力。并且，汇率变化调节对外收支需要国内政策的配套扶持。如本币贬值刺激出口必须有相应的国内紧缩政策配合，才能避免因国内通货膨胀抵消对外贬值的政策效应。

第三，尽管固定汇率的调整灵活性不足，但其可以避免无谓调整消耗的成本，而浮动汇率下频繁发生的无谓调整必然增加社会交易成本。如当资产市场出现本国外汇需求减少等各种暂时性供求关系变化时，浮动汇率必然相应波动，而固定汇率则可通过储备变动化解，减少了汇率波动。

第四，固定汇率制下的投机交易比浮动汇率制更具稳定性。浮动汇率制下投机者非理性的“羊群效应”交易行为加大了汇率的波幅，并且由于缺乏相对固定的汇率预期，市场汇率预测没有客观依据也为投机者挑动汇率大幅波动从中牟利创造了条件。而固定汇率下货币当局的汇率干预为市场交易主体的汇率预期确立了心理的“名义驻锚”，通过在一定程度上消除汇率不确定性来缩小市场投机的汇率预期空间和汇率波幅，相应降低投机的非稳定性。

2. 对外经济均衡调节的政策约束与功效比较

赞成浮动汇率制的观点认为，浮动汇率制下的一国宏观经济调节政策更具独立性和合理性，政策的功效更佳。首先，浮动汇率能解脱货币政策对汇率政策的依附束缚，让汇率侧重调节本国对外经济均衡，货币与财政政策侧重调节经济的内部均衡，并通过汇率浮动阻隔国外通货膨胀向国内传递，便于货币当局不受牵制地独立制定有利于本国经济持续稳定发展的政策。如果实行固定汇率，在购买力平价作用下，国外价格水平上升必然带动本国物价上涨，牵制本国的货币政策作相应调整而缺乏政策的独立性。其次，实行浮动汇率能防止本国货币当局滥用汇率政策。如固定汇率制下，出口导向型国家可以低估本币汇率来增加出口，但无助于本国提高经济效率和产品竞争力，不利于调整经济结构从而实现长期对外经贸的均衡。汇率浮动脱离了货币当局的直接控制由市场客观的供求关系决定，能有效防止汇率工具的滥用。最后，浮动汇率制下汇率变动可强化调控政策的效果，货币与财政政策对实际经济变量的影响效应，特别是货币政策的效应要大于固定汇率制。

赞成固定汇率制的观点认为，一国的货币政策完全不受外部因素制约，即要货币当局接受任何市场浮动形成的汇率水平是不可能的，况且浮动汇率下国外通货膨胀会通过货币工资机制和资本流动的传导间接影响本国的物价，因而浮动汇率难以做到真正的政策独立。即便是依靠汇率调整来平衡对外收支，也必须有其他国内政策的配合才能生效。其次，固定汇率制对货币政策的使用有较大的制约性，不会导致宏观政策工具的滥用。如扩张性货币政策会引起本国对外采购与投资，使外汇储备流出，威胁固定汇率的稳定，因而约束了货币政策的使用力度。而在浮动汇率下，不受汇率牵制的本国内部经济政策容易产生滥用行为。第三，并非浮动汇率制的政策效应要大于固定汇率制。按照蒙代尔-弗莱明模型（Mundell-Fleming Model）的分析结论，两种汇率制的政策效应各有长短。固定汇率制度下实施财政政策相对有效，而货币政策相对无效，但可以改变基础货币的构成结构；在浮动汇率制下，则货币政策相对有效，财政政策相对无效，但可以改变总支出的结构。并且，货币当局在长期维持固定汇率制中形成的社会公众对政策的信赖，会与宏观政策产生叠加效应。

3. 对国际经贸关系影响的比较

浮动汇率制的拥护者认为，实行浮动汇率有助于推动各国对外经济贸易的发展。首先，浮动汇率会自发改变贸易商品的相对价格，调节商品的进出口流量进而有效调节国际收支差额；一国国际收支的赤字与盈余引起本国外汇的供不应求或供过于求，引起浮动汇率自发波动会自动引导和调节市场行为，而市场交易行为的逆向调节可形成新的收支均衡。因而，浮动汇率能自发、持续和迅捷地调节对外贸易和国际收支，及时消除失衡现象，避免失衡累积导致大幅度调整引起的经济波动，保持对外经贸的稳定发展。其次，浮动汇率自发调节，无须货币当局实施直接管制，可减少政府管制引起的政策不确定性和系统性风险，推动各国经济自由化的进程，促进对外经济交往。第三，在浮动汇率制下，货币当局无维持货币平价而干预外汇市场汇率的义务，既可减少本国外汇储备规模，又可腾出更多的资金用于本国的经济建设。

固定汇率制的拥护者认为，浮动汇率并非能有效调节改善对外收支，固定汇率制更能推动对外经贸和世界经济的发展。首先，固定汇率下汇率的波幅有限，使从事国际经贸活动面临较小的汇率波动风险，也便于进行成本和利润的核算，为发展对外经贸提供了稳定的汇率环境。而浮动汇率下，汇率频繁大幅度变动，大大增加了对外经济活动的不确定性和风险，不利于对外贸易与投资。其次，浮动汇率自发波动的风险尽管可以通过各种途径规避，但规避风险的金融交易产生的成本必然增加国际经贸活动的负担。并且，许多对外经贸活动，如长期投资、实物投资等无法借助金融衍生产品交易规避风险，许多发展中国家金融市场不完善，金融衍生产品缺乏也不具备规避风险的条件，因而浮动汇率对许多国家是不适合的。

4. 对本国经济增长和通货膨胀影响的比较

浮动汇率论者认为，浮动汇率可防范国外通货膨胀向国内转移，也有利于推动本国经济的稳定增长。首先，浮动汇率下国内宏观政策保持独立性可以使货币与财政政策集中调控国内经济的稳定持续发展，提高政策效率，避免出现为保持对外收支平衡而延缓国内经济增长的后果。其次，汇率浮动条件下，汇率波动能及时反映本外币的供求关系和币值，不易因汇率与币值存在大幅度差距而引发汇率动荡和货币危机,影响本国经济发展。在固定汇率下,当汇率波动幅度僵死而货币平价受经济基本面影响要求有较大变动时,产生的货币高估或低估易形成投机攻击机会和货币危机,给当事国经济造成巨大破坏。第三,浮动汇率下,当国外发生通货膨胀时,可通过本币汇率升值抵消国外通货膨胀对国内物价的冲击,阻隔国际性通货膨胀向国内转移,保持本国物价和经济的稳定增长。而在固定汇率制下,固定汇率将国内外商品和货币市场紧密联结,国外通货膨胀必然传导引起国内物价上涨和经济的周期性波动。

固定汇率论者认为,浮动汇率制会传递国外通货膨胀推动国内物价上涨,难以保证国内经济的稳定发展。首先,并非所有外部经济的干扰因素最终都会以商品相对价格水平变化的形式表现,因而浮动汇率并不能阻隔外部经济对国内经济的干扰影响。其次,浮动汇率还会产生额外的波动干扰经济运行。如浮动汇率对国际收支能自我修复的暂时性不平衡进行不必要的波动反映,浮动汇率下频繁投机对经济稳定造成的破坏和各国强化外汇干预所增加的外汇储备等,都增加了经济发展的负担。因此,浮动汇率制难以保持国际收支的平衡,也难以保证国内经济的稳定发展。第三,固定汇率制有利于抑制通货膨胀,而浮动汇率制会助长通货膨胀。固定汇率制有内在的通货膨胀"制动器",即本国若施行扩张性货币政策,必然提高国内物价水平,引起国际收支逆差,大量对外支付导致外汇储备外流,有限的国际储备难以支撑长期逆差支付,迫使本国货币当局收紧货币政策反通货膨胀。而在浮动汇率下,本币贬值导致进口产品价格上涨,直接或间接带动国内物价上升,引起汇率下浮和物价上涨的恶性循环。但当本币升值时,在本币贬值下产生的物价涨幅由于物价刚性而不会下跌,使得通货膨胀成为汇率变动的净效应。

5.1.4 其他汇率制度

鉴于固定汇率制与浮动汇率制各有长短,争执不下,人们开始在理论与实践中探讨如何完善浮动汇率制或固定汇率制,即研究在什么环境条件下实施浮动或固定汇率制是合理的,以及探讨如何将两者的优点集合形成优势互补的新制度形式,即研究怎样的汇率制度能包容两种汇率制的优势。对前一问题的探讨产生了最适度通货区理论,而对后一问题的探索则出现了兼有两种汇率制度特点的新汇率制度形式。上世纪中期以来产生的其他类型的新汇率制度主要有爬行盯住制、汇率目标区和货币局制等形式。

1. 爬行盯住制(Crawling pegs)

爬行盯住制又称为蠕动汇率,是指一国货币当局在规定本币与外币的货币平价和汇率每次调整幅度的基础上,允许实际汇率按照官方规定的调整幅度定期自动调整的汇率方式。爬行盯住汇率具有固定汇率与浮动汇率的双重性质。一方面,本国货币当局规定本币的货币平价,并负有维持货币平价的义务,具有固定汇率制的基本特征;另一方面,货币平价可以依照官方规定的幅度经常地进行小幅度调整,当市场汇率偏离规定的波动幅度时,央行有义务进行市场干预,因而与传统的单一盯住汇率相比,爬行盯住汇率的特点在于允许货币平价持续地小幅度调整,其调整的频率高,而调整的幅度小,从而避免固定汇率制一次性大幅度调整对经济带来的震动影响,又具有浮动汇率制性质。

爬行盯住汇率兼具固定和浮动汇率制的优点。首先,爬行盯住汇率既有自动调节对外收支平衡的功能,又可保持汇率的相对稳定。在爬行盯住汇率下,经常的汇率调整能较及时反映国际收支不平衡所引起的外汇供求关系变动,并通过汇率小幅度升值或贬值调节修正国际收支的差额，避免固定汇率下因汇率调整滞后导致货币高估或低估带来的投机冲击。同时，每次小幅度的调整避免了汇率不稳定对经济造成的影响。其次，爬行盯住汇率能帮助本国阻隔国外通货膨胀的跨国转移，维护本国经济的稳定运行。由于爬行盯住汇率能随国际收支和外汇供求指标变化进行经常调整，当国外发生通货膨胀时，本国出口商品相对价格下降，进口商品相对价格上涨，一价定律作用下本国出口增长，进口减少导致本国外汇供过于求而汇率下降，本币供不应求而升值，使得本国出口商品相对价格上升，进口商品相对价格下跌，减少出口而增加进口，汇率变动及时对贸易顺差自发进行逆向调节，防止了国内因大量出口和减少进口可能出现的通货膨胀，维护了本国经济的稳定。第三，实行爬行盯住汇率可以减轻本国外汇储备负担。爬行盯住汇率利用经常小幅度的汇率爬行浮动调整，通过本币升值和贬值的持续变化来随时调节修正本国对外收支发生的差额，不易出现严重的国际收支赤字，因而可以减少本国外汇储备规模，节约外汇资源。

爬行盯住汇率制度又兼有固定与浮动汇率制的缺陷。首先，爬行盯住汇率仍在一定程度上影响国内宏观调控政策的独立性。在爬行盯住制下，本国货币当局仍负有维护货币平价的义务，国内实施货币与财政政策的目标不是单纯的内部经济目标，还要受平衡对外收支和稳定汇率目标的牵制，当国际收支呈现大量赤字或盈余时，迫使国内采取紧缩的或宽松的货币财政政策应对，影响了国内政策的独立性。其次，爬行盯住汇率较难及时迅速反映外汇市场的供求关系，难以充分发挥汇率调节外汇供求和平衡对外收支的功能。由于爬行盯住汇率按照固定幅度或选择的定量指标定期地小幅度调整汇率，当内外部经济和政策等影响汇率的重大因素变化冲击汇率，要求汇率作大幅度调整时，爬行盯住汇率的调整幅度与定期调整速度难以及时满足调整要求，使得汇率变化滞后，汇率与市场实际供求关系脱节，既影响汇率调节对外经济行为的功效，又可能形成本币的高估或低估带来市场波动和汇率风险。第三，爬行盯住汇率下汇率调整容易形成国内经济的通货膨胀，弱化汇率变化对国际收支的调节效应。与固定汇率制度下汇率偶尔集中调整以及浮动汇率制度下汇率频繁调整不同，爬行盯住汇率制的货币平价通常依据国内通货膨胀、工资等经济指标的变化定期调整，使得汇率与国内各项经济指标挂钩紧密，本币汇率对外贬值容易转化为国内价格水平上升，抵消本币贬值调节对外经济行为的效果。

2. 汇率目标区制

汇率目标区有广义与狭义之分，广义的汇率目标区是泛指将汇率浮动限制在中心汇率上下限的一定区域内（如上下限 10%之内）的汇率制度。狭义的汇率目标区是指美国学者威廉姆斯(John Williamson)于 20 世纪 80 年代初，围绕限制汇率波动幅度提出的确定中心汇率及其变动幅度、维持目标区的国内政策组合搭配、实施目标区的国际政策协调方式等具体操作方案。通常国际汇率制度中所提的是广义汇率目标区。

依据汇率目标区域的范围大小、目标区调整的频率快慢、目标区的公开程度和维持目标区的承诺义务不同，可分为严格与宽松的两种目标区类型。一般说，宽松目标区的汇率波动区域范围较大，汇率调整频繁，目标区的调控区域保密，货币当局仅是有限地运用货币政策维持汇率目标区；相反，严格目标区的汇率波动区域范围较小，汇率调整频率低，目标区的调控区域公开，货币当局负有较大的维持汇率目标区的义务，需要较多运用货币政策调控目标区的汇率。

汇率目标区制度与其他汇率制度形式相比，具有自身的特征。在盯住汇率制与浮动汇率制的两极之间，爬行盯住汇率制接近于盯住汇率，而汇率目标区则靠近浮动汇率制。同管理浮动汇率制相比,一国货币当局在汇率目标区制中负有更大的汇率管理责任,一方面,要相机规定各时期内确切的汇率波动限制区间。另一方面,要跟踪监控市场汇率的波动,必要时动用包括货币政策在内的宏观调控手段调节,将汇率波动范围限制在目标区之内。与传统的可调整盯住汇率制相比,在汇率目标区制度下货币当局不承诺无限制地干预外汇市场,保证将汇率维持在目标区内。并且,汇率目标区的汇率变动范围要远大于可调整的盯住汇率制,具有更大的灵活性。

汇率目标区制度基于汇率目标区的可信度不同,产生两种不同的汇率调节效应。如果汇率目标区是完全可信的,即市场交易者确信汇率将一直在规定的目标区内波动,货币当局仅在汇率变化突破目标区的边界时才进行干预;经济基本面的变化完全是随机的,则当汇率变化逐渐趋近目标区上下限边界时,由于交易者预期货币当局的干预抢先逆向操作形成市场汇率的自行反向调整,使得市场汇率重新靠拢目标区的中心汇率。这种由市场预期产生的稳定性功能,即汇率围绕目标区中心汇率波动,当离散后自动向中心汇率趋近,即便货币当局不施加干预汇率也不会超越目标区的效应,即是所谓的汇率目标区调节的"蜜月效应"。另一种效应则相反。如果经济基本面已发生实质变化,市场参与者普遍预期汇率目标区的中心汇率将进行较大幅度调整时,汇率目标区便缺乏普遍的可信度。由此,市场投机资金投机套利的活动使市场汇率不仅不再自动向中心汇率趋近,相反,在经济基本面决定的预期汇率作用下,汇率波动幅度加大,趋向预期汇率而离散目标区中心汇率,汇率的波动远超过浮动汇率制度下的正常幅度,产生汇率目标区调节的所谓的"离婚效应"。可见,汇率目标区制兼有汇率制度可信度与灵活性的双重特征,并使其产生两种不同的调节效应,如何兼容汇率目标区制的可信度与灵活性,更好地操作汇率目标区制度是当代国际金融的热点问题之一。

3. 货币委员会(Currency board)

货币委员会又称为货币局制,是指一国在法律中明确规定本国货币与被盯住的外国可兑换货币之间固定的兑换比率,并通过对本国货币的发行限制来保证履行法定兑换比率的汇率制度。在货币局制下,本国货币的发行通常要以百分之百的被盯住外国货币作为准备金,并要求本币流通时也确保始终满足完全的外币准备金条件,由此,本国货币发行量不取决于经济运行的实际需要和货币当局的决策,而取决于可充作准备金的外币数量规模,中央银行丧失了货币发行和最后贷款人的功能,也丧失了货币政策的自主独立性,因而不再是完整的中央银行,被称为货币局。货币局是一个独立的货币机构,仅负责根据所持有的外汇准备规模以法定货币平价发行相应数量的本国货币。

1849年毛里求斯成立了世界上第一个货币委员会。目前还有爱沙尼亚、立陶宛等极少数国家采用货币局制。我国香港特别行政区实行的美元联系汇率制也被国际货币基金组织归入货币委员会制度范围。

货币局制作为一种特殊的汇率制度,具有的法制规则使其具备较高的公众可信度。首先,货币局制对汇率水平有公开严格的法律规定,不能轻易改变,使汇率水平具有法律的保证。其次,在法律上对外汇储备货币也作了严格的"后备规则"的规定,即规定货币局只有在拥有足够比例的被盯住外国货币储备时才能发行本币,以确保本币的可靠信用。

货币局制的优点主要体现在:首先,汇率管理与操作简便。货币局制简化了许多中央银行的职能,相应降低了其决策复杂性与管理的难度。并且在高度法制规范下,其运行管理依据规则操作并受公众监督,比较适应缺乏中央银行管理经验和管理环境的小型开放经济体采用。

其次，提高了本国货币政策的透明度和可信度。货币局制下货币当局的货币发行以及政府财政赤字的资金融通受法律严格限制公开透明，并受公众监督和市场制约，有利于形成市场连续稳定的预期和提高对货币当局调控政策的公信力，对于面临通货膨胀而货币当局调控政策的公信度不高、调控效果不佳的国家而言有积极的效果。

货币局制也存在缺点，主要体现在：首先，货币局制度下汇率固定僵化。货币局制度下的汇率面临政策可信度与汇率灵活性的两难选择。由于本国货币发行需要按货币平价提供充足的被盯住外汇的准备，当本国与准备货币发行国之间的经济发展速度、通货膨胀率、利率、国际收支差额等主要经济指标不同步时，必然使两国货币所代表的实际内在价值随之增减并反映至供求关系上。由此，一方面，本国货币当局受法律限制，不能依照市场供求关系和两国货币的实际价值变化调整对外汇率，使货币比价反映币值与供求关系，否则，依法执行的政策公信力受损。另一方面，不能按照实际变化的币值和供求关系调整汇率，必然形成本币的高估或低估，提供货币攻击的机会和形成本国潜在的金融风险。其次，金融系统应变与抗风险能力脆弱。其主要体现在：一方面，货币局按照规定的外汇准备比例发行基础货币，但基础货币经商业银行货币乘数信用扩张后，使流通领域中形成的货币供应量远大于货币局拥有的外汇准备数量。如果本币持有者丧失对本币的信心，大量挤兑外币极易引发本国的货币危机。另一方面，由于货币局不具有最后贷款人的功能，使其对商业银行的流动性缺乏调节功能，这既增加了商业银行系统的经营风险，又因货币局缺少对商业银行风险的调节控制能力而增加整个金融系统的风险。

5.1.5 影响一国汇率制度选择的因素

不同的汇率制度有不同的优劣特性和适应性，一国要选择何种类型的汇率制度，取决于各国所面对的不同国情。汇率制度是一国金融体制和对外经济政策的重要组成部分，应从实际出发，选择适应本国现实条件和能最大限度发挥制度优势的汇率制度。

影响一国汇率制度选择的基本因素有：

1. 本国经济规模与经济结构

一国经济要素资源和国土规模、国内生产总值(GDP)或国民生产总值(GNP)规模、国民收入、产业构成和产品结构等基本经济因素是决定汇率制度选择的基础。一般说，经济欠发达，总体经济规模有限，产业构成单一，产品结构简单的小国，其平衡汇率波动的经济实力、外汇储备规模及抵御汇率风险的能力有限，通常倾向于实施盯住浮动汇率制度，以严格的外汇管制来降低本国发展对外经贸关系的风险，保持汇率秩序稳定。而经济发达，总体经济规模大，产业体系完整，产品结构齐全的国家，其平衡汇率波动的外汇储备实力及抵御汇率风险冲击的能力较强，通常倾向于采用浮动汇率，以比较宽松的外汇管理体制塑造反映市场供求关系的、更具弹性的市场汇率，为本国发展对外经贸关系创造便捷自由的外汇与金融环境。

2. 本国对外经济发展的规模和集中度

一国经济对外开放程度和对外部经济的依赖程度，进出口商品和金融交易收支的国际地理结构等，是影响汇率制度选择的重要因素。通常一国经济开放，国民经济的对外经济交流规模和依存度大，对外经贸和金融交易集中依附于特定产品和特定国家，其对外收支的汇率风险大且集中于某个或某几个国家的货币，一般会选择盯住本国某个或某几个主要经贸交易伙伴国货币的盯住汇率制，以有利于稳定本国对外经贸环境和金融秩序。例如与美国经贸关系密切的国家会选择盯住美元；与数个国家经贸关系密切的国家，则选择盯住这些国家货币组成的组合货币。而对于经济对外开放程度有限，对外部经济依赖不强，对外经贸交易收支的国家和地区多元分散，或虽然经济对外开放程度和对外部经济依赖较强，但对外经贸交易收支的国家和地区多元分散化的国家，其对外收支的风险小而分散，或虽然对外收支风险较大但风险分散，无法通过盯住汇率固定汇率波动幅度来回避汇率风险，通常采用市场化的浮动汇率。

3. 本国金融市场发育和金融体制健全程度

本国金融业和金融市场所处发展阶段，金融开放度与国际金融市场一体化程度，以及金融监管水平和金融管理体制的成熟度，是考虑汇率制度选择的关键因素。一国金融业和金融市场发达，与国际金融市场一体化程度高，通常其金融监管水平和金融管理体制成熟完善，控制和抵御外部金融风险的能力较强，倾向于采用浮动汇率制度。相对金融业和金融市场欠发达，与国外金融市场衔接程度差，内部金融监管和抵御外部金融风险能力不足的国家，无论其他因素是否具备，往往会采用盯住浮动汇率或类似的汇率制度以回避风险。

5.1.6 我国人民币汇率与汇率制度的演变

人民币外汇牌价即人民币对外币的汇率，代表人民币的对外价值。人民币汇率采用直接标价法表示。银行与客户的现汇交易分别采用买入价和卖出价，外币现钞买卖按照现钞买卖价交易，现钞卖出价与外汇卖出价相同，现钞买入价比外汇买入价低约2.5%。纵观建国后我国人民币汇率和汇率制度的演变，经历了以下阶段：

1. 盯住西方主要货币的单一浮动汇率制阶段(1949～1952年)

1948年12月1日，中国人民银行成立并开始统一发行流通人民币。由于当时各地物价水平不一致，人民币汇率采用由中央政府统一管理，以天津口岸为标准，各地区根据本地具体情况自行制定公布的管理模式，直至1950年7月，才实现全国发布统一的人民币汇率。1949年1月18日，我国人民币汇率首次在天津公布，为1美元兑80元人民币(旧版)。至1950年3月，在国内物价急剧上升的影响下，人民币汇率大幅贬值为1美元兑42 000元人民币(旧版)。在同年3月的全国财经工作会议后，由于国内物价下跌，国际上通货膨胀严重以及兼顾进出口贸易的需要，人民币汇率不断上升，至1952年12月，人民币汇率回升至1美元兑26 170元人民币(旧版)，基本反映了我国当时的经济基本面及币值。

建国初期我国人民币汇率以购买力平价理论为依据，以“物价对比法”为基本方法，由货币当局按照“奖励出口，兼顾进口，照顾侨汇”的汇率政策制定。具体测算方法是以75%～80%的大宗出口商品的人民币加权平均换汇成本，加上5%～15%的合理利润，与同类商品以外币表示的出口价格相比，形成出口商品理论比价，再以进口商品理论比价和侨汇购买力比价等三个比价的综合加权平均数制定。在此基础上，人民币汇率参照国内经济发展状况、物价水平和国际市场相对价格变动进行调整。

总之，这一时期我国人民币汇率安排的基本框架是盯住美元的单一浮动，汇率制定有较大的自主性和灵活性。汇率调整基本依据国内外物价相对比值的变化，同时考虑调节进出口贸易与鼓励侨汇的需要。

2. 盯住西方主要货币的单一固定汇率制阶段(1953～1972年)

这一时期我国实行高度集中的计划经济体制，对外贸易实行“统一经营，统负盈亏”的管理方式，汇率作为调节内外经贸资源配置和对外经贸关系工具的功能基本丧失，仅作为外贸部门会计盈亏核算的计价工具。同期布雷顿森林体系的固定汇率制下，西方各国之间货币汇率和国际金融秩序也保持相对稳定。由此，人民币汇率除对个别国家货币贬值或升值作出反应调整外，以维持汇率稳定为基本目标。

在此期间，从 1952 年 1 月 1 日至 1972 年 4 月 14 日，人民币对美元汇率停止挂牌，直至 1972 年 4 月 15 日中美贸易关系重新启动后恢复。这一时期内人民币对美元的汇价仅有统计和会计核算的功能。1955 年中国人民银行实行货币制度改革，新币以1∶10 000的比例兑换旧币。人民币汇率从 1955 年 1 月 15 日公布的 1 美元兑换 2.4618 人民币一直维持了近 17 年。直至 1771 年底美元贬值 7.89%，人民币汇率才调整为 1 美元兑换人民币 2.2673 元。随后，1972 年人民币汇率又经历数次调整，同年底人民币汇率为 1 美元对人民币 2.2401 元。

在这一阶段人民币汇率的基本特征是实行与高度集中的计划经济相适应的僵化的汇率机制，实行汇率抑制和高估人民币币值的汇率政策，实行与美元挂钩的单一盯住汇率，汇率调整缺乏灵活性致使汇率与物价脱节，偏离了人民币在国际市场的购买力平价。

3. 盯住西方一篮子货币的单一浮动汇率制阶段(1973～1980 年)

从 1973 年起，由于国际布雷顿森林货币体系崩溃，西方主要国家开始普遍采用浮动汇率，金融市场动荡，汇率变化频繁，导致人民币对西方主要货币汇率难以保持稳定。同时，在动荡的国际金融环境中为避免西方主要国家利用货币贬值转嫁经济危机、输出通货膨胀及在国际市场进行不公平竞争损害国家利益，我国人民币汇率由盯住美元改为采用盯住“一篮子货币”方式制定和调整，即选用若干与我国贸易关系紧密国家的货币组成货币篮子，根据不同货币的重要性和政策需要确定不同权重值，并以一篮子货币的加权平均汇率变化，作为确定和调整人民币汇率的依据。一篮子货币由美元、日元、英镑、联邦德国马克和瑞士法郎等西方主要货币组成。在此期间因美元持续贬值，使人民币对美元的汇价逐年上升，到 1980 年人民币汇率调整至 1 美元兑换人民币 1.5308 元。采用一篮子货币盯住的汇率安排，保持了人民币汇率的基本稳定，有利于减少涉外经济风险和国家的汇率管理。但也扭曲了人民币汇率制定和调整机制，汇率缺乏弹性，不能充分反映外汇供求关系，使人民币汇率明显高估。

1973～1980 年期间人民币汇率的特征是汇率基本稳定，实行汇率稳定和汇率抑制、高估人民币币值的汇率政策，汇率安排主要与西方主要国家货币篮子挂钩，汇率调整缺乏灵活性，致使汇率的价格信号与经济杠杆功能基本丧失。

4. 盯住西方一篮子货币的官方汇率与内部贸易结算价并存的双重汇率阶段(1981～1985 年)

20 世纪 80 年代初起，随着我国实施改革开放政策，人民币汇率也步入改革进程。1979 年 8 月国务院决定改革人民币汇率制度，除继续用盯住一篮子货币方式制定用于非贸易外汇兑换与结算的人民币外汇牌价外，另行制定内部结算价专门用于对外贸易结算，形成人民币复汇率制度。1981 年 1 月 1 日人民币的公开牌价为 1 美元兑换 1.5 元人民币，人民币内部结算价定值按 1978 年全国出口平均换汇成本 1 美元合 2.53 人民币，再加上 10%的利润计算而成，为 1 美元兑换 2.80 元人民币并维持至 1984 年底。在此期间，由于美元汇率不断上升和减少人民币币值高估的需要，人民币汇价连年下调，人民币兑换美元的平均汇率 1981 年为 1 美元兑 1.7050元人民币，1982 年调至 1 美元兑 1.9179 元人民币，1983 年为 1 美元兑 1.9757 元人民币，1984 年底的平均汇率调为 1 美元兑 2.7957 元人民币，与人民币内部结算价 2.80 元基本持平。

基于人民币外汇牌价和贸易内部结算价已基本持平，为遵守国际货币基金组织的规定，打破带有内外歧视差别的复汇率制，我国于1985年1月1日起废除内部贸易结算汇价，恢复单一汇率，人民币牌价为1美元兑换2.8027元人民币。同年8月，人民币汇率下跌至1美元兑换2.90元人民币，至10月人民币汇率进一步下跌为1美元兑3.20元人民币。

在改革开放初期，人民币汇率延续此前盯住一篮子货币的汇率制度，并为解决原有汇率体制下外贸经营亏损难题尝试推行内外差别的双重汇率，但最终因不能根本解决问题而回归单一汇率轨道。同时为纠正人民币汇率高估的偏差，人民币汇价下调次数增加，下调幅度扩大，为以后实行更具弹性的汇率制度创造了条件。

5. 官方有管理的浮动汇率与外汇市场调剂价格并存阶段（1986～1993年）

我国从1986年起宣布实行人民币汇率管理浮动制度，以取代原先实行的盯住一篮子货币的汇率制度，开启了人民币浮动汇率的时代。国际货币基金组织将其归入"其他管理浮动"的汇率制类别，属于较高弹性的浮动汇率制。

1986～1993年期间，由于国内发生通货膨胀使换汇成本上升，人民币币值下降，进出口逆差，外汇供应紧张，迫切需要发挥汇率的市场机制调节进出口贸易，增加外汇收入，由此，人民币汇率经历3次幅度较大的跳跃性下跌调整。具体是1986年7月，人民币汇率由1美元兑换3.20元人民币调至1美元兑换3.72元人民币，跌幅为15.8%；1989年12月人民币汇率又大幅下调至1美元兑4.72元人民币，跌幅为21.2%；1990年11月人民币汇率再调至1美元兑换5.22元人民币，跌幅9.57%。此后，为减轻人民币汇率急剧变动产生的震动性影响和发挥市场对汇率的灵活调节作用，人民币汇率又经历了跌多升少、有升有降的浮动微调，至1993年12月人民币汇率维持在1美元兑5.80元人民币的水平。

在此期间，为扩大市场机制对外汇供求的调节作用，我国适当放松外汇管制，外汇调剂市场开始形成发育。1980年10月，国内开始试办外汇调剂业务，允许出口企业的留成外汇进入调剂市场交易。1986年我国进一步推动外汇调剂市场发展，在全国范围设立外汇调剂中心，扩大市场参与主体范围，提高外汇调剂价格，在部分地区开办外汇调剂公开市场，实行外汇竞价交易。到1988年底，全国形成90个外汇调剂中心，交易额约63亿美元。1992年全国80%以上的外汇交易是在外汇调剂市场完成的，外汇调剂价成为除人民币汇率公开牌价以外反映和调节外汇市场供求关系的重要汇率制度安排。与此同时，人民币汇率形成事实上的官方汇率与外汇调剂市场汇价的双重汇率，人民币对美元的外汇调剂价始终维持在1美元兑8元以上人民币的水平，1993年上半年甚至一度达到1美元兑换约11元人民币的汇价，形成人民币的公开牌价高于外汇调剂价，外汇调剂价高于外汇黑市价的局面。以外汇留成制为基础的外汇调剂市场发展，对促进企业出口创汇，保持外商投资企业的外汇收支平衡和改善国内货币流通调节起到了积极作用。但人民币官方汇价大幅度高估及官方与市场的双重汇率，衍生出外汇市场投机丛生，黑市猖獗，金融秩序混乱的弊端，不利于维护人民币汇率稳定和人民币对外信誉。

在汇率制度市场化改革初期阶段，人民币汇率制度开始从高度集中的计划管理走向计划与市场共同调节管理，汇率安排从盯住一篮子货币转为管理浮动而更具弹性，但外汇调剂市场发展形成多重汇率及官方牌价高估产生的外汇投机弊端要求继续深化汇率制度改革。

6. 以市场供求关系为基础的、单一的、有管理的浮动汇率制阶段（1994～2005年）

我国从1994年起深化人民币汇率制度改革，实行以市场供求关系为基础、单一的、有管理的浮动汇率制。

人民币汇率并轨改革的措施包括：国际收支经常项目下的进出口贸易外汇收支实行强制结售汇制度；在原外汇调剂市场基础上建立全国统一的、以银行与非银行金融机构为交易主体的中国外汇交易中心；将外汇调剂价和外汇官方牌价合并为人民币市场汇价，由外汇管理局制定并每日公布；中国人民银行根据当日外汇交易中心人民币对美元、日元和港币的交易价分别计算加权平均价，作为次日人民币对美元、日元和港币交易的基准汇率，并按照国际外汇市场行情变化，同时制定人民币对其他世界主要货币的汇率；在基准汇率基础上，外汇指定银行可在中国人民银行规定的浮动范围内自行挂牌买卖外汇，其中，外汇指定银行之间当日外汇交易价格可在基准汇率上下 0.3%幅度内自行浮动，外汇指定银行与客户当日外汇交易价格可在基准汇率上下 0.25%的幅度内自行浮动；中国人民银行对外汇指定银行的结算周转外汇实行比例管理。此外，中国人民银行还通过在外汇市场吞吐外汇干预调节人民币汇率的稳定，通过运用利率、货币供应量等货币政策工具影响调控人民币对外汇率。

1994 年 1 月 1 日，我国人民币汇率并轨时公布的人民币汇价为 1 美元兑 8.70 元人民币。此后，由于国内经济增长强劲，物价平稳，国际收支与外汇储备较快增加，人民币汇率随之稳中有升，人民币信誉不断增强，到 1996 年 12 月 31 日，人民币汇率升至 1 美元兑 8.2984 元人民币，升幅 4.6%。在 20 世纪末的东亚金融危机中，危机国纷纷借助本币汇率贬值进行自救，为防止亚洲周边国家和地区货币轮番贬值使危机深化，在极其险恶的国际金融和经贸环境下，我国作为负责任的大国为稳定亚洲和国际金融秩序坚持人民币汇率不贬值，并主动收窄人民币汇率浮动区间，为抵御金融危机做出了贡献。

进入 21 世纪后，人民币汇率基本维持上世纪 90 年代后期水平，在 1 美元兑换 8.28 元人民币基础上进行有限的窄幅波动，稳定的人民币汇率为我国发展对外经贸创造了有利条件。但在新世纪尤其是加入世界贸易组织以后，国内经济持续高增长、低通胀，对外贸易收支、资本与金融项目收支顺差和外汇储备迅速扩大，人民币基准汇率实质盯住单一美元和围绕基准汇率极有限的窄幅波动不能准确反映我国经济强劲增长和人民币的真实对外币值，加剧了对外贸易摩擦和国际收支失衡，在强制结售汇下大量顺差和外汇储备转为国内基础人民币的被动投放，使国内货币政策独立性受制。并且，不断累积的人民币低估也在逐渐积聚货币风险，使得人民币汇率必须深化改革，增强反映市场供求关系的弹性。

7. 以市场供求关系为基础的、参考一篮子货币进行调节的、有管理的单一浮动汇率制阶段(2005 年至今)

2005 年 7 月 21 日我国按照主动性、可控性和渐进性三原则展开新一轮汇率制度市场化改革，以增强人民币汇率弹性，建立反映市场供求关系的、参考一篮子货币进行调节的、有管理的单一浮动汇率制度。

人民币汇率改革的主要措施包括：

(1) 自 2005 年 7 月 21 日起，人民币对美元汇率大幅升值 2%，调整为 1 美元兑换 8.11 元人民币，作为次日银行间外汇市场上外汇指定银行之间交易的中间价。人民币汇率不再盯住单一美元，按照我国对外经济发展实际情况，选择若干种世界主要货币赋以相应权重组成货币篮子，并根据国内外经济金融形势变化，以市场供求关系为基础，参考一篮子货币的人民币多边汇率指数变动形成人民币汇率。

(2) 扩大人民币汇率浮动区间，形成更富弹性的人民币汇率调节机制。自 2005 年 7 月 21 日起，每日银行间外汇市场美元对人民币交易价在中国人民银行公布的美元交易中间价上下

0.3%幅度内浮动，外汇指定银行对客户挂牌的美元对人民币现汇买卖差价不超过中国人民银行公布的美元交易中间价上下 0.2%，美元对人民币现钞卖出价和买入价之差不超出现汇买卖中间价上下 1%。放宽非美元货币汇率波动区间和买卖差价限制，银行间即期外汇市场非美元货币对人民币交易价可在中国人民银行当日公布的该货币中间价上下 1.5%幅度内浮动，外汇指定银行对客户挂牌的非美元货币对人民币现汇买卖中间价，由外汇指定银行以中国人民银行公布的美元交易中间价为基础，参考外汇市场行情自行套算和调整，非美元货币对人民币现汇卖出价和买入价之差不得超出现汇买卖中间价的 0.8%，现钞卖出价与买入价的差价幅度不得超出现汇中间价的 4%。2005 年 9 月人民币汇率浮动区间进一步放宽，外汇指定银行对客户挂牌的美元对人民币现汇卖出价与买入价的差价，不超过中国人民银行公布的美元交易中间价的 1%，现钞卖出价与买入价之差不得超过美元交易中间价的 4%。每日银行间即期外汇市场非美元货币对人民币交易价放宽至中国人民银行公布的该货币交易中间价的上下 3%幅度内浮动，取消非美元货币对人民币现汇和现钞挂牌买卖差价的幅度限制，外汇指定银行可自行决定或与客户议定非美元货币与人民币现汇与现钞的买卖交易价。

(3) 人民币有管理的汇率主要体现为中央银行的汇率滤波器作用，对正常的市场汇率波动不予干预让其通过，对市场异常波动则要烫平，包括限制和压缩异常的过高波幅，过滤频率过高的波动成分，对战争、自然灾害和金融危机采取特殊管制防范危机爆发或蔓延等，随经济对汇率波动适应性提高，中央银行逐步弱化的汇率滤波器作用。

在汇率改革扩大汇率波幅，外汇风险有所增加情况下，中央银行创新推出外汇风险工具，满足市场主体避险需要。主要有：建立银行间人民币汇率远期交易市场，允许更多市场主体参与银行间远期外汇交易，至 2005 年 10 月 31 日，我国银行间人民币汇率远期交易市场成员已达 54 家，使国内外汇市场初步掌握人民币远期汇率定价权；增加外汇市场避险工具，允许具备结售汇和衍生产品交易资格的银行对客户开办外汇远期和掉期交易业务，并根据实际需要，扩大远期交易范围，放开交易期限，允许银行自主定价，为市场主体提供多样有效的避险服务。

2006 年 1 月 4 日起，我国又进行人民币汇率形成机制改革，除在银行间即期外汇市场保留竞价撮合交易方式外，引入询价交易定价方式和做市商制度。具体包括：人民银行授权中国外汇交易中心于每个工作日上午 9 时 15 分公布当日人民币对美元、欧元、日元和港币的外汇中间价；人民币对美元汇率中间价的形成方式将由此前根据银行间外汇市场以撮合方式产生的收盘价确定，改为由中国外汇交易中心于每日银行间外汇市场开盘前，向所有银行间外汇市场做市商询价，并将全部做市商报价去除最高价和最低价后，作为人民币兑美元汇率中间价的计算样本，进行加权平均计算出当日人民币对美元汇率中间价。加权的权重值由中国外汇交易中心根据报价方在银行间外汇市场的交易量及报价情况等指标综合而定；人民币对欧元、日元和港币汇率的中间价，由中国外汇交易中心分别根据当日人民币对美元汇率中间价与当日上午 9 时国际外汇市场欧元、日元和港币对美元的汇率套算而定。于 2005 年 11 月建立银行间做市商制度，规定银行间外汇市场的做市商可在银行间即期竞价和询价外汇市场上，以不超出规定浮动幅度的价格连续对人民币与世界主要交易货币的买卖双向报价，并按报价与交易对手议定成交价。

自 2005 年我国汇率机制改革以来，人民币汇率在基本稳定中弹性明显增强，形成同一币种汇率在不同时期有涨有跌，不同币种在同一时期也有涨有跌，在我国经济持续快速增长，对外收支大幅顺差和外汇储备连年剧增的背景下，人民币汇价总体稳中持续升值的趋势。到

2007年7月19日，人民币对美元挂牌中间价升至1美兑换7.56元人民币，升幅已达6.78%。同日，人民币对欧元、日元的挂牌中间价为1欧元兑换10.4408元人民币，100日元兑换6.2007元人民币，均有小幅下降。人民币对港币的挂牌中间价为1港币兑换9.6720元人民币，也有小幅升值。

5.2 国际货币一体化

长期以来，面对固定汇率制与浮动汇率制利弊互现的国际汇率制度难题，探索兼具两种汇率制度的优势，或是避免两种汇率制度缺陷的稳定而兼有灵活性的汇率体制，成为国际金融理论界长期不懈努力的艰巨任务。一方面，人们试图将固定汇率制与浮动汇率制的优点结合，形成优势互补、功效叠加的"中性"汇率制度，由此，形成爬行汇率制、汇率目标区制和货币局制等新的汇率制度形式(见上节)。另一方面，结合国际货币制度改革，研究在哪些条件下实施固定或浮动汇率制更能趋利避害，即研究如何改进固定或浮动汇率制度自身的缺陷和实施的环境条件。由此，形成从上世纪60年代开始的在区域货币合作基础上衍生的货币一体化理论与实践。

5.2.1 国际货币一体化概述

1. 国际货币一体化概念

货币一体化是指各参与合作的国家在经济一体化基础上，彼此放弃或局部放弃货币主权，实行统一的固定汇率、使用统一的货币单位或主体货币清算相互债权债务，建立统一的管理机构协调各国的宏观经济政策，或者采取统一的货币制度和货币政策，由共同的货币管理机构紧密协调各国之间的经济政策，实施统一货币管理等高度货币融合与货币管理合作的形式。

国际货币体系区域化是国际货币一体化创新的具体表现。鉴于货币一体化下的货币制度安排将固定汇率制度从一国扩展到区域内诸多国家范围，形成固定汇率下货币流通支付和汇率的新环境，产生了积极的汇率效应。因而，区域货币一体化又可看作是汇率制度创新形成的区域性汇率同盟。

现阶段国际货币体系区域化主要反映为区域性各国的货币合作，即区域性的货币一体化。区域货币合作是一个涵义广泛的概念，指各合作国在货币创设和货币流通、货币清算支付、汇兑和货币互换，以及汇率调控和外汇管理等方面，通过固定的协商机制协调各方政策，保持合作方一致或共同行动，实现互惠互利，稳定区域内汇率与货币流通秩序。区域货币合作在合作形式、合作范围、合作深度和约束强度等各方面都有较大的灵活性，由各合作国协商确定，并不断深化发展。区域内货币合作可以是区域内多边国家或全部国家之间的合作，也可以是区域内国家之间的交叉双边合作；可以是松散的合作，也可以是紧密的合作；可以是全方位的货币汇率的合作，也可以是货币与汇率局部政策方面的合作。

根据区域内各国货币合作的发展程度，可将区域货币一体化区分为两个相互依存、依次深化的层次。

(1) 区域货币同盟。区域货币同盟属于准汇率联盟，是区域内重大货币金融事务合作的基础形式。其成员国在同盟下仍可保留本国货币、中央银行体制和外汇储备，维持各国的货币供应和金融管理，但各成员国必须遵循货币合作协议的规定，全面执行货币清算支付、汇兑、外汇储备和货币互换，以及汇率调控和外汇管理等方面的承诺，承担维持同盟内固定汇率的义务，使用统一的货币单位或某国的主体货币清算相互的债权债务，保持同盟内成员国货币的完全可自由兑换，并建立统一的管理机构协调各国的宏观经济政策。如西非货币联盟、中美洲货币联盟和中非货币联盟等均属于区域性货币联盟。

(2) 通货区。通货区是区域货币同盟的高级形态，属于完全的汇率联盟。在通货区制度下，各成员国基本放弃本国的货币主权，发行流通统一的货币，集中外汇储备，建立超国家的货币管理机构，实施统一的货币管理政策，成员国之间实行高度的货币金融融合，通货区内部不存在汇率与汇率波动问题。目前，欧洲货币体系是通货区的典型。

货币一体化本质上是经济一体化的集中反映。一般说，经济一体化由初级向高级发展，要经历自由贸易区、关税联盟、共同市场、经济联盟、货币联盟（或通货区）和完整的经济货币联盟等阶段，其中，前三个阶段属市场一体化，是经济一体化的初级形态，货币联盟或通货区是经济一体化的高级形态。可见，货币一体化是以市场一体化和经济一体化为基础，循序渐进地发展而来的。

2. 通货区特征及利弊

从货币汇率制度角度分析，通货区作为国际货币合作的高级形态，具有以下显著特征：

(1) 通货区作为区域性的跨国货币汇率制度，是以成员国放弃本国货币管辖主权为前提，以统一货币共同体成员的货币汇率政策为基础的。在通货区的货币集团内部，成员国之间货币金融高度融合，统一通货，统一国际储备，建立超国家的货币管理机构实施统一的货币政策和货币管理。因而，从货币汇率制度方面说，通货区内所有成员国之间已基本消除国别界限和货币差别，成为统一对外的货币集团。

(2) 通货区统一货币，实行一体化货币和汇率制度，使各成员国的独立货币和相互之间的汇率不复存在，统一对外的汇率联盟产生事实上的固定汇率效应，消除了汇率波动给成员国之间的外汇收支结算、汇兑和交易带来的汇率风险，有助于减少通货区内部金融市场的波动，增强各成员国经济增长的稳定性。

(3) 通货区是由同区域内国家组成的具有显著地缘性的货币合作组织，成员国之间经济和金融相互依存性强，经贸往来联系紧密，发展水平相对平衡，推行货币汇率合作的基础扎实。由于经济与货币联盟的积极效应影响，使通货区货币一体化合作的规模有不断扩大的趋势，为解决汇率制度选择难题进行了有益的实践。

如同任何事物一样，作为国际货币一体化高级形式的通货区制度也不可避免地利弊互现。通货区货币共同体下各国实际形成的固定汇率效应，避免了因汇率波动给成员国相互之间对外收支和汇兑交易带来的不确定性，为成员国发展本国经济和繁荣区域经贸与金融提供稳定的金融环境。其次，通货区实行统一货币制度，消除货币兑换和对外支付的阻碍，有利于成员国之间资本、商品和其他经济要素的自由流动，促进区域内产业分工协作、跨国投资、对外贸易和资本市场发展。第三，通货区由统一的货币管理机构，通过协作和协商方式协调各成员国的经济金融政策，实行一体化的货币汇率管理，有利于加强区域货币政策协调性，提高货币汇率管理的效率和反金融危机的能力，减少成员国之间货币政策的摩擦消耗和汇率制度的运行成本。实行通货区合作成员国也必须付出必要代价，首先，成员国要放弃本国货币汇率管辖主权的独立性，当本国与共同体之间的经济金融运行发生矛盾或经济利益出现冲突时，成员国政府必须接受国际协议的约束，在协议规定的范围内行使本国的经济金融调控权，限制了本国经济金融政策的管辖力，降低了本国政府对经济金融运行的调控能力。其次，在通货区统一的货币流通体系下，经济金融一体化使成员国之间缺乏相应的隔离墙和防范手段，各成员国之间的通货膨胀或通货紧缩、财政赤字和政府债务、失业和经济波动等经济金融不稳定因素更容易相互影响和交叉传递，甚至产生叠加放大效应，危及成员国经济金融稳定与发展。

5.2.2 最优通货区理论

最优通货区理论又称为最适度通货区理论，是以固定汇率的最佳实施条件为主要研究对象的理论，是国际政策协调理论的组成部分，也是与货币有关的关税同盟理论的分支。自20世纪60年代形成以来，最优通货区理论不断发展，由初期的单一指标分析深入转向综合分析，从理论研究走向欧洲货币一体化的重大实践。

1. 单一指标分析法

单一指标法是最适度通货区理论关于选择能否实施最适度通货区的基本衡量标准的传统理论，即解决以哪一种指标为设立最优通货区基本前提条件的问题。对此，最优通货区理论提出六种不同的适用指标。

(1) 要素流动性指标。1961年蒙代尔(R. Mundell)提出以生产要素的完全流动性作为设立最适度通货区的基本标准。他认为，需求转移是一国出现外部失衡的重要原因。在各国独立的货币制度下，需求输入国因外部需求扩张增加内部通货膨胀压力，如果其货币汇率在贸易顺差推动下上升，将抑制出口，增加进口而有助于缓和本国通货膨胀；需求输出国因进口增加和出口减少而内部失业率上升，如果其货币汇率在贸易逆差压力下贬值，将抑制进口，增加出口而有助于改善本国就业状况。但在通货区制度下，两国使用相同货币显然无法利用汇率工具调节生产要素跨国流动来自动恢复需求跨国转移的平衡问题。因而，要素流动性指标理论认为，要维持通货区的单一货币和固定汇率，并保持区域内物价和就业稳定，必须建立调节需求跨国转移的机制，即满足建立生产要素在区域内高度自由流动机制的条件。

但由于要素流动性指标未区分不同生产要素流动的不同效果，使运用要素流动指标作为判断最适度通货区的单一标准存在局限。事实上资本流动与劳动力流动的时滞和效用是不同的。在通货区的不同国度内，需求输入国因外需增加带动本国通货膨胀，需求输出国因国际收支恶化而提高失业率，本性趋利的资本流动会从需求输出国流向需求输入国，加剧两国的通货膨胀和失业，以及加剧贫富差距。而劳动力的短期流动因气候环境、文化习俗、道德等方面的差异，迁移成本较高，迁移的调节效应时滞较长，因而，当外部需求转移引起国际收支失衡时，资本的非均衡性流动和劳动力短期流动的阻滞，难以承担调节需求跨国转移的功能。

(2) 经济开放性指标。1963年，罗纳德·麦金农(Ronald McKinnon)提出以经济的高度开放性作为设立最适度通货区的衡量标准。麦金农将可贸易商品占社会总产品的比重作为衡量经济开放性的具体标志，一国社会总产品中可贸易产品占比越高，经济越开放。但是，他认为经济开放度高的小国很难实行浮动汇率制，因为经济高度开放，市场汇率的微幅波动即会引起国内物价的剧烈波动，并且，在进口占本国消费比重大和对外高度开放的小国中，汇率波动对居民实际收入的影响极大，使存在于封闭经济中的货币幻觉消失，进而使汇率机制丧失自发调节对外收支失衡的功能。对此，贸易关系密切的开放度高的国家，应组成对外相对封闭的共同货币区，区内流通单一货币，对外统一实行浮动汇率。

经济开放性理论也存在局限性。首先，对若干贸易关系密切的中小国家结成的货币共同区而言，经济开放性指标是有意义的。但如果一个小国的主要贸易伙伴是若干大国，而大国之间的货币又相互浮动时，经济开放性便失去了指标意义。其次，经济开放性指标重点分析贸易账户收支的影响，忽略了资本流动影响下的货币汇率制度安排优劣分析，而现实中资本转移已成为各国对外收支不可忽视的方面。

(3) 低程度产品多样性指标。1969年，彼得・凯南(Peter Kenen)提出以产品的多样性指标作为建立最适度通货区的标准。凯南认为在需求转移引起一国对外收支失衡的前提下，是否实施通货区制度取决于成员国的产品多样性程度。在通货区固定汇率安排下，产品多样性高的国家的单一产品占全部出口产品的比重不大，其出口需求下降不会对国内就业发生重大影响，出口收益稳定，对汇率调节的依赖性小；反之，产品多样性低的国家，单一产品占全部出口产品的比重大，某种产品出口下降时必须调节汇率才能维持国内就业，对汇率调节的依赖性大。因而，产品多样性程度高的国家适宜加入货币共同体，产品多样性程度低的国家适合采用独立的更能自由灵活调节的货币汇率制度。

凯南的产品多样性指标实质是以国际货币的被动性权力，即不受别国制约的能力标准来确定最适度通货区，忽略了国际货币的其他权利在汇率制度选择安排中的作用。事实上，货币与汇率制度是各国综合权衡自身的货币主动性、被动性和阻止性权力利弊后作出的全面安排。此外，产品多样性指标也未反映资本跨国流动对国际货币被动性权力的影响。

(4) 国际金融一体化程度指标。1973年，詹姆斯・伊格拉姆(James Ingram)提出以区域内国际金融高度一体化指标作为确定最适度通货区的标准。伊格拉姆认为，在一个区域内各国国际收支失衡与资本跨国流动管制程度，尤其是与长期证券交易的管制程度相关，国际金融管制越少，一体化程度越高。如果国际金融市场一体化不充分，资本移动管制严格，本国的非居民以风险较低的短期证券为主要投资对象，就会扭曲各国长期与短期资金的供求关系并扭曲长期利率的结构。反之，当国际金融高度一体化，尤其是长期资本市场高度一体化时，只要国际收支失衡引致利率小幅变化，就会引起均衡性资本的转移流动，从而避免或减少汇率的波动。

国际金融高度一体化指标从维护固定汇率角度分析最适度通货区标准，强调资本流动，并将资金融通看作平衡国际收支的唯一途径。但事实上单一的资本流动是不能构成国际收支有效调节机制的。

(5) 政策一体化指标。1970年，爱德华・托尔(Edwarod Tower)和托马斯・威莱特(Thomas Willett)提出以政策一体化作为确定最适度通货区的标准。他们认为通货区制度能否成功的关键，在于成员国之间达成对通货膨胀和失业的一致认识，以及基于一致认识形成的调控政策。成员国只有以政策合作为基础，形成国际收支的平衡机制，才能建立超国家的中央银行、货币体系和统一的财政控制制度。否则，失业容忍度低的国家与另一个通货膨胀容忍度低的国家缺少政策兼容性基础，是难以在通货区制度下共存的。

政策一体化指标也存在不足。一方面，政策一体化标准本身的内在含义还不完全明晰。另一方面，要不同国家形成完全一致的政策偏好有极高难度。并且，即使成员国形成一致政策，建立统一的机构和管理制度，也并非能彻底解决各国的国际收支失衡。

(6) 通货膨胀相似性指标。1970年和1971年，G・哈伯勒和G・M・弗莱明分别提出以通货膨胀的相似性作为确定最适度通货区的标准。他们认为，国际收支失衡可能是由经济发展结构、货币政策等方面差异引起的通货膨胀扩散导致的，尤其是货币政策差异除导致国际收支基本账户失衡外，还引起短期资本的投机性转移。因而，只要保持区域内各国引发通货膨胀的因素基本相似、通货膨胀的水平相似以及各国货币币值的贬值比例相似，即可避免汇率的波动。

通货膨胀是引起国际收支失衡原因之一，但通货膨胀相似性理论将其看成是国际收支失衡的最经常和最主要原因是不尽符合现实的，将其作为最优货币区的唯一标准的实践依据是不充分的。

2. 综合分析法

鉴于单一指标法只能从某个角度，无法从整体上对国际货币区域合作的条件作出充分的解释，以其作为最适度通货区的唯一标准存在片面性，从 20 世纪 90 年代起，最适度通货区理论在国际经济一体化推动下，向综合分析方向发展。综合分析法是通过比较参与货币共同体的成本收益，优化确定最适度通货区标准的方法，而无论成本或收益都是众多影响最适度通货区因素的综合结果。

成员国加入实行固定汇率安排的通货区所获取的收益，既包括浮动汇率制度产生的各种风险损失及汇兑、计价等超额交易成本的总和，也包括固定汇率下产生的经济稳定性收益。所谓经济稳定性收益是由于通货区内各国经贸金融往来密切形成的，相互促进经济稳定发展产生的经济收益。如当某成员国发生通货紧缩时，其国内产品价格的下降会引起其他成员国市场需求的增加，带动本国扩大出口来恢复本国就业和经济增长；同时，本国劳动力和资本向成员国流动也缓解国内失业率和投资萧条，由此缩短了本国宏观经济调节周期和增加经济稳定性，其所获得的收益即为经济稳定性收益。在通货区内价格水平稳定且实施固定汇率制承诺有保证的前提下，一国与实行固定汇率安排的通货区的经济一体化程度越高，相互之间国际贸易与生产要素的流动越密切，其参与通货区获得的货币汇率收益越多，呈正相关性。

成员国加入实行固定汇率安排的通货区所支付的成本，表现为成员国因加入通货区放弃部分内外经济调控权而影响国内经济持续增长、物价与就业稳定的代价，以及成员国因相互之间的经济一体化水平不足引起的本国宏观经济调控周期延长的经济损失，即因固定汇率制度安排产生的经济稳定性损失。所谓经济稳定性损失是经济稳定性收益的反面，在成员国之间非紧密的经济联系下，当某成员国经济衰退时，市场要素的跨国流动缓慢，阻碍成员国间市场需求、劳动力和资本转移，增加该成员国的经济调节成本。可见，一国与实行固定汇率安排的通货区的经济一体化程度越高，相互之间国际贸易与生产要素的流动越密切，其参与通货区的经济稳定性损失越少，成本越低，呈负相关性。

比较收益与成本，可形成是否加入通货区的决策。当一国与通货区的经济一体化程度高于收益线与成本线的均衡点时，表明获得的收益大于成本，加入通货区是有益的；反之，表明该国应不参与通货区。

5.2.3 欧洲货币一体化

欧洲货币一体化是自牙买加货币体系建立以来国际货币汇率制度的重大创新，也是最优通货区理论和国家政策协调的具体实践。欧洲货币体系建立的区域货币稳定的合作机制，推动了成员国经济金融关系融合，增强了抗御外部风险的能力，形成了区域内稳定的汇率环境，为国际货币汇率制度改革提供了有益的经验借鉴。欧洲货币一体化经历了欧洲货币体系和欧洲单一货币两个发展时期。

1. 欧洲货币体系

欧洲货币体系(European Monetqry System,EMS)是在欧洲经济一体化的基础上逐步形成的。1950年成立的欧洲支付同盟是欧洲货币一体化的开端。1957年,法国、意大利、联邦德国、荷兰、比利时、卢森堡六国外长在罗马签署《欧洲经济共同体条约》,正式成立欧洲经济共同体(European Economic Comumniti,EEC),简称欧共体或共同市场。欧共体建立关税同盟、实行农业共同政策、推动劳动力和资本自由流动的措施,有效地推进了欧洲经济一体化水平,为建立欧洲货币体系奠定了基础。

20世纪60年代后,美元危机频发使西欧特别是储备大量美元国家的货币屡受冲击而遭受损失,共同体国家深感有必要进行货币协作,统一货币政策,建立稳定的欧洲货币合作体系,以抗衡美元的影响。1969年12月,欧共体成员国政府首脑召开的海牙会议决定筹建经济和货币同盟,规定十年内分3个阶段达到统一成员国财政金融政策;设立共同市场储备总库,协助成员国平衡国际收支;逐步缩小成员国货币汇率波动幅度实现货币的固定平价,至1980年建立统一的欧洲货币制度等目标。

1971年3月,欧共体部长理事会决定正式实施货币联盟计划,欧共体内部先后实行联合浮动汇率制(又称蛇形浮动汇率制)、建立欧洲货币合作基金和创设欧洲计账单位(European Unit of Account,EUA),奠定了欧洲货币体系的基础。

1973年全球石油危机和次年的经济危机,以及此后的布雷顿森林体系的瓦解拖延了欧洲货币一体化的进程。1978年联邦德国提出建立欧洲货币稳定区设想,得到法国积极支持。1978年7月的不来梅会议和12月的布鲁塞尔会议,分别提出并通过建立欧洲货币体系的计划。1979年3月13日,在巴黎举行的欧共体9国政府首脑第十三次理事会上,正式通过并宣布欧洲货币体系于同日成立。

欧洲货币体系建设的主要内容有:

(1) 创设欧洲货币单位(European Currency Unit,ECU)。欧洲货币单位是欧洲货币体系的核心,除具有EUA的计价功能,还具有充当成员国货币当局之间及整个共同体财政预算的结算工具、成员国与欧洲货币基金之间信贷的计值标准、欧洲货币体系成员国货币的中心汇率标准和各国货币当局储备资产的职能。

欧洲货币单位是由共同市场各成员国货币按一定比例混合构成的“货币篮子”。各成员国货币在货币篮子中占的权重值,主要根据该国国民生产总值及其在欧共体贸易总额中所占的比重加权平衡计算的,权重值一般每5年调整一次。欧洲货币单位对外价值用加权平均法根据市场汇率逐日计算确定,并随成员国货币的币值变化而调整。

欧洲货币单位以互换交易形式向各成员国分配,当各成员国向欧洲货币合作基金交纳份额后,基金支付相应数量的货币单位。

(2) 实行对内固定和对外联合浮动的中心汇率机制。为稳定成员国之间货币汇率,欧洲货币体系内部实行可调整的固定汇率,对外实行联合浮动的汇率机制(Exchange Rrate Mechanism,ERM)。在ERM机制下,成员国货币之间都确定中心汇率,并规定汇率波动上下限由“蛇形浮动汇率制”的±1.125%扩大为±2.25%。另外,还确定成员国货币对ECU中心汇率的差异界限,所谓差异界限是允许成员国货币对ECU中心汇率比价的偏离的最大限度(75%),又称为临界干预点,当一国货币对ECU的比价超出其差异界限时,该国货币当局必须采取干预外汇市场、调整财政货币政策、以及调整本币与ECU的中心汇率等措施,将波动幅度控制在差异界限内。临界干预点是一种带有预防性控制措施,能对各国的汇率失常现象预先设置边界,确保成员国货币间汇率的稳定。

(3) 建立欧洲货币基金。为增强共同体干预外汇市场和支持成员国平衡国际收支的资金能力,稳定成员国货币汇率,欧洲货币体系集中各成员国 20%的黄金和外汇储备,作为发行 ECU 的准备金和共同储备,用 2 年时间建立欧洲货币基金。在欧洲货币体系成立的初期,欧洲货币基金总额约为 250 亿 ECU,其中 140 亿作为对成员国的短期贷款资金,余额作为中期金融援助的资金,至 1981 年基金的资金总规模达到 492 亿 ECU。基金对成员国的贷款有定额限制,但对不超过 45 天的短期贷款不予限制,并可享受 3 %的利息补贴。

欧洲货币体系的建立打破了美元的霸主地位,形成多元化国际储备货币格局;使欧洲货币单位的国际地位明显提高,成为重要的国际收支清算工具;欧洲货币基金增强了联合浮动汇率机制的稳定性,促进了欧共体成员国经济的稳定与发展。

2. 欧洲单一货币的实现

随着欧洲经济一体化和欧洲货币体系建设进展,欧洲货币一体化被提上了议事日程。1986 年 2 月,欧共体 12 个成员国首脑签署《单一欧洲法案》(又称欧洲一体化文件),除确定于 1992 年底前建立欧洲统一大市场外,明确提出建立欧洲经济与货币联盟的目标。随后,1988 年 6 月的欧共体成员国首脑会议和 1989 年 6 月的欧洲理事会,提出统一欧洲货币汇率机制、统一欧洲货币、设立欧洲中央银行等建立欧洲货币联盟的工作目标,并委托欧共体执委会提出欧洲货币一体化的具体内容和实施步骤。

1989 年 6 月,欧共体执委会向马德里首脑峰会提交欧共体经济和货币联盟的德洛尔报告,并获批准。报告强调货币联盟是一个货币区,区域内各国的政策必须实行统一管理,才能实现共同的目标。报告认为,建立货币联盟要逐步实现货币完全和不可取消的自由兑换;要在银行和其他金融市场充分一体化基础上,实现资本的完全自由流动;要缩小成员国货币汇率的波动幅度,逐渐实现不可改变的固定汇率平价机制,最终推行单一欧洲货币;实现成员国经济货币政策的充分协调一致,最终建立共同的货币管理机构,实行统一的欧洲经济货币政策等条件。德洛尔报告的第二部分建议分三个阶段推行欧洲货币联盟:第一阶段,在加强成员国货币和财政政策协调、深化金融一体化基础上,使成员国货币全部加入欧洲货币体系,扩大成员国中央银行行长委员会的权限;第二阶段,建立欧洲中央银行体系,接管原先存在的体制性货币安排,逐步扩展其在货币汇率政策制定与管理的职责;第三阶段,推行不可改变的固定汇率制,实施向单一货币政策的转变,由欧洲中央银行体系统一执行发行共同货币,集中并管理官方储备,对外汇市场进行干预等全部的央行职能,为过渡到单一共同体货币作制度和技术准备。

1990 年 7 月,欧共体开始实施经济与货币联盟第一阶段工作。同年 10 月,欧共体成员国罗马首脑会议就实施第二阶段的日期达成一致。为加快欧洲经济与货币联盟建设,1991 年 12 月欧共体成员国首脑在荷兰小镇马斯特里赫特召开第 46 届首脑会议,签署了欧共体《政治联盟条约》和《经济货币联盟条约》,即著名的"马斯特里赫特条约",简称"马约"。《政治联盟条约》规定欧共体的终极目标是实行共同的外交、防务和社会政策。《经济货币联盟》的最终目标是实现欧洲单一中央银行和单一货币的联盟。条约要求 1993 年底前完成德洛尔报告第一阶段任务,所有成员国以相同条件加入统一汇率机制;从 1994 年起进入第二阶段,各成员国调整经济货币政策,使主要经济指标达到规定标准,缩小相互之间经济发展的差距,建立欧洲货币机构(European Monetary Institution, EMI),监督各国的经济政策和货币政策调整;最早于

1997年但不晚于1999年1月1日进入第三阶段，实行欧洲货币联盟，发行单一的欧洲货币，建立统一的欧洲中央银行。条约还规定成员国进入欧洲货币联盟第三阶段的趋同标准：通货膨胀率不高于欧共体内三个通货膨胀率最低国家平均水平的1.5%；长期利率不高于欧共体内三个利率最低国家平均水平的2%；财政赤字占本国国民生产总值的比重低于3%；政府债务总额占本国国民生产总值的比重低于60%；货币汇率波动的幅度不超过欧共体规定的幅度，并在最后两年内汇率平价保持不变。

1992年，欧洲货币体系经受冲击，面临严峻危机，一些成员国货币一度贬值并退出欧洲货币体系的汇率机制。1993年10月，货币动荡结束后，各成员国议会先后批准《马约》，并于同年11月正式生效，欧共体更名为欧盟，继续推进货币一体化进程。欧盟于1993年建立了内部统一大市场，实现商品、劳务、服务和资本的自由流动，并建立欧盟的统一银行业市场。1994年欧盟在法兰克福成立欧洲货币局，从事欧洲中央银行的各项技术准备工作，标志着欧洲货币同盟进入第二阶段。

1995年5月，欧盟成员国首脑在马德里会议重申1999年开始第三阶段启动单一欧洲货币进程，并确认实施步骤和时间表：1998年初检查各成员国达标情况，至3～4月确定首批加入国，同年中期，建立欧洲中央银行，年底印制欧洲统一货币"欧元"纸币和硬币；从1999年起的过渡阶段内，成员国之间的货币汇率完全固定，并确定各成员国货币与欧元的汇率，欧元开始与成员国货币同时流通，停止使用欧洲货币单位；2001年起开启成员国货币与欧元的兑换，从2002年7月1日起，成员国本币全部退出欧盟内流通领域，使欧元成为唯一法定货币。

1996年，为加强欧盟内各国经济货币政策的一致性，成员国首脑柏林会议通过了《稳定和增长条约》，规定凡加入欧盟的成员国财政赤字超出本国国民生产总值3%，且不能按时消除赤字的，须向欧洲中央银行交纳额定无息储备金，在规定时限内仍不能达标的，储备金转为罚金，但遭受重大自然灾害或战争，以及年度经济下降幅度超过国内生产总值2%的可免予处罚，年度经济下降幅度在0.75%～2%之间的，可申请豁免处罚。

1997年欧盟首脑阿姆斯特丹会议批准《稳定与增长公约》、《欧元的法律地位》和《新的货币汇率机制》等三个协议，为欧元按期启动完成了技术准备和法律保障。1998年，欧盟委员会发表各国《马约》趋同情况评估报告，及法国等首批流通欧元的11国名单。

1999年1月1日，欧盟正式发行超国家性质的法定货币欧元(EUR)，标准符号为€，作为非现金交易的支付货币，以支票、信用卡、股票和债券等方式在成员国范围内流通。2001年1月1日，700亿欧元现金正式投入流通。2002年1月1日，欧元区各成员国本国货币终止流通，欧元正式成为欧元区市场流通的唯一法定货币。

欧元诞生是欧洲货币一体化进程的里程碑，也是国际货币汇率制度的重大创新。欧元启动以来运行平稳，已成为重要的国际清算支付货币和储备货币，与美元和日元构成三足鼎立的多元化国际货币体系。尽管欧洲货币一体化进程还面临有待解决完善的问题，但其开创性实践和成果已成为当代探索国际货币汇率体制改革具有里程碑意义的事件。

5.3 外汇管制

外汇管制是国际金融领域长期存在的外汇管理方式，也是各国外汇制度的重要组成部分，作为各国外汇管理的重要政策工具，外汇管制对汇率形成和调整有决定性影响。掌握外汇管制的基本知识，分析理解外汇管制的实施效应，有助于在正确全面认识外汇管制基础上，结合本国国情趋利避害、合理地使用外汇管制政策。

5.3.1 外汇管制概述

1. 外汇管制概念

外汇管制(Foreign exchange control)又称为外汇管理，是指一国货币当局为控制外汇供给与需求，平衡国际收支和维持汇率稳定而动用法律和行政手段，对本国居民与非居民外汇资金的收支、交易、借贷、转移和国际结算，以及对本币的兑换和汇率等实施的限制性管理措施。

根据国际货币基金组织的定义，外汇管制概念有狭义与广义区分。狭义外汇管制指外汇限制(Exchange restriction)，是指一国货币当局对本国居民从国外购买经常项目下的商品与劳务所需的外汇支付或拨付转移进行的管理限制措施。广义概念即外汇管制，其管制的涵盖范围远大于狭义概念，从管制主体看不仅包括本国居民，还包括非居民；从管制内容看不仅有经常项目下的管制，还包括经常项目以外的与外汇资金相关的所有方面的管制。

2. 外汇管制的历史演进

外汇管制作为历史产物有漫长的演变过程。外汇管制起始于第一次世界大战，被卷入战争的世界主要发达国家英、法、德、意等国为动员外汇资金，阻止资本外逃，防范汇率剧烈波动纷纷实施外汇管制。大战结束后，国际货币制度趋于稳定，各国经济恢复发展，为争夺国际市场份额，发展对外经济，提升本国竞争力，战争时期实施管制的国家开始取消外汇管制。

在1929～1933年的全球性经济危机期间，国际货币制度崩溃，各国信用体系严重受损，国际收支困难，许多国家之间矛盾尖锐，国际货币金融秩序混乱。对此，各国纷纷恢复外汇管制，采用大幅提高进口关税，严厉限制进口，大肆进行外汇倾销，以及建立货币集团和限制集团成员国与非成员国的国际支付等管制措施进行自我保护。

第二次世界大战爆发后，出于补充外汇资金，筹集战争经费，维持金融秩序的需要，英镑区与法郎区国家及其他国家强化外汇管制措施。战争结束后，面对全球通货膨胀加剧，以及因美国大肆对外商品和资本输出扩张，内部高筑关税壁垒实施贸易保护导致的美元储备与黄金储备短缺、汇率波动不稳定的金融环境，大多数西方国家的外汇管制更趋严格。

20世纪50年代后期，在经济复兴和对外收支状况改善背景下，各国开始不同程度恢复货币自由兑换，解除对外贸易收支的管制，但仍维持其他的管制措施。至20世纪60～70年代，随着布雷顿森林货币体系瓦解崩溃和牙买加货币体系建立，浮动汇率制度取代固定汇率制度，越来越多的国家顺应汇率制度改革，逐渐放松以至于取消外汇管制。特别是20世纪80年代以来，面对世界经济与金融全球化趋势，在国际货币基金组织的倡导和推动下，简化和取消外汇管制已经成为外汇管理的国际趋势。但是应当看到，事实上外汇管制仍然是各国对外金融管理的普遍现象，完全不受管制的外汇收支和汇兑交易是不存在的，除发展中国家因外汇短缺需要严格管制外汇外，即使一些名义上取消了外汇管制的较发达或发达国家，也还在采取程度不等的外汇限制性措施。因此，从这个意义上说，各国外汇管制不是有无的区别，只是管制宽严程度的区别。

3. 外汇管制的类型

按照管制程度宽严的区分，目前世界各国外汇管制大致可分为三类：

(1) 严格管制。该类型实行全面的严格管制，其管制对象包括本国的居民和非居民，管制范围一般全面涉及国际收支的所有项目及汇率，管制方式采取较严厉的审批手段，并且不采用自由浮动的汇率。通常实施外汇严格管制的一般为发展中国家和地区，由于经济不发达，国民生产总值规模小，创汇能力有限，外汇资金紧缺需要计划控制用汇而被迫严格管制。

(2) 有限管制。该类型对不同对象分别采取管制或不管制措施，或者采取审批或备案等程度不等的管制措施。其通常是对非居民的贸易和非贸易等经常项目收支不加管制，对资本与金融项目收支实行部分或不同程度的管制。而对居民的贸易和非贸易等经常项目收支实行部分或不同程度管制，对资本与金融项目收支实行管制。实行有限外汇管制类型的一般多为经济较发达，国际竞争力和创汇能力强，国际收支稳定，储备充分，金融状况良好，金融制度较完善的工业化国家和地区。

(3) 区别性临时管制。该类型在名义上已取消对居民与非居民的经常项目、资本和金融项目收支的限制，允许本币自由兑换，但在实际上出于国家利益或对外发展战略的需要，其间歇性或临时性地对特定对象实施特定项目的监管，或多或少对非居民的资本和金融账户收支科目和本国居民的非贸易外汇收支实施程度不同的限制性管理，甚至对特定国家和地区实行全面性管制。实行临时外汇管制类型的多为经济实力强盛，外汇收入充裕，金融制度完善的发达国家和国际收支盈余的石油出口国。随着浮动汇率制度普及和对外开放扩大，也有一些发展中国家和地区放弃名义外汇管制，仅对短期资本流动等有限对象实行限制性管理。

一国采用何种外汇管制类型，取决于本国的国情和国际市场环境，而一国外汇管制方式的调整，同样取决于本国的国情和国际市场环境的变化。一国的外汇管制类型并非是固定不变的，会随条件与环境的变化而调整，原来实行严格管制的国家会放松甚至取消外汇管制，而原来放松或取消管制的国家也可能因情况变化恢复管制，如受金融危机的影响，马来西亚于1998年9月2日又宣布恢复外汇管制。

4. 外汇管制的政策目标

外汇管制实质是政府强制实施的保护本国利益的防御措施，由于国情的差别和出于不同的调控需要，不同国家实行外汇管制侧重的目的也不尽相同。从经济角度分析，一国外汇管制的目的主要有以下方面：

(1) 调控对外进出口贸易，促进本国民族工业发展，增加外汇储备和提高对外支付能力。对与进出口贸易相关的外汇收支和外汇交易进行管制，是支持本国商品出口，限制不利于本国经济发展的进口，保护国内产业健康发展，达到合理集中使用外汇资源，优先发展本国重点或急需项目的基本措施。尤其是对于一些出口竞争力有限或出口创汇波动较大，进口付汇具有刚性或快速增长，民族工业处于起步发展阶段的国家，更需要借助外汇管制鼓励出口创汇，限制进口用汇，保护民族工业发展，增加本国外汇储备，提高国际支付力。此外，也有国家通过对经常项目贸易收支实行区别对待的外汇管制政策，来调整进出口商品结构和区域地理结构，改善资源配置结构，提高对外贸易的经济效益。

(2) 控制国际资本的合理流动，维持本国国际收支平衡。在全球经济金融一体化大趋势下，国际资本跨国流动对推动跨国投资，促进全球产业结构调整，加快发展中国家经济增长有重要作用。但国际资本特别是投机性强的短期资本过度无序的流动，也容易使所在国外汇资金频繁流动，大进大出，导致资本与金融项目收支产生大幅顺差或逆差，进而引起国际收支失衡。通过对资本与金融项目实行审查和汇兑管制，鼓励长期实业投资，限制短期资本进出和投机性国际游资的投机活动，防范国际热钱大规模流入套利和资本外流产生的金融震荡，有助于维护资本的正常流动与金融秩序，维持本国的对外支付能力和国际收支平衡。

(3) 保持汇率稳定，防范货币冲击，维护本国金融安全。在现今浮动汇率制度下，外汇市场供求关系大起大落容易引发汇率大幅波动，并波及本国的商品价格和金融市场利率，进而影响本币币值与本国经济社会的稳定。通过外汇管制控制内外资金流动进而缩小汇率波幅，有利于形成发展本国对外经贸的计价、核算、汇兑的稳定汇率环境，减少外汇风险。同时，通过汇率监管，有助于烫平市场汇率的异常波动，包括限制和压缩市场汇率异常的过高波动幅度和过高波动频率，特别在战争、自然灾害和金融危机等特殊情况下采取特别管制措施，更是防范危机爆发或蔓延，保护本国经济金融安全的必要手段。

(4) 防范国际通货膨胀输入，维护国内物价和就业平稳，保持本国经济持续增长。国际经济金融一体化，资源要素跨国流动创造了通货膨胀国际传播的条件。通过对汇率、进口和资本流动等方面实施外汇管制措施，阻隔境外通货膨胀向国内传输的通道，减少国际通胀对本国经济的转嫁影响。同时，通过外汇管制控制进出口规模，鼓励出口和外来投资，限制进口和资本外流，有利于稳定国内就业，促进经济增长和提高国民收入。此外，还可利用外汇管制防范和反击别国的歧视性外汇政策、外汇倾销和转嫁经济危机的措施，维护本国的正当利益。

应当看到，各国一定时期内外汇管制的侧重点是随管制的内外环境条件变化而调整的。如在外汇管制的早期，由于各国经济规模有限，货币发行受黄金准备的限制使国际支付能力不足，抵御外汇风险的经验和实力不强，因而外汇管制主要以管制资本项目交易汇兑，禁止资本外逃和外汇投机等措施为主，以达到维持必要的外汇储备规模，稳定本币比值和提高本币信誉，防范外汇风险的目的。随着国际货币制度进入浮动汇率制时代，在金融动荡环境下，各国外汇管制范围普遍扩大至包括贸易、非贸易和资本金融交易在内的所有项目，实行以维持对外支付流动性和国际收支平衡为基本目的全面管制。20 世纪 80 年代，出于世界贸易和国际投资迅速发展，以及各国推行金融自由化的需要，外汇管制重点转向推动开放，促进对外经贸发展，开始放松对贸易与非贸易及资本流动的限制，以减少对国际贸易与跨国投资发展的阻碍。20 世纪末期，面对国际热钱全球逐利投机频繁流动，债务危机与货币危机迭出，各国外汇监管转向以控制异常资本流动为重点，通过对资本与金融项目尤其是短期资本跨国流动和汇率管制，增加外汇储备，防范金融危机。

5. 外汇管制的消极影响

外汇管制是双刃剑，既能产生一定的积极效应，也不可避免地会给本国和全球经济带来消极作用。外汇管制的消极影响主要表现在：

(1) 外汇管制人为肢解和限制外汇的市场机制作用，扭曲汇率和外汇市场供求关系，降低外汇资源配置效率。在外汇收支和汇率管制下，内外资金流动和外汇供求量被管制措施强制性改变而失常，使得由其决定的汇率难以准确及时地反映真实的外汇供求关系，也难以准确进行国际成本与价格的比较。因而，人为扭曲市场资金流量和汇率必然产生错误的市场信号，误导市场行为和资源配置，也不能自动发挥市场机制调节外汇供求和经济运行的功能，降低市场调节的效率和资源配置效率。同时，在复汇率下形成的对外歧视或差别歧视极易引发国际报复，扰乱金融秩序，其衍生的汇率差价必然使投机套利和走私套汇猖獗，引起市场秩序混乱，甚至因游资的货币攻击诱发金融危机，增加外汇风险和外汇监管难度。

(2) 外汇管制会造成各国间的贸易和资金壁垒，引起内部经济的自我封闭，影响国际经济往来与协作，阻碍对外开放和国际经贸发展。外汇管制限制本国居民与非居民的对外贸易和金融交易结算收付，必然延缓或阻断国际贸易和资本跨国流动，形成与全球经济一体化趋势相悖的生产要素流动封闭壁垒，影响本国经济的发展。外汇管制还封闭或部分封闭了国内市场与国际市场、国内资源和国际资源的流动渠道，使本国无法充分按照比较优势原则，立足全球范围的两个市场和两种资源来全方位优化配置资源，也难以使本国全面融入国际经济金融体系，通过国际化分工协作，在对外开放中最大限度地获取比较利益。

(3) 外汇管制增加市场交易成本和监管成本，影响日常监管效率的提高。全面的外汇监管涉及国际收支的各个方面和众多的市场主体，从各国的经验看，由于外汇管制范围广，内容繁杂，市场动态变化，监管对象具体情况千差万别，加之市场信息不对称，监管的决策时滞和执行时滞，以及监管者的监管技能与水平因素的影响，外汇日常性管制通常难以实现市场化调节的及时灵敏高效。同时，外汇监管会增加国际贸易清算收付和外汇收支汇兑的交易成本，监管本身需要投入大量人力、物力和财力等监管资源，都增加了全社会的经济运行成本和管理成本。

5.3.2 外汇管制内容

外汇管制的内容包括管制的主体机构、管制的对象与范围以及管制方式。

1. 外汇管制的主体

外汇管制的实施主体通常是由主权国家政府指定或授权的特定机构，一般为政府所属的职能机构。按目前世界各国的做法，外汇管制机构的设置主要有以下三类：

(1) 由政府设立专门外汇行政管理机构作为外汇管制的主体，统一负责执行外汇管理事务。如意大利专门设立外汇管制局负责外汇管制工作。

(2) 由政府授权本国中央银行或财政部作为外汇管制机构。其中大多数国家是由政府授权本国中央银行进行管制，只有少数国家由政府指定财政部负责外汇管制，如日本由大藏省负责外汇管制工作。

(3) 由政府授权若干专业行政管理部门共同作为管制外汇的机构，分工实施外汇管制的不同权限。如英国外汇管制法令规定英国财政部为负责决策外汇政策的机构，英格兰银行为代表财政部执行外汇管制的行政管理机构。

同时，大多数国家都指定外汇银行办理外汇汇兑、买卖和收付等具体交易业务，有些国家还将部分外汇监管审批权限下放给指定的外汇银行，结合外汇交易业务进行监管，因而，尽管被指定交易外汇的银行属商业性组织，但也就兼有了外汇管制机构的性质。

2. 外汇管制的对象

外汇管制的对象涉及受管制措施影响的市场微观主体、资产财物和管辖地区。具体包括：

(1) 外汇管制的市场微观主体。外汇管制的市场微观主体包括长期在本国境内居住或从事经营活动的自然人居民和法人居民，还包括未长期在本国境内居住或从事经营活动的非自然人居民和非法人居民。由于居民的贸易与非贸易外汇收支通常是本国对外收支的主体，因而实施外汇管制的国家都将居民作为外汇管制的主要对象，而对外汇收支不占主要比重的非居民实施较宽松的管制或者依据需要对不同国家的非居民实行不同的管制。

(2) 外汇管制的资产财物。世界各国外汇直接管制的主要资产财物一般为出入关境的外币现钞，对外收付、汇兑和买卖交易的外汇支付凭证、外汇有价证券等外汇资产，携带出入海关的黄金等贵重金属。有的国家将携带出入国境的本币也列为管制对象。

(3) 外汇管制的地域范围。主权国家外汇管制的有效地域范围取决于本国法令法规的管辖范围,通常与本国政府管辖的国境范围是一致的。但对有些设立出口加工区、自由贸易区、经济特区,并在区域内采取宽松的外汇管理政策甚至基本不实施外汇管制措施的国家而言,其外汇管制实际有效区域范围要小于本国的国境。此外,外汇管制地域范围还体现在依据不同时期对外经贸发展的政策需要,对不同国家或地区的非居民外汇收支采取宽严不等的差别管制措施,区别实行重点和非重点管制。

3. 外汇管制的方式

各国外汇管制按管制方式大致可分为外汇数量管制与外汇价格管制两类。

外汇数量管制是外汇管制机构采取进出口结售汇、外汇配给、进口许可证等各种方式,对国际收支账户的外汇收支、外汇兑换和外汇交易,以及携带出入海关的黄金和外币现钞的数量实施的限制性管理。外汇数量管制的核心是集中外汇收入,控制外汇支出,统筹管理本国的外汇收支数量与结构。外汇数量管制是外汇日常性管制的基本方式,主要包括贸易外汇收支管制、非贸易外汇收支管制、跨国资本投资管制、银行外汇账户管制和黄金、外币现钞输出入管制五方面。

(1) 贸易外汇收支管制。贸易外汇收支是国际收支的基础,也是许多国家外汇管制的主要对象,管制的基本目的是通过管制外汇收入,限制外汇支出,减少贸易逆差,维持国际收支平衡,其具体包括出口贸易外汇收入管制和进口贸易外汇支出管制两方面。

实施出口贸易收汇管制的重点在于确保国家集中外汇收入统筹安排使用,防止外汇流失,鼓励出口创汇。其主要管制方式有:①实行出口外汇收入结汇管制。规定出口外汇收入不得滞留国外和私自截留,必须将全部或规定比例的外汇收入按官定汇率结售给指定的外汇银行,或者规定不同类别出口商品的外汇收入依照不同比例按官定汇率结售给指定的外汇银行。②实行出口许可管制。为控制出口及时足额结售汇,实行出口许可证制度,申请出口许可证须填清出口商品的种类、价格、币种、收汇方式和结算时间等,并交验信用证,以防止隐匿或滞留出口外汇收入。③实施鼓励本国厂商出口创汇的政策。出口商按规定比例保留的外汇收入可用于自身进口支付,或按市场汇率出售;部分出口商品的远期外汇收入允许提前结汇或允许适当推迟结汇;给予出口商优惠贷款等。由于国际货币基金组织要求成员国不得对国际收支经常项目进行外汇管制,部分会员国便采取对特定出口商品给予财政补助或补贴,实行出口退税、出口减免税或出口推迟缴税的税收优惠,按优惠利率贴现出口商的汇票,以及由官方机构承保汇率风险等变相贸易管制措施扶持出口。

管制进口贸易外汇支出的目的是要控制外汇支出,节约外汇资源,以维护国际收支平衡。其主要管制方式为:①实行进口用汇审购核批制度。具体是进口必须申请购汇额度,在批准的购买外汇额度内按官定汇率向外汇银行购汇;或者进口同时申请商品进口配额与购汇额度,在批准的双额度内按官方外汇牌价向外汇银行购汇;或者进口申请进口配额,以核批的进口配额向外汇银行按外汇牌价购汇。②实行进口贸易管制。根据本国国内经济建设和生活需求的实际需要,配合进口贸易用汇管制,按照外汇支付能力将各种商品分为禁止进口、限制进口、允许进口和扶持进口类别,并针对性地制定宽严不等的进口审批标准和供汇政策。此外,有些国家还实施对进口用汇征收外汇税;进口商须向本国外汇银行预存一定比例进口货款;限制进口贸易对外付汇的币种;进口商品必须获得外国提供一定额度出口信贷等措施来配合管制进口贸易用汇。

(2) 非贸易外汇收支管制。非贸易外汇收支是一国除贸易外汇收支和资本输出入之外的外汇收支,其主要包括与服务贸易相关的运输、旅游等各业的外汇收支;由跨国资本流动产生的外汇收益与费用;与技术贸易有关的特许权利费、技术劳务费等外汇收支;对外文化、教育、体育、卫生等方面交流发生的外汇收支费用;对外行政、外交、安全往来的外汇经费收支,以及私人侨汇收支和单方转移收支;等等。

管制非贸易外汇收支的主要措施有:①直接限制措施。即对产生非贸易外汇收支的人员流动和外汇收支进行审查控制,包括对劳务输出入、人员内外流动和从事服务贸易的人员实行审批许可证管制;向境外邮寄外汇或携带外汇出境必须经外汇管理机构审查批准;规定非贸易外汇收入在限定时间内向指定银行结汇等措施。②最高限额措施。即规定某些非贸易使用外汇特别是私人(如留学费、旅差费等)用汇的最高限额,在限额内无须审批凭有效文件可由外汇银行直接售汇,并可自由邮寄或携带出境,超出限额需要再申请批准。③预付存款措施。即非贸易外汇支出经审批允许购买外汇后,购汇钱款必须在外汇银行存放满规定的时限才能购买外汇汇往境外,以延长外流资金的滞留期。④登记制度。为防止非贸易外汇收支逃避管制而无序流动,对限额以上的非贸易外汇收入和支出实行特别登记。⑤外汇支出特别批准措施。对某些非贸易外汇支出换汇实行申请审批、一次换汇限额以及换汇间隔期等制度,控制非贸易外汇的支出。

(3) 资本输出入管制。在国际资本流动频繁,跨国资本规模庞大的背景下,资本输出入对一国的金融稳定影响重大。鉴于各国的国情差别,管制的目的不同,对资本金融账户的外汇管制措施也不尽相同。一般说,外汇紧缺、储备不足或国际收支逆差国会严格或较严格地限制资本输出,鼓励资本输入;而国际收支顺差、外汇超储的国家则对资本输出或输入采取宽松的偏中性政策。此外,出于非常时期防止国际热钱的投机攻击,避免金融危机,或者为缓和本国汇率与储备的压力,避免通货膨胀等方面的调控需要,当事国也会采取一些临时性的特殊管制措施。

各国管制资本输出,鼓励长期实业资本输入的措施主要有:①限制本国对外投资。设定本国资本对外投资准许的限额、期限和投资方向等严格条件,设置对外投资的严格审批制度,限制本国银行、公司向国外提供贷款,限制本国居民购买国外金融资产等。②对境外投资收益征税。规定对本国居民在国外的投资收益征收利息平衡税,以降低国外投资收益率,平衡国外与国内的投资收益水平,抑制资本流出。如美国曾于 1963 年 7 月开征利息平衡税,规定本国居民购买外国证券必须纳税,以平衡内外投资收益率。③限制非居民资金流出。定期或不定期冻结非居民在本国的资金账户,未经批准其银行存款、有价证券和其他金融资产不得汇出或携带出境。④采取各种吸引外资长期实业投资的鼓励政策。规定给予外商投资企业税收优惠和其他投资便利条件,允许外资投资企业利润可用外汇自由汇出境外等。

各国管制限制资本输入的措施主要有:①限制境外资本短期流入。设定境外资本短期输入准许的限额、期限和投资方向等限制性条件,设置境外资本短期投资的严格审批制度和特定监管账户,禁止或严格限制非居民购买本国金融产品或投资本国特定行业,规定境外短期资本流入的法定存款比例和锁定期等。②限制本国银行对境外融资。规定本国银行吸收非居民存款必须缴纳特别存款准备金,本国银行吸收非居民的存款不付利息,甚至加收一定比例的手续费,本国银行从国外借款不得超过其资本与准备金的规定比例,并要将一定比例的借款定期存放管汇银行,限制本国银行对外融资的利率等。③限制本国企业或跨国公司借用境外资金。

规定本国企业或跨国公司利用境外资金或贷款的限额和期限,如超标则需要经管制机关审批,国内企业对外借款实行审批制或登记备案制等。

(4) 黄金和现钞输出入管制。在牙买加货币体系下,黄金丧失了国际货币支付的职能,但其至今仍是各国国际储备的重要资产形式,为此,一些国家通过管制减少黄金流动,维持本国的黄金储备。实行外汇管制的国家一般由中央银行或其指定机构垄断黄金的输出入业务,禁止私人输出黄金或禁止私人输出入黄金,有的国家还对出售黄金实施征税管制。

由于本外币现钞无法通过账户转账和汇兑进行监管,其跨国流动又会影响本国的货币流通和金融秩序,因而许多国家便实施现钞出入的关境管理。一般规定携带外币现钞出入境必须申报登记,携带出境的外币现钞额不得超出携带入境额或超过规定限额。对本币现钞一般都规定可以自由携带出境的最高限额,超过限额必须经申报特别审批或登记。对本币现钞携带入境有些国家不加管制,有的国家则规定限额。

(5) 银行外汇账户管制。在纸币制度下本国居民与非居民之间,以及非居民之间的银行账户往来清算收付是国际收支的基本形式,也是外汇跨国流动的主渠道,管制银行账户即管住了外汇资金流动的闸门。因此,仍有国家对居民和非居民银行外汇账户的外汇收支存兑实施宽严不等的管制。

各国的银行账户管制通常将银行外汇账户划分为自由账户、有限制账户和封闭账户等不同类型账户,分别规定不同的对外收支范围、收支额度和审批方式等,实施差别化管制。通常自由账户的资金可以不受限制地办理境内外的各币种资金汇兑收支;有限制账户部分科目的资金可以自由对境内外收支,部分科目资金对境内外的收支不能超出规定限额或者收支必须经批准或登记备案才予办理;封闭账户资金一般不能直接对境外收支,对境内的收支科目也有严格限制,如不能支付购买本国的金融资产和不动产等。目前,发达国家已基本取消银行账户外汇管制,但仍有一些国家主要是发展中国家实行银行账户管制。

(6) 汇率管制。又称为外汇价格管制,是指外汇管制机构动用官定差别汇率、国内货币政策、外汇平准基金和外汇储备调节等工具,限制资本流量和汇率波动幅度的管理。外汇价格管制的实质是要控制外汇收支流量,保持汇率稳定,控制汇率风险,利用差别汇率鼓励创汇和吸引外资,维持国际收支平衡。

各国汇率管制的具体措施有:①汇率直接管制,即政府直接借助法律和行政手段管制外汇汇率及其波动幅度,或实行公开或隐蔽的复汇率制,在同一时期中人为实行两种以上的汇率,以达到特定的目的。国际货币基金组织认定,一国政府或财政部门采取的导致该国货币对其他国家即期外汇买入与卖出汇率的差价,以及各种汇率之间买入与卖出汇率的差价超过2%的任何做法均为实施复汇率。公开的复汇率是法定的固定差别利率,即在本币与某种外币间规定两种或两种以上的汇率,并规定不同商品和不同市场主体的外汇汇兑使用不同汇率,从而对不同商品的进出口贸易或市场行为起到限制或鼓励的作用。隐蔽的复汇率制是运用税收优惠或加征税收、财政补贴、优惠贷款和外汇权证等手段,通过使不同市场主体或市场交易在实际外汇汇兑中获得不等的收入来调节市场行为的措施。隐蔽的复汇率制的形式通常包括:对不同出口商品给予不同的财政补贴、税收减免优惠,使外汇收入相等的出口商有实际不等的本币收入,或对进口品征收不同的附加税,使进口品成本不同形成不同的实际汇率;在官定和市场汇率并存时,实行外汇比例留成或外汇权证制度,允许将留成外汇或外汇权证按高于官定汇率的市场汇率出售获利,实质为变相出口补贴的两种汇率的差价形成不同的实际汇率;在官方汇率基础上对不同种类的进出口商品附加不同的汇率系数，使不同成本的进出口商品形成不同的影子汇率。②汇率间接管制，即货币管理当局采用各种经济手段调节本外币的供求关系来间接影响汇率的措施。其方式主要是建立外汇平准基金并在外汇市场买卖外汇干预汇率波动方向和幅度；利用国内利率升降调节外资流入或流出量，引起本外币供求量变动来影响汇率水平；运用财税和货币信贷政策调控资本内外流动规模、长短期结构及流动区域来影响国际收支并影响汇率；动用国际储备调节国际收支平衡间接调节汇率等。

5.3.3 我国外汇管理体制演变与改革

建国以来我国的外汇管理制度随经济建设发展和经济体制改革数度变革，前后经历了五个时期：

1. 解放初期(1949～1952 年)

建国初期，我国处于国民经济战后恢复时期，外汇资金严重短缺，百业待兴，恢复发展国民经济迫切需要大量的外汇。对此，国家全面实行严格的结汇和供汇制度，规定贸易与非贸易外汇收入以及侨汇等所有的外汇收入必须结售给指定的外汇银行，对进出口贸易实行许可证管理，进口及各类非贸易所需用汇实行申请审批控制，全国的外汇收入由中央政府统一集中，按照“先中央后地方，先工业后商业，先公后私”的原则计划安排使用外汇。此外，中央政府指定中国人民银行为我国的外汇管理机关，禁止外币在我国境内流通和投机买卖，严禁私自携带或邮寄人民币、外币和金银出境，初步建立了外汇管理体系。

2. 高度集中的计划经济时期(1953～1978 年)

从 1953 年起，我国进入全面经济建设时期，建立并实行计划经济体制，外汇管理相应采取高度集权的指令性计划管理体制。国家严格管制对外汇收支买卖、调拨转移和进出入关境，实行“集中管理，统一经营”的外汇管理方针，各类外汇收支由外汇管理机构集中管理，通过指定的外汇银行账户统收统支和监管；所有外汇收入按规定汇率汇兑上交国家，任何单位或部门不得私自留存外汇和买卖交易外汇；所有用汇经申请纳入用汇计划统一安排，并以规定汇率兑换；全国对外贸易业务统归国营专业外贸公司垄断经营，1985 年起外贸对外出口收汇按内部结算汇率兑换，形成双重汇率；在排斥借用外债和利用外资的政策下，资本项目收支极其有限。从 1956 年起，实施外汇收支的年度计划管理，具体由对外贸易部管理进出口贸易外汇收支，由财政部管理中央各部门的非贸易外汇收支，由中国人民银行管理地方非贸易外汇和私人外汇收支。

3. 改革开放初期(1979～1993 年)

实行改革开放政策后，为改造旧体制的弊病，1979 年我国开始推进外汇管理体制的改革。改革措施主要包括：

(1) 1979 年国务院设立直属国务院的国家外汇管理总局作为我国外汇管理的主管机关，并在全国各省、市和自治区设置对口管理机构，1982 年归口中国人民银行管理，改称外汇管理局。1980 年国务院颁布外汇管理条例，是建国后首个全面、系统的外汇管理法规，以后又陆续颁布 30 多个实施细则，标志我国外汇管理进入法制化轨道。

(2) 1979 年起改革计划分配使用外汇制度，贸易与非贸易外汇结汇时可按规定比例留成，外汇留成额度可用于自身进口或在外汇调剂市场按市场调剂价格出售，并于 1980 年起开放外汇市场调剂业务，调剂业务归国家外汇管理局及分支机构管理，由中国银行办理现汇买卖结算和过户手续。1988 年起各地先后建立 108 个外汇调剂中心从事外汇调剂业务，外汇调剂价格最初由国家限定价格，逐步转变为按市场供求状况双方议价及公开竞价方式定价，标志我国外汇和汇率管理向市场调节过渡，形成人民币双重汇率并存局面。

(3) 1980 年起，为保证外汇所有人在境内购买紧缺商品和加强非贸易外汇使用的管理，中国银行发行与人民币等值的外汇兑换券，非居民可用外汇向中国银行兑换并在规定范围内使用。

(4) 放宽对居民个人的外汇限制，为鼓励居民增收外汇，1980 年实行居民外汇收入按规定比例留成，1985 年起开办居民个人的外汇存款，并可在规定的数额和用途内支取外汇、邮汇或携出境外。1991 年起又允许居民个人持有的外汇可在外汇调剂中心出售，居民因私用汇可在外汇调剂中心按规定数额购买。

4. 深化外汇管理体制改革时期(1994～2004 年)

1994 年后我国外汇管理制度针对存在的弊端逐步深化改革。1996 年国务院颁布“外汇管理条例”和中央银行颁布“结汇、售汇及付汇管理规定”，形成外汇管理体制的新框架。改革措施主要包括：

(1) 将官定汇率与外汇调剂价并轨，取消双重汇率制，实行单一的、以市场供求关系为基础的有管理的浮动汇率。

(2) 取消外汇上缴和留成的外汇分成管理制度，实行外汇银行结汇、售汇制度和人民币经常项目的可兑换。所有贸易和非贸易外汇收入必须及时调回境内，按当日挂牌汇价结售给指定的外汇银行，外商投资企业的外汇收入可通过外汇银行结汇或通过外汇调剂市场出售。1997 年起允许部分中资企业开立外汇账户，保留规定额度的外汇收入，银行结汇从强制开始向自愿结汇过渡。取消经常项目对外支付用汇的计划审批，各类企事业单位用汇持有效凭证向指定外汇银行按挂牌汇价购买，不设定用汇配额限制。从 1997 年起，外商投资企业外汇收入和支出既可以在外汇调剂市场出售或购买，也可通过外汇银行结售汇，并取消外商投资企业的经常项目下正常用汇额限制。提高居民个人因私用汇的标准和供汇范围，但不实行按需汇兑。在上述改革基础上，我国政府承诺从 1996 年 12 月 1 日起履行国际货币基金组织章程第八条义务，实现人民币经常项目的可兑换。

(3) 资本与金融项目下的外汇收支继续实行审批监管制度。资本与金融项目下的外汇收支及结汇、售汇须经外汇管理局核准后在指定外汇银行办理。境内机构向境外借款或发行外币债券，必须经主管部门审批并进行外债登记，实行统计监管。境内机构对境外的外汇担保，须经主管机构登记核准，其担保履约用汇应凭登记审核证明向外汇指定银行购汇。境内机构在境外发行股票获取的外汇，须持批准文件到指定银行开立账户收汇。

(4) 对资本输出实行计划管理和审批制度。国内机构对境外投资用汇，应持主管部门的项目批准书和投资合同向外汇管理局申请，经批准后向指定银行购汇。

(5) 外商投资企业经外汇登记审批后可到指定外汇银行开设外汇账户，外汇收支自行平衡，但借用外债须经外汇局备案。

(6) 从 1994 年起停止境内外币计价结算流通，停止发行外汇券，已发行流通的限期兑回。

(7) 建立全国统一的银行间会员制外汇市场，即全国性的外汇交易中心，为外汇指定银行的外汇平仓、补仓和清算服务，并于 1998 年 12 月起关闭各地外汇调剂中心，或将其变更为外汇交易中心的本地分支机构。

(8) 实行国际收支统计申报制度，加强对外汇收支、外债规模、国际收支平衡趋势的监控。

5. 我国现行的外汇管理制度(2005 年至今)

随着我国 GDP 与对外经贸规模迅速增长，国际收支顺差和外汇储备不断增加，为调节进出口贸易，平衡国际收支，控制外汇储备过快增长，加强货币调控，保持经济可持续的均衡发展，我国于 2005 年 7 月开始外汇管理体制的一系列改革。主要内容包括：

(1) 人民币对美元汇率大幅升值，人民币汇率不再盯住单一美元，选择若干种对外主要交易货币赋以相应权重组成货币篮子，并根据国内外经济金融形势变化，以市场供求关系为基础，参考一篮子货币的人民币多边汇率指数变动形成人民币汇率；扩大人民币汇率浮动区间，形成更富弹性的人民币汇率调节机制。

(2) 加快经常项目的自愿结售汇。扩大境内机构经常项目外汇账户保留现汇的比例，凡上年度经常项目外汇支出占经常项目外汇收入比例在 80%以下的，外汇账户保留现汇比例由上年度经常项目外汇收入的 30%增至 50%，凡上年度经常项目外汇支出占经常项目外汇收入比例在 80%以上的，外汇账户保留现汇比例由上年度经常项目外汇收入的 50%增至 80%。新开立的外汇账户，上年度无经常项目外汇收入的，账户的初始留汇限额由不超过等值 10 万美元增至等值 20 万美元；2006 年 5 月，境内机构经常项目外汇账户留汇限额提高至按上年度经常项目外汇收入的 80%与经常项目外汇支出的 50%之和的范围内确定，新开立账户的初始限额增至不超过等值 50 万美元；2006 年 8 月，放宽部分服务贸易项目的售付汇管制，在规定额度内支付运费、佣金等可直接在外汇指定银行办理，超标的需持凭证经申请批准后购汇支付。

(3) 放松资本金融项目管制，推动资本输出入。2005 年 8 月起，下放部分资本金融项目外汇业务审批权限，将对外担保、境外上市公司外资股份公司回购本公司境外上市股票、以及证券、信托、财务和金融租赁公司外汇资金结汇及购付汇等项目审批下放至外汇管理局各分局；2006 年 1 月，经审批后外国投资者可以协议受让或上市公司定向发行新股等方式，对我国上市公司进行战略投资；2006 年 7 月起，境内投资者经主管部门批准，可使用自有外汇、国内外汇贷款和人民币购汇，通过新设、收购兼并、参股、注资和股权置换等方式在境外直接投资；经规定的审批和登记程序，允许境外投资者并购境内企业；允许经批准的合格境外机构投资者在批准额度内，通过托管人的外汇账户和人民币特殊账户投资规定的人民币金融产品；2006 年 11 月，我国商业银行开办代客境外理财业务，凡是代客户自有外汇资金境外理财的无须审批，代客户以人民币兑换外汇境外理财的经审批后可换汇；2007 年起允许境内机构和居民个人将合法的资金委托给经批准的信托机构，投资境外规定的货币市场和资本市场金融产品；允许经批准的境内保险公司通过主管部门审批的委托人，经特定的境外投资结算账户和托管账户，运用保险资金投资境外货币市场产品和资本市场的固定收益及权益类产品。2007 年又试点境内居民个人以自有外汇和人民币购汇，通过指定银行与机构直接对境外投资金融产品，购汇额度不受个人购汇年度总额的限制。

(4) 放宽居民个人外汇管制。自 2007 年起，境内居民个人结汇和购汇实行年度总额管理，凭有效身份证件每人每年购汇为等值 5 万美元，个人可以外汇或人民币通过境内合格机构投资者进行境外固定收益类和权益类金融产品投资；经审批后允许移居境外的境内个人，将其取得合法移民身份前的境内财产转移出境；境外非居民个人可按规定直接投资境内 B 股股票，或通过合格境外机构投资者投资我国境内发行和流通的各类金融产品。

(5) 加快外汇市场发展。扩大银行间即期外汇市场的主体范围,凡符合条件的非金融企业、非银行金融机构可申请银行间即期外汇市场的会员资格,参与市场自营性交易;银行间即期外汇市场在原有竞价交易方式基础上,增加询价交易方式,交易币种、额度和汇率由交易双方自行协商议定;开办银行间外汇市场的远期外汇交易业务,可采取到期日本金全额交割方式,也可采取到期日按约定的远期交易价格与到期日即期交易价格轧差交割方式,并可按交易对手信用状况协商设定保证金额度;自 2007 年 8 月起,开放银行间外汇市场人民币对美元、欧元、日元、港币和英镑五对货币的外汇掉期交易业务;建立银行间外汇市场做市商制度等。

5.4 货币可自由兑换

实现货币可自由兑换便于国际汇兑结算,有利于促进本国对外经贸往来,也有助于扩大货币流通范围,提高本币的国际信用。了解货币自由兑换内涵,把握货币自由兑换的利弊和实现条件,是全面理解货币自由兑换的基础。

5.4.1 货币可自由兑换概述

货币自由兑换是指外汇市场上的货币持有人在数量、币种、时间等各方面能按其自身意愿自由地以本国货币汇兑买卖某种外国货币,或以某种外国货币自由汇兑买卖本国货币。

一国货币可自由兑换是相对外汇管制而言的。在现实中,由于大多数国家对货币自由兑换进行不同项目和不同程度的限制,由此,形成货币自由兑换的不同层面。如果一国对经常项目的外汇收支解除了管制,则该国货币即实现了经常项目下的可自由兑换;如果一国不实行资本与金融项目的外汇收支管制,则该国货币实现了资本金融项目下的可自由兑换;如果一国解除经常项目和资本金融项目所有对外收支的管制,则该国货币就成为完全可自由兑换货币。

鉴于完全自由兑换货币支付流动性强,易于汇兑结算,市场信誉高,被国际贸易和国际金融市场各交易主体广泛使用。因而,国际货币基金协定中所提的“可自由使用货币”,或称“自由的可兑换货币”(Free convertible currency)概念是具有特定含义的专用术语,自由兑换货币指在国际交易中被广泛使用的支付货币,也是国际主要外汇市场上普遍交易的货币。目前,国际主要支付货币与储备货币如美元、欧元和日元等均为完全可自由兑换货币。

应当看到,一种货币完全的可自由兑换是个长期渐进的过程。一般要经历经常账户下的有条件兑换与资本金融账户兑换管制、经常账户下的自由兑换与资本金融账户兑换管制、经常账户下自由兑换与资本金融账户下有条件兑换、经常账户下的自由兑换与资本金融账户下的自由兑换等若干阶梯式的演进阶段。鉴于各国国情不同,目前各国货币自由兑换所处的发展阶段和各阶段经历的时间也各不相同。

5.4.2 货币可自由兑换的认定标准

国际货币基金组织章程第八条的二、三、四条款规定,凡是不限制经常性支付和资金转移,不实行歧视性货币措施或多重汇率,能兑付外国持有的在经常性交易中取得的本国货币的成员国货币,即为可自由兑换货币。凡实现经常账户下的货币自由兑换的国家即承担了基金组织第八条款所规定的义务,成为基金组织的“第八条款国”,该成员国货币就是自由兑换货币。如果成员国未承担国际货币基金组织章程第八条款义务,并对资本金融项目收付实行限制,其就成为基金组织的"第十四条款国"，每年必须就货币自由兑换情况向货币基金组织提出专门报告，并就放松取消外汇管制事宜与基金组织进行磋商。

1. 经常项目下货币可自由兑换的标准

国际货币基金组织有关经常项目下货币可兑换的规定主要包括：

(1) 对经常账户下的外汇支付和转移汇兑不进行限制。即对本国居民从国外经常项目下购买商品和劳务的所需外汇，不以各种形式或手段加以限制、阻碍或推迟。具体说，成员国不得限制对外贸易、包括劳务在内的服务业和其他经常性业务，以及正常的短期银行业务有关的对外支付；不得限制应付贷款利息和各项投资净收入的对外支付；不得限制数额不大的偿还贷款本金或摊提直接投资的折旧的对外支付；不得限制数额不大的家庭赡养生活费用的对外汇款支付等。

(2) 不采取差别性的复汇率措施。即不对不同国家、不同产业或产品的经常项目外汇收支使用不同的汇率。

(3) 兑付其他成员国持有的本国货币。即国际货币基金组织的成员国应另一成员国请求，对其经常项目收支中发生和积累的本币，能无条件的给予兑换外币或其所需要的货币。

根据国际货币基金组织有关货币自由兑换的规定，可以认定货币可兑换的标准仅是经常项目的可兑换，不包括资本金融项目下的可兑换，取消对资本流出与流入的汇兑限制不构成成员国的义务，也就是说，只要实现经常账户下的货币自由兑换，该国货币就是可自由兑换货币；货币可兑换仅是对外可兑换，不涉及本国居民之间的"对内可兑换"，即条款中并未规定居民可以在本国境内自由地将本币兑换成外币资产，或自由地持有以外币计值的资产。并且，货币可自由兑换只是取消特定国际收支经常项目下的汇兑管制，不意味本国货币可以在所有方面完全自由地兑换成外汇并在境外自由使用。

需要明确的是，货币可兑换需要消除经常项目下外汇支付和转移的汇兑限制，但货币基金组织并不要求成员国完全放弃对经常项目下的商品贸易和所有外汇收支转移的管制。换言之，当成员国履行 IMF 协议第八条款义务，实现货币可自由兑换后，出于宏观经济调控或管理等方面的需要，保留经常项目对外支付的监测或出现对外支付的限制拖延现象，不属于对经常项目下外汇支付和转移的汇兑限制。具体说，主要有以下方面的情况：

(1) 对进出口商品贸易实行的管制不违反第八条款认定的经常性外汇支付限制。尽管贸易管制和汇兑管制都属于外汇管制的范畴，商品贸易管制尤其是对进口贸易的数量限制会对外汇支出产生限制作用，但由于贸易管制与汇兑管制可出自不同的目的，限制贸易的措施主要是为平衡本国国际收支，其直接作用对象不是限制贸易收支的结算汇兑，而是限制进口或出口的贸易行为，限制外汇收支只是直接限制贸易行为的间接结果。因而，就直接作用对象而言，仅是间接限制外汇收支的贸易管制不抵触第八条款的规定。例如，实行进口贸易许可证管制，企业只有经申请审批取得进口许可证后才能凭证购汇和对外支付的管制；在外汇管理条例中规定禁止某些奢侈品进口及购汇支付的限制；对禁止进口商品限制供应外汇的措施，均不属于对经常性外汇支付的直接限制。

(2) 限定外汇对外支付和转移的特定形式和渠道不属于对经常性外汇支付的限制。出于本国金融监管的需要，对外汇收支形式和转移渠道的某些限制，其与管制对外收支和转移的目的不同，也不是直接限制外汇收支及转移的行为，因而不构成对基金组织第八条款的违反。例如一国限制本国居民在境外使用信用卡，但不影响本国居民使用现金或其他外汇支付凭证对外支付，不违反货币可兑换的规定。

(3) 成员国政府为实行金融监管进行的验证、登记或备案手续，不属于对经常项目下外汇支付和转移的汇兑限制。成员国政府为实行金融监督管理而通常采用的出示验证有关单据凭证、办理许可证、核实登记或登录等措施，不是对外汇收支、获取使用外汇和转移外汇资产实行的直接限制，仅是核实查验外汇收支行为真实性的手段，因而不违反基金组织第八条款的规定。

(4) 因非政府行为引起的对外支付拖延或用汇阻碍，不属于对经常项目下外汇支付的限制。在对外支付或资产转移中只有政府管制行为及法律法规直接引起的限制或拖延阻碍，才构成限制货币的可自由兑换，除此之外的行为，如因债务人破产或法院扣押保全债务人资产、或因国际结算差错导致不能正常对外支付的，不应视作对经常性支付的限制。

(5) 成员国政府实施的仅针对外汇收支管理的制度，不违反经常项目下的货币可兑换义务。一国政府实施的外汇收支管理制度，如外汇留成制、部分外汇收入上缴制、外汇收支结售汇制度以及规定以特定币种支付进口货款等，只要是出于管理收支秩序的需要，不带有歧视或限制收支的性质，就不应视为限制经常性支付与转移。但如果管理制度带有延缓限制收支的性质，如实行外汇留成后，严格限定留成外汇的使用方向；部分外汇收入上缴采用的兑换汇率远低于市场汇率；严格管制外汇兑换仅针对外汇支付行为，而不管制外汇收入行为等，就违反了基金组织第八条款的规定。

据国际货币基金组织的统计，在基金组织 182 个成员国中，已有 148 个国家和地区承诺承担第八条款的义务，实现了经常账户下的货币自由兑换。

2. 关于资本与金融项目下的货币可自由兑换

在 20 世纪国际布雷顿森林货币体系下，无论是发达国家或是发展中国家普遍对资本跨国流动实行严格管制。随着经济发展和金融制度的不断完善，为适应经济全球化和金融国际化的趋势，一些发达国家逐步放宽或取消了资本金融账户的管制，但基金组织大多数成员国仍实行各种形式的管制。据国际货币基金组织 1997 年年报统计，成员国中有 144 个国家对资本项目下的直接投资实施管制；有 128 个国家对资本市场交易实施管制；有 112 个国家对货币市场交易实行限制；并有许多国家还对部分或全部资本与金融账户下的汇兑交易使用歧视性汇率。实行资本金融账户下的货币自由兑换制度，即实行货币完全可自由兑换的成员国主要为发达工业国，绝大多数发展中国家和地区仍未放开资本金融账户的货币可兑换，经过多年变革努力，这种状况仍未发生实质性改变。

由于资本与金融账户下的货币可兑换远困难于经常项目下的货币可兑换，特别是 20 世纪后期全球爆发的多起债务危机和货币危机的经验教训，使得许多发展中成员国更谨慎地审视放弃资本金融账户的货币兑换管制。因而，尽管在 1997 年的香港年会上，确定以推动成员国资本与金融账户的自由兑换为今后基金组织货币可兑换的目标，但其至今未对成员国制定明确的约束规则。无疑，推动资本金融账户下货币可兑换进程，实现货币的完全可兑换是今后各国外汇管理的基本方向，但鉴于各国国情和货币自由兑换条件的巨大差异，其实现过程将是渐进和参差不齐的，应允许各成员国依据本国条件，在确保本国经济发展和金融稳定前提下，稳妥可靠务实地推进货币可兑换的改革。

3. 我国人民币的可自由兑换

人民币可自由兑换是我国外汇管制的核心问题之一，也是我国外汇管理制度改革的重点内容。

1979年改革开放前，在与高度集中的计划经济体制相适应的外汇管制制度下，我国对经常账户和资本金融账户下的所有收支实行统收统支和指令性计划管理，人民币兑换被严格管制。

改革开放后，随着我国国民经济实力增强和外汇管理体制改革的深入，人民币可兑换的水平不断提高。我国人民币可兑换的改革路径与各国货币可自由兑换的发展阶段是基本吻合的，由商品贸易收支有条件兑换走向可兑换，从有形贸易可兑换走向无形贸易有条件兑换和可兑换，并推行单一汇率制，在此基础上于1996年12月1日开始履行国际货币基金组织协定第八条款所规定的所有义务，实现人民币经常项目下的可兑换，成为第八条款国。

目前，人民币处于经常账户可兑换和资本金融账户有条件兑换阶段。进入21世纪以来，在经济高速增长和外汇储备大幅增加背景下，我国不断加大外汇管理体制的市场化改革力度。一方面继续放松经常项目下收支的人民币可兑换管理，扩大境内机构经常项目外汇账户保留现汇的比例，从强制结售汇制逐步走向自愿结售汇制；取消部分服务贸易项目在规定额度内售付汇的管制；加快居民个人外汇收支的可兑换，大幅提高境内居民年度结售汇总额标准，以及放宽移居境外的原境内居民向境外转移财产等。另一方面，有序推进资本金融账户下的人民币有条件可兑换，在继续吸收境外资本直接投资的同时，逐步放松资本金融项目管制，扩大境外资本对国内的权益投资和金融投资，扩大境内资本的对外投资。主要包括允许外国投资者以协议转让或上市公司定向发行新股等方式，对我国上市公司进行战略投资；允许境内居民使用自有外汇、国内外汇贷款和人民币购汇，通过新设、收购兼并、参股、注资和股权置换等方式在境外直接投资；允许居民个人以外汇或人民币通过境内合格机构投资者进行境外固定收益类和权益类金融产品投资；允许境外投资者并购境内企业；允许经批准的合格境外机构投资者在批准额度内，通过托管人的外汇账户和人民币特殊账户投资规定的人民币金融产品；允许我国商业银行开办代客境外理财业务，凡代客户自有外汇资金境外理财的无须审批，代客户以人民币兑换外汇境外理财的经审批后可换汇；允许境内机构和居民个人将合法的资金委托给经批准的信托机构，投资境外规定的货币市场和资本市场金融产品；允许经批准的境内保险公司通过主管部门审批的委托人，经特定的境外投资结算账户和托管账户，运用保险资金投资境外货币市场产品和资本市场的固定收益及权益类产品等。

人民币完全可兑换是我国外汇管理体制改革的基本目标之一，但改革不设具体时间表，将依据可控性、自主性和渐进性原则持续推进。

5.4.3　货币可自由兑换的利弊与条件

1. 货币可兑换的利弊

货币可自由兑换是把“双刃剑”，既能给所在国带来益处，同样也会生成新的难题。

货币可兑换有利于扩大本币在对外收支和金融交易中的计价、结算使用范围与使用规模，大大减少本国厂商可能面对的外汇交易风险和外汇风险管理成本；便于本国对外交易的计价、汇兑和结算，有助于国际贸易与非贸易跨国经济往来，促进对外经济的发展；有助于扩大本币在国际市场的流通范围和交易规模，提升本国的全球经济影响和本币的国际地位；货币可兑换扩大本币的国际市场流通规模相应扩大了本币的流通基数，增加了本国货币供求均衡调控的稳定性和调节空间。

货币可自由兑换也会产生各方面的问题，主要表现在货币可兑换下不受约束的国际收支与资本输出入的频繁流动，不可避免地增加本国外汇、货币金融以至经济大幅波动的可能风险；放松货币兑换管制，增加资金流动的自由度后，必然增加国别之间经济金融的融合与交叉影响，从而大大增加克服国外经济金融波动、通货膨胀或通货紧缩对本国传导的难度，特别是发生经济危机或金融危机时，货币完全自由兑换下更难防范对本国的冲击破坏；在货币可兑换放宽或取消外汇管制下，资本逃避和金融投机等扰乱金融秩序和诱发金融危机的现象发生概率增加，同时又增加货币当局对资本账户与经常账户分隔管理、汇率波动、恶意金融冲击的防范难度和管理成本；在国际经济一体化条件下，货币自由兑换降低了一国政府对外汇资金流动控制的能力，相应加大本国保持国际收支平衡和内外经济平衡的难度。

2. 实现货币自由兑换的基本条件

一国要趋利避害，有效实现货币可兑换或完全可兑换，就应遵循货币自由化的内在规律办事，即在具备或基本具备内外部条件下循序渐进地推进货币可兑换。实现货币自由兑换的基本条件主要有：

(1) 保持国民经济稳定发展。一国经济保持稳定的增长，社会总供求基本平衡，经济体系基础扎实且稳定性好，公共财政收支正常，货币金融运行健康是实现货币可自由兑换所必须具备的内部经济环境的基础条件。否则，在国内经济波动起伏甚至大起大落环境下实施货币可兑换，可能发生的资金大进大出流动或恐慌性的资本抽逃犹如火上浇油，必然加剧宏观经济波动，破坏经济增长，导致经济金融秩序混乱。

(2) 形成本国经济的合理结构。经济结构合理既能充分有效地合理利用本国的既有资源，发展自身的产业和产品，满足内部需求，通过保持经济的自给自足率来维持货币可兑换所需的本国经济发展的稳定性条件；又能提供与世界经济互补的国际比较优势产业与产品，获取比较利益和持续稳定的外汇收入，合理经济结构形成的创汇能力是维持国际收支长期平衡和本币币值的牢靠基础。

(3) 宏观经济调节机制健全有效。在宏观调控的市场经济体制下，宏观经济调节机制健全包括两方面。一方面，是本国的市场体系建设完整统一，市场管理法制和日常性监管完善，市场价格调节机制健全有效，能及时、真实和有效地反映和调节供求关系，使国内外资金流动以及由资金流动引发的商品服务流动，能及时真实地得到反映和自动调节；另一方面，政府的宏观经济调控体系完善，能娴熟地运用法律、经济等手段对宏观经济运行进行及时和有效的调节控制，政府有应对货币可兑换下可能发生的各种波动和风险的充分的控制能力。

(4) 国际收支有持续平衡的稳定性。货币管制的重要目的之一就是平衡国际收支，也就是说，如果一国在长期外汇短缺和国际收支不平衡条件下开放货币可兑换，可能发生的资本逃避会加剧外汇短缺，恶化对外支付甚至引发支付危机。因而，国际收支平衡的可维持性是货币可兑换的不可或缺的条件。保持本国对外收支平衡的基本条件除了本国要形成可持续的创汇能力来保证对外支付的需要的外，还应具备充足的外汇储备和必要的国际融资能力，以保持间接调节市场外汇供求关系和应对突发事件的资金吞吐吸纳的实力。

(5) 健全有弹性的汇率制度。在货币可兑换条件下，当汇率机制僵化，汇价难以灵敏反映外汇市场的供求关系而产生高估或低估时，容易出现套利空间引发投机资本的攻击，破坏金融秩序和经济稳定。因而，只有健全汇率制度，建立以外汇市场供求为基础的具有充分弹性的汇率机制，并在此基础上形成合理的汇率水平，才能引导货币可兑换下外汇市场资本的合理平稳流动。建立有充分弹性的汇率制度的根本是完善能反映本币币值及外汇供求关系的汇率形成机制，健全以市场调节为基础的、以必要的宏观调控为辅助的调节机制。

（6）健全微观经济基础。作为微观经济主体的各类企业是国民经济的基础单元，是影响本国经济持续增长和维持国际收支平衡的决定性因素。企业经营机制有活力，创新能力和市场竞争力强，资产质量高，劳动生产率高，效益优良，不仅有助于推动本国经济增长、提供有国际竞争力的产品来增加出口创汇，还能吸引境外资本投资，形成自我约束的行为规范，为货币可兑换塑造对外经贸交易和对外收支汇兑的理性有序行为和市场秩序。

本章重要名词概念

汇率制度　固定汇率制　浮动汇率制　自由浮动汇率　管理浮动汇率　盯住浮动汇率　单一盯住浮动汇率　盯住一篮子货币浮动汇率　联系汇率　有限弹性浮动汇率　联合浮动汇率　较高弹性浮动汇率　指标浮动汇率　独立浮动汇率　其他管理浮动汇率　爬行盯住汇率　汇率目标区制　货币局制　货币一体化　区域货币合作　通货区　最优通货区理论　单一指标分析法　经济稳定性收益　经济稳定性损失　外汇管制　外汇限制　外汇价格管制　公开复汇率制　隐蔽复汇率制　货币可自由兑换　第八条款国

本章复习思考题

1. 在国际金本位货币制度下固定汇率的形成和调整机制是怎样的？
2. 在布雷顿森林体系下固定汇率的形成和调整机制是怎样的？
3. 金本位制与布雷顿森林体系下的固定汇率制有何区别？
4. 怎样评价固定汇率与浮动汇率制的优劣？
5. 为何说爬行盯住汇率制兼具固定汇率与浮动汇率的优缺点？
6. 为何汇率目标区制会出现“蜜月效应”和“离婚效应”？
7. 货币局制有何优缺点？
8. 一国选择汇率制度受制于哪些影响因素？
9. 我国汇率制度演变经历了哪些阶段？各阶段的基本特征是什么？
10. 区域货币合作包括哪些相互依存的形式？
11. 通货区的特征及其实施利弊是什么？
12. 为何要以生产要素自由跨国流动作为设立最适度通货区的衡量标准？
13. 为何要以经济高度开放作为设立最适度通货区的衡量标准？
14. 为何要以低程度产品多样性、国际金融一体化、政策一体化和通货膨胀相似性作为设立最适度通货区的衡量标准？
15. 成本收益分析法是如何确定一国是否加入通货区的决策的？
16. 欧洲货币一体化进程是如何逐步推进的？欧元作为区域货币的内在机制是怎样的？
17. 外汇管制有哪些类型？
18. 为何要实行外汇管制？实行外汇管制有何弊端？
19. 外汇管制有哪些主要的管制内容和形式？
20. 我国外汇管制制度是如何演变和改革的？
21. 货币可自由兑换一般要经历哪些阶段？

22. 如何认定一国货币属经常项目下可自由兑换货币?
23. 我国人民币目前处于货币自由兑换发展的哪个阶段?
24. 货币自由兑换有何利弊?
25: 一国实现本币可自由兑换应具备哪些最基本条件?

本章附件

香港联系汇率制度

1. 香港实施联系汇率制度的背景

香港自1935年放弃银本位货币体制以来,先后实行过英镑汇兑本位制和有管理的纸币本位制。与之相适应,在汇率管理制度上也先后采取过与英镑挂钩的固定汇率制度、与美元挂钩的管理浮动汇率制和完全自由浮动的港币浮动汇率制。从1978年起,香港经济环境不断恶化,贸易赤字增加,通货膨胀率高企,加之实行以港币存款支持港币发行的、保障不足的港币自由发钞制度,都为港币的信用危机埋下隐患。1982年,在香港房地产业出现大幅度滑坡、香港公众和外国投资者开始对香港未来发展前途发生怀疑,以及港英当局宣布取消外币存款利息税而保留港币存款利息税等因素影响下,终于爆发港元危机。从1982年7月1日至1983年6月30日的一年中,汇率由1美元:5.913港币跌至1美元:7.2港币,港币贬值21.76%。港币危机在1983年9月达到高峰,当年9月1日的港币汇率为1美元兑7.58港币,至9月26日已急跌至1美元兑9.6港币,狂贬26.65%,引起香港居民疯狂挤兑外汇和抢购风潮。在此紧要关头,为维护港币信用,渡过港币危机,港英当局随即决定改变浮动汇率制,转而实行联系汇率制。

2. 香港联系汇率制的基本内容

1983年10月15日,香港政府在取消港元利息税的同时,对港币发行和汇率制度作出新的制度安排。新制度规定发行银行(当时为汇丰银行与渣打银行,1993年后又增加中国银行)在发行港元纸币时,必须按1美元兑7.8港币的固定汇率,向外汇发行基金缴纳等值的美元换取港元的债务证明书,作为发行港币的法定准备金,港币发行额度以港币债务证明书为依据。新的港元发行制度宣告港币联系汇率制的诞生,并使港币的发行获得百分之百的外汇准备金支持,对稳定香港经济起到了积极的作用。

香港的联系汇率制度是利用两个市场和两种汇率的流动套利的运作机制维系港币联系汇率稳定的。在联系汇率制度下,香港存在两个平行的外汇市场,即由外汇发行基金和港币发行银行因发行港币发行和回笼形成的公开外汇市场,以及由港币发行银行与其他持牌银行因港币与外汇兑换而形成的同业外汇现钞市场。由此,相应存在官方固定汇率和市场汇率两种平行的汇率。联系汇率制度的运作,正是利用银行在上述两个平行市场上的竞争和套利活动进行的。货币当局通过控制发行银行的港币发行汇率,维持整个港元体系对美元的联系汇率,又通过银行之间的套利使市场汇率围绕联系汇率波动并向联系汇率靠拢。具体而言,当市场汇率低于联系汇率时,挂牌银行会按联系汇价将差额部分的港币现钞向发行银行兑回美元,并按照市场汇率在市场抛售,套取差价;而发行银行也会将债务证明书退还外汇基金,按照联系汇率换回美元并在市场抛售获利,两级银行套汇活动的结果使港币的市场汇率被逐渐抬高,与联系汇率接近。同时,上述套汇活动还引起港币的市场供求关系重新调整,港币供应量缩减,资金需求相对增加,资金紧张而导致港币的短期利率上升,促使港币的市场汇率上浮。反之,当市场汇率高于联系汇率时，银行按相反方向进行套利，使市场利率趋于下浮。市场套利活动的结果都使市场汇率从高低两个方向向联系汇率中心靠拢。

3. 联系汇率制的利弊

联系汇率制度的最大优点在于，既能使市场汇率充分反映外汇供求关系，并及时将市场供求关系体现在与联系汇率的差额上，又能使市场汇率围绕联系汇率在一个较狭窄的幅度区间内波动，避免汇率可能的宽幅剧烈波动产生的外汇风险和市场冲击。同时，二级套利机制也能自动收缩或扩张港币的供应规模，间接维持港币汇率的稳定，从而有助于增强市场的透明度和市场信心，稳定香港的金融局面，巩固香港的国际金融中心地位，也有利于香港利用良好的市场环境发展对外贸易。但是联系汇率制也存在缺点，港币与美元的直接挂钩，使香港的经济运行、利率和货币供应量的调控与美国经济状况联系紧密，而过分依赖和受制于美国，给香港经济金融带来新的不稳定因素，也削弱了香港货币当局独立运用利率和货币供应量杠杆调节本地区经济的能力。同时，联系汇率缺乏弹性，也使政府丧失了利用汇率变化来调节国际收支的功能。

第6章　国际金融市场与国际金融创新

本章学习目标

理解国际金融市场的概念，掌握传统国际金融市场与离岸金融市场的特点与区别；把握国际货币市场和主要国际资本市场的构成；了解国际金融创新的内容；掌握各种金融衍生工具的种类与内涵。

自20世纪70年代建立牙买加货币体系以来，国际金融市场在市场规模、市场结构、市场功能、市场监管和金融创新等方面取得了巨大进步，有力地推动了国际金融和国际经贸的发展。在国际经济与金融一体化趋势下，掌握国际金融市场基础知识和方法，了解国际金融创新的基本内容，对于认识、参与和有效利用国际金融市场具有重要的现实意义。

6.1　国际金融市场

国际金融市场作为金融产品的跨国交易平台，是国际金融体系的重要基础，也是国际大市场的重要组成部分。国际金融市场的健康发展，有利于合理配置国际金融资源，促进国际贸易和国际经济交流，推动世界经济发展。

6.1.1　国际金融市场概述

1. 国际金融市场概念

国际金融市场(International financial market)是指国际间融通资金和买卖交易金融产品的场所或网络，或者说，是各国居民与非居民，以及非居民之间从事国际性金融业务活动的场所或网络。

金融市场是资金融通和金融产品交易的场所。从金融市场借贷或交易主体身份看，借贷双方或交易双方均为本国居民，并在本国境内交易的市场即为国内金融市场；借贷双方或交易双方均为本国非居民，或者借贷交易主体一方为本国居民，另一方为非居民，金融交易超越本国关境的市场即为国际金融市场。

国际金融市场有广义和狭义的区分。广义的国际金融市场是指从事各类国际金融业务的场所，既包括进行国际短期资金借贷的货币市场(Money market)和进行国际长期资本借贷的资本市场(Capital market)，也包括国际间进行外汇交易的外汇市场(Foreign exchange market)与从事国际黄金买卖的黄金市场(Gold market)，以及其他各种衍生的金融子市场。狭义的国际金融市场，仅指不同主体进行国际短期资金借贷与长期资本交易的场所，从交易对象性质上说仅包括国际货币市场和国际资本市场在内的国际资金市场。

2. 国际金融市场的构成要素

国际金融市场由参与主体、交易对象、管理者和组织形式等基本要素构成。

国际金融市场的参与主体包括市场交易主体和中介机构或中介人。交易主体有公司企业、金融机构、政府部门、社会团体和居民个人等，其中金融机构和公司企业是市场交易的最主要参与者。市场交易者既包括资金借出方或金融产品买入方，即资金供应者，也包括资金融入方或金融产品卖出方，即资金需求方。中介机构或中介人是为市场主体的交易提供各类中介服务的机构和个人，如资产评估与保管机构、投资银行、信托公司、商业银行和经纪人等。

国际金融市场的交易对象包括市场交易的各种金融工具，如各国的货币、商业票据和银行票据、政府债券、公司债券和金融债券、股票及其他金融衍生工具等。

国际金融市场的协调管理主体是各国政府和国际性金融机构。政府通常指定专门政府机构或专业管理机构，按照本国法规或国际协议对本国境内进行的国际金融交易实施监管。国际性金融机构是按照各成员国通过的章程和协议，结合自身的金融业务和金融服务，对成员国的国际金融交易进行跨国协调和监管。

国际金融市场的组织形式即市场交易的组织管理方式。从交易方式看，国际金融市场分为无形市场和有形市场。无形市场是指没有专门交易场所和专用交易设备的市场；有形市场是指常年设有固定交易场所和专用交易设备的市场。目前，在现代信息技术支持下，国际金融市场中资金供给者和需求者大都借助各种通信工具或信息网络进行交易，无形市场已成为国际金融市场的主要形态。从市场组织方式看，国际金融市场分为场内交易市场与场外交易市场。场内交易市场是由经认定的交易者在指定交易场所，按规定的程序通过竞价进行集中性交易的市场。场外交易市场是交易者在各自的交易场所内，按各自挂牌的价格进行分散性交易的市场。国际金融市场是场内交易和场外交易相结合的市场。从市场的地域分布看，国际金融市场主要集中于经济金融发达的城市，尤其是世界性大城市，多以所在地的城市命名，如伦敦国际金融市场、纽约国际金融市场、东京国际金融市场、苏黎世国际金融市场等，习惯上又将其中的主要市场称为国际金融中心。

3. 国际金融市场的基本特征

国际金融市场是国际市场的重要分支市场，与国际商品市场相比，国际金融市场具有以下基本特征：首先，从交易对象性质看，国际金融市场交易的对象是质地相同、形态单一的货币资金或由其衍生的金融产品，其性质是实体财富的价值形态，具有相应的虚拟性。其次，从交易对象的功效看，国际金融市场交易的借贷资金具有特殊的使用价值，即借贷资金的增值功效，金融市场交易的资金产品在使用中不仅不会被消耗，还能给借贷双方带来收益。通过借贷资金获取增值收益是市场主体参与交易的根本目的，因而，金融市场具有较强的逐利性。再次，从市场参与者的交易关系看，表面上国际金融市场交易体现的是交易者之间的借贷信用关系，但本质上反映的是借助信用形式，通过资金所有权和使用权暂时分离前提下进行的资金使用权买卖和融通，实现资金互通有无，促进生产流通的融通性。第四，从交易主体看，国际金融市场交易者必有一方为本国的非居民，甚至双方都为本国的非居民，交易主体的国际性带来资金的全球流动，形成资金的跨国配置，服务于世界经济的发展，体现出鲜明的国际性。

4. 国际金融市场的功能

国际金融市场作为国际金融中心，在优化配置全球金融资源，服务国际贸易，促进国际投资和全球经济发展方面有着不可替代的独特功能。

(1) 国际金融市场的金融服务功能。国际金融市场的发展有利于资金在全球市场范围的筹集、流转、运用、调度，提供快捷便利的国际贸易支付结算服务，为促进国际贸易创造有利的金融环境。同时，国际金融市场发展为资本输出入提供畅通高效的国际平台，便于在国际范围内融通、整合资本，扶持产业和技术发展，创新投资工具，加快资金流动速度，促进资本的国际化和各国经济的一体化。

(2) 国际金融市场的资金中介和资金配置功能。国际金融市场的发展形成国际资金流动的强大集散中心，便于各国充分参与和利用国际金融市场的“资金蓄水池”为本国经济发展筹融资金和发掘投资机会，促进世界经济的持续发展。国际金融市场又是高度竞争的市场，在市场价格机制自发作用下，促使资金向高收益项目和产业流动，有效地在全球范围内实现资源优化配置，有助于提高国际资本的利用效率。

(3) 国际金融市场的调节国际收支功能。国际金融市场的发展有助于国际收支短期赤字国平衡对外收支。从国际金融市场融通资金弥补国际收支短期逆差，已成为外汇储备不足时平衡国际收支差额的重要途径，如在 20 世纪 70 年代中期至 80 年代初期，受两次世界石油涨价影响，不少发达国家和非产油发展中国家都出现巨额国际收支赤字，通过在国际金融市场筹措外汇资金，在相当程度上缓和了国际收支支付能力不足的危机。此外，国际金融市场健全完善的汇率机制也有助于平衡国际收支。这是因为，国际收支不平衡会引起外汇供给和需求的变化，进而造成汇率的变动，而汇率的变动又可以调节各项国际收支，使之逐渐恢复均衡。

(4) 国际金融市场的国际连接功能。国际金融市场的发展有助于促进金融业的国际化。国际金融中心的发展吸引和容纳了大量跨国金融机构和金融组织，成为国际上以商业银行和投资银行为代表的各类金融机构的基地，市场提供的各种业务渠道和协作方式有利于金融机构紧密地串联组合，突破空间制约创新合作形式，融合金融业务，提高经营效率，推动金融机构、金融业务和金融组织方式的国际化。

6.1.2 国际金融市场类型

国际金融市场从构成要素角度，可区分为传统国际金融市场和新型国际金融市场。

1. 传统国际金融市场

传统国际金融市场又称在岸金融市场(Onshore financial market)，是从事市场所在国货币的国际借贷业务，或从事以本币计值的金融产品交易，市场行为受市场所在国政策与法令管辖的金融市场。传统国际金融市场是国际金融市场的早期发展形态，是以本国雄厚的经济实力为后盾，在国内完善的金融服务、健全的金融制度和国内金融市场充分发展的基础上衍生而成的。因而，是国内金融市场的国际延伸。20 世纪 50 年代欧洲货币市场产生前的国际金融市场都属于传统的国际金融市场，主要集中于欧美等发达国家。

传统国际金融市场既不同于国内金融市场，也不同于离岸金融市场，其被冠以“在岸”名称，不是出于地理含义，“在岸”的内涵及与离岸金融市场的区别主要表现在：

(1) 在岸金融市场地处市场所在国并交易所在国货币业务，尽管交易一方为本国的非居民，但仍要受该国法律和金融条例的监管约束，市场自由度低而交易成本高。离岸金融市场虽然也处于市场所在国，但其是在非居民之间交易境外货币，不受或极少受所在国政策与法规的约束，市场自由度高而交易成本低。

(2) 在岸金融市场的市场交易主体是市场所在地国家的居民和非居民，通常投资者主要为本国居民，筹资者主要为非居民。而离岸金融市场的交易主体双方均为本国的非居民，相互融通借贷的对象主要为市场所在国以外国家的货币及衍生金融产品。

(3) 在岸金融市场通常主要经营所在国货币借贷及衍生产品业务，实质是一种资本输出的形式。因此，传统国际金融市场还不属于真正意义上的国际金融市场。而离岸金融市场经营世界主要货币及相关衍生金融产品，是进行全球性金融资源配置的真正意义上的国际金融市场。

2. 新型国际金融市场

新型国际金融市场又称为离岸金融市场（Offshore financial market）或境外金融市场，指在市场所在国非居民之间从事境外货币借贷或投资、贸易结算、外汇黄金买卖、保险服务及证券交易等金融业务和金融服务的国际金融市场。离岸市场最初是以欧洲美元市场的形式出现于伦敦，英国属欧洲大陆之外的岛国，市场因而得名"离岸市场"，即离开大陆海岸的金融市场。

离岸金融市场是在传统国际金融市场的基础上形成的，同传统金融市场比较，离岸金融市场有自身的显著特征：

首先，离岸金融市场的市场参与主体双方均为市场所在国的非居民，即金融交易是在本国非居民贷款人和本国非居民借款人之间进行的。其次，离岸金融市场交易对象是非市场所在国的货币及其衍生的各类金融产品，囊括目前世界所有的主要可自由兑换货币，大大丰富了市场金融产品的种类和资金来源，为金融资源的全球配置提供便利条件。第三，离岸金融市场的金融业务主要遵循有关国际惯例管理，基本不受市场所在国及其他国家的政策法规管辖约束，并享受宽松的优惠政策待遇，由此形成的金融自由环境不仅有利于降低交易成本，也有利于金融创新的发展。

需要强调的是，随着离岸金融市场的发展，其自身的基本特征也在演变。1981年美国联储局颁布《国际银行业务设施》（International Banking Facilities，IBFs），或称国际银行业务便利，允许美国银行（即本国法人居民）在本国境内吸收境外非居民的美元及外币存款，并不受美国法定储备和存款保险条款的限制，享受离岸分行办理非居民业务的优惠，开创了在美国境内办理离岸金融市场业务的先例。由此，离岸金融市场业务不再局限于本国非居民之间，包括了在特定隔离措施下的本国居民与非居民金融交易，交易对象也不再局限于市场所在国的境外货币，包括了本国非居民持有的市场所在国货币。

离岸金融市场自上世纪50年代产生于欧洲货币市场后，至60年代又先后在新加坡、香港等地形成亚洲货币市场，目前已发展成为遍及全球的统一、开放和高效的一体化市场体系。离岸金融市场的产生和发展，不但使其成为国际金融市场的核心，也改变了国际金融市场的中介性质，即从原来的本国居民与非居民之间的国内外信用中介，变成了同市场所在国金融体系相隔离的、主要由市场所在国的非居民从事境外金融产品交易的国际信用中介，标志着国际金融市场进入全新的发展阶段。

6.1.3　国际金融市场的形成与发展

1. 国际金融市场的形成与发展

从世界范围考察，国际金融市场的形成与发展大致历经了以下阶段：

（1）国际金融市场的萌芽时期。在资本主义初期，随着各国对外贸易的不断拓展，国际间的债权债务、国际汇兑与清算业务也迅速增长。16世纪末，为适应国际清偿的需要，世界主要发达国家在荷兰阿姆斯特丹成立了国际清算中心，以便利各国外贸交易的支付清算。鉴于当时的国际经济往来主要为商品贸易交易，国际间的资本移动和国际经济技术合作极其有限，因此，国际金融市场仅是为国际贸易清算服务的附属市场。

(2) 国际金融市场的形成时期。17世纪末，英国开始成为世界经济的“领头羊”。为适应资本主义国家经济增长对资金的需求，并为迅速发展的对外贸易提供国际汇兑和国际清算服务，英格兰银行于1694年正式成立。由此，伦敦在成为世界经济中心和国际贸易中心的同时，也成为国际汇兑、国际清算和国际信贷中心，标志着现代国际金融市场的正式形成。

(3) 现代金融业发展和国际金融中心建立时期。18世纪中期以后，资本主义工业革命最直接的后果之一是商品生产规模急剧扩大，海外贸易迅速发展，客观上要求形成国际性的金融市场为其服务。18世纪末，英国贸易范围遍及全球，对外贸易和国际清算业务都大幅度增长。英国在日益增加的国际贸易结算与支付中，大量使用英镑作为支付手段，扩大英镑的使用范围，使英镑成为当时全球主要的结算货币和储备货币。大量的贸易清算业务在英国伦敦催生了票据交换所(或称票据承兑公司)和大批融通外贸信用的商人银行等新型金融机构。同时，英格兰银行的国际结算业务不断扩展，并在世界各地建立了完整的业务代理网络。英国在国际贸易和全球金融领域的主导地位，决定了伦敦由国内的工业与金融中心发展成为世界最主要国际贸易和国际金融中心，其占世界主导地位达200多年。

(4) 离岸国际金融市场形成发展时期。第二次世界大战后，国际金融市场经历重大演变，英国经济实力衰退导致伦敦国际金融中心地位下降。与此同时，美国经济迅速膨胀，以压倒性优势成为世界经济新霸主，相应美元成为最重要的国际结算货币和储备货币，纽约成为最重要的国际金融中心。20世纪60年代，美国的国际收支开始出现持续性赤字，大量美元外流迫使美国政府采取一系列措施来限制资本外流，其结果又刺激美元大量外逃。美元流向海外特别是大量集中于伦敦，形成“欧洲美元”，为伦敦建立欧洲美元市场奠定了基础。由于离岸金融市场最初形成于欧洲并以交易美元为主，所以又将其称为“欧洲美元市场”。随着货币兑换和资本流动管制不断放宽，西欧国家境外货币的种类和规模迅速增加，形成了欧洲英镑、欧洲法国法郎、欧洲西德马克等欧洲货币，欧洲美元市场逐渐演变为欧洲货币市场，并向巴黎、法兰克福、阿姆斯特丹、卢森堡以及亚洲的新加坡、香港等国家和地区扩散，甚至加勒比海地区的开曼群岛(The Cayman islands)和中东的巴林(Barain)等国也相继形成离岸金融市场，欧洲货币市场开始形成规模并成为国际金融市场的核心。

2. 国际金融市场形成的条件

国际金融市场的形成与发展有其内在规律与成因。从根本上说，国际金融市场是随着国际贸易的发展、资本输出入和国际借贷关系的扩大而形成发展的。国际贸易发展要求金融业提供相应的国际贸易资金融通，如进出口信贷、票据抵押贷款，以及相关的金融中介服务业务，如国际结算、资金划拨、外汇买卖、信用证等；资本流动和国际借贷关系扩大，要求银行和其他金融机构提供全面的融资便利与金融服务。各国国内金融市场的发展和相互渗透，最终推动国际金融市场的形成和发展。一般说，国际金融市场的形成必须具备以下条件：

(1) 国内的社会政局稳定。稳定的国内政局和社会环境是国际金融市场顺利发展的基本前提，是可预见性地安全稳定开展国际金融业务的必要条件，也是维护国际金融业务客源和拓展国际金融业务市场的保证，代表“亚洲奇迹”的新加坡和中国香港就是典型的例证。

(2) 具备经济与金融实力基础。国际金融市场要以国内金融市场的形成与发展为基础，而国内金融市场的发展又是建立在本国经济金融的发展之上。国内经济与对外贸易的发展所形成的资金清算、融资与金融服务需求，是金融市场发展的根本动力，当内外资金往来规模与流动频率扩大到相当程度，便形成国际金融市场。

(3) 健全的金融制度和金融市场体系。无论是发达国家或是发展中国家的国际金融市场，都需要有与国际惯例相衔接的健全的金融法规和有序的经济金融秩序，以保证业务标准的一致性和市场行为的规范性。并且，还需要有健全的金融市场体系，包括有门类齐全、管理严格、竞争力强和业绩优良的金融机构，有能满足市场需要的金融产品，有规范稳定的市场交易环境等，以保证低成本、高效率进行金融交易。

(4) 金融政策优惠和金融管制宽松。优惠的政策是导致金融机构云集离岸金融市场的重要原因。无需缴纳存款准备金和存款保险金降低了融资成本，优惠税率则降低了金融机构的经营成本，从而有助于金融机构提高经营绩效。国际金融市场所在国无外汇管制或实行宽松的外汇管制，增加了市场交易的自由度，有利于市场参与者依据市场经营需要及时决策和灵活经营，也有利于金融机构按照市场需要不断进行金融创新。

(5) 基础设施完备与金融人才充足。现代国际金融市场都以借助先进信息技术进行交易的无形市场为主，缺乏完善的基础设施和专用设备，必然降低金融市场的交易速度和运营效率。同时，金融产业是服务行业，从业人员的数量与素质是影响国际金融市场发展的关键因素，维持国际金融市场高质量、高效率的专业运作需要拥有大批既具备现代国际金融专业知识，又具有丰富实践经验的金融专业人才和管理人才，需要具备吸纳金融专业人才和便于人才发挥作用的制度环境。

6.1.4　国际金融市场发展的新趋势

随着全球经济的快速发展，国际资本流动日趋活跃，市场规模不断扩大，业务品种不断创新，市场结构和资金流向也呈现巨大的变化。国际金融市场发展呈现出鲜明的新趋势：

1. 国际金融市场发展的全球化趋势

金融全球化主要表现为金融机构设置的全球化、金融业务活动的全球化、资本流动的全球化和金融市场空间布局的全球化。由于电子技术广泛运用，计算机和卫星通信网络把遍布世界各地的金融市场和金融机构紧密联为一体，地理位置不再成为国际金融交易的障碍，资金全球性的调拨和融通借助电子化交易系统瞬间便可完成，从而使遍布全球的金融中心和金融机构形成全时区、全方位的一体化国际金融市场。

2. 国际金融市场的金融自由化趋势

金融自由化是指 20 世纪 80 年代初西方国家普遍放松金融管制后出现的金融体系和金融市场自由经营、公平竞争的趋势。许多国家根据国际通行的金融管制条例，在完善本国监管制度的同时，逐步减少了政府对金融机构及其业务的直接干预和限制，逐步放开金融市场，进行业务自由化、市场自由化、价格自由化、资本流动自由化等改革。各国金融对外开放程度的加大，金融服务贸易壁垒的减少为金融机构跨国经营提供了便利，有利于金融资源的合理流动和配置，提高了资源的运营效率。金融自由化为金融业务、金融工具和金融市场的创新提供了宽松的环境，并成为推动现代国际金融市场发展的动力。

3. 国际金融市场融资方式的证券化趋势

20 世纪 80 年代以来，国际金融市场上出现了"融资证券化"特征，即融资由银行贷款转向更具流动性的直接融资债务工具，筹资者除向银行贷款外，更多地通过发行各种有价证券、股票及其他商业票据等方式，在证券市场上直接向国际资本市场筹集资金。资金供应者在购进票据、债券和股票等金融产品后也可随时将拥有的产品出售，转换为资金或其他资产，有利于投资资金在保持流动性和安全性的同时，获取资金收益。融资证券化主要表现为金融工具的证券化和金融体系的证券化。金融工具证券化指在创新金融工具，提供多样化金融证券产品基础上，大量融资选择证券产品来筹措资金；金融体系证券化指通过银行等金融机构间接融资筹资比重下降，借助发行对第三方转让的金融工具直接融资的比重提高，形成融资“非中介化”或“脱媒”现象。由此，大大促进了国际资本市场和跨国投资银行的发展。

4. 国际金融市场的金融创新趋势

20 世纪 70 年代以后，国际金融市场上汇率、利率动荡起伏，加之西方主要国家的国内通货膨胀，使国际金融市场的资产价格波动和金融风险加剧。为规避金融市场风险和逃避金融管制，许多金融机构开始金融产品的创新，尝试推出有限的金融衍生产品。80 年代以后，西方国家金融制度放松管制形成的金融机构之间的业务交叉和激烈竞争，促进了国际金融市场上金融交易方式和金融产品的创新发展，其中最具代表性的金融创新有被称之为 20 世纪 80 年代国际金融市场“四大发明”的票据发行便利、互换交易、期权交易和远期利率协议。90 年代以来，随着金融自由化浪潮持续延伸，西方国家进一步放松对国内金融市场的管制，并为本国居民进入欧洲债券市场融资提供方便，推动了以跨国金融收购兼并、业务融合和金融组织形式变革为基本特征的金融创新的深化。同时，现代化的信息处理和通信技术的迅速发展和广泛应用，极大地推进金融电子化、网络化的进程，金融电子商务形成全球全天候的金融交易系统、以电子资金转账为基础的终端业务系统和网上金融服务系统，在相当程度上取代了传统金融交易方式，对国际金融市场的经营模式和组织形式产生了革命性的深远影响。

6.2 国际金融市场构成

国际金融市场是由各种交易对象和服务功能不同的子市场组成的。按不同市场功能区分，国际金融市场由国际货币市场、国际资本市场、国际外汇市场、国际黄金市场构成。

6.2.1 国际货币市场

国际货币市场(International money market)又称为国际短期资金市场，是指由本国居民和非居民为交易主体、以一年期内的短期金融工具为交易对象的资金市场。国际货币市场的主要功能是为政府财政、中央银行、工商企业及个人等参与货币市场交易的各方融通头寸，调剂短期资金余缺，解决资金周转的临时困难。鉴于货币市场融通的资金期限短、周转速度快、数额大、流动性强、有较强的货币性特征，因而称为货币市场或资金市场。

国际货币市场根据业务对象的不同，具体分为国际短期信贷市场、国际短期证券市场和国际贴现市场。

1. 国际短期信贷市场

国际短期信贷市场(International short credit market)是国际商业银行向客户提供一年期或一年期以内短期贷款的市场，以解决临时性资金需要和以风险管理为目的的头寸调剂。短期信贷市场参与者主要为国际清算银行、承兑银行、贴现银行及保险和证券公司、养老基金、大型企业财团等。国际银行短期信贷市场典型的有伦敦金融同业拆借市场、美国纽约供商业银行间调剂存款准备金余缺的联邦基金市场等。国际银行短期信贷市场分为国际银行间拆借市场和国际银行短期信贷市场。

(1) 国际银行间拆借市场。银行间拆借市场又称为银行同业拆借市场，是银行或金融机构在每个营业日结束后，因资金调度安排和风险控制的需要，商业银行之间相互借贷短期资金、拆入和拆出头寸的调剂而形成的市场，在国际金融市场占有基础和先导地位。银行同业拆借的期限灵活，一般有 3 天、1 周、1 个月、3 个月和 6 个月，最长不超过 1 年，绝大部分是拆借 1 日(隔夜拆借)至 3 个月。国际短期同业拆借利率反映资金上游批发供求关系，期短而变化灵敏，实行随行就市的浮动利率，大多以伦敦同业拆放利率(London inter-bank offered rate，LIBOR)为基准作适当调整，伦敦银行同业拆放利率的贷款利率(Offered rate)和存款利率(Bid rate)两者利差一般为0.25%～0.5%。LIBOR 因期限、币种不同形成有差别的同业拆借利率系列，对全球金融市场利率有重要影响。

国际银行短期拆借属银行间批发交易，一般交易额最少数十万美元，多则数百万美元甚至更多，拆入资金完全凭信誉而无需担保或抵押，也不签订贷款协议，主要通过通信或互联网交易，手续简便。

(2) 国际银行短期信贷市场。国际银行短期信贷市场是国际商业银行对非银行客户包括政府财政、工商企业以及个人提供短期信贷的市场，属银行对客户的短期零售市场。国际商业银行对各国政府的短期信贷主要用于弥补财政收支或国际收支的赤字，对工商企业融资通常是解决其临时性或季节性资金周转的需要。短期信贷利率通常以国际同业拆借利率为基准利率，并根据借款人的信誉和借款期限不同，附加不同幅度的附加利率后形成。

2. 国际短期证券市场

国际短期证券市场(International short security market)是发行和交易国际短期证券的市场，其交易对象主要为期限一年或一年以内的可转让流通的短期证券。短期证券市场交易的短期证券品种主要有：

(1) 国库券(Reasury bills)。国库券是为解决政府先支后收的季节性或突发性财政资金短期周转需要而发行的短期政府债券。国库券通常不记名，不附息票、不载明利率、以贴现折扣的方式发行，到期按票面金额偿还，发行价与还本额的差价即为利息。国库券以国家信用为担保，具有风险小、期限短、流动性强和投资收益免税的优势，是国际货币市场中低风险和收益稳定的重要投资品种，也是央行进行公开市场操作的重要工具，在一些国家交易额居货币市场首位。

(2) 商业票据(Commercial bills)。商业票据是由具备良好信用等级的工商企业基于真实商业交易发出的短期无担保债权债务书面凭证，如商业汇票、商业期票和商业本票等，其融资方式灵活，成本低廉，筹集的资金主要弥补短期流动资金的不足。商业票据凭信用发行，无须抵押担保，一般由银行或包销机构代理发行，期限不超过 270 天，以 30～90 天为多，面值不限。商业票据通常按低于票面金额的贴现方式发行，到期按票面额偿还，利率一般稍高于国库券，低于银行优惠利率，可作为有价票据在市场转让流通。

(3) 可转让银行定期存单(Certificate of deposit，CD)。又称为可转让存款凭证或大额银行定期存单，是由商业银行向存款客户发行的不记名定额定期存款凭证。大额银行定期存单的期限固定，有 30 天、60 天、90 天、120 天、150 天和 180 天等，最长为一年。其面额固定且金额较大，一般为 125～1 000万美元。如美国发行的大额存单起点金额 50 万美元，一般为 100 万美元或 100 万美元以上。存单如实行固定利率，到期按约定利率支付本息，如实行浮动利率则以伦敦银行同业拆放利率为基础，加相应附加利率分段计息。存单到期后持有人可向发行银行提取本息，也可在到期前通过市场转让。可转让银行定期存单是公司与金融机构短期投资的重要对象，其规模在美国居货币市场第二位。

(4) 银行承兑票据(Bank acceptance bills)。银行承兑票据是出票人开出的以银行为承兑付款人的短期支付凭证，即经银行承兑的保证到期支付款项的商业票据，其和商业承兑汇票都属支付工具，区别在于前者由银行承兑，后者由商业机构承兑。银行承兑票据的期限通常为90天，最长为半年，一般用于进出口贸易融资，票据承兑后可背书转让，到期持票人可向承兑人兑付。由于银行信誉较高，银行承兑汇票比商业承兑汇票的流动性强。

3. 国际贴现市场

国际贴现市场(International discount market)是通过对未到期票据贴现进行短期资金融通的市场。票据贴现是银行或贴现公司向票据持有人购买未到期的短期国库券、存单、商业和银行承兑票据等短期信用工具，按照贴现率扣除自贴现日至票据到期日的利息后，向持有人支付票面金额余款的业务。在国际贴现市场上，公司、商业银行、非银行金融机构和主要发达国家的中央银行等是贴现交易的主要参与者。贴现业务是国际货币市场的一种短期融资形式，票据所有人借助票据贴现提前取得未到期的扣除贴利息后的票据款，贴现银行则为持票人提供了相当于票据金额的短期贷款。票据贴现中计算利息扣除的贴现率是国际货币市场的基础性价格，一般要高于银行贷款利率，同时，贴现率也是中央银行货币政策的价格调节工具，当贴现银行资金短缺时，可以持有的票据向中央银行再贴现进行融资，中央银行也通常在再贴现业务中通过调节再贴现利率来调控市场利率和信贷规模。

6.2.2 国际资本市场

国际资本市场(International capital market)又称为中长期资金市场，指资金借贷期限在1年以上，资金主要用于长期投资的市场。通常国际资本市场借贷期限1～5年为中期，5年以上为长期。中长期资金供应者主要是各种金融机构，如商业银行、储蓄银行、信托公司、投资公司、人寿保险公司、跨国公司，以及各国中央银行、国际金融组织和私人投资者。中长期资金需求者主要是国际金融机构、各国政府和工商企业。国际资本市场通过闲置资本的国际投资，优化全球资本的配置，推动世界经济发展，并通过证券发行与流通为各行业发展提供直接融资的通道。与国际货币市场相比，国际资本市场具有融资期限长，资产价格波动和投资风险大的特征。

按资本筹资方式区分，国际资本市场由国际中长期信贷市场、国际证券市场和国际金融租赁市场组成。

1. 国际中长期信贷市场

国际中长期信贷市场是国际银行等国际金融机构在国际金融市场上向客户提供1年期以上资金融通的市场。

国际银行中长期信贷市场的贷款一般采用双边贷款和银团贷款方式。双边贷款(Bilateral loan)又称为独家银行贷款，是银行对借贷客户一对一的贷款形式，贷款程序严格，资金用途不受限制，贷款期限一般为3～5年，贷款额不超过1亿美元。银团贷款(Syndicate loan)又称辛迪加贷款，是由一家或数家银行牵头承办，多家商业银行联合向用途明确的特定投资项目融通资金的信贷方式，是银行中长期贷款的典型方式。其贷款额大，由多家银行分摊贷款金额，贷款期限为5～10年。银团贷款除要支付利息外，还要支付管理费、代理费、杂费和承担费等相关费用。

国际银行中长期贷款利率通常采用浮动利率，以3个月或6个月的伦敦银行同业拆放利率作为基准加附加利率而定，并根据市场利率变动每3个月或半年调整一次。附加利率按贷款金额、期限、借款人资信等差别调整，最低为0.25%，最高可达1.75%。利息分期支付。

国际银行中长期贷款由于贷款期限长，其偿还方式不同于短期贷款。中长期贷款的贷款期由宽限期和偿还期组成。在宽限期内借款人只付利息不还本金，宽限期结束后开始分期偿还本金与利息。在偿还期内借款人可选择到期后一次偿还、分次等额偿还和逐年分次等额偿还等三种方式偿还贷款本金。

2. 国际证券市场

国际证券市场(International security market)是股票和债券等有价证券的国际交易场所，也是通过发行证券筹措长期资本的市场。国际证券市场交易的证券包括股票和债券，国际股票和债券通常是外国公司在本国的股票或债券市场发行并流通的有价证券，国际证券市场相应包括国际债券市场和国际股票市场。

(1) 国际债券市场。国际债券市场(International bonds market)是发行和交易各类中长期债券的市场，筹资者主要为各国金融机构、公司等，投资者主要为保险公司、信托投资公司、储蓄银行、各种基金及个人投资者。债券市场分为发行市场和流通市场。发行市场又称为一级市场，是以向不特定投资者发行的公募方式或以向特定投资者发行的私募方式发行和偿还债券的场所，其功能是销售债券筹集资金和偿还债券本息，通常以无形市场方式存在。流通市场又称为二级市场，是已发行债券转让买卖的场所，其功能是通过提供债券转让交易平台来提高债券的流动性。

国际债券市场发行交易的债券种类繁多，主要包括外国债券、欧洲债券、全球债券等。

外国债券是筹资者在国外债券市场以东道国货币为面值发行的债券，债券一般由市场所在国组织的银团承销，其发行交易要受所在国法律的管辖。国际债券市场通常给一些外国债券加上特定名称，如外国筹资人在美国发行的美元面值债券，称为“扬基债券”；在英国发行的英镑面值债券，称为“猛犬债券”；在日本发行的日元面值债券，称为“武士债券”；在荷兰发行的荷兰盾面值债券，称为“伦布兰特债券”；在我国发行的人民币面值债券，称为“熊猫债券”等。

欧洲债券是筹资人在国外债券市场以东道国的境外货币即欧洲货币为面值发行的债券，一般由国际银团在多个国家同时发行，由国际投资者参与购买。如日本筹资者在伦敦债券市场发行美元面值的欧洲美元债券；美国筹资者在亚洲债券市场(除日本)发行非亚洲国家货币面值的“龙债券”等。目前欧洲债券发行交易量占国际债券市场比例较大，一般采用固定利率，每年付息一次，到期一次还本。

全球债券指在世界各资本市场同时发行和交易的国际债券，1989年由世界银行首次推出，其采用固定利率，期限2～20年不等，流动性强，信用级别高。此外，部分国内债券市场已向非居民开放国家的公债券、地方政府债券和公司债券，也已成为国际投资者的投资对象，形成国际债券市场的组成部分。

国际债券市场发行和流通的债券必须经专门机构的资信等级评定，并标示投资价值等级和潜在风险，引导市场投资行为。国际债券资信测评采用三等九级标准，如国际著名资信评级机构穆迪投资服务公司(Moody Investors, Service Inc.)和标准普尔公司(Standard and Poor's Corp)就按投资级(AAA～BBB)和投机级(BB～C)进行债券评级。

20世纪80年代以来,受国际融资证券化的影响,国际债券市场迅速发展,形成伦敦、纽约、法兰克福、苏黎世和东京五大国际知名债券市场。

(2) 国际股票市场。国际股票市场(International stocks market)是国际筹资者发行股票和投资者交易股票的市场。股票是投资者投资股份公司股权和收取红利的权益凭证,其在一级发行市场公募发行售出后一般不能直接向股份公司赎回,只能在二级市场向其他投资者转让。

股票流通市场有交易所(场内)市场和场外交易市场,证券交易所是有组织和规范的、为证券交易者提供的集中固定的证券交易场所,是各国股票市场的核心,其买卖对象主要为经批准上市的有价证券,会员通过集中竞价方式定价进行交易,非会员只能委托具有会员资质的经纪人或证券公司代理交易。场外交易市场通常在证券公司之间或证券公司与客户之间,按证券公司挂牌的价格买卖证券,交易对象主要是有发展前景但尚未上市的证券,其交易灵活,手续简便。目前,全球交易规模较大的证券交易所是纽约证券交易所、东京证券交易所和伦敦证券交易所。

3. 国际金融租赁市场

国际金融租赁市场(International financial leasing market)是以融资性租赁设备、大型运输器等投资品为媒介进行跨国资金融通的市场。金融租赁利用租物而融资,其出租人通常为商业银行、租赁公司和其他金融机构,承租人多为使用设备的公司企业。金融租赁由租赁物折旧年限决定租赁期限,因而期限较长,一般租赁物由承租人确定,租赁本息在租赁期内通过租金分期回收,合同不得提前解除,租赁物由承租方自行维修保养。

6.2.3 国际外汇市场

国际外汇市场(International foreign exchange market)是进行国际性货币兑换和外汇买卖的场所或交易网络。与商品买卖不同,外汇交易实质是一国或与另一国货币兑换的行为,或者说,是不同货币之间的买卖与不同货币兑换的结合。

国际外汇市场的参与者主要有充当外汇买卖双方交易中介、代理客户外汇收支结算结售汇和自营外汇买卖业务的各国商业银行;通过买卖外汇干预市场汇率,进行汇率调控的各国中央银行;专门推销介绍外汇业务和代客交易外汇的国际外汇经纪商;作为外汇供应者和需求者的国际工商企业和个人,以及国际外汇投机商等。

国际外汇市场各种参与者相互之间的交易,构成外汇市场三个相互依存的交易层面。首先,是商业银行与客户之间出于各类贸易金融收付汇兑结算需要进行的外汇商业交易,银行从外汇供应者手中买入外汇,再出售给外汇需求者,充当交易中介赚取外汇买卖差价,形成外汇市场的真实性外汇供给与需求,是国际外汇市场的最基础的自主性交易。其次,是商业银行之间的外汇同业交易,为回避汇率风险和调剂头寸,按照外汇结存平衡原则,商业银行需相互卖出多余外汇或买入短缺外汇,或进行投机套利交易及套期保值交易。银行同业外汇交易量占国际外汇市场绝对比重。第三是商业银行与中央银行之间的外汇交易,即中央银行为干预或平抑市场汇率与商业银行进行的外汇买卖交易,属调节性外汇交易。

目前全球约有30多个外汇市场,其中最重要的有欧洲的伦敦、法兰克福、苏黎世和巴黎,美国的纽约和洛杉矶,亚洲的日本东京、新加坡和香港等。各市场的开市交易时间前后衔接,相互间外汇资金流动顺畅,汇率差异有限,构成联系紧密的世界外汇市场体系。外汇市场作为国际经济联系的纽带，集中反映国际经济、金融及货币汇率的变化，为促进国际贸易、金融投资活动提供了便利条件。随着现代通信技术的广泛应用，世界外汇市场交易呈现电子化和网络化趋势，日益走向完全的无形市场。

出于各种市场交易需求，国际外汇市场存在不同类型的外汇交易业务。主要包括即期外汇交易、远期外汇交易、外汇套汇与套利交易、外汇掉期交易、外汇期权交易、外汇期货交易等交易业务。

1. 即期外汇交易

即期外汇交易(Spot exchange transaction)又称现汇买卖，指外汇银行与客户或其他银行之间在外汇买卖成交后，于当天或两个营业日内按成交汇率完成交割，即卖方交付外汇，买方交付本币的交易方式。所谓交割指买卖成交后“钱货两清”的行为，交割日为成交当天，称当日交割(value today)；交割日为成交后第一个营业日，称翌日或明日交割(value tomorrow)，交割日为成交后的第二个营业日，称即期交割或即交割(value spot)。

例如某日纽约花旗银行与日本东京银行通过电讯达成外汇买卖交易，花旗银行按1美元兑106.85日元的汇率卖出100万美元，买入10 685万日元，东京银行按同样汇率卖出10 685万日元，买入100万美元。次日，两家银行分别按议定汇率与交易金额，将卖出的货币解入对方指定的账户内，最终完成交易。

即期外汇买卖是外汇市场上最常见的交易形式，其主要解决各类交易者即期外汇收入与支出时收付汇结算需要以及过剩或短缺外汇的相互调剂，交易快捷简便，交易量居各类外汇交易方式之首。

2. 远期外汇交易

远期外汇交易(Forward exchange transaction)，又称期汇交易，是指外汇买卖双方在签订远期外汇买卖合同后，交易双方未来按照约定的币种、金额、汇率和交割日办理交割的外汇交易方式。远期外汇交易的交割期限通常有1个月、2个月、3个月、6个月、9个月和12个月，最常见的是3个月期，1年期以上超远期外汇交易较少。

远期外汇交易的交割日有固定与选择期限两种方式。固定交割日远期外汇交易(Fixed forward transaction)是标准的远期外汇交易方式，即按照合约规定的交割日办理交割，实际交割日期是确定的，双方无权自行变更。选择交割日的远期外汇交易(Optional forward transaction)允许合约双方选择合同规定期限内的某个交割日办理交割，实际交割日期具有一定的灵活性。

外汇市场交易者进行远期外汇交易主要出于以下方面的需要：

(1) 贸易收支避免汇率交易风险损失的需要。由于市场浮动汇率的波动导致外汇及外汇资产价值的变化而产生外汇交易风险，一般地说，时间越长汇率变动带来的风险相应越大。在国际贸易中进出口商从签约至交货、结算付款的周期通常需要30～90天，甚至更长，因而面临巨大的外汇交易风险。对此，进出口商可通过卖出或买入远期外汇，锁定未来可能的汇率风险，以回避或减少外汇损失。国际外汇市场远期外汇交易大量来自于从事国际经贸金融交易者收支结算和汇兑外汇的避险需要。

例1：某日本出口商向美国进口商出口价值10万美元的商品，所费商品成本为1 200万日元，约定3个月货到付款。双方签订买卖合同时美元兑日元汇率为USD1＝J￥130。如按此汇率，出口该批商品出口商可换得1 300万日元，抵扣成本后出口商可获利100万日元。若3

个月后美元兑日元的汇价跌至 USD1＝J￥128，则出口商仅可换取1280万日元，比原汇率少赚 20 万日元；若美元汇价跌至 USD1＝J￥1.20 以下，则出口商出现亏损。可见，美元汇率下跌或日元升值将对日本出口商造成压力。对此，日本出口商如在订立买卖合同的同时，按当时美元兑日元 USD1＝J￥130 的汇率，再与日本银行签订卖出 10 万美元的 3 个月期远期合约，到期时将美国进口商支付的 10 万美元货款交割给日本外汇银行，按远期合约汇率收取1300万日元的货款，就避免了汇率风险损失。

例 2：某香港进口商向美国出口商购买价值 10 万美元的商品，约定 3 个月后货到付款。如果签约时美元兑港元的汇率为 USD1＝HKD7.81，则该批货物进口货价为 78.1 万港元。但如果 3 个月后美元兑港元的汇率升为 USD1＝HKD7.88，相应商品货款上涨为 78.8 万港元，进口商需多付 0.7 万港元。香港进口商为避免美元汇率上涨的损失，可在订立合约时按美元兑港元的 3 个月远期汇率 USD1＝HKD7.83 向美国银行购买 3 个月期 10 万美元的期汇，锁定美元汇率上升的成本风险，到期时以 78.3 万港元购进 10 万美元支付货款，由此减少 0.5 万港元的风险损失。

(2) 对外投资者或外汇债务人规避资产风险的需要。在没有外汇管制条件下，如果一国利率低于外国，该国的资金就会外流套取高息。假设在汇率不变时纽约与伦敦的市场利率分别为 9.8%和 7.2%，则英国的投资者为追求高息，就会用英镑购买美元现汇，然后将其投资于 3 个月期的美国国库券，待该国库券到期后将美元本利兑换成英镑汇回国内。这样，投资者可多获得 2.6%的利差，但如果 3 个月后，美元汇率下跌，投资者需费更多美元兑换英镑，当美元汇率下跌幅度大于利差率时还会使投资者遭致损失。为此，英国投资者可在买进美元现汇的同时，卖出 3 个月期的美元期汇，锁定美元的汇率风险，当美元远期汇率贴水低于两地的利差时，投资者仍有利可图。当美元远期汇率贴水高于两地的利差时，投资者即可放弃投资。同样，如有外汇债务的债务人，当预期债务计价货币对本币会升值时，应购进等额等期限的债务计价货币期汇，以防范债务到期支付的汇率风险。

此外，外汇投机者也利用远期外汇交易牟利。投机者预期某种外汇未来的市场汇价将超出现行市场的远期汇价时，则在远期外汇市场买进远期外汇进行投机，博取差价；反之，则在远期外汇市场卖出远期外汇进行投机套利。

远期外汇市场交易使用的汇率有多种形式，可以由外汇银行直接挂牌标出各种货币之间的远期买入、远期卖出和远期中间汇率，也可以报即期汇率与远期汇率的差价，即以远期汇率的升水或贴水点数表示，只要在即期汇率上加减升水或贴水点数即可形成远期汇率。但要注意的是因汇率标价法不同，远期汇率加减升贴水点数的方法也不相同。在直接标价法中，外汇远期汇率上涨是外汇即期汇率加升水点数，外汇远期汇率下跌是外汇即期汇率减贴水点数；在间接标价法中，外汇远期汇率上涨是外汇即期汇率减去升水点数，外汇远期汇率下跌是外汇即期汇率加上贴水点数。

外汇银行对远期外汇汇率报价主要依据利率平价，即两种货币的利息率之差决定两种货币远期汇率的变动，高息货币远期贴水，低息货币远期升水，利率相等的货币远期汇率平价。设美元 3 个月期的存款利率为 15%，欧元同期存款利率为 10%，两种货币利差为 5%。如果客户用美元向银行购买 3 个月期的远期欧元，银行便须按即期汇率用美元买入欧元后存放于银行以备 3 个月后交割，但银行会将由此出现的美元高息与欧元低息之间 5%的利差损失计入欧元远期汇价，转嫁给客户，引起欧元远期汇率升水，美元远期汇率贴水。假设美元与欧元的即期中间汇率为 USD1＝ EUR0.8593，10 万美元兑换欧元的 3 个月的存款本息总计：

0.8593×100 000×(1＋10%×3/12)＝88 078.25(欧元)

若以美元存款，3 个月期的本息总计：

100 000×(1＋15%×3/12)＝103 750(美元)

平衡两种货币的远期收益，美元与欧元的 3 个月期远期汇率应为：

103 750/88 078.25＝0.8490

即 3 个月期美元对欧元的远期汇率为 USD1＝ EUR0.8490，美元贴水 0.0103，即贴水 103 个基点。由此，两地存在利率差时，通过远期汇率变动平衡投资收益，调节资本流动。远期汇率确定除利率平价因素外，还要综合参考经济、金融、市场和政策调控等其他因素决定。

3. 套汇交易

套汇(Arbitrage)交易是利用不同外汇市场的汇率差异进行外汇低买高卖，牟取套汇收益的外汇交易方式。一般说，套汇交易必须具备不同的外汇市场存在汇率差价；套汇者须拥有一定数量资金，在主要外汇市场拥有分支机构或代理行；套汇者必须具备相应技术和经验、灵敏的信息和较强的市场预测判断能力等条件。套汇交易的主体是商业银行，主要以电汇方式进行地点套汇(Space arbitrage)，即套汇者利用不同外汇市场之间的汇率差异，同时在不同外汇市场进行相同币种或不同币种外汇的贱买贵卖，以赚取汇率差额的套汇交易。地点套汇会平抑不同市场外汇供求关系而缩小各地市场的汇率差异。地点套汇可分为直接套汇和间接套汇。

(1) 直接套汇(Direct arbitrage)。又称为两角套汇(Two points arbitrage)、两地套汇或两点套汇，是利用两个外汇市场同时间内存在的汇率差价，进行外汇买卖赚取收益的套汇方式。设在同一时间内，伦敦和纽约两地市场的英镑和美元汇率存在差价：

London　　£1＝ USD1.4815/1.4825

NewYork　　£1＝ USD1.4845/1.4855

若套汇者在伦敦市场上以£1＝ USD1.4825 的价格卖出美元，买进英镑，同时在纽约市场上以£1 ＝ USD1.4845 的价格买进美元，卖出英镑，则每英镑可获得 0.0020 美元的套汇收益。若以 100 万英镑进行套汇，则可获得2 000美元的盈利。上述套汇活动可一直进行至两地市场美元与英镑的汇率差消失。

(2) 间接套汇(Indirect arbitrage)。又称三角套汇(Three points arbitrage)或多角套汇(Multiple points arbitrage)，是指利用两个以上外汇市场货币的汇率差异，同时进行外汇买卖赚取汇率差额的套汇交易方式。

设在同一时间内，伦敦、法兰克福和纽约三地市场英镑、欧元和美元相互之间的中间汇价存在价差：

London　　£1 ＝ USD2.0432

Frankfurt　　EUR 1＝ £0.5532

NewYork　　USD1＝ EUR0.8792

套汇者可在伦敦外汇市场卖出 10 万美元，买入 4.8943 万英镑，并将英镑在法兰克福市场卖出，买入 8.8473 万欧元，最后在纽约市场售出欧元，买入 10.0629 万美元，通过三地套汇获得 629 美元盈利。

间接套汇相对于直接套汇更复杂，投资者在间接套汇之前须先行判断有无套汇的空间。

具体方法是将三地市场的汇率都改成直接标价法，然后将各市场的汇率连续相乘，若乘积等于1时，各地市场汇率没有汇差，不存在套汇空间；若乘积不等于1，说明市场汇率有汇差，存在套汇空间。以上例为例，先将各地市场的外汇汇率改为直接标价：

London　　USD1 = £0.4894

Frankfurt　　£1 = EUR 1.8077

NewYork　　EUR1 = USD1.1374

再将所有汇率连乘：0.4894×1.8077×1.1374=1.0063，乘积不等于1，因而可实施套汇。

4. 套利交易

套利(Interest arbitrage)又称利息套汇，是利用不同国家或地区利率差异，通过资金从低息市场向高息市场转移投资获取利差收益的交易方式。按套利是否同时采取外汇远期抛补操作，套利分为非抛补套利和抛补套利。

(1) 非抛补套利。非抛补套利(Uncovered interest arbitrage)是指套利者在套利操作的同时，不进行避险性远期外汇交易的套利方式，其套利时将承担较大的汇率风险。

例如，英国6个月期国库券的利率为10%，美国6个月期国库券利率为8%，利差2个百分点。如美国投资者投资美国国库券100万美元，到期后可获本息104万美元(100万×8%/2)，如果英镑对美元的即期中间汇率为£1= USD2.0432，美国投资者可将100万美元兑换成48.9428万英镑(100万/2.0432)投资于英国短期国库券，到期后可获本息51.3899万英镑(48.9428万×10%/2)，如果6个月后英镑对美元的汇率不变，英镑本息收益可兑换成104.9999万美元，该美国投资者在英国投资可多获利9 999美元。

(2) 抛补套利。抛补套利(Covered interest arbitrage)是指套利者在套利操作的同时在外汇远期市场抛售远期高息货币的交易方式。抛补套利是常见的套利方式，通过抛补合约投资者可锁定套利收益的汇率风险。

以上例为例，美国投资者在将美元兑换成英镑投资英国国库券的同时，在远期外汇市场卖出6个月期的英镑，假定6个月期英镑对美元的远期合约汇率贴水至£1= USD2.0420，该美国投资者则可锁定超额收益9 382美元(51.3899万×2.0420−104万)。

可以看出，套利交易的空间取决于两国利率与汇率变动率的比较，即取决于两国利率差与套利货币汇率升贴水率两者之差。如套利收益被英镑汇率贴水率下跌冲抵，则不能进行套利操作；如英镑的年贴水率远高于两国利差，套利操作将产生亏损；只有当两国利差大于套利货币年贴水率时，套利才有利可图。

5. 外汇掉期交易

掉期交易(Swap transaction)又称为调期交易或互换交易，是指交易者在买进或卖出某种货币的同时，卖出或买进期限不同、方向相反的同种或不同种货币的交易方式。外汇掉期交易与外汇即期及远期交易不同，即期与远期交易是单一的买或卖合同，也没有即期与远期的混合交易。掉期交易同时涉及外汇买入和卖出合约，也有即期交易与远期交易的混合交易，是复合性的外汇买卖。外汇掉期交易的功能主要用于外汇套期保值，以减除汇率风险，同时，也适用于外汇币种转换和外汇期限转换，便于外汇的对外收支使用。

掉期交易实质属时间套汇，不同的是时间套汇的目的重在获取套汇收益，只有在不同交割期的远期汇率存在差异时才能实施套汇；而掉期交易主要是为防范汇率风险进行保值套汇，不以盈利为目的。

外汇掉期交易主要是外汇买与卖和即期与远期之间的相互搭配掉期交易。

(1) 外汇即期对远期的掉期买卖交易。外汇即期对远期的掉期买卖交易是在买进或卖出某种货币即期外汇的同时，卖出或买进同种货币的远期外汇；或者在买进或卖出某种货币即期外汇的同时，卖出或买进另一种货币的远期外汇的配对交易，以解决不同期限的不同币种转换和相同币种的不同期限转换，回避汇率风险。例如某贸易商即期需对外支付100万美元的进口货款，3个月后可收入100万美元货款，为确保支付和防范外汇风险，其在买进100万美元即期外汇的同时，可采用掉期交易卖出100万美元3个月期的远期外汇；或者该贸易商即期收入100万美元货款，6个月后需对外支付100万欧元货款，其在卖出100万美元即期外汇的同时，可掉期买入100万欧元6个月的远期外汇。

(2) 外汇远期对远期的掉期买卖交易。外汇远期对远期的掉期买卖交易是在买进或卖出某种货币远期外汇的同时，卖出或买进同种货币不同期限的远期外汇；或者在买进或卖出某种货币远期外汇的同时，卖出或买进另一种货币不同期限的远期外汇的配对交易。例如某贸易商1个月后需对外支付100万美元货款，3个月后可收入100万美元货款，为避免汇率风险，该贸易商可在买进1个月期100万美元远期外汇的同时，卖出3个月期100万美元的远期外汇；或者该贸易商3个月后可收入100万美元货款，6个月后需对外支付100万欧元货款，该贸易商可在卖出3个月期100万美元远期外汇的同时，买入6个月期100万欧元的远期外汇。

外汇掉期交易也是市场投资者投机博取汇率差价，牟取收益的交易对象。例如，美国某银行3个月后需对外支付100万英镑，在1个月后将收入100万英镑。设同日外汇市场挂牌的英镑兑美元的即期和远期汇率为：

1个月远期汇率：GBP1＝USD1.5868/1.5880

3个月远期汇率：GBP1＝ USD1.5729/1.5742

该银行可直接进行远期对远期的掉期交易操作，在远期外汇市场按照3个月期的远期卖出汇率1.5742美元买入100万英镑，再按照1个月期远期买入汇率1.5868美元卖出100万英镑，每英镑可收益0.0126美元，在实现套期保值、防范风险的同时，获取掉期收益。

6. 外汇期权交易

期权又称选择权，是指它的持有者在规定的期限内具有按交易双方商定的价格购买或出售一定数量某种资产的权利。外汇期权(Foreign exchange option)又称货币期权(Currency option)，是指远期外汇的买方或卖方与交易对方签订购买或出售远期外汇合约并支付期权费后，在合同规定日期或期限内，按照事先约定汇率购买或出售规定额度外汇的交易方式。外汇期权的购买方以支付期权费为对价获得一定时限内按既定汇率购买或出售约定额度的外汇的权利，到履约期时，权利人可视市场外汇行情对己有利或不利选择行权或不行权，由此，通过支付期权费来固定换汇成本，锁定合同期的汇率风险。

例如，我国某出口商6个月后有100万美元货款收入，为防范美元汇率下跌风险，该出口商按照美元兑人民币的6个月的期权协定汇率USD1＝ RMB7.5680，每美元0.02元人民币期权费卖出6个月期100万美元，即其以每美元支付0.02元人民币的费用，获得在6个月到期时按照USD1＝ RMB7.5680汇率出售100万美元的权利，而锁定6个月后收入的美元货款的汇率风险。由于无论到期履行或放弃合约都不退期权费，因而到期后只要美元对人民币汇率高于USD1＝ RMB7.5680时，该出口商即可放弃履约按市场即期汇率出售外汇；反之，当美元对人民币汇率等于或低于USD1＝ RMB7.5680时，该出口商即可按期权汇率出售外汇。

期权始于股票期权交易，20 世纪 80 年代起应用于外汇期权。期权合约按照期权价格变动方向不同可分为看涨期权(Call option)和看跌期权(Put option)。看涨期权又称买入期权或买权，看涨期权合约购买人具有按合同约定的时间和价格购买规定数量某种资产的权力；看跌期权又称卖出期权或卖权，看跌期权合约购买人具有按合同约定的时间和价格卖出规定数量某种资产的权力。按照期权合约行权时间的规定不同可分为美式期权(American option)和欧式期权(European option)，美式期权可在到期日之前的整个行权期内任何一天行权，欧式期权只能在到期日当日才能行权。

期权费是外汇期权的价格，既是对期权合约卖方所承担风险的补偿，也构成期权合约买方的成本。期权费是受多种因素影响决定的，一般说，期权合约期限越长，期权卖方的风险越大，作为补偿费用的期权价格越高；期权协定汇率与即期汇率差价导致的期权买方盈利空间越大，期权的内在价值越高，期权费也越高，反之，期权费较低；期权货币的利率上升时，该货币的市场汇率上涨使得其看涨期权的期权费上升，其看跌期权的价格下降；市场汇率的波动幅度越大，期权费越高，反之，越低；市场远期汇率越高，看涨期权的期权费越高，看跌期权的期权费越低。

7. 外汇期货交易

外汇期货(Foreign exchange futures)又称货币期货(Currency futures)，是指在有形的交易所，通过结算所下属的清算公司或经纪人，根据成交单位与交割时间标准化原则按固定价格购买或卖出远期外汇的交易方式。外汇期货交易是金融创新的新型外汇交易品种，其实质是交易双方买卖统一的标准外汇期货合约，买方将按照合约规定的交割时间、交割汇率、交割额度和交易币种购买外汇，卖方将按照合约规定的交割时间、交割汇率、交割额度和交易币种卖出外汇，以此进行套期保值，回避汇率风险。

外汇期货交易有显著的特点。首先，外汇期货合约规定标准金额。外汇期货交易对象是规范的期货合同，世界各个期货交易所对不同货币合约都规定了相应的标准金额，如芝加哥国际货币交易所(IMM)规定每份英镑期货合同的交易金额为 25 万英镑、每份日元期货合同的交易金额为 1250 万日元等。其次，外汇期货合约有固定交割日期。各种货币期货合约都有事先规定的固定交割日期，如伦敦国际金融期货交易所(LIFEE)规定的外汇期货合同的交割月份为 3 个月、6 个月、9 个月和 12 个月，具体交割日期为合同交割月份中第二周的星期三。芝加哥交易所除上述交割月份外还规定 1 个月、4 个月和 10 个月的档次，具体交割日期为合同交割月份中第三周的星期三。第三，外汇期货合约采用交易所内公开叫价，竞价成交的交易方式，公开透明，市场化程度高。第四，外汇期货交易的买卖双方都以交易所下属的清算机构为成交对方，即清算机构既充当期货合同购买方的卖方，又充当期货合同出售方的买方。第五，期货交易实行保证金制度。为保证期货合同的实施，在期货合同期内，购买期货合约的客户要按合约总值的 5%～15%交纳保证金，以现金形式存入清算机构账户，每个交易日市场收盘后清算机构结算各期货合约交易者的盈亏，有盈利客户可提取，亏损导致保证金低于最低额度必须当日补足，否则交易所可强行平仓。第六，限制当日交易价格波动幅度。为控制市场汇率波动风险，外汇期货交易通常规定当日价格波动的高低限额，当价格触及限额，当日交易即被终止。第七，外汇期货合同交割以对冲了结为主。期货合同到期时，交易双方既可按合同进行交割清算，也可购买反向的合同冲销原合同的权利义务。实际交割一般仅占外汇期货合同极小比例，绝大多数都通过对冲方式了结。

金融期货交易的重要职能在于提供套期保值手段，具体可通过卖出和买入期货合约进行套期保值。卖出套期保值(Sell hedge)又称空头期货保值，是通过卖出期货合约标的资产来避免未来资产价格可能变动产生的风险。买入套期保值(Buy hedge)也称多头期货保值，是通过买入期货合约标的资产来避免未来资产价格可能变动产生的风险。例如，某美国进口商 5 月签订从英国进口金额为 25 万英镑的设备，同年 8 月支付货款。为防止付款时英镑汇价上涨使进口成本上升，美国进口商买入英镑期货套期保值。设签约当日英镑兑美元的市场即期汇率为 GBP1＝USD1.6300，如购买 25 万英镑需支付 40.75 万美元(1.6300×25 万)。美国进口商买入 10 份(每份标准金额 2.5 万英镑)3 个月期英镑兑美元的外汇期货合约，合同汇率为 GBP1＝USD1.6400，合约到期该美国进口商共需支付 41 万美元购买 25 万英镑支付货款(1.6400×25 万)。设 8 月份到期时现汇市场英镑兑美元的即期汇率升至 GBP1＝USD1.6350，外汇期货市场英镑兑美元的期货汇率升至 GBP1＝USD1.6450，该进口商如在现汇市场购买 25 万英镑现汇需支付 40.875 万美元，比 5 月份增加 0.125 万美元成本(1.6350×25 万－40.75 万)；而其在外汇期货市场 10 份英镑期货合约可赢利 0.125 万美元(1.6450×25 万－41 万)，期货盈利弥补现汇升值损失，实现期货套期保值。同样，出口商为防范外汇货款收入远期贬值，也可反向采用卖出期货合约进行套期保值。

外汇期货与远期外汇交易都是通过签订合同并按合同规定的币种、金额、期限和远期汇率购买或卖出外汇，以防范外汇汇率风险，实现货币保值的交易。但两种交易又存在明显区别。首先，直接的交易对象不同。远期外汇直接交易外汇，其交易合同是非标准化合约，合同中有关交易的外汇币种、数额、汇率、交割时间和地点都由买卖双方自行协商确定，没有统一的强制性规定；外汇期货直接交易标准化合约，合同中除汇价外其他合同要素有统一的强制性规定，交易金额一般为标准合约额的整数倍，合约时间通常为规定的时限。其次，合同结算方式不同。远期外汇交易于合同到期日由双方一次性直接交割结清；外汇期货交易购买方或出售方都直接与交易所下属的清算机构进行清算，并采用每日结算，保证金亏损追加或盈利提取的清算方式。第三，定价机制不同。远期外汇合同的交易汇率大都由银行或交易商与客户通过通信协商的场外方式确定；外汇期货合同的交易汇率要通过交易所场内集合竞价交易确定。第四，合同费用不同。远期外汇交易是信用交易，无须缴纳手续费和存入保证金；外汇期货合同购买者必须按合约金额的一定比例缴纳保证金和手续费，以确保清算支付能力。第五，合约交割方式不同。远期外汇交易双方到期后按照约定汇率必须进行实际交割；外汇期货合约到期后多数以购买反向合约对冲方式结清，或以交割合约汇率与市场即期汇率差额方式结清。第六，市场参与者不同。远期外汇市场进行场外交易，参与者多为银行、交易商和工商企业，个人投资者较少；外汇期货市场在场内交易，各类金融机构、工商企业和个人只要按规定签约并交纳保证金，即可委托会员单位或外汇经纪商代理参与交易。

6.2.4　国际黄金市场

国际黄金市场(International gold market)是世界各国集中进行黄金交易的场所。随着国际金本位货币制度消亡，黄金丧失货币的直接支付流通功能而退出货币流通领域，黄金市场逐渐成为名义上的贵金属商品市场。鉴于黄金仍是各国国际储备资产的构成要素，也是居民财富和投资组合的重要选项，黄金仍然起着货币的保值和间接支付的功能，由此决定了黄金市场仍是国际金融市场的特殊组成部分。

国际黄金市场包括现货黄金市场和期货黄金市场。黄金现货市场是交易金块、金条等黄金实物，连接生产商、经销商、中央银行等黄金供应方和黄金需求方的即期市场。黄金期货市场是现货市场的延伸，为现货交易提供套期保值和投资功能。目前全球有伦敦、苏黎世、纽约、芝加哥和香港可进行现货和期货交易的五大国际性黄金市场。

6.3 新型国际金融市场

新型国际金融市场是国际金融市场的核心，其形成与发展是 20 世纪国际金融创新的重大成果，极大地影响着当代国际金融活动的内涵和形式，推动着国际经贸和国际金融的发展。

6.3.1 欧洲货币市场

欧洲货币市场是国际离岸金融市场的起源地，其所经营的离岸金融业务已构成当代国际金融最重要的组成部分。

1. 欧洲货币市场概念

欧洲货币市场(Euro-currency market)又称离岸金融市场或境外金融市场，是指经营非居民境外货币或欧洲货币存贷业务的国际金融市场，或者说，是在本国境外经营本国货币存款和贷款业务的市场。欧洲货币市场起源于 20 世纪 50 年代的伦敦，最初以欧洲美元为主要交易货币，交易活动在货币发行国境外或在货币发行国境内通过设立"国际银行业务设施"进行，业务活动通常不受各国法规政策的限制。

欧洲货币市场是现今国际金融市场的核心，可从以下方面全面理解欧洲货币市场的内涵：

(1) 欧洲货币市场不是市场经营的地理范围概念，而是一个国际金融业务的概念，泛指开展境外货币或欧洲货币存贷业务的市场。由于境外货币存贷业务最初源于欧洲，在离开欧洲大陆的英国伦敦产生，因而将其称为离岸金融市场或欧洲货币市场。至今，随离岸金融业务在全球发展，欧洲货币市场的地域分布已扩散至亚洲和拉丁美洲，成为全球性市场，突破了"欧洲"的概念，目前仅仅是习惯上沿用欧洲货币市场的名称。

(2) 欧洲货币是欧洲货币市场的基本交易对象，但欧洲货币并非指欧洲国家的货币，而是指在货币发行国境外市场发行交易的该国货币。因此，欧洲货币又称为离岸货币(Off-shore currency)或境外货币。如在美国境外金融市场(包括美国银行的境外分支行)发行和存贷交易的美元即欧洲美元(Euro-dollar)。最初欧洲货币市场的交易对象是欧洲美元，以后逐步扩展到欧洲国家甚至欧洲以外国家的境外货币，如欧洲英镑、欧洲法郎、欧洲马克、欧洲日元等，但习惯上仍将境外货币称为欧洲货币。

(3) 欧洲货币市场经营的业务范围不同于一般所指的货币市场，其不仅包括短期资金市场业务，还包括资本市场和中长期借贷市场等中长期境外货币的交易业务。货币市场仅仅是个名称，并不涵盖其所有的业务范围。

(4) 欧洲货币市场的交易场所和交易活动主要是在货币发行国境外，但发行国银行也可通过设立与国内业务严格分离的"国际银行业务设施"账户，在本国的境内开设欧洲货币的离岸金融业务。如 1981 年美国通过"国际银行业务设施"法案，规定美国银行和在美的外国银行分行可在账户分离及金融监管下对非居民开展存贷款业务。

欧洲货币市场作为新型的国际金融市场，与传统国际金融市场相比，具有自身显著特点：

首先,欧洲货币市场的经营不受或基本不受市场所在地金融当局政策法规的管束,业务自由,资金调拨方便,不仅降低了交易成本,提高了市场运转效率,满足了市场的需要,也为金融创新提供了宽松的环境。其次,欧洲货币市场由非居民借贷形成的交易,即外国投资者与外国筹资者之间的借贷交易为市场所在国带来大量的外汇资金,而无须市场所在地国家的资金支撑,破除了国际传统金融市场的产生发展要有国际贸易与国际金融业务大量汇集和资金集中的基础条件。一国只要金融外汇管制宽松、税收优惠并具有优越的地理位置和良好的金融服务,能吸引境外投资者和筹资者,即使该国没有雄厚的经济基础和资金积累,也能形成离岸金融中心。第三,欧洲货币市场经营业务以银行间业务为主,银行同业资金拆借占欧洲货币市场业务总额较大比重。并且,其业务规模庞大,资金实力雄厚,融资类型多样,交易方式快捷便利,市场经营范围和竞争力已远超出传统国际金融市场。

欧洲货币市场是国际离岸金融市场和国际离岸金融中心的总称。离岸金融(Off-shore finance)指在市场所在国从事不受或基本不受市场所在国金融法规管制的境外货币资金融通业务。国际离岸金融中心是主要从事离岸金融业务或离岸金融业务规模庞大,在国际上有重要影响地位的国际离岸金融市场。国际离岸金融中心分为一体化中心(Integrated center)和隔离性中心(Segregated center)。前者是实行在岸业务与离岸业务混业经营的管理体制,对本国居民的在岸金融业务与对非居民的离岸金融业务不严格区分,居民与非居民均可从事外汇存贷业务,境内与境外资金可随时互换。伦敦和香港市场即属此种类型;后者是将在岸业务与离岸业务分隔经营的管理体制,对本国非居民参与的离岸金融业务采用特别账户等管制措施分别管理,典型的如新加坡通过设立亚洲货币账户和日本东京离岸市场设立的内外隔离型的海外特别账户实施管理。

欧洲货币市场规模发展迅速,对世界经济和国际金融产生极为重要的影响。欧洲货币市场通过其众多离岸市场昼夜衔接的不间断交易,极大地提高了国际经贸和金融交易所需的外汇汇兑和融资的便利性,带动了资本的全球流动和国际金融市场一体化,推动了国际金融的创新发展,促进了世界经济的发展。但同时,欧洲货币市场发展也带来新的问题,如大规模的国际资金快速频繁流动加剧了国际外汇市场的货币汇率波动,增加了国际金融市场风险和危机发生的概率,加大了储备货币国的货币政策调控难度等。

2. 欧洲货币市场的形成与发展

欧洲货币市场最初是 20 世纪 50 年代形成的欧洲美元市场。在东西方冷战背景下,当美国政府在侵略朝鲜的战争中冻结了中国存放在美国银行的资金后,原苏联和东欧国家为确保资金安全,便将原存放于美国银行的外汇存款转存至前苏联在伦敦开设的莫斯科国民银行及在巴黎开设的北欧商业银行,形成最早的欧洲美元存款。

欧洲美元贷款最早始于英国伦敦市场。1957 年英国的国际收支恶化,爆发英镑危机,迫使英国货币当局管制英镑,限制英国商业银行对外提供英镑贸易信贷,但未限制美元存贷业务。伦敦的商业银行为解决贸易商的资金需求,便大量吸收境外美元存款和发放美元贷款并从中牟利,推动了欧洲美元业务的形成。

欧洲货币市场形成之初的规模有限,但其后发展十分迅速。从内生成因看,第二次世界大战后世界主要资本主义国家经济发展迅速,世界各国经济联系日益紧密,资本跨国供给与跨国需求规模扩大,以及广泛的跨国资本流动所形成的金融市场国际化趋势是欧洲货币市场产生的基础。从外在原因看,首先,布雷顿森林货币体系下美国国际收支逆差不断增加,为欧洲货币市场提供了大量美元资金来源。20世纪50年代后，美国海外战争开支庞大，海外投资增加，美元大量外流，国际收支出现巨额逆差并逐年增加，为欧洲美元市场发展提供了资金来源。其次，美国保守的金融管制政策的影响，加快了欧洲货币市场发展。美国政府为改善国际收支状况，从20世纪60年代起采取了一系列限制美元外流的措施。1963年7月，美国政府实行旨在限制资本外流的“利息平衡税”，规定对美国居民购买外国有价证券所获高于本国证券利息的收益差额征税。1965年美国实施限制资金外流的“自愿限制贷款计划”，限制美国银行对境外客户扩大信贷额度，要求美国的海外公司将利润汇回国内。1968年美国又禁止本国公司汇出美元到国外投资。此外，还依据美国联邦银行法的《Q条例》规定，限定商业银行定期存款利率上限，禁止对活期存款支付利息；按照“M项条例”规定，美国本土商业银行须按照法定准备金率缴纳存款准备金，而外国银行及本国银行的海外分支行可豁免。在美国的金融管制政策下，为逃避管制和提高资本收益，其国内资本纷纷外逃或滞留境外，也为欧洲美元市场提供了大量资金，促使欧洲美元存贷业务日趋活跃。第三，过剩的“石油美元”为欧洲货币市场注入了发展动力。1973年爆发全球性石油危机，石油价格大幅上涨，一方面，导致OPEC成员国的国际收支经常项目出现巨额顺差，从1973年到1981年顺差累计达3 360.7亿美元，过剩的“石油美元”大量流向国际外汇市场；另一方面，石油输入国因支付昂贵的石油费用而出现国际收支逆差，不得不进入国际金融市场融通资金，供需双方的交易扩大了欧洲货币市场业务的发展。第四，西欧国家宽松的金融政策为欧洲货币市场发展创造了自由环境。从1958年底开始，西欧各国基本取消外汇管制，恢复货币的对外可兑换性，允许资本流动自由，免缴存款准备金，放松存贷款利率管制，宽松的经营环境吸引大量境外美元流入，为欧洲货币市场发展提供了有利的市场条件。

3. 欧洲货币市场的构成

欧洲货币市场按照借贷期限和业务性质，可分为欧洲短期货币市场、欧洲中长期信贷市场和欧洲债券市场，欧洲中长期信贷市场和欧洲债券市场又合称为欧洲资本市场。

(1) 欧洲货币短期信贷市场。欧洲货币短期信贷市场是商业银行提供的贷放期限1年以内的短期欧洲货币资金市场，是欧洲货币市场最早形成的交易业务。短期信贷市场存款来源主要是各国的商业银行及国际财团、跨国公司、石油输出国以及各国中央银行的短期闲置资金，贷款对象主要为跨国公司与大型工商企业、商业银行、各国政府机构和国际金融组织等的短期周转借款。

欧洲货币短期信贷市场业务具有以下特点：首先，市场业务中银行间同业拆放交易额占市场交易额较大的比重，因而其交易有批发性质，单笔交易额较大，期限也较短，常见的为3个月以内的资金拆放，最短的为日拆，最长不超过1年，交易的外汇币种也比较齐全。其次，借贷采用信用方式，无须担保，交易主要通过通信方式进行，也无须签订借贷协议，灵活方便，在借款期限、借款货币种类和借款地点等方面有较大选择余地。第三，借贷利率由双方协商确定，一般低于各国商业银行对国内大客户的优惠放款利率，但略高于伦敦银行同业拆放利率，利率由经营欧洲货币业务的大银行于每个营业日定时公布。

(2) 欧洲货币中长期信贷市场。欧洲货币中长期信贷市场是商业银行提供的1年期以上贷款的欧洲货币中长期资金市场。中长期信贷市场资金来源主要为吸收短期欧洲货币存款(包括石油输出国组织短期闲置的石油美元、跨国公司或一般企业暂时闲置的欧洲货币资金，以及各国中央银行的外汇储备)、发行欧洲票据筹集到的短期资金、大额银行存款单、联行间的资金调拨等。市场资金放贷对象主要为跨国公司和工商企业、中央银行、大型开发项目等。

欧洲货币中长期信贷市场业务有以下特点：首先，借贷货币采用欧洲货币，贷款额巨大，贷款期限长，一般为1～3年，最长达数十年。因而要签订贷款合同，对贷款额大、期限长的合同还需借贷国政府予以担保。其次，通常采用银团贷款方式，即辛迪加贷款(Syndicated loan)方式来分担资金供给和分散风险，通过一家或数家信誉卓著的大银行牵头组织，由不同国家的数家或数十家银行组成银团，共同向借款人或大型项目贷款。借款人除要支付利息外，还要承担贷款的管理费、代理费、杂费和承担费等相关费用。第三，由于贷款期限长，为控制利率风险贷款利率多数采用浮动利率，根据市场利率变化每3个月或半年调整一次。利率一般以伦敦银行同业拆放利率为基础，再结合贷款金额、期限以及借款人资信状况加上不同幅度的附加利息(一般为0.25‰～0.5‰)构成。第四，欧洲货币中长期借贷有到期一次偿还、分次等额偿还和逐年分次等额偿还等不同的还贷方式，具体选择由借贷双方协商确定。

(3) 欧洲债券市场(Euro-bond market)。欧洲债券市场是发行和交易欧洲债券的场所，是国际资本市场的重要组成部分。欧洲债券是发行国的非居民以发行国的境外货币为面值发行的债券，其发行人、发行市场和债券面值货币分属不同的国家，如我国在德国发行美元面值债券就属欧洲美元债券，如我国在德国发行欧元债券，则为外国债券。欧洲债券是20世纪60年代初形成的新型债券种类，70年代后，各国对中长期资金的需求日益增加，使得以欧洲债券方式筹集境外资金的规模迅速扩展，欧洲债券由此成为欧洲货币市场筹措长期资金的重要工具。欧洲债券市场由发行出售债券的发行市场和转让交易债券的流通市场构成，流通交易的主要面值货币有欧洲美元债券、欧洲日元债券、欧元债券和欧洲英镑债券等，发行交易的欧洲债券种类主要有固定利率债券、浮动利率债券、可转换债券、授权证债券和合成债券等。

欧洲货币债券市场作为新型国际债券市场具有以下特点：首先，发行交易欧洲债券筹措欧洲货币资金，而非发行市场所在国货币，不会影响发行市场所在国的货币流通，因而欧洲债券发行一般无需经市场所在国政府的审批，也不受市场所在国金融法规的约束，发行交易灵活简便，成本低廉。其次，债券发行以辛迪加方式为主，一般由一家大银行牵头，联合不同国家的多家大银行代理发行，大部分债券先由代理银行购入，再通过转让交易证券的二级市场分销售出。第三，欧洲债券市场在发行交易的市场地点、面值币种和利率等方面的选择余地大，发行审批、评级和税收减免的条件优惠，对筹资者和投资者都有很强的吸引力。第四，欧洲债券市场的主要发行人和交易者均为各国中央银行、跨国公司、商业银行及其他金融机构，参与者资信高，安全性强。同时，市场能及时准确地提供国际资本市场资金供求和利率汇率的实时动向，市场交易清算系统容纳量大，交易简便，效率高。

6.3.2 亚洲货币市场

亚洲货币市场(Asian currency market)指亚太地区经营境外货币借贷业务的场所，是亚太地区的区域性离岸金融市场，也是欧洲货币市场的重要分支。由于亚洲货币市场最初借贷的货币中美元约占90%，又称为“亚洲美元市场(Asian dollar market)”。

亚洲货币市场始自20世纪60年代后半期，是在亚洲国家经济起飞和对资本需求大量增加基础上形成的。1968年10月，新加坡政府接受美洲银行的建议，允许在美洲银行新加坡分行内设立“亚洲货币单位”账户(Asian Currency Unit，ACU)，以欧洲货币市场方式向非居民提供亚洲美元等境外货币的存贷业务。此后，香港、东京等地也相继开办亚洲美元业务，推动了亚洲货币市场迅速发展。目前,香港和东京已成为世界主要的离岸金融中心。

亚洲货币市场经营的货币主要包括亚洲美元、亚洲英镑、亚洲日元、亚洲欧元等自由兑换货币,其中以亚洲美元为主。亚洲货币市场的基本功能是汇聚银行同业存款、中央银行外汇储备、金融组织和公司及私人的闲置资金,向亚洲地区转放贷款来弥补亚洲地区经济发展急需的资金缺口。

亚洲货币市场由亚洲信贷市场和亚洲债券市场组成。其中,亚洲货币信贷市场以短期信贷业务为主,是亚洲货币市场的主要组成部分。

1. 亚洲货币短期信贷市场

亚洲货币短期信贷市场的资金主要来源于非居民的亚洲货币存款,具体包括定期存款和通知存款两种。定期存款通常为 6 个月、9 个月和 1 年期存款,通知存款为 1 天、2 天、7 天期提前通知即可兑取的存款。亚洲货币短期贷款的期限在 1 年以内,以银行间同业贷款为主,一般占有全部信贷业务 70%以上的比重,贷款利率以伦敦银行同业拆放利率为基础确定,存贷款利差比欧洲货币市场高 1%～3%。

2. 亚洲货币中长期信贷市场

亚洲中长期信贷业务中 1～5 年期的属中期信贷,5 年以上的属于长期信贷。中期信贷资金主要来源于从 1977 年开始发行的亚洲美元面值的可转让存款单,其采用浮动利率,每隔 3 个月或 6 个月根据市场变化调整,其面额大,期限长,可自由转让和流通。亚洲货币对贷款规模大、期限长的长期资金借贷大都采用银团贷款的形式,以分散贷款风险。新加坡于 1972 年首次组织国际银团贷款,香港于 1974 年首次组织银团贷款,目前香港已发展成为亚洲第一、世界第四大国际银团贷款市场。亚太地区银团贷款资金多数来源于美国银行,主要对印尼、韩国、马来西亚、菲律宾和中国香港等国家和地区贷款,银团贷款的利率以伦敦银行同业拆放利率为基础,再加约 1%的附加利率。

3. 亚洲债券市场(Asian bonds market)

亚洲债券是以美元和其他可兑换境外货币为面值的国际债券,由亚洲地区银行和金融机构牵头组织发行并认购。亚洲债券主要在亚洲挂牌销售,也可同时在亚洲和欧洲的证券交易所挂牌和销售。亚洲债券是筹措长期亚洲货币资金的主要途径,债券的期限可长达几十年,利率视发行期限而定。1971 年,新加坡开发银行第一次发行亚洲美元债券,此后亚洲债券逐渐发展并于 1993 年后取代银团贷款成为亚洲货币市场筹集长期资本的主要形式。

6.4 国际金融创新

20 世纪 80 年代以来,由于国际金融领域大量推广使用先进的电子信息技术,以及各国金融当局逐步放松金融管制,金融自由化程度提高,催生了国际金融的创新浪潮。国际金融市场金融新产品、新融资技术迭出,新的国际金融组织和管理方式不断涌现。国际金融创新给国际金融领域带来深刻变革,具有划时代意义。

6.4.1　国际金融创新概述

1. 国际金融创新的概念

国际金融创新是指各国金融当局和金融机构为适应国际金融市场和金融环境变化，降低金融交易成本，控制金融风险，提高金融资产安全性、流动性和收益性而重新组合金融资源，创造新的金融产品、高效的金融交易方式和金融运营组织管理体制的过程。金融创新的本质是通过重新组合金融要素来提高金融资源的运行效益和控制金融风险。

国际金融创新对世界经济和国际金融发展有着极其重要和深远的影响。国际金融的产品创新和融资方式创新使融资形式更加多样化，不仅有利于国际资本流动，降低资金交易成本，提高市场融资效率和国际资本配置效率，也为防范国际金融风险提供了更多可供选择的工具。国际金融的组织创新和管理创新使国际金融管理制度更具多样性和弹性，创造出国际金融新的经营方式和经营领域，为国际金融业务开拓了更大的发展空间。但国际金融创新也促进了混业经营程度，提高了产品的风险杠杆效应，扩大了市场交易流量，在提供避险工具的同时，增加了金融体系内部的非稳定性和金融监管的难度。

2. 国际金融创新的原因

国际金融创新是在各种内外因素的综合作用下形成的，促进国际金融创新的原因主要有：

首先，回避金融管制的约束是金融创新的重要诱因。从一定意义上说，金融创新是市场主体试图摆脱或减少金融管制约束的结果。一方面，在严格金融管制下，只要回避金融管制的金融创新收益大大高于被管制时的收益，金融机构为降低管制成本，追求高额盈利必然会产生超越管制的创新冲动。另一方面，各国放松金融管制，金融自由化程度的提高又为激励市场主体金融创新提供宽松环境，加速金融创新的发展。

其次，市场需求是金融创新的原动力。需求是发明的根本推动力，金融创新得以广泛推广的根本原因在于市场的需求推动。各种金融产品在安全、流动和收益上具有不同特性组合，以满足不同客户的需要，不同的投资者对不同特性的金融产品也有不同的偏好，并随金融环境变化，不断提出更加多样化的产品和服务需求。而金融机构正是通过不断创新提供更多更好的金融产品和服务，在不断满足市场需要的同时，获得更佳的经营业绩。

再次，降低交易成本和回避经营风险是市场主体金融创新的内在动力。国际金融市场是高风险市场。自20世纪80年代以来，全球金融市场持续动荡产生了巨大的市场风险，严重威胁各国金融资产的安全性和流动性，迫使金融机构通过不断改革经营体制，创新融资方式和融资工具，来降低市场交易成本和控制经营风险。

第四，技术进步是推动金融创新的强大技术支撑。当代科学技术的巨大进步与广泛应用，为金融创新提供了技术支撑。由于各种高新科技和装备在金融领域的大量推广应用，既为创新金融产品和服务，如远程和大规模的金融密集交易提供坚实的技术支持，又为开拓新型金融经营领域，如网上金融服务和网络银行开辟了空间。

3. 国际金融创新的内容

国际金融创新范围广泛，种类繁多，可从不同角度，按照不同标准进行不同的划分。20世纪80年代后出现的国际金融创新的内容大致可概括为：

(1) 国际金融工具创新。国际金融工具创新又称为金融产品创新，是国际金融业通过改革原有金融产品与服务的特性或开发具有新特性金融产品与服务的活动。金融产品与服务通常具有安全性、流动性、盈利性、期限性、利率、支付与交割方式等诸多基本特性，通过金融工具创新增加金融产品与服务的特性或扩大特性的兼容性，可实现金融市场产品与服务的多元化，以满足不同层次投资者和筹资者的需要。

由于金融工具的创新品种多样，1986 年 4 月，国际清算银行曾将金融工具创新归纳为四种类型：第一，风险转移型金融工具创新，即提供具备风险转移功能的新型金融工具或新金融产品，如期权、期货交易、货币互换与利率互换交易等。第二，增加流动性的金融工具创新，即能提高变现能力或增强可转让性的金融工具和交易技术，如长期信贷资产证券化、CD 大额存单等。第三，信用创造型的金融工具创新，即能扩大借款人的信贷资金来源、或增加借款人新的融资手段的新工具或新技术，如票据发行等。第四。股权创造型的金融工具创新，即使各类公司筹集股本资金来源更为便利和多样化的金融工具创新，如可转换债券、附有股权认购书的债券等。此外，还有离岸金融业务和国际债券等新型业务的开发等。

(2) 国际金融服务创新。金融服务创新是金融机构通过运用新技术、新装备或改进服务流程和标准，增加快捷便利的服务新品种或提高服务质量的活动。金融服务是高附加值的专业化、个性化服务，其不仅要求提供安全、快捷和便利的服务，更需要针对不同的市场需求层次提供不同的服务。

多媒体信息技术的广泛推广运用，使国际金融业以资金收付结算与信息系统设备为代表的营业装备和技术手段发生了革命性变革，从而为国际金融业进行服务创新提供了新的业务手段和技术。首先是金融机构借助电讯、国际互联网络、交互式电视设备和多媒体技术，通过图文声像和数据信息的传输，为客户提供金融业务的电子化服务。其次是实现各大国际金融中心和金融市场交易系统的电子化和网络化，提供全天候不间断的金融业务交易服务，延伸交易时间便利客户交易结算。再次是运用电子化金融信息系统和通信设备辅助金融信息管理，搜集整理、储存和传输金融信息，为客户提供各类信息咨询服务。

(3) 国际金融表外业务创新。表外业务是指银行从事的基本不涉及资产与负债，但能引起当期经营损益及营运现金流变化，从而影响经营绩效的业务。表外业务创新主要包括：贷款与投资承诺业务创新，如票据发行承诺、循环贷款承诺等；各种担保业务创新，如票据承兑、信用证业务等；互换业务、期权业务和远期利率协议业务的创新，如利率互换、货币互换、利率货币互换业务和利率期权、货币期权、股票期权、股票指数期权、期货期权等。

(4) 国际金融组织创新。国际金融组织创新是指从事国际金融业务的金融机构在组织架构和组织形式以及国际金融市场组织方式上的创新，其首先表现在 20 世纪 90 年代开始的以国际银行业为代表的兼并风潮推动下，各国金融机构的传统单一公司组织结构逐步向以专业化为基础的分工协作的集团化、大型化跨国公司形式转变，传统的分业经营方式逐步向混业经营转变，金融机构的业务与职能趋同成为新的发展趋势。其次是金融创新打破了传统金融市场的业务界限，形成可提供全方位、全天候综合性金融服务的全球性“金融超级市场”，大大推进了国际金融对世界经济贸易的渗透和服务。

(5) 国际金融制度创新。国际金融制度创新是各国金融当局通过调整金融管理政策，放松金融管制，改革金融管理制度形成的更适合国际金融业务与市场发展的制度安排。如允许设立新的组织机构、开设新的业务品种或采用新的管理方式等。金融制度变革创新为国际金融的业务和组织创新创造了宽松的外部环境。

6.4.2 金融衍生工具

金融衍生工具(Financial derivatives),又称金融衍生品(Financial derivative products),指由基础金融资产或实体资产(包括外汇、债券、股票和实体商品等)及其价格或价格指数派生的金融合约。联合国经济合作与发展组织(OECD)认定,金融衍生产品是一份双边合约或支付交换协议,其价值是在基础性资产及其基础性资产利率或指数基础上衍生的。国际金融创新的核心是金融工具创新,金融工具创新产生的金融衍生工具是以货币、外汇、股票、债券等传统金融产品为基础标的物衍生出来的、旨在为交易者提供转移风险、增加收益的作为交易对象的金融工具。如以货币资产为基础衍生的远期货币、货币期权、货币掉期、货币期货和货币互换等,以股票为标的资产衍生的股指期货、股指期权等,以利率为基础衍生的利率互换、利率期货和利率远期协议等金融衍生工具。

1. 金融期货衍生品

金融期货是以各种基础金融资产及其衍生品,如外汇、债券、利率和股票指数等作为标的物的期货交易产品。金融期货交易最早是 1972 年产生于美国芝加哥国际货币市场的外汇期货合约,其后金融期货的基础资产范围和交易规模迅速扩展,品种不断创新,形成了一批国际性的金融期货专业市场。

金融期货除以外汇期货为代表的货币期货外,主要有利率期货和股票指数期货。

(1) 利率期货。利率期货是以金融资产价格(利率)为合约标的物的期货交易产品,是有息的有价证券期货。利率期货合约的购买人通过买入或卖出标准合约,锁定其所有的金融资产利率的涨跌幅度,防范资产的利率风险。利率期货有以国库券、欧洲美元定期存单及大额可转让存单利率为基础的短期利率期货合约,也有以政府长期债券利率为基础的长期利率期货合约。利率期货属标准合约交易,与期货运作原理相同,如美国国库券利率期货合约额为 100 万美元,期限 90 天,标的最低波动幅度为一个基点,即国库券年利率的 1%,每个基点价值 25 美元,通过保证金清算和购买反向合约交割。

(2) 股票指数期货。股指期货是以交易所交易的某类股票指数为合约标的物的期货交易产品,股票指数是以证券交易所交易的全部或部分股票的交易价编制的反映股票价格总体水平的价格指数。股票期货合约的购买人通过买入或卖出标准合约,锁定其所持有的股票价格的涨跌风险。股票指数期货交易实行标准化合约,通常以某股票市场的股票指数为基点确定每个基点的尺寸,通过买入(多头)或卖出(空头)标准合约对现货股票进行套期保值或套期投机。

例如,某股票市场当年 3 月底的指数为13 000点,3 个月期的股票指数期货合约标的为13 100点,每个基点尺寸为 50 元,由于股指期货合约的价格等于股指乘以规定的基点尺寸,故该股票市场每个合约价值 65 万元(13 000 点×50 元),设保证金为合约金额的 5%,则投资者每购买一个合约须缴纳 3.25 万元保证金(65 万×5%)。如果投资者认为未来 3 个月内该股票市场指数的涨幅将超过13 100点,其看多而买入指数期货合约;反之,投资者看空则卖出指数期货合约。假定至当年 4 月底,该股票市场指数涨至13 200点,则买入合约的投资者每个合约盈利5 000元(100 点×50 元),其如果坚持看多可以继续持有合约直至到期清算,以获取更多盈利(也可能到期时股指下跌而亏损),也可以及时以13 200点的新价格卖出等额合约平仓获利了结;卖出合约的投资者每个合约亏损5 000元,须从保证金中扣除,如果其坚持看跌要继续持有合约直至到期清算，必须及时补足保证金，当然其也可通过购买反向合约及时对冲平仓止损。无论投资者是买入或卖出合约，到期必须按照合约标的指数与股票市场实际指数的差额清算保证金最终平仓。

股指期货的基本功能是通过与股票现货市场的反向操作来抵消股价变动的风险。以香港恒生指数为例，每个指数点的价格为 50 元港币，设某投资者在香港股市持有总市值为 200 万港元的 10 种上市股票，为规避可能的股指下跌风险，该投资者在恒指13 000点的价位上卖出 3 份 3 个月到期的恒指期货合约进行套期保值。假定当合约到期时，恒指跌至10 000点，按股指同比下跌幅度计算，该投资者的股票市值损失约达 46.16 万元，但该投资者的 3 份卖出股指期货合约则盈利 45 万元(3 000 点×50 元×3)，基本实现资产保值。

股票指数期货交易绝大多数都是在交易所内进行的。国际著名期货交易所有国际货币市场(IMM)、伦敦国际金融期货交易所(LIFF)、纽约商品交易所(COMEX)，东京国际金融期货交易所(ITIFFE)，新加坡国际货币交易所(SIMEX)等。

2. 金融期权衍生品

金融期权是按约定价格和期限买卖基础金融资产及价格的远期交易方式，其通过交易未来以约定价格买卖或借贷既定数量特定金融产品的权利，来锁定可能的资产风险。金融期权 20 世纪 70 年代产生于股票期权，经过数十年发展，已形成以外汇期权为代表的货币期权、股权期权和利率期权三大种类。

(1) 股权期权。股权期权是以未来特定期限内按照约定价格买卖一定数量股票及其衍生品的权利，股权期权交易就是以该权利为交易标的的金融衍生品。具体包括股票期权和股票指数期权。

股票期权是以未来特定期限内按照约定价格买入或卖出一定数量股票的权利为交易标的的交易产品。股票期权分为看涨(认购)期权和看跌(认沽)期权，股票认购期权的购买人有权在未来约定的行权期或行权日，以约定价格买入一定数量的特定股票来固定购买现货股票的价格上涨风险；股票认沽期权的购买人有权在未来约定的行权期或行权日，以约定价格卖出一定数量的特定股票，以锁定出售现货股票的价格下跌风险。到期时权利人通过比较行权价与现货股票的即期市场价的差额最终决定履约行权或放弃行权。

股票指数期权是以交易所交易的未来约定时期内特定的股票价格指数作为合约标的物的交易产品。股指期权实质交易的是股票指数的变动率，投资者为避免未来股指上涨形成现货股票踏空的风险而买入股票指数的看涨期权，投资者为防范未来股指下跌导致手中现货股票资产受损的风险而买入股票指数的看跌期权。股指期权合同将股票指数的点数折算为一定的货币单位，合约到期如果市场的即期股指高于合约股指，看涨合约购买人行权，合约到期市场的即期股指低于合约股指，看跌合约购买人行权，均以现金结清市场即期股指与合约股指的正负差额点数。目前，股指期权产品的交易尚未十分普及。

(2) 利率期权。利率期权是合同购买人按约定的利率借贷一定数量资金的权利，利率期权交易就是以该权利为合同交易标的的金融衍生工具。利率期权依据不同的基础金融资产形态，形成债券利率期权、借贷票据利率期权、信贷利率期权以及利率协定等衍生品种。

在利率期权交易中，合同的交易双方在未来约定时期内，如果合约指定的市场利率高于合约利率，利率看涨期权的认购人有权以低于市场利率的合约利率借入一定数量资金，即能获得相当于市场利率高于合约利率差额部分的利息收益；反之，如果合约指定的市场利率低于合约利率，利率看跌期权的认购人有权以高于市场利率的合约利率借出一定数量资金，即能获得相当于合约利率高于市场利率差额部分的利息收益。当合同到期时，交易双方一般无须发生真实的资金借贷，只需以现金结算指定的市场利率与合约利率的息差。利率期权为资金借贷双方提供了防范利率波动风险损失的工具，资金借出方通过购买利率看涨期权，锁定借出资金的利率上涨风险，当市场利率上涨时可获取相应的利息弥补；资金借入方通过购买利率看跌期权，锁定借入资金的利率下跌风险，当市场利率下跌时可获取相应的利息弥补。

3. 金融互换衍生品

金融互换(Financial swap)又称互换交易(Swap transaction)，是指交易双方签订远期合同约定在未来约定时间互换基础金融资产及其衍生品的交易。按照交换标的物不同，金融互换交易可分为利率互换、货币互换、股权互换、股权-债权互换等多个种类。

金融互换交易是20世纪80年代初出现的、被誉为国际金融创新最重大成果的新型金融衍生品交易业务。1981年世界银行与IBM签订互换合同，将2.9亿美元的固定利率债务与IBM的德国马克、瑞士法郎固定利率的债务互换，通过互换世界银行获得德国马克和瑞士法郎低利率资金，IBM获得优惠利率的美元贷款，从而引起国际金融业巨大反响。至今，金融互换交易发展迅速，不仅成为国际信贷和资本市场收支往来的重要渠道，也日益成为国际金融市场降低长期资本筹措成本，防范利率、汇率风险和优化债务资产结构的有效金融工具。

国际金融市场上大量发生的金融互换业务是货币互换与利率互换。

(1) 货币互换。货币互换(Currency swap)是交易双方通过交换期限相同和金额等值，不同币种债务或资产的货币及利率，以降低筹资成本和利率风险的互换业务。或者说，是交易双方按照固定利率在期初交换各自不同币种的本金，在约定日期再进行利息与本金的分期互换。货币互换利用不同筹资者在资金市场上借贷不同货币的筹资比较优势，来降低各自的筹资成本和规避风险。

货币互换有以固定利率借贷的不同货币之间的互换，有以浮动利率借贷的不同货币之间的互换，以及兼用固定利率和浮动利率借贷的不同货币之间的互换三种类型。

以典型的按固定利率借贷的不同货币之间的互换为例，设美国M公司为投资需要在东京信贷市场按7.5%年利率借贷期限5年、总额为120亿日元的贷款资金。由于项目产品将主要在美国市场销售回收美元，因而该公司将来需将美元兑换成日元还本付息，所以面临日元升值的汇率风险。为此，该公司通过中介银行与借入1亿美元贷款资金的X公司签订货币互换协议，设美元兑日元的即期汇价为USD1＝JPY120，美元利率为8.5%，互换协议期5年，期内每年支付一次利息，货币互换业务的交易操作步骤为：

首先，在互换协议签订后双方相互交换货币本金，M公司将其借入的120亿日元转付X公司，同时，X公司也将本公司借入的1亿美元资金转付给M公司。其次，在合约期的每年年初，双方进行利息互换，M公司将850万美元(1亿×8.5%)的美元贷款利息转交X公司，同时，X公司也将9亿日元(120亿×7.5%)的日元贷款利息转给M公司，双方再各自向银行支付利息。最后，在合约到期日，双方互换本金与利息，M公司将1.085亿美元(1亿本金加最后一期利息850万)的美元贷款本息转交X公司，同时，X公司也将129亿日元(120亿本金加最后一期利息9亿)的日元贷款本息转给M公司，双方再各自向银行还本付息。通过货币互换，M公司回避了美元兑换日元的汇率风险，X公司则降低了1%的借贷成本。

(2) 利率互换。利率互换(Interrest rate swap)是交易双方相互交换各自币种相同、利率不同债务的利率，以降低筹资成本，规避信用和利率风险的互换业务。利率互换实质是利用交易双方各自在国际金融市场上筹集资金存在的信用等级、筹资成本和负债结构等因素决定的相对优势差异，将同种货币借贷资产的不同利率进行对双方有利的互换安排。利率互换中本金仅是计算利息的依据，双方交换的是各自相同期限和币种的债务利率，通常是交易双方固定利率与浮动利率之间的互换，一方将固定利率换成浮动利率，另一方则将浮动利率换成固定利率。

利率互换是自货币互换后出现的新的金融互换业务。其由市场资信等级高的一方借入固定利率债务，由资信低的一方借入浮动利率债务，然后双方签订协议确定各自承担支付对方利息的责任。由于资信等级不同双方借贷利率存在利差，资信低的一方需通过协商向资信高的一方补贴利差，使双方降低各自融资成本，改善资产负债结构。

设资信等级为 AAA 的甲公司和资信等级为 BBB 的乙公司在国际金融市场上各自的融资成本如表 6-1 所示。

表 6-1 甲银行与乙银行融资成本表

	固定利率	浮动利率
甲公司	10%	6 个月 LIBOR+0.5%
乙公司	12%	6 个月 LIBOR+1%
借款成本差额	2%	0.5%

从上表可见，由于甲公司资信高，其无论是借贷固定或浮动利率均优于乙公司，但从相对优势比较而言，乙公司的浮动利率贷款具有相对优势，即其固定利率贷款的利率要高出甲公司 2%，而浮动利率贷款利率仅高出甲公司 0.5%。而甲公司以固定利率贷款则具有相对成本优势。

假定甲公司需要筹集 1 亿美元的浮动利率借款，乙公司需要筹集 1 亿美元的固定利率借款，如果甲公司和乙公司分别按自己能获得的利率借入所需款项，即甲公司以浮动利率 6 个月 LIBOR+0.5%借入 1 亿美元债务，而乙公司以 12 %的固定利率借入 1 亿美元债务，就未发挥各自的相对比较优势。两公司为利用各自相对优势，签订利率互换协议。首先，双方以各自具有比较优势的利率借入贷款，然后再相互交换借贷利息的支付义务。具体说，甲公司以具有比较优势的固定利率 10%借入固定利率贷款，乙公司以具有相对优势的浮动利率 6 个月 LIBOR+1%借入浮动利率贷款，然后通过互换中介机构，由甲公司代替乙公司支付 6 个月 LIBOR+1%的浮动利率贷款利息，而乙公司则代甲公司支付 10%的固定利率贷款利息。其次，由于甲公司代替乙公司支付 6 个月 LIBOR+1%的浮动利率贷款利息，要比甲公司自行按 6 个月LIBOR+0.5%浮动利率借入贷款高出 0.5%的利差，而乙公司则代甲公司支付 10%的固定利率贷款利息则比其按 12%的固定利率贷款要低 2%的利率。因此，乙公司须对甲公司补贴利差 0.5%，乙公司获益的 2%利差缩减为 1.5%，如经协商双方决定平分利差，由乙公司再向甲公司支付 0.75%利差利息。通过互换双方各减少 0.75%的利息成本。

4. 远期利率协定(Forward Rate Agreement, FRAs)

远期利率协定指合同双方签订的对未来两种约定利率的利差进行补偿的远期协议。在远期利率协定中，作为合约双方的客户与银行或两家银行同业之间约定协议利率和作为参照利率的某个市场利率，到协议清算日时，双方按规定的协议利率、期限和本金额，由当事人一方向另一方清算支付协议利率与参照利率之间的利息差额。

远期利率协议是远期利率风险管理的金融创新工具。协议的交易双方依据各自的不同需要，在对市场利率变化趋势预测差异的基础上，通过签订远期利率协议来防范未来可能的利率风险。远期利率协议的买方预期未来期限内利率趋于上升，因而希望将利率水平控制在自己能承受的协议利率水平上，当未来参照利率上升超过协议利率时，协议买方即可获得协议卖方的息差补偿来弥补实际筹资中增加的利息成本；当未来参照利率水平下降低于协议利率时，协议买方也要将其在实际筹资中减少支出的利率费用，即参照利率低于协议利率的利率差额支付给卖方，由此，将筹资利率固定为协议利率，防范利率上升引起的筹资成本增加。反之，远期利率协议的卖方预期未来期限内利率趋于下降，因而希望通过将利率水平控制在协议利率水平上来防范利率下跌引起的利息收入损失。当未来参照利率下降低于协议利率时，协议卖方即可获得协议买方的息差补偿来弥补实际借贷中损失的利息收入；当未来参照利率水平上升超出协议利率时，协议卖方也要将其在实际融资中增加的利息收入，即参照利率高于协议利率的利率差额支付给买方，由此将融资利率固定为协议利率以锁定未来的利息收入。

远期利率协议 20 世纪 80 年代中期产生于英国，常用于银行及金融机构之间的利率风险防范，以美元为最主要的交易币种。远期利率协议合同通常从 n 期后开始，在 $n+m$ 期后结束，有 3 个月开始至 6 个月结束的“3 对 6”，以及“3 对 9”和“6 对 9”等期限种类。当协议利率与合同约定的市场参照利率存在差额时，利率差额补偿的计算公式为：

$$[A \times (I_n - I_m) \times t/360]/(1 + I_m \times t/360)$$

上述公式中 I_n 为合同规定的协议利率；I_m 为合同约定的市场参照利率；A 为合约本金金额；t 为合同规定的期限。式中若 I_m 大于 I_n，由合同卖出方向买入方支付利息差额，反之，若 I_m 小于 I_n，则由合同买入方向卖出方支付利息差额。

设两家银行就 3 个月期 100 万欧洲美元贷款的利率签订“3 对 6”的远期利率协议，从协议签订日起算，3 个月后开始，6 个月后结束，约定的协议利率为 8%，市场参照利率为同期限的 LIBOR，合同期限为 91 天。合同购买方以此防范利率上涨导致的筹资成本增加的风险，合同卖出方以此回避利率下降导致的利息收入减少风险。如果 3 个月后远期利率协议开始时，3 个月期的 LIBOR 为 7.5%，合同买入方需向合同卖出方支付利息差额为：

$$[100\text{万} \times (8\% - 7.5\%) \times 91/360] / [1 + 7.5\% \times (91/360)] = 4\,650.47$$

远期利率协议无须支付保证金，交易成本低廉，交易币种、期限和金额的选择由双方协商确定，具有较大的灵活性。满足了国际金融市场利率波动环境下的市场避险需要。

5. 票据发行便利(Note Issuing Facilities, NIF)

票据发行便利是银行与借款人之间通过签订协议，约定在规定时期内由银行以承购借款人连续发行的短期票据形式向借款人提供信贷资金的融资形式。

票据发行便利协议是具有法律约束力的中期融资承诺。在协议下借款人以自身名义发行短期票据，包销银行则承诺连续购买借款人发行而未出售的票据或承担提供备用信贷的责任。例如某跨国公司以票据发行便利方式从欧洲货币市场借贷筹集 1 亿美元资金，并与欧洲银行签订合约期限 5 年、短期票据期限 6 个月，票面金额 50 万元的合约。由承购包销的欧洲银行采用连续发行方式负责每半年为该公司安排发行面额 50 万元的欧洲票据 20 张，如票据未能出售则由协议银行全部购入。

协议发行的票据，如借款人为银行通常是短期存款凭证，如借款人为非银行机构则以本票形式的欧洲票据为主。短期票据期限短为7天，长的有1年，多数是3个月或6个月期，票据一般以美元计值，面额多为10～50万美元，主要针对机构投资者发行。票据发行便利的合同期限大多为5～7年，其实质是通过发行短期票据向借款人提供了中期信贷。

票据发行便利的优越性在于把传统的欧洲银行信贷的风险由独家机构承担，分散至多家机构，借款人据此可稳定地获得连续的借贷资金，承购包销的银行则增加了佣金费用收入。票据发行便利自1981年问世以来发展迅速，目前已成为欧洲货币市场中期信用的主要形式。

本章重要名词概念

国际金融市场　有形市场　无形市场　场内市场　场外市场　离岸国际金融市场　在岸国际金融市场　金融自由化　融资证券化　国际货币市场　国际短期信贷市场　国际银行拆借市场　国际短期证券市场　国际贴现市场　国际资本市场　国际中长期信贷市场　双边贷款　银团贷款　国际证券市场　全球债券　国际股票市场　国际金融租赁市场　国际外汇市场　套汇交易　地点套汇　直接套汇　间接套汇　利息套汇　非抛补套利　抛补套利　外汇掉期交易　外汇期权交易　外汇期货　欧洲货币市场　欧洲货币　离岸金融　欧洲债券　外国债券　亚洲货币市场　亚洲债券　国际金融创新　国际金融工具创新　国际金融服务创新　金融衍生工具　股票指数期货　金融期权衍生品　股票期权　利率期权　金融互换　票据发行便利　利率互换　货币互换　远期利率协定

本章复习思考题

1. 广义与狭义国际金融市场有何不同？
2. 国际金融市场具体是如何构成的？
3. 国际金融市场有何特征与功能？
4. 在岸国际金融市场和离岸国际金融市场各有哪些区别？
5. 新型国际金融市场有哪些特征？
6. 形成国际金融市场需要具备哪些条件？
7. 国际金融市场表现出哪些新的发展趋势？
8. 国际外汇市场有哪些主要的交易层次和交易方式？
9. 交易者出于什么目的参与国际外汇市场交易？
10. 如何通过利率差测算远期汇率水平？
11. 如何进行外汇间接套汇操作？
12. 如何进行各种形式的外汇掉期交易？
13. 如何利用外汇期权交易防范外汇风险？
14. 外汇期货交易具有哪些特点？
15. 怎样利用外汇期货工具进行套期保值？
16. 外汇期货与远期外汇交易有何区别？
17. 怎样理解欧洲货币市场？欧洲货币市场是怎样形成的？
18. 欧洲货币市场与传统国际金融市场相比有何特征？
19. 欧洲短期信贷市场业务有何特点？

20. 欧洲货币中长期信贷市场业务有何特点？
21. 欧洲债券市场有哪些特点？
22. 国际金融创新的动因是什么？
23. 国际金融创新包括哪些方面的内容？
24. 各种金融衍生产品各自的优势是什么？
25. 如何进行货币互换和利率互换的操作？

第7章　国际贸易融资

本章学习目标

了解国际贸易短期信贷的含义、主要形式以及国际贸易中长期出口信贷的概念、特点；掌握国际保付代理的概念、类型、程序和代理业务内容；掌握出口信贷的主要类型及业务程序。

国际贸易融资是支持国际贸易扩展从而促进世界经济发展的重要资金来源，也是国际金融市场的重要业务内容。了解与掌握国际贸易融资的基本理论与实务技能，不仅有助于利用各种融资形式推进对外贸易业务，也能更完整地把握国际金融内涵，以全面发挥国际金融服务和促进国际经贸发展的作用。

7.1　国际贸易短期信贷

国际短期贸易信贷主要是对国际贸易各流通环节提供的资金支持，其对缓解国际贸易流通过程的资金缺口，加快贸易流转速度，减少贸易品积压，维持正常的贸易信用和支付清算秩序，降低贸易成本，提高交易效率有重要作用。

7.1.1　国际贸易短期信贷形式

信贷即信用贷款，是借贷资本运动和资金融通的基本形式。对外贸易的进出口商在贸易商品采购、打包、仓储、运输的各流通环节，以及在与商品进出口相关的制单、签订合同、申请开证、承兑、议付等各贸易环节中，从不同渠道和借助各种方式获得资金融通的便利，实现加速商品交易，减少资金积压，促进进出口贸易完成的与进出口贸易资金融通有关的信用贷款，统称为国际贸易短期信贷。

国际贸易短期信贷的形式繁多，按照贷出资金的授信人和借入信贷资金的受信人主体区分，对外贸易短期信贷主要有以下分类：

1. 商业信用和银行信用

按照提供信贷资金的主体不同，国际贸易短期信贷可分为商业信用和银行信用。

1）商业信用(Commercial credit)

对外贸易商业信用指贸易进口商与出口商之间在贸易各环节互相提供的信贷。例如，若进口商收到出口商的货物提货单并在提货后间隔一段时间才支付结算货款，实质就是出口商对进口商提供了商业信用；若进口商在收到出口商货物提货单之前即支付全部或部分预付货款，实质就是进口商对出口商提供了商业信用。

2）银行信用(Bank credit)

银行信用指由银行或其他金融机构向贸易进口商或出口商提供的信用。例如，对出口商提供以出口商品或发往国外的货物为保证的贷款，或银行为出口商贴现由进口商签发的票据，或银行以进口商的债权资产为担保发放的贷款等均属对外贸易银行信用。一般来说，本国银行不仅向本国进口商或出口商提供银行信用，也可向国外的出口商或进口商提供银行信贷，同样，外国银行也可对本国或外国的进出口商提供信用。

应当看到，对外贸易短期信贷中的银行信用与商业信用二者作用是相辅相成，相互影响的。例如，银行对贸易出口商提供信用增强了出口商对进口商提供信用的能力，由此，银行信用促进了商业信用。反之，商业信用的扩大又可减轻银行信用的压力。

2. 对出口商信贷和对进口商信贷

按照接受信贷资金主体不同，国际贸易短期信贷又可分为对出口商信贷和对进口商信贷。

1）对出口商的信贷

银行或进口商对出口商的信贷主要有贸易进口商对出口商预付款（Advance）、贸易经纪人（Broker）对出口商的信贷以及银行对出口商的信贷三种形式。

（1）贸易进口商对出口商预付款。贸易进口商对出口商预付款是进口商在收到货物之前，即对出口商预先支付的全部或部分货款，通常由出口商以供货的方式偿还。一般来说，贸易进口商对出口商预付货款有两种形式：一种是作为进口商执行合同的保证，通常称为定金；另一种是进口商对出口商提供信贷。在对外贸易中，预付款属于前者还是后者，要视预付金额与货款总金额的比例关系、预付时间的长短和出口商的情况而定。如果预付款期限短，占交易金额的比重小，通常即为保证性质的预付。出口商要求进口商预付货款，是因为担心在供货期内货价下跌，进口商拒绝执行合同，以此为执行合同的保证，因而保证性质的预付款，其金额一般相当于货价可能下跌的幅度。如果付款期限较长，金额较大，其预付性质即属进口商对出口商提供的信贷。

（2）贸易经纪人对出口商的信贷。贸易经纪人对出口商的信贷是贸易经纪人为获得有利的贸易条件和贸易利润向出口商提供的信用。经纪人在一些发达国家的基础原料及粮食的对外贸易中起着重要作用。如英国的经纪人组织在签订木材、毛皮类商品的对外贸易合同时，通过向外国出口商提供信贷，压低收购价格，获取高额利润，并确保本国工业垄断组织能按有利条件取得初级产品和粮食供应。国际贸易经纪人大多采取公司组织形式，与银行有密切的关系，受到银行垄断组织的支持，能获取低息贷款。因此，经纪人不但取得贸易利润，还通过提供信贷资金获取收益。经纪人对出口商提供信贷的方式通常包括以下三类：

无抵押采购商品贷款是经纪人在与出口商签订交易合同时，向出口商发放的采购货物的无抵押贷款。贷款合同通常规定在合约期内出口商必须通过经纪人经销规定数量的商品，贷款常以出口商签发的期票为担保，贷款金额约等于交易货价的25%～50%。当贷款期限与交易合同期限吻合时通常将无抵押采购商品贷款转为商品抵押贷款后偿还本息。

货物单据抵押贷款是经纪人以货物单据作抵押向出口商发放的贷款。按货物所在地的不同，货物单据抵押贷款可分为出口商国内货物抵押贷款、出口商在途货物抵押贷款、运抵经纪人所在国的货物抵押贷款以及运抵预定出售地国家货物的抵押贷款。

承兑出口商汇票是经纪人通过承兑出口商汇票的方式向出口商提供信用保证，以便于出口商持承兑的汇票向银行贴现融资。当贸易经纪人自身资金紧缺，无法直接向出口商提供资金支持时，便借助自身的信用优势通过办理承兑票据，间接向出口商提供信用支持。

（3）银行对出口商的信贷。银行对出口商贷款是国内外银行对出口商提供的各类信贷，在出口贸易的各业务环节，出口商都可以各种贷款形式获取银行融资。银行对出口商的信贷形式主要有以下种类：

无抵押品贸易贷款是银行向获得外国采购订单的出口商发放的，扶持其购买原材料用以生产出口商品的贷款。由于贷款以真实交易为基础，风险较小并具有鼓励出口创汇的功能，故贷款条件通常比较宽松优惠，英国和美国是以透支方式办理此类贷款，法国和德国则通过特种账户方式办理贷款。

出口商品抵押贷款是银行对出口商为采购储备预定出口商品，以国内货物作抵押发放的贷款。由于贷款银行大多为出口商的收支结算代理银行，因此，贷款一般采用透支方式支付。出口商品抵押贷款的贷款金额，一般按贸易货物市场价格的50%～70%计算，货价以交易所内的交易牌价为准，无交易所交易牌价的，由经纪人或银行代为估价确定。如果出口商品价格下跌，需要出口商及时偿还部分贷款或另外提供等额的商品作保证，以维持抵押贷款额与货款额的既定比例。

打包放款又称船前信贷，是指银行向本国出口商提供从签订对外出口合同直至出口货物装船出运期间，各生产交易环节所需流动资金的贷款。银行一般依据出口商收悉的国外订货凭证，如进口商代理银行开出的信用证、贸易双方签署的出口贸易合同或订单，以及表明进口商最终将开出信用证的证明文件等向出口商发放打包贷款。打包放款属于抵押贷款，其抵押对象是尚在生产打包过程中，尚未达到装船出运的贸易货物。出口商在与贷款银行洽谈打包放款合同时，须明确贷款用途，并根据出口商资信等级和实际需要确定贷款金额和期限，贷款期一般最长半年，贷款资金通过特定账户按实际使用进度分期拨付。当出口货物装船出运后打包贷款即改为出口押汇，并从出口押汇中扣除打包贷款本息。

信托收据贷款是银行向出口贸易商先行提取货物装运出口发放的贷款。当生产商向出口贸易商发运出口货物并委托银行代收货款，而出口贸易商因货物尚未销售收汇无力支付货款时，出口贸易商便可以信托收据为抵押向银行申请信托收据贷款，以便及时支付生产商货款，提取货物装运出口。信托收据贷款一般仅限于与银行往来密切的出口贸易商，因贷款属介于半抵押状态的贷款，缺乏完全充分的风险保障。

在途货物抵押贷款是银行在出口商将货物装运出国直至支付贸易货款期间提供的贷款，出口商可以借入的在途货物抵押贷款偿还原先的国内出口货物抵押贷款。在途货物抵押贷款以出口货物的提货单为抵押品，提货单是货物在运期间的物权凭证，是银行可靠的担保品。银行办理在途货物抵押贷款一般凭装船提货单发放，不接受尚未装船待运的提货单。

汇票抵押贷款是银行以出口商开具的商业汇票为抵押或担保发放的贷款。出口商以提货单抵押取得在途货物抵押放款时，通常将出口商签发的汇票同时交给银行。如果出口商以现金交易方式出售货物，出口商签发即期汇票；如以赊销方式出售货物，则签发定期汇票。即期汇票一般附于提货单后，作为对提货单的补充担保品，一旦进口商拒不支付单据，银行除对贸易货物掌握质押权外，还可以向出口商行使支付汇票的追索权。在出口商签发定期汇票情况下，当进口商承兑汇票后，提货单据便交还进口商，银行手头仅保留进口商承兑的汇票。此时提货单据仅是暂时过渡的担保品，银行实质提供了汇票抵押贷款。

在上述信托收据贷款、在途货物抵押贷款和汇票抵押贷款中，银行以出口商提交的提货单据、汇票和信托收据等抵押品的票面金额和收款期限为依据，给予出口商融资并在代理结汇后予以冲抵本息的业务方式，称为出口押汇。因此，银行仅凭单证相符的单据做出口押汇，其实质是银行对出口商保留追索权的贷款方式。

2）对进口商的信贷

对进口商信贷有外贸出口商对进口商提供的信贷以及银行对进口商提供的信贷。

(1) 外贸出口商对进口商提供的信贷。外贸出口商对进口商提供的信贷通称为公司信贷(Corporation credit)。为增强商品的竞争能力，争夺销售市场，许多国家的出口商常以赊销方式销售商品形成公司信贷。公司信用分为开立账户信贷(Open book account credit)和票据信贷(Bill credit)两种基本形式。

开立账户信贷是在贸易双方签订进出口贸易合同基础上，由出口商对进口商提供的赊销记账信用。即当出口商发运出口商品后，将进口商应付货款借记进口商账户，而进口商则将这笔货款贷记出口商账户，进口商随后在规定的期限内再清算支付货款。在对外贸易中使用开立账户信贷有限，主要在交易小型装备设备时采用。

票据信贷是出口商通过进口商承兑或直接到期支付出口商票据的方式，向进口商提供的融资。一般进口商凭银行提交的单据承兑出口商的汇票，或是出口商将单据直接寄交进口商，由进口商在一定期间内支付出口商的汇票。汇票期限依据商品性质、买方资信以及汇票贴现流动性等因素确定。

(2) 银行对进口商提供的信贷。银行对进口商提供的信贷有承兑信用和放款两种形式。

承兑信用(Acceptance credit)又称为偿还信用(Reimbursement of acceptance credit)，是银行为作为出口商贸易合同关系人的进口商签发的商业汇票提供的清算支付担保。银行承兑是银行向国际贸易商融通资金的主要方式之一，尤其对进口商的业务有重要作用。在国际贸易中出口商为确保进口商签发的商业汇票具有充足的支付信用保障，通常需要由进口商的代理银行进行承兑保证，如果代理银行同意承兑出口商签发的汇票，就必须在规定的期限内兑付汇票，进口商则于付款日前将款项交付给承兑银行，以便后者兑付出口商开出的汇票。在银行提供承兑信用业务时，通常进口商须事先与代理银行商定由其承兑出口商汇票。当出口商按约运出货物后，便将开出的汇票与单据交予收付代理银行清收货款，出口商代理行再将单据交代理行并转至进口商代理银行，作为后者清算进口商货款的凭证，同时，出口商代理银行将承兑汇票贴现收回现金或持有至到期后清算。汇票到期后，进口商向承兑银行支付货款，承兑银行再向汇票持有人清算债务。实务中只要代理银行同意承兑进口商汇票，出口商就可直接向进口商承兑银行开出汇票。

国际贸易融资中承兑银行并非一定是进口商的本国银行，在自愿基础上第三国银行同样可以承兑出口商签发的汇票。例如，法国进口商以银行承兑方式从埃及进口棉花，应埃及出口商要求，法国进口商可通过本国银行转请英国银行承兑埃及出口商开出的汇票，到期时法国银行将进口商应付的货款汇至英国银行兑付汇票。

在银行承兑信用业务基础上又衍生出再融通(Refinance)业务形式。当出口商不接受银行承兑信用形式，要求进口商以现金货款时，进口商同样可经承兑银行同意后向银行签发汇票并由银行承兑，再将银行承兑汇票在票据市场贴现取得现金支付出口商货款。汇票到期后由进口商直接清偿。

银行对进口商的贷款主要有三种方式：

首先是透支信用。银行事先与从事进口业务且关系密切的进口商签订透支协议并开立专门账户，当需要时进口商便可在协议允许的额度和期限内签发超过其往来账户余额的结算支票。透支信用一般借贷的资金额度有限，期限也较短。

其次是商品抵押放款。国际贸易中商品抵押放款是银行对进口商融资的常见方式。通常受进口商委托并按货款预付一定比例的保证金后，银行便开立以出口商为受益人的凭货物单据支付货款的信用证。由于进口商通常仅预付少量的保证金，开证银行见证付款实质是以货运单据代表的贸易货物为抵押代进口商垫支货款进行融资。

第三是进口押汇。进口商以其进口的商品作为抵押物向银行融资的业务即为进口押汇。进口押汇是银行的抵押融资方式，当进口货物在航运途中，须以货运单据作为抵押；当货物抵达进口目的地而进口商仍未支付货款时，进口货物本身就成为银行融资的抵押品，进口商只能作为银行的代理人，凭规定的单据报关提货，并以银行名义将货物存仓，在进口商签署总质权书的前提下，银行凭进口商签发的以银行为抬头的信托收据开出提货单，授权存货仓库将货物转交给借款的进口商，一般信托收据上必须说明货物出售后的全部货款在规定的日期内交付给银行。

7.1.2 国际贸易保付代理业务

国际贸易保付代理业务是国际上盛行的对外贸易短期信用的形式。其对提高贸易结算专业化和结算效率，加快资金周转速度，降低结算成本，减少资金信用风险与汇率风险有着重要作用。

1. 国际贸易保付代理业务及其演变发展

国际保付代理业务(International factoring)简称国际保理，又称应收账款收买业务或承购应收账款业务，是指出口商以托收、赊账等商业信用形式出售商品，在货物装船后立即将发票、汇票、提单等有关单据，卖断给承购应收账款的财务公司或专业保理机构，收回全部或大部分货款的代理货款收支业务。

保付代理贸易票据业务实质是财务公司或专业保理机构通过买卖商业票据，为贸易出口商有偿提供无追索权的收取货款的服务。财务公司或专业保理机构在购买出口商票据后，即买断了出口商的债权，便通过自身具有优势的业务渠道向进口商催付欠款，如遭进口商拒付，保理机构不能向出口商行使追索权。因而，保理组织与出口商之间是票据买卖和债权转让的交易，而不是借贷关系。

国际贸易保付代理业务已有悠久的历史。国际保理业务18世纪起始于英国。工业革命后，英国纺织业产能迅速发展，开始以寄售(Consignment)方式大量向海外出口纺织品。寄售方式虽然扩大了纺织品出口规模，却严重积压出口商的资金。出口商便在运出纺织品后，将货物单据出售给保付代理机构，及时收回现金，利用早期原始的保理业务来加快资金结算和周转速度，扩大再生产规模。到19世纪，保理业务在欧洲大陆进一步发展。20世纪初，美国的出口贸易短期融资开始出现保理业务形式，随国际贸易发展保理业务规模也逐年增大。第二次世界大战后，国际保理业务不再局限于纺织品、食品、大众日用品等传统产品出口领域，迅速扩展到电子、家具、机械等各个行业，一些国家专业保付代理机构开始建立跨国联营网络，并在国际范围内建立行业组织，以便加强同业之间的沟通与协作。亚洲国家的国际保理业务起步较晚。1972年，日本大藏省批准成立日本首家保付代理机构。同年，新加坡也成立了保付代理机构，发展承购应收账款业务，为本国对外经济贸易发展服务。

2. 国际保付代理业务的类型

国际保理按不同标准有不同分类，实务中常用的保理业务分类主要有以下种类：

(1) 按出口商出卖单据是否可当即收回货款现金的标准，可分为到期保付代理业务和预支保付代理业务。到期保付代理业务(Maturity factoring)是最原始的保付代理业务形式,即出口商提交货物单据后,保理机构确认并在票据到期时向出口商支付票据金额,而不是在出卖单据后立即向出口商支付货款现金,保理机构不予垫支,仅提供按期收取货款的服务。预支(Advance)保付代理业务又称标准(Standard)保付代理业务,是指出口商出售货物单据后,立即向保付代理机构收回货款现金。保付代理机构不仅提供按期收取货款的服务,还须以自有资金通过买断货物票据提供融资服务。

(2) 按是否公开保付代理机构的名称标准,可分为公开保付代理机构名称和不公开保付代理机构名称的保付代理业务。公开保付代理机构名称的保付代理业务需要在结算票据上标明收取货款的保付代理机构的名称,以便于保理业务操作。不公开保付代理机构名称的保付代理业务是按一般贸易结算托收业务流程收款,不需要在票据上注明保付代理业务机构的名称。

(3) 按保付代理组织与进出口商之间关系的标准,可分为双保付代理业务、直接进口保付代理业务和直接出口保付代理业务。双保付代理业务指出口商所在国保理机构与进口商所在国保理组织订有业务合作协议,两国保理机构既对出口商的履约信用,又对进口商的支付资信加以保证,通过双向保证贸易双方的权利义务,减少贸易风险。直接进口保付代理业务是进口商所在国保理机构直接向出口商结算付款,而不通过出口商所在国保理机构中介代理。直接出口保付代理业务是出口商所在国保理机构不通过进口商所在国保理机构中介代理,直接向进口商收取货款。

(4) 按保理机构有无追索权标准,可分为无追索权保理业务和有追索权保理业务。无追索权保理业务是保理机构在进口商不能按期履行支付货款义务时,不能向出售票据债权的出口商进行追索清偿的业务,保理业务大多为无追索权的保理业务。有追索权的保理业务是保理机构仅提供融资和托收账款等保理服务,不承担坏账担保而具有追索权的保理业务。由于国际保理公约规定保理业务包括融资、保存账目、托收账款和坏账担保四项服务内容,且只要承揽其中两项即可视为保理活动。因而,有追索权保理业务中保理机构不承揽坏账担保,仅承接融资、托收账款等其他业务,遇有坏账即能行使追索权。

3. 国际保付代理业务的服务内容

保付代理机构提供的保理服务主要包括:

(1) 为出口商调查进口商资信及评估信用。出售应收贸易账款的出口商大多为中小企业,对国际市场了解有限,因而掌握国外客户的资信状况,以有效控制信用销售尺度和采取必要的防范措施,避免或减少潜在的收汇风险,对出口商至关重要。对多数出口商而言,受信息、销售成本和资金限制,要建立灵敏高效的国际市场信息管理系统为经营服务又力所不能及。借助国际保理商完整的跨国信息网络和官方及民间的咨询机构,以及利用保理机构自身分支机构和代理网络渠道,为出口商收集有关进口商的经营情况、财务状况和信用记录,以及对客户资信有直接影响的对方国家的外汇管制、外贸体制、金融政策、政局变化等最新动态资料,为出口商有效控制贸易风险提供信息支持。

(2) 为出口商代收或催收销售货款。从事国际贸易的公司在向海外客户催收应付货款时,都会面临如何在不损害彼此良好关系的前提下回收欠款的难题。并且,贸易双方之间存在的语言障碍、文化背景、商业程序和法律制度方面的差异,往往影响收债效果。应收账款沉淀大量经营资金,严重影响公司资金周转和企业正常营运。出口商借助保理业务托收货款可妥善解决收账难题。保理公司有训练有素、熟悉各国商业程序和法律制度的专业收账专家和法律顾问,拥有完整有效的追债渠道和社会影响,能因时因地熟练运用各种适当方法化解债务矛盾,有专业化收债经验和工作效率。出口商利用保理业务有助于节约结收货款的成本,加快运营资金周转,又可维持与国外贸易客户良好关系。

(3) 为贸易商提供销售分户账管理服务。销售分户账是出口商与进口商交易的记录。在保理业务中,出口商将销售分户账管理权授予保理公司,有利于集中力量进行生产管理、市场经营和销售,有利于节约财务管理人员、办公设备和办公场所等人财物资源。同时,保理公司可利用其完备的账产管理制度和专用办公设备进行诸如记账、统计、催收、清算、计息收费等一体化管理,向出口商提供各种统计报表和往来账户对账单。由于保理商负责收取货款、寄送账单和查询催收工作,供应商还可节省大量通信等管理费用。

(4) 为出口商提供信用风险担保。保理商对已核准的应收账款提供全覆盖的坏账风险担保是保理的重要功能。通常在保理协议生效前,出口商要完整填报包括进口商经营概况、出口产品、预计出口总额、价格、付款条件等内容在内的信用额度申请表,经保理公司审核确定授予客户合理的信用销售额度,作为无追索权的应收账款额度。当出口商按约出运货物并将货物单据卖断给保理机构,而国外进口商拒付或拖延付款时间时,保理公司无权追索而向出口商提供提供全部的坏账风险担保。

(5) 为贸易商提供贸易融资便利。典型的保付代理业务是出口商在卖出单据后立即收到现款,享有融通资金便利。但如果出口商资金雄厚,也可委托保付代理商在票据到期时再代其向进口商结算货款,或在票据到期日前,先由保付代理商向出口商支付 80%的应收货款,剩余 20%货款待票据到期进口商付款后再予结清。

4. 国际保理业务的操作流程

国际保理业务种类多样,其操作方式也有所不同,但总体说,各种国际保理业务都具有以下基本操作流程,如图 7-1 所示。

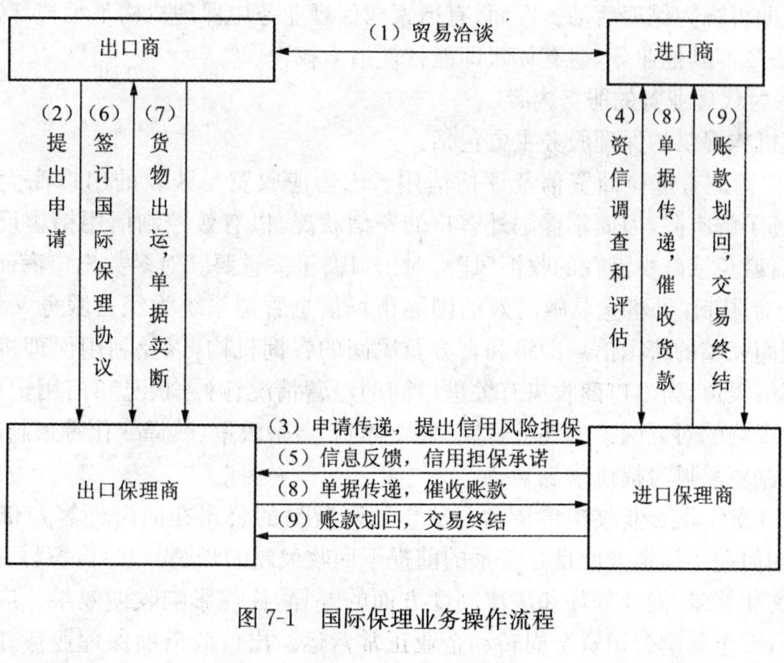

图 7-1 国际保理业务操作流程

(1) 贸易洽谈。出口商与进口商洽谈贸易购销合同并商定以赊销方式向进口商出卖商品，贸易洽谈时出口商并非一定要向进口商说明货款以保理方式结算。

(2) 提出申请。出口商向出口保理商提出申请，申请内容应真实具体完整，如进口商的名称、地址、法人代表，所在国家及地区，商品名称、数量、赊销金额、期限，交易中有无佣金、回扣等均应如实说明。出口商如有隐瞒，一旦发生问题，保理商不承担信用风险的担保责任，并可追索相应损失。

(3) 申请传递，提出信用风险担保。出口保理商通过国际保理协作网络向进口商的保理机构传递申请，并要求进口方保理商对出口保理商向进口商提供的信用风险进行担保。

(4) 资信调查和评估。进口保理商对进口商的资信进行调查，如交易情况属实及进口商资信良好，进口保理商则接受申请，否则加以拒绝。进口保理商调查须在 14 天内给予答复，如拒绝接受保理应向出口保理商说明原因，或要求出口商进一步补充有关信息材料。

(5) 信息反馈，信用担保承诺。作为债务人的进口商如符合条件，进口保理商愿担保其信用风险，则向出口保理商发出书面承诺，或电告后书面确认，并明确该交易的最高赊销金额，在此金额内进口保理商承担信用风险。进口保理商担保贸易合同信用风险生效的前提条件是出口商须提交作为债权转让凭证的发票或汇票，以及出口商交付全套出口单据。

(6) 签订国际出口保理协议。出口商与出口保理商签订出口保理协议，具体既可根据出口商与进口商特定交易合同签订保理协议，也可签订一定时期(如 1 年)内出口商与该进口商的各种贸易合同的保理总协议。

(7) 货物出运，卖断货物相关单据。出口商出运货物后，将发票或汇票及全套货物单据卖断给出口保理商，后者根据发票金额扣除该日至汇票到期日的利息后，向出口商预付货款余额。

(8) 单据传递，催收账款。出口保理商将证明债权债务关系的货物单据传递给进口方保理商，当到票据付款日时进口保理商向进口商催收账款。

(9) 账款划回，交易终结。进口保理商收到进口商所付货款后，将资金划拨给出口保理商，交易终结。如果货款票据到期时进口商破产、倒闭无力支付或拒付，则由进口方保理商承担支付义务。

5. 国际保付代理的作用

国际保理业务无论是对出口商或进口商，以及保理商而言，都具有实际应用价值，通过保理业务给各方带来多赢收益。

(1) 国际保理业务对进口商的好处。首先，进口商能以承兑交单方式(D/A)或赊销方式(O/A)与出口商达成交易，使进口商可在收到货物甚至将货物出售后的一定期限内不必动用自有资金从事经营活动，有助于在有限的资金额度内开展贸易，扩大经营规模。其次，由于采用非信用证结算方式，进口商不需要向银行申请开立信用证，既可免交开证押金和相关银行费用，减少进口成本，又可节省开证和催证时间，简化进口手续，提高贸易效率。第三，进口商还可避免国际贸易可能的货物风险。由于保理商对出口商承担买方信用风险，担保的前提是出口商严格履行买卖合同的各项条件，出口商为顺利收回货款，一般会按照合同的规定发货并提交单据，从而保证进口商按时收到与合同规定相符的货物。

(2) 国际保理业务对出口商的好处。首先，保理商可协助或代理出口商开展进口商资信和销售状况的调查，监督进口商执行合同，向进口商提供贸易咨询，从而为出口商提供销售决策所需的信息数据和技术服务，保证合同有效执行，减少贸易风险。其次，有利于出口商充分利用有限的自有资金扩大出口业务量。在出口商采用贸易赊销方式下运用赊销货款的保付代理，既增强了产品出口的吸引力，有利于出口商发掘新市场和培养新客户，扩大出口商的贸易份额，又使自有资金有限的出口商减少资金积压，及时回收货款，加快资金周转，提高资金利用率。第三，国际保理业务下出口商能有效规避结算收汇风险。出口商只要严格执行合约条款，就可避免进口商破产等到期无法收回货款的商业信用风险，控制坏账损失。第四，保理商负责结收账务处理、催收货款等管理工作，减少了出口商的财务管理成本和管理负担，便于出口企业向生产和经营集中资源，全力参与国际市场竞争。第五，国际保理手续简单，便于出口商开展出口业务。与信用证结算方式相比，出口商使用国际保理方式结收货款，可避免单证结算的烦琐手续和信用证条款的约束，免除诸如无关紧要的个别错别字引起单证不符而遭拒付的风险，还可随时应进口商要求和运输情况发运货物，避免因等待国外来证或修改信用证错过装运销售时机的损失。

(3) 国际保理业务对保理商的好处。保理商办理保理业务不仅有助于扩大业务规模，开拓金融服务领域和市场经营范围。而且，进口保理商可获得服务佣金收入，出口保理商可获得对进口商的资信调查费，以及向出口商提供融资收取的融资利息等，增加了利润增长来源。

6. 国际保理业务的费用

国际保理商向出口商收取的费用由保付代理手续费和利息两部分构成。

(1) 保付代理手续费。保付代理手续费是国际保理商向出口商提供服务而收取的劳务费用，其中包括：出口商支付的各类咨询服务的报酬；出口商支付的信贷风险评估成本及报酬；出口商支付保存进出口商之间交易磋商记录与会计处理的相关费用等。

保付代理手续费以贸易单据载明的贸易金额为基数乘以费率计算，通常每月清算一次。手续费的费率一般为应收账款总额的1.75%～2%，具体费率主要考虑贸易性质、交易金额及信贷额与汇率风险等因素确定。

(2) 利息。从收买单据向出口商支付货款现金，直到票据到期向进口商收回货款期间，国际保理商垫付货款的资金利息，完全通过从垫支货款中扣除由出口商承担。利率基本参照国际金融市场利率水平确定，通常比优惠利率高2%～2.5%。

7.2 国际贸易中长期出口信贷

国际贸易中长期出口信贷是一国支持鼓励大型成套设备和机电产品出口的融资，对扩大本国高附加值和技术含量的机电产品出口规模，提升出口产业与产品层次，增强本国机电设备的国际竞争力、创汇能力和经济效益有重要意义。

7.2.1 国际贸易中长期出口信贷及特点

1. 出口信贷概念

出口信贷(Export credit)是一国为鼓励本国商品出口，增强本国商品国际竞争能力和创汇能力，安排银行向本国出口厂商或外国进口商提供的中长期贷款。由于国际贸易中长期信贷着重以扩大出口为基本目标，所以，国际上习惯将国际贸易中长期信贷统称为出口信贷。

出口信贷是一国推动金额大、使用周期长的成套大型设备、船舶和飞机等机电产品出口的重要政策性金融工具。由于大型机械设备或成套项目单件套产品的价格高、资金占用和回收周期长，而国际贸易短期信贷期限一般在1年以内，需要中长期的出口信贷的支持。因此，第二次世界大战后，在机械和成套设备贸易中，各出口商所在国的商业银行和政策性对外贸易银行，常根据项目的性质、进口商的资信状况以及当时国际金融市场的具体情况，直接向本国的出口商、国外的进口商或进口商所在国银行，发放期限在1～5年或5年以上的各种形式的对外贸易中长期信贷，以资金融通扶持本国大型机械设备或成套项目的出口。

2. 出口信贷的特点

出口信贷作为扶持出口的国际贸易中长期信贷，具有以下特点：

(1) 贷款期限长，风险大。一般来说，短期贸易信贷期在1年或1年以内，资金回收周期短，资金风险较小。出口信贷期限通常长于1年甚至达5年以上，资金回收周期长，相应资金本息风险也较大。

(2) 贷款对象主要侧重于扶持大型机械和机电设备出口。出口信贷针对进口商购买大型机械和机电设备一次性占用资金额多、期限长、风险大的特点，通过融资扶持，分期偿还来减轻进口商的资金压力和风险，吸引其采购进口兴趣，为推动本国大型机电设备及技术出口提供直接或间接的融资服务。

(3) 贷款利率优惠。出口信贷利率一般低于同等条件贷款的市场利率，利差由政府财政补贴。大型机电设备制造业在各国经济产业中占有重要地位，其产品价值高，交易金额大，作为资本性货物出口，不仅能创造外汇收入，扩大本国在国际经济领域的影响，还对国内的经济增长与稳定就业影响重大。为加强本国机电设备的国际竞争能力，各国政府给予政策性利息补贴，商业银行或政策性进出口银行便以优惠利率，对外国进口商或本国出口商提供信贷支持。

(4) 出口信贷通常与信贷保险结合。由于国际贸易中长期出口信贷的贷款期限长、金额大，导致贷款风险较大。为确保银行信贷资金安全，保护银行发放出口信贷的积极性，许多国家都由国家出资专设出口贸易信贷的保险机构，当贷款本息不能按期收回或出现坏账，则由信贷保险机构利用国家资金给予风险补偿，利用国家财力资源来加强本国出口商在国际市场上的竞争力，促进资本性货物的出口。

(5) 出口信贷具有国家政策性资助管理的性质。各国的出口信贷通常要制定专门政策，成立进出口银行或专门的出口信贷机构来管理与分配、发放出口信贷资金，以弥补私人商业银行资金的不足，改善本国的出口信贷条件。即便有些国家委托商业银行代理发放，也要由国家专设的出口信贷机构予以资金支持和监管。例如，英国曾规定商业银行提供的出口信贷资金若超过其存款额的18%，则超出部分资金由政府的出口信贷保证局拨付扶持。美国发放的中长期国际贸易信贷通常由商业银行与进出口银行共同负担。有些国家国际贸易中长期贷款直接由政策性出口信贷机构发放和管理。

7.2.2　出口信贷主要形式

出口信贷的种类和形式多样，其常用的形式主要有卖方信贷、买方信贷、福费廷、信用安排限额、混合贷款、签订存款协议等。

1. 卖方信贷

卖方信贷(Supplier's credit)是由出口国银行向出口商提供的扶持其以延期付款方式出口机电设备的信贷方式。在卖方信贷下,出口商与进口商签订出口合同后,进口方需预付一定比例定金,在分批交货、验收和保证期满时再分期支付一定比例货款,剩余货款则由出口厂商在设备制造或交货期间向本国银行申请贷放出口信贷。在进口商按合同规定的分期付款期内归还本息后,出口厂商再向本国银行偿还所借款项本息。所以,卖方信贷实质是出口厂商从本国银行取得中长期贷款支持后,再转向进口商提供商业信用的方式。

1) 申请和发放卖方信贷的条件

申请和发放卖方信贷必须符合各国政府规定的特定条件。由于卖方信贷具有政府贴补优惠和支持本国出口的特定目的,因此,并非所有本国的出口商都能享受银行的卖方信贷。申请发放卖方信贷的条件,除经济合作与发展组织(OECD)实施的国际惯例外,各国也大都有切合自身实际的规定。例如,我国规定只有在中国注册、并经国家主管部门批准有权经营机电产品和成套设备出口的中国法人企业,才能申请出口卖方信贷;要求出口的机电产品和成套设备在中国境内制造的部分一般应占总货值的70%以上(船舶占50%以上);要求提供出口卖方信贷融资的最低出口合同金额为50万美元,进口商支付的最低现金比例不低于合同金额的15%,同时出口商投保出口信用险;贷款还款期一般不超过10年。

2) 卖方信贷的业务流程

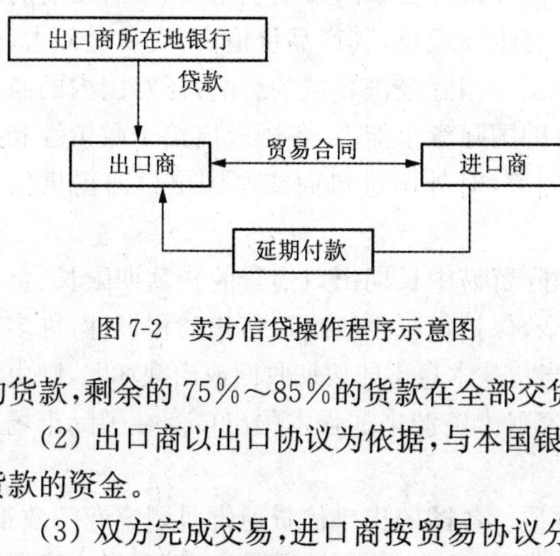

图 7-2 卖方信贷操作程序示意图

卖方信贷的业务操作流程主要环节如图7-2所示。

(1) 出口商(卖方)与进口商(买方)签订出口协议,确定以延期付款或赊销方式向进口商(买方)出售大型机械装备或成套设备。在赊销方式下,出口商和进口商签订合同后,进口商先行支付5%～10%的定金,在分批交货验收和保证期满时,再分期支付10%～15%的货款,剩余的75%～85%的货款在全部交货后若干年内分期偿还本金,并支付贷款利息。

(2) 出口商以出口协议为依据,与本国银行签订贷款协议,借入相当于剩余的75%～85%货款的资金。

(3) 双方完成交易,进口商按贸易协议分期偿还出口商货款余额后,出口商根据贷款协议,再分期(通常每半年偿还一次)偿还银行出口信贷本息。

此外,出口商向银行借取卖方信贷,除按出口信贷利率支付利息外,还须支付信贷保险费、承担费、管理费等费用。但出口商一般要将费用附加于出口成套设备货价中回收,因而,卖方信贷下进口商延期支付的货价要高于一次性现汇支付的货价。

2. 买方信贷

买方信贷 (Buyer's credit)是出口国银行直接向进口商提供贷款,或向进口商所在国银行提供贷款后再转贷给出口商的贷款形式。在买方信贷下,出口商与进口商交易一般采取即期付款方式,即根据贷款合同规定,出口国银行凭出口商提供的货运单据,及时向出口商支付货款,同时记入进口商的借款账户内,到期后由进口商按照贷款合同分期偿还贷款本息。所以,买方信贷实质是出口国银行向进口商提供的银行融资信用。买方信贷业务操作程序如图7-3

所示。

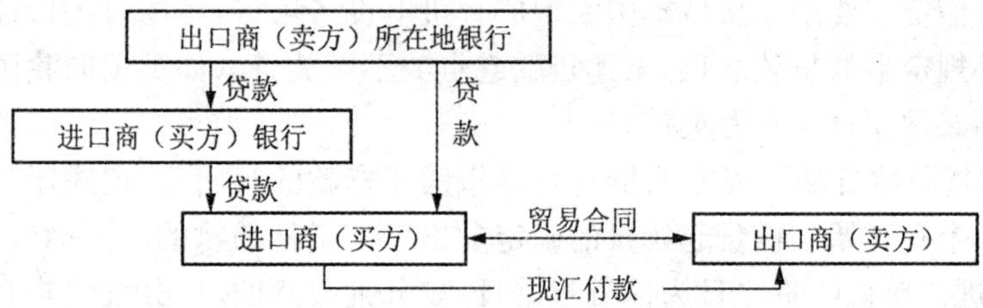

图 7-3 买方信贷操作程序示意图

1) 买方信贷的种类

买方信贷分为向进口商和进口商银行贷款两类。

(1) 出口国银行向进口商直接发放贷款方式形式。出口国银行直接向进口商发放贷款的方式实际使用相对较少，其操作的基本程序是本国进口商与出口商签订即期付款的贸易合同后，由进口商先行预付相当于货款15%的现汇定金；进口商以贸易合同为依据，再与出口商所在国银行签订贷款协议；进口商随后利用出口国银行贷款资金，以现汇付款方式向出口商支付全部货款；贷款到期进口商履行贷款协议，分期偿还银行贷款本息。

(2) 出口国银行向进口商所在国银行直接贷款方式。出口国银行直接向进口商所在国银行贷款的方式实际使用较多，其操作的基本程序是本国进口商与出口商签订即期付款的贸易合同后，由进口商先行预付相当于货款15%的现汇定金；以贸易合同为依据，进口国银行和出口国银行，进口国银行与进口商分别签订贷款协议；进口国银行将从出口国银行获得的贷款资金转贷给进口商，后者再以现汇付款方式向出口商支付全部货款；进口商履行贷款协议，分期偿还本国银行贷款本息；进口国银行按贷款合同规定分期结清与进口国银行间债务本息。

2) 买方信贷的贷款条件

按照1978年西方工业国共同拟定的《官方支持出口信贷指导原则协议》规定，为形成买方信贷下公平合理的国际贸易特别是大型成套机电设备贸易秩序，各国买方信贷业务操作必须遵循基本条件，以规范业务行为。

(1) 买方信贷使用国与使用标的物。由于贷款国政府补贴利差使出口信贷利率较低，为确保贷款资金合规使用，防止扰乱国际金融市场的正常利率秩序，因而，接受买方信贷的进口商只能以其所获贷款向提供买方信贷国家的出口商、出口制造商或在该国注册的外国公司支付采购货款，不能对第三国厂商支付。

进口商使用买方信贷资金只能用于进口单机、成套设备和相关的技术与劳务工程等资本性货物，一般不能以贷款资金购买进口原材料、消费品等。

(2) 买方信贷进口资本货物的国产比重。为保证买方信贷促进本国机电设备制造业发展，维护国际贸易公平竞争环境，要求提供买方信贷国家出口的资本货物应是本国制造的，如出口资本货物系为多国部件组装，则本国产部件应占50%以上。个别国家规定外国产部件不能超过15%的比重，有的国家规定只对资本货物本国制造的部分提供信贷支持。

(3) 买方信贷贷款额度和申请买方信贷的起点额度。为控制信贷风险，买方信贷的贷款额度最高占出口贸易合同金额的85%，船舶为80%。剩余的15%～20%货款要支付现汇。贸易合同签订后或贸易合同生效前要先行预付5%的定金，一般贷款资金要在支付结清

15%～20%的货款现汇后才能发放使用。

为保证出口信贷主要用于扶持本国大型成套机电设备出口，各国对进口商利用买方信贷购买资本货物都规定最低贷款起点，未达贷款起点的不予放贷。如英国向我国提供买方信贷的出口合同金额必须超过100万英镑。

(4) 买方信贷起始日期。买方信贷起始日指偿还贷款的起始日，正式还款日期一般在信贷起始日后的6个月开始。信贷起始日的确定随出口信贷标的物的不同而有区别，凡进口单机的，以进口商进口单机收货之日为信贷起始日，如分批收货的，以分批收贷日期的平均值为信贷起始日；凡进口成套设备的，如出口商不负责组装，以进口商进口成套设备(不包括零部件)收货之日为信贷起始日。如出口商负责组装，在出口商组装完成，经调试正常运转使用之日为信贷起始日；凡承包工程的，如出口商(承包商)不负启用责任的，工程竣工之日为信贷起始日。如出口商负责启用责任的，工程项目经调试正常运转之日为信贷起始日。

(5) 买方信贷还款期限。买方信贷起始日后的6个月起借款人就应开始进入贷款偿还期。发达国家买方信贷的最长还款期一般为5年，中等发达国家最长还款期一般为8.5年，发展中国家买方信贷的最长还款期一般为10年，电站设备出口信贷的还款期可延长为12年。如超过此贷款期限，当事国在作出贷款承诺前应通知经济合作与发展组织(OECD) 的有关成员国。

(6) 买方信贷本金偿还方式、利息支付方式与利息计算方式。买方信贷本金应按等期还款方式，每隔6个月或不到6个月偿还一次，每次偿还金额均等，首次偿还本金日期不迟于信贷起始日后的6个月内。

买方信贷首次支付利息日期不迟于信贷起始日后6个月内，每次支付利息的间隔期不能超过6个月。如贷款不按上述规定支付利息，应在签订信贷协议前通知经济合作与发展组织(OECD)的成员国。

买方信贷的利息计算方法各国不尽一致。如美元买方信贷每年按360天计算，欧元和日元买方信贷每年按365天计算。另外，国际通用的买方信贷计息时间“算头不算尾”，即借款当日计息，还款当日不计息。

(7) 卖方信贷的利率。买方信贷使用的利率除少数国家外，一般都低于市场利率，但在实际中各国有多种利率确定方式可供选择：

第一种是经济合作与发展组织国家的利率方式。具体参考OECD各成员国政府债券利率形成的商业参考利率(Commercial interest reference rate，CIRR)确定，每月15日调整一次。商业参考利率实行固定利率，是最主要的买方信贷利率形式。商业参考利率具体还有各种实施形式，如不论还款期限长短，商业参考利率统一以各国5年期政府债券的收益率计算，如英国按此种方式计收买方信贷的利息；或者依据不同标准尺度计算，如美国的做法是还款期限不超过5年(含5年)的买方信贷按3年期政府债券的收益率计算；还款期限为5～8.5年(含8.5年)的买方信贷，按5年期政府债券的收益率计收；还款期限为8.5年以上的买方信贷，按7年期政府债券的收益率计收等。

第二种是按照伦敦银行同业拆放利率(LIBOR)计收买方信贷利息的方式，其利率水平要明显高于商业参考利率水平。如日本发放买方信贷即采用此类利率方式，政府不予贴息。

第三种是采用介于前两种利率水平之间的利率方式，如加拿大买方信贷利率水平高于商业参考利率水平，但低于伦敦银行同业拆放利率水平。

第四种是政策性优惠利率与商业性利率相结合方式。如美国买方信贷的部分资金来源于专门的进出口银行,采用较低的利率;部分资金由商业银行提供,按照市场利率计收。利率总水平按照两种资金来源比例变化调整确定,总体利率水平也高于商业参考利率水平。

(8) 卖方信贷中当地费用的使用。买方信贷资金可用于进口商为完成机械设备进口而必须在本国或第三国购买的商品或劳务支出,以及出口商为完成机械设备的出口而必须购买的商品或劳务支出等当地费用。但当地费用使用的最高额度,不能超过设备贸易合同价款的15%,发达国家的当地费用使用仅限于支付保险费和担保费,不得用于其他费用。

(9) 买方信贷所使用的贷款货币。各国提供买方信贷所使用的货币不尽相同,既可使用提供买方信贷国家的本币;也可将买方信贷国家本币与美元结合使用,不同货币采用不同利率;还可使用美元作为买方信贷的贷款货币。

(10) 买方信贷的费用。使用买方信贷除支付利息外,还需要支付相关的管理费、承担费和信贷保险费等。管理费率一般为贷款金额的1‰~5‰,有的国家规定在签订买方信贷协议后一次付清,有的国家规定按每次支取的贷款金额分次付费。承担费率为贷款金额的1‰~5‰,每季或每半年按未支取的贷款余额计付一次,但有的国家不计收买方信贷的承担费。信贷保险费率一般为贷款金额的2.5‰,根据各国规定既可由进口商或进口商银行支付,也可由出口商支付。

(11) 买方信贷的申请手续。实施买方信贷首先需要政府背景下的出口国银行与进口国银行达成意向性贷款的总协议,规定贷款总额和具体贷款条件。当进口商与出口商达成贸易合同需要使用买方信贷时,贷款申请人只要持贸易合同向进口国银行申请,经批准后签订贷款协议即可使用贷款。

3) 买方信贷与卖方信贷的区别

虽然买方信贷与卖方信贷主要都是由银行提供资金扶持本国出口贸易的融资行为,但体现出的融资关系却存在区别。

(1) 两者直接受贷对象不同。卖方信贷是出口商所在国银行向出口商贷款;而买方信贷则是由出口商所在国银行直接向进口商或进口商所在国银行贷款。

(2) 贷款风险不同。在使用卖方信贷的情况下,出口国银行的贷款是直接贷给出口商,而在买方信贷的情况下,出口国银行的贷款大都直接贷给进口国银行,即使直接贷给进口商,通常也要有进口国银行的担保。由于银行的资信高于公司企业的资信,所以买方信贷的资金安全性要高于卖方信贷,对银行控制信贷风险是有利的。

(3) 贷款费用对交易货价影响不同。在使用卖方信贷的情况下,出口国银行直接将资金贷放给出口商,出口商承担的贷款利息、承担费、管理费以及保险费等费用,都要计入货价转嫁给进口商,从而影响货物的真实价格。在使用买方信贷的情况下,出口商报价不涉及信贷费用,货价不受信贷费用影响,完全是由市场供求关系决定的真实价格。

(4) 贷款对出口商财务状况影响程度不同。出口商在使用卖方信贷条件下,是通过银行贷款以延期付款的方式将产品赊销给进口商,其既提高了出口商的负债规模和资产负债率,降低了信用等级和对外融资的能力,又增加公司资产负债表中的应收账款项目,从而影响自身资金周转和利用效率。在使用买方信贷条件下,出口商直接向进口商收取现金货款,不影响自身的资金周转、信用等级和对外融资能力。

(5) 贷款使用的货币不同。银行卖方信贷以使用出口国本币为主,而买方信贷必须使用国际上可自由兑换的世界主要储备货币。

买方信贷与卖方信贷相比各有优劣。从各国出口信贷的发展历程看，其早期都以卖方信贷为主要形式。随着各国经济发展，出口产品结构中资本性货物出口比重提高，贸易融资需求逐渐由短期、小额资金转向长期、巨额融资，买方信贷形式的优势日益显现，占出口信贷的比例也快速增长。目前在西方发达国家中，买方信贷额已占全部出口信贷总规模的 90%以上，成为出口信贷的主要方式。

3. 福费廷

从 20 世纪 60 年代起，在资本性货物等成套机电设备的出口贸易中，西欧国家开始出现作为国际贸易中长期资金融通业务的福费廷形式，并得到迅速推广发展。福费廷(Forfeiting)又称包买票据或票据买断，是指在延期付款的大型设备贸易中，出口商把经进口商承兑或经第三方担保，期限在半年至五六年的远期汇票，无追索权地出售给出口商所在国银行或金融公司，提前取得货款现金的资金融通形式，其性质也属于出口信贷。

1）福费廷的业务内容

福费廷业务操作主要包括以下内容：

(1) 出口商与进口商在洽谈设备、资本性货物贸易时，应事先与本国银行或大金融公司商妥使用福费廷事宜，并签订正式的福费廷业务协议，以便做好资金安排和按约实施。

(2) 出口商与进口商签订使用福费廷的贸易合同。出口商向进口商交运出口货物后，进口商向出口商交付作为延期支付债务凭证的远期汇票，并经进口商往来银行承兑担保。如果远期汇票到期进口商不履行支付义务，由该承兑银行履行付款义务。进口商银行对远期汇票的担保有直接在汇票上签章，担保到期付款承兑，以及另行出具专门保函，担保汇票付款两种形式。

(3) 进口商延期支付设备货款的兑付票据，既可由出口商向进口商签发远期汇票，经进口商签押及其往来银行承兑后，交还出口商持有以便贴现，也可由进口商开具本票经进口商往来银行担保后寄交出口商持有，以便其贴现。

(4) 选择与确定担保银行要经出口商所在国银行的同意，如出口国银行认为担保行资信不高，进口商应更换担保银行。进口商应选择资信良好的开证、承兑或担保银行，以保证福费廷业务通过审查并获得优惠融资利率。担保银行确定后，进出口商方可签订正式贸易合同。

(5) 出口商发运设备后，将全套货运单据通过代理银行送达进口商，进口商将其承兑的附有银行担保的汇票或本票交付给出口商。在第三方担保付款的汇票和本票项下，担保银行须在票据上加签，并发出载有确认票据真实性、承兑有效性和担保付款等内容的承诺文书。

(6) 出口商收取经进口商承兑的、并经有关银行担保的远期汇票或本票后，即依照放弃追索权的原则，向签约办理福费廷业务的银行或大金融公司办理该项票据的贴现手续，取得货款现金。按照国际惯例，融资银行在开证银行因停止支付令不能偿付到期票据或出口商涉嫌欺诈等情况下可保留债务追索权。

2）福费廷业务的作用

福费廷业务对贸易出口商与进口商有不同的积极作用。

(1) 福费廷业务对出口商的积极作用。福费廷业务既使出口商扩大了对外出口，又通过票据及时卖断收回货款现金，减少资金占压，改善现金流量，化解出口商对进口商赊销延期支付货款形成的资金压力，改善财务状况和清偿能力；有助于出口商规避远期汇票收款潜在的利率、汇率、客户信用以及国家政策等各种风险；出口商借助福费廷业务获取无追索权的中短期贸易融资，既可降低融资风险，又可降低自身资产负债率，提高信用等级和再融资能力；利用福费廷业务及时清算货款，出口商不再承担应收账款回收和管理工作，有利于节约管理费用和财务成本。

（2）福费廷业务对进口商的积极作用。对进口商而言，在同样获得延期支付货款的融资便利下，与买方信贷相比，福费廷业务手续简便。同时，由于福费廷业务采用商业票据兑付方式支付货款，还减少了交易成本，提高了交易效率。

3）福费廷与一般票据贴现的区别

福费廷是由银行或金融公司买进出口商持有的远期汇票，扣除利息后支付现款的票据贴现业务。因而，福费廷业务与票据贴现具有相同的性质，但从具体操作看，两者又存在以下方面的区别：

（1）两者有无追索权不同。一般的票据贴现如票据到期遭到债务人拒付，买入远期票据的银行可对票据贴现人行使追索权，要求其负责偿付票据款项。但福费廷业务出现票据不能按时清算，贴现银行就不能对票据贴现人行使追索权，因为出口商的贴现是卖断票据的性质，出口商无须负责票据遭债务人拒付的责任。出口商将票据清偿风险完全转嫁给票据贴现银行，是福费廷业务与一般票据贴现的最大区别。

（2）两者对贴现票据的要求不同。一般票据贴现中，贴现的票据常为国内贸易或一般国际贸易中发生的票据；开立票据的方式并无特别规定，也并非一定要有银行的承兑担保。而福费廷则是特定大型成套机电出口设备的票据，因交易额巨大，通常一单贸易合同要分别开立数张等值的远期汇票或期票，且每张票据间隔时间一般为 6 个月，同时必须有高信用等级大中型银行的承兑担保。

（3）两者业务办理的手续不同。一般票据贴现业务办理手续简单，只要贴现票据开具规范，信用等级安全，贴现人随时可向贴现银行申请办理贴现。而福费廷业务通常在与出口商关系密切的银行办理，业务程序复杂，须事先与业务银行签订福费廷协议，远期票据须经审核同意的担保银行承兑担保，业务对象必须是特定的出口业务。

（4）两者收取的费用不同。一般票据贴现除按即期市场贴现率收取贴现利息外，不收取其他附加费用。而办理福费廷业务收取的费用较多，除按市场贴现率收取贴现利息外，贴现银行还要向出口商收取一次性支付的管理费，按一定费率计算的从签订福费廷协议日至实际购进票据之日期间的承担费，以及出口商未能按时履行或撤销贸易合同收取的罚款等。

4）福费廷业务与保付代理业务的区别

福费廷与保付代理业务都是由出口国银行卖断出口商的远期汇票或期票，银行也不能对出口商行使追索权，但从业务体现的各方关系看，两者之间还存在以下方面的区别：

（1）两者的服务对象不同。保付代理业务常为中小企业之间交易普通进出口商品服务，保付代理的对象是货物结算票据，保理金额不大，结算期大都限于 1 年以内，风险相对较小。而福费廷业务通常为大中型企业之间交易大型成套机电出口设备服务，对象是作为出口商债权凭证的远期汇票，票据金额巨大，付款期限长，风险相对较大。

（2）两者的承兑担保和安全性不同。保付代理业务不需要进口国银行承兑担保出口商提交的货物结算票据，保理机构会面临进口商不按时结算支付或拒付的可能风险。而福费廷业务的贴现票据必须有进口国银行的担保，贴现银行的业务风险十分有限。

(3) 两者的事先约定不同。在保付代理业务中，出口商采用保付代理方式结算货款，不需要事先在贸易合同商谈时与进口商协商，并征得其同意。而采用福费廷业务最终结算货款，进出口双方必须事先在商谈贸易合同时，进行协商并取得一致意见。

(4) 两者的业务内容涵盖范围不同。保付代理业务的服务内容多样，在提供保付代理服务的同时，还常附有资信调查、会计处理、代制单据等服务项目。而福费廷业务的服务内容则专业单一，除了融断远期票据外，不附加其他服务项目。

4. 信用安排限额

信用安排限额(Credit line agreement)是出口国银行为扶持本国商品出口，向进口国银行提供信贷资金，并通过进口国银行向进口本国商品的贸易商融资的贷款业务。信用安排限额本质上也属买方信贷，但与买方信贷相比，其不是针对某具体贸易合同提供的特定信贷支持，贷款对象也不由出口国银行选择，而是事先通过协议由出口国银行向进口国银行提供一揽子信贷资金，再由进口国银行全权选择放贷对象，实施贷款操作。信用安排限额有两种基本形式：

(1) 一般用途信用限额(General purpose credit line)。又称购物篮信用(Shopping basket credit)，是出口国银行向进口国银行提供无特定受贷对象和资金用途的信贷资金额度，以满足符合贷款条件的进口商购买该出口国普通消费品的资金需要。一般用途信用限额是典型的信用安排限额形式，其扶持的是普通消费品的出口贸易，无特定受贷对象和资金用途，出口国银行通过融资安排是要扩大本国出口贸易的规模。在总的信贷配额下，出口国银行采取中期贷款形式向进口国银行提供资金，后者再通过筛选签订单项进口贸易信贷合同，向进口商发放贷款，用以支付出口商的货款，信贷合同的偿还期通常为2～5年。

(2) 项目信用限额(Project credit line)。是出口国银行向进口国银行提供的特定用于购买本国大型机电工程设备的贷款限额，以满足进口国厂商购买出口国基础设备或筹措基础工程建设资金的融资需要。项目信用限额与一般信用限额的性质与程序相同，但前者贷款主要用于购买工程设备和工程建设资金，有明确限定的资金用途和贷款对象。

5. 混合贷款

混合贷款(Mixed credit)是将出口信贷与政府信贷或赠款混合贷放的融资方式。混合贷款是在出口信贷的基础上发展起来的，一些发达国家为扩大本国大型成套设备的出口，加强本国设备出口的竞争力，在进出口银行发放出口信贷的同时，出口国政府还从公共预算中列支资金提供低息的政府贷款或无偿赠款，并按一定比例与出口信贷一并发放，以激励出口商和进口商，利用出口信贷资金扩展进出口业务。政府贷款或赠款占混合贷款全部贷款金额的比重根据实际情况变化调整，一般最多占贷款总金额的30%～50%。在同一个项目融资的混合贷款中，既可分别签署政府贷款或赠款与出口信贷的贷款协议，并规定各自不同的贷款利率、费率和贷款期限等融资条件，也可签署总的信贷协议，按政府贷款或赠款与出口信贷的各自比例，计算出混合利率并规定统一的费率、贷款期限等融资条件。

混合贷款作为国际金融中重要的优惠贷款种类，具有显著的特点：

(1) 混合贷款中必须有不少于一定比例的政府贷款或赠款。混合贷款中如果政府捐赠或政府贷款的比例不大，就无法以优惠来鼓励出口本国商品。因此，经济合作与发展组织曾规定凡以优惠条件提供的混合贷款，政府优惠或赠与成分不应低于30%。目前，各国混合贷款中政府出资部分的比例有的高达50%。但由于政府贷款受本国财力和财政预算的约束，混合贷款发放的数量与规模都有一定限制，各国主要用于扶持本国的重点出口产业和产品。

（2）混合贷款的贷款条件优惠。由于混合贷款中政府赠与和低息或免息贷款部分占相当比重，因此混合贷款的利率水平相对较低，一般为1.5%～2.5%，期限最长可达30～50年，贷款金额最高可达出口贸易合同金额的100%，贸易商可全部利用政府贷款资金进行项目建设，贷款条件远比出口信贷优越。

（3）混合贷款申请审查严格，放贷手续复杂。由于混合贷款中政府公共预算资金占相当比重，优惠度大，因而贷款的政策要求高，申请审批缜密，贷款国银行对出口建设项目甄别筛选、评估和资金使用规定特定的操作程序和规范要求，实行严格的跟踪监管。

6. 签订存款协议

存款协议(Deposit facility agreement)指出口国银行按照协议在进口国银行开立账户，并在规定期限内存放特定金额的存款，作为进口国银行向本国进口商购买出口国设备提供买方信贷的资金来源。存款协议与项目信用限额融资类似，实质也是出口国银行向进口国银行提供对本国进口商发放买方信贷的资金，一般适用于中小型进口项目。我国中国银行曾与英国银行在1978年签订过存款协议，供我国贸易公司利用存款外汇资金购买英国设备。

本章重要名词概念

国际贸易短期信贷　出口押汇　国际保付代理　打包放款　开立账户信贷　票据信贷　出口信贷　卖方信贷　买方信贷　福费廷　承兑信用　再融通　到期保付代理　信用安排限额　混合贷款　存款协议　预支保付代理　双保付代理　直接进口保付代理　直接出口保付代理　无追索权保付代理　有追索权保付代理　一般用途信用限额　项目信用限额

本章复习思考题

1. 贸易经纪人对出口商信贷有哪些形式？其信贷的目的主要是什么？
2. 银行对出口商和进口商的短期信贷有哪些主要形式？
3. 国际保付代理业务为进出口商提供哪些服务？国际保理对进出口贸易商有何益处？
4. 出口信贷有何特点？其主要类型有哪些？
5. 申请发放卖方信贷、买方信贷应符合哪些条件？
6. 卖方信贷与买方信贷有何区别？
7. 福费廷与一般票据贴现及国际保理业务有何不同之处？
8. 混合贷款具有哪些特点？

本章案例

奇瑞汽车生产商获50亿元出口信贷支持

2005年3月4日，中国进出口银行与奇瑞汽车有限公司在北京签署了《出口信贷支持国际经营合作协议》，协议金额为50亿元人民币，主要用于支持该公司在未来3年内的机电产品、成套设备、高新技术产品出口以及境外投资项目、对外承包工程等。

自2001年以来，奇瑞汽车有限公司在国内市场的销售量累计近30万辆。作为中国的自主开发品牌，奇瑞公司积极谋求开拓国际市场。2001年10月，奇瑞的第一批风云轿车样车出口中东，拉开了征战海外市场的序幕。随后又在国外开展了CKD(全部散件，简单组装)出口合作项目，迈出了奇瑞轿车国际合作的第一步。同时，首次与马来西亚合作，开创了中国自主品牌轿车技术转让的先河。目前，奇瑞已与全球25个国家签署了整车或CKD出口合同，产品涉及风云、旗云、QQ、东方之子以及即将投产的SUV(城市休闲车)和NEWCROSSOVE(多功能商务车)等车型。

中国进出口银行是我国扶持出口企业的政策性银行，作为世界第三大国家出口信用机构、我国对外经贸支持体系的重要组成部分和我国企业“走出去”的融资主渠道，始终坚持以大企业、大项目为主的“双大”经营策略，贯彻国家的宏观调控政策，围绕国家外经贸和外交全局开展工作，在积极推动优化我国出口商品结构、实施出口市场多元化战略和“走出去”战略等方面发挥着重要和独特的作用。截至2004年末，中国进出口银行已累计提供出口信贷3 283亿元，共支持我国企业出口1 600多亿美元的机电产品、成套设备和高新技术产品，以及大型对外承包工程和境外投资业务。

《出口信贷支持国际经营合作协议》的签署，是中国进出口银行利用政策性金融手段支持我国企业开展跨国经营，实施“走出去”战略方面的成功典范，标志着中国进出口银行与奇瑞汽车有限公司之间的合作进入一个新的阶段。中国进出口银行将继续发挥国家出口信用机构的职能作用，进一步创新业务品种，满足我国企业开展跨国投资和经营活动的融资需求，为企业“走出去”，增强国际竞争力提供更优质、高效的政策性金融服务。

第 8 章　国际资本流动与国际债务危机

本章学习目标

掌握国际资本流动的概念、类型和特点；理解国际资本流动的原因与发展趋势；了解国际债务危机的成因及其管理措施；把握外债概念及其衡量指标和我国外债管理目标与政策。

国际资本大规模全球化的快速流动是当代国际金融的突出现象，作为经济要素资源全球范围配置的国际平台，国际资本流动在促进国际经济贸易增长和国际金融一体化的同时，也产生国际债务和引发国际债务危机。学习国际资本流动和国际债务危机基本知识，有助于深入认识国际资本流动规律和国际债务管理，更好地推动资本跨国流动，提高国际债务的使用管理水平。

8.1　国际资本流动

国际资本流动是国际经济与金融发展的必然产物，在经济金融全球一体化日益发展的背景下，按照资本跨国流动的内在规律加强国际资本流动的管理，兴利除弊是开放经济条件下宏观经济调控需要始终重视的问题。

8.1.1　国际资本流动概述

1. 国际资本流动及其特征

国际资本流动(International capital flows)指资本从一个国家或地区转移到另一个国家或地区的过程，即一国的公司或银行通过信贷、证券投资和直接投资等途径，以货币资金为媒介将生产要素和技术转移到其他国家从事跨国经营或通过购买金融产品谋取资金收益的投融资活动。国际资本流动是出于一定经济目的进行的国际经济交易产生的，也是一国国际收支的重要组成部分，主要通过一国国际收支平衡表中的资本金融账户以及经常账户的单方转移科目和官方储备账户反映。

国际资本流动作为国际经贸发展和国际分工协作关系深化的产物，经历了长期的发展演变过程。早期资本流动是工业革命后伴随商品大规模输出形成的商品资本流动，英国、法国和德国等经济发达国是主要的资本输出国，通过商品资本流动拓展世界商品市场，扩大国际贸易销售规模，以维持本国商品生产规模和攫取工业利润。第二次世界大战后，随着美国经济的崛起，美国跨国公司对外投资和以美国政府援助为依托的美元大规模跨国流动，形成跨国直接投资为主导的国际生产资本的流动。同时，在石油涨价导致产油国石油美元大量过剩而对外流动的推动下，国际资本流动规模快速扩展和相互渗透，传统的发达国家对发展中国家的资本输出仍占主导地位，但新兴的发展中国家对发达国家的资本输出，以及发达国家之间和发展中国家之间资本的相互输出入逐步兴起。并且，国际资本过剩导致衍生专门进行借贷的国际货币资本大量涌动。20 世纪 90 年代以来，现代国际资本流动日益呈现国别交叉流动的流向多元化趋势，发达国家资本净流入规模和发展中国家资本净流出规模不断扩大，如因大量非居民投资美国金融产品，美国已成为世界最大的净资本输入国。此外，以国际证券投资为主要形式的国际间接投资规模快速增长，已超出以生产性投资为主要形式的直接投资而呈现国际资本流动的金融化和证券化趋势。

纵观20世纪后期以来现代国际资本的流动呈现出以下特征：

(1) 国际资本流动的资金主体呈现多元化。一方面，发达国家、石油输出国、新兴工业国家和地区以及一些发展中国家在吸收国外资本的同时，参与对外投资，各国资本交叉流动成为普遍现象。另一方面，私人机构资本已成为资本流动的主体。由全球养老基金、共同基金和保险基金等机构投资者代表的私人资本的跨国投资规模扩大，导致国际资本市场流量急剧放大，市场波动和风险明显增加，对全球一体化环境下各开放经济体的稳定发展产生了深远影响。

(2) 国际资本流动量快速增长，规模激增。国际资本流动量增长速度尽管存在起伏波动，但总体呈增长态势，并且增长速度远快于同期世界经济及国际贸易的增长速度，受世界经济周期性波动的影响也不明显。

(3) 国际资本流动形式多样化和间接化。20世纪80年代中期国际间接投资规模超过国际直接投资后，国际资本流动已突破原来直接创办企业和股权收购的模式，证券及金融衍生工具等国际间接投资形式的投资额快速增长，占国际资本流动总量的比重增加，形成以间接投资为主，国际直接投资与间接投资并重的局面，国际资本流动证券化趋势明显。

(4) 国际资本流动的区域结构内部化和产业结构高级化。国际资本流动的地区结构呈现流向内部化特点。在世界经济区域集团发展环境下，国际资本在区域集团内部的流动量骤增，远超出在区域之间的流动。如欧盟国家对外投资的1/3在其成员国之间进行。APEC成员国投资也以区域内为主，其中重点在东亚，美国和加拿大的投资也日益集中在亚太地区和北美贸易区。并且，受国际分工协作和国际产业结构升级重组的驱动，国际资本投资的重点行业由基础原材料业转向加工业、由初级产品转向高附加值产品、由传统工业转向新兴产业、由制造业转向第三产业、由资源和劳动密集型产业转向资本和技术密集性产业，高新技术产业、金融保险、贸易服务、信息媒介、房地产成为国际投资的热点。资本流动的行业分布结构走向高级化，如目前发达国家对国外服务业投资已占其对外投资总额的60%。

国际资本流动快速发展从根本上说是由资本的逐利本性以及在逐利的同时回避风险的要求所决定的。而各国经济发展不平衡导致的资本投资收益及投资环境的差异为资本跨国流动提供了可能，具体原因主要是：首先，是国际资本供求关系变化引起的。随世界经济发展全球资本积累规模包括与实体经济脱离的机构投资者金融资产积累快速增长，由于受一些国家内部资本市场容量和投资收益的约束，出现大量相对过剩资本，需要向海外市场寻找资金出路，极大增加了国际资本市场的资金供应量。同时，发达国家产业结构调整和发展中国家加快本国经济发展的要求都迫切需要吸引外来资金，许多国家还采取优惠措施鼓励吸收外来投资，促使国际资本市场的资金需求量急速增长。受资本大规模供给与需求推动，国际资本流动便得到超常规的发展。其次，各国经济环境客观上存在生产要素、经济资源、发展水平、经济结构和资金供求状况的差异，由此决定各国投资机会、市场风险和投资收益率不同，为国际资本流动追求高收益、低风险提供了投资选择空间。第三，20世纪70年代以来，在国际货币基金组织的"金融服务协议"推动下，各国金融管制政策趋向宽松，逐步放松外汇兑换和资本跨国流动的管制，开放金融市场，实现金融服务的国际化，为国际资本自由流动创造了极为有利的外部环境。第四，近20多年来，随着国际金融市场交易手段的进步，金融工具创新品种的增加，金融服务水平不断提高，使得国际资本交易成本下降，效率提高，也成为吸引国际资本参与国际金融市场交易和融投资的重要因素。

2. 国际资本流动分类

国际资本流动按照不同标准有不同的分类。

(1) 按国际资本不同流向，国际资本流动分为资本流入和资本流出。资本流入(Capital inflows)指国外资本流入国内，即本国从国外输入资本。资本流入意味着本国外汇收入增加，属于收入项目，应记入本国国际收支平衡表的贷方，用“+”号表示。具体包括外国在本国的资产增加，例如外国资本在本国直接投资办厂；本国在外国的资产减少，例如本国对外投资资本的遣返；外国对本国负债的减少，例如外国偿付本国贷款本息；本国对外国负债的增加，例如本国在外国发行债券。资本流出(Capital outflows)是国内资本流向国外，即本国向国外输出资本，属于支付项目，应记入本国国际收支平衡表的借方，用“-”号表示。具体包括本国对外国的资产增加；外国对本国的资产减少；本国对外国的负债减少；外国对本国的负债增加。在一定时期内，一国的资本输入额大于输出额，该国为资本净输入国，反之，该国为资本净输出额。

(2) 按国际资本流动不同形态，国际资本流动分为国际商品资本流动、国际生产资本流动和国际货币资本流动。从历史发展的进程看，作为国际资本流动最初形态的商品资本流动是伴随跨国商品贸易形成的资本流动，其后是以国际间直接生产性投资形成的产业资本的国际流动，在金融产品增加和金融资本发展的推动下，国际资本流动形态开始以货币资本流动为主，形成以国际借贷、国际证券投资为主要形式的国际间接投资。国际商品资本流动和国际生产资本流动是伴随商品、设备和服务流动、与实体经济生产和流通密切结合的实际资本流动，如由国际商品贸易货款收付和贸易信贷引起的资本流动，以及跨国创办企业引起的产业资本流动等。受实体资产的约束，实际资本流动产生的金融泡沫有限。国际货币流动是与商品、设备与服务流动脱节，与实体经济生产和流通过程无直接关联的金融性资本的国际流动，如国际银行间的同业拆借、跨国证券交易、与贸易无关联的外汇买卖等。由于金融资本的国际交易脱离实体资产，更易助长金融资产泡沫和金融风险。

(3) 按国际资本流动属性，国际资本流动可分为官方资本流动和私人资本流动。官方资本流动是由政府之间双边或多边援助、贷款或投资，或者是国际经济金融组织对成员国政府贷款和投资形成的资本流动。私人资本流动是由各国金融机构、公司等各类经济组织和居民个人相互之间因发生商业借贷、交易金融产品、跨国投资或馈赠转移等行为引起的资本国际流动。官方资本流动规模有限且有序实施，可控性强，易于管理；私人资本流动自主性强、规模大而行为无序，可控性差和不易管理。

3. 国际资本流动的效应

国际资本流动是“双刃剑”，具有正负效应，但总体上是利大于弊。国际资本流动的积极效应主要表现在：

首先，伴随国际资本流动进行的要素资源和增值环节的跨国配置，将产品和生产的加工工序分解到不同国家或地区，推动了国际分工与协作的经济一体化，有利于各国通过发挥比较优势来推动经济增长，提高全球资源利用效率、生产效率和经济效益。

其次，国际资本在流动中不断整合全球资金以及由资金分配决定的要素资源的配置，通过调剂各国资金余缺，弥补输入国的资金缺口，起到扩大投资规模，增加居民就业和国民收入，加快当地资源开发和世界经济发展的作用。同时,全球范围的投资渠道选择和资金配置有利于提高资本的利用效率和投资收益率,并进一步推动资本流动形成良性循环。

第三,国际资本流动有助于打破贸易保护壁垒,扩大国际贸易往来和新技术跨国转移,增加国与国之间经济技术交流与合作,实现优势互补,推动全球经济的持续增长。

第四,国际资本流动有利于扩大国际金融市场的资金规模,完善业务经营网络和管理制度,壮大金融机构实力,并随国际资本流动领域延伸到证券、外汇和黄金等市场,大大地拓宽国际金融市场的业务品种和服务对象,推动国际金融不断深化发展。

20 世纪 90 年代以来国际资本流动的新特征表明,国际资本无序流动或过度流动也会产生负面影响。其突出的问题有:

首先,国际资本特别是投机性的套利资本大规模地跨国短期无序流动,易引发各国市场利率与汇率的大幅波动,不仅增加对外贸易和国际金融交易收支汇兑的汇率风险,其以小搏大的“放大效应”形成的短期突发性强大冲击,也加剧了国际金融市场的不确定性和国际金融市场的动荡,增加各国的金融风险以至发生金融危机的可能性。

其次,国际资本高强度流动增加了各国货币当局调控宏观经济、平衡国际收支和金融监管的难度。一方面,国际短期资本流动性强,对货币与外汇政策变化反应敏捷,其大规模流动不仅干扰一国的货币供求平衡,进而影响利率与物价水平,还因流动干扰效果导致政策调节的效率漏损。当一国试图提高利率实行反通货膨胀的紧缩性货币政策时,国外短期资本大量流入套利,增加该国货币供应量,降低了货币紧缩政策的调节效应;反之,当一国试图降低利率实行刺激经济增长的扩张性货币政策时,国外短期套利资本大量外逃,减少该国货币供应量,降低了货币扩张政策的调节效应。另一方面,大量和频繁的资本短期流动不仅影响汇率波动进而影响进出口规模与对外贸易经营的稳定,也影响一国资本与金融账户的收支稳定,增加一国平衡国际收支的难度。并且,在国际资本大流量高频率的跨境转移条件下,各国金融监管当局实时跟踪的监管工作量大幅度增加,监控成本和难度大大提高。

第三,国际金融性资本的过度投机流动易形成金融资产泡沫,影响国际金融的健康发展。国际金融市场直接脱离实体经济领域的国际金融性资本规模庞大,趋利投机性强,长期在国际金融市场游动,既不利于与社会生产和流通结合,支持社会物质财富的再生产和技术创新,其投机性交易又容易引发金融资产价格高估,形成资产泡沫或进行投机攻击导致金融风险。

第四,国际资本借贷过度和管理不当易引发国际债务危机。国际资本流动中资本输入国如超过本国偿还能力盲目对外融资和扩大债务规模,必然形成沉重的债务负担。并且,如输入资本使用管理不当,不能有效应用于生产流通领域并产生良好的经济效益,无法形成可靠的偿债资金来源,就极易引发债务支付危机进而导致经济危机。目前,世界范围内一些国家爆发债务危机的历史教训,需要引起高度重视。同时,资本输入国如单纯依靠外来资本给本国经济“输血”,而非塑造有利于本国经济长远发展的“造血”机制,就会对外产生资金依赖,一旦国外资本撤出回流,本国经济即面临困境而倒退。

8.1.2 国际资本流动形式

1. 国际短期资本流动

国际资本短期流动指借贷期限在一年以下资本的跨国流动。国际短期资本具有较强的流动性,因而其主要通过短期信用工具载体,如外汇、活期存款凭证、国库券、大额转让定期存单、商业票据、银行承兑票据等流通性强的信用工具和银行间同业拆借进行跨国流动。但国际短期资本流动也不排除短期内持有资本市场具备较强流通性的股票和长期债券等长期信用工具流动的形式。

与国际长期资本流动相比，国际短期资本流动具有明显特点：首先，国际短期资本流动方式多样，金额巨大，流向复杂，既有生产资本和贸易资金的收付流动，也有金融资本的借贷和投机流动，流动的资金成分复杂。其次，国际短期资本流动频繁，稳定性差，投机性和反复性大，极易引发资本输入国的金融动荡，也不易金融监管。第三，短期流动的国际资本通常对所在国经济环境变化和宏观政策的调整敏感，并容易作过激反应，起到扭曲货币当局政策功效的作用。

国际短期资本按流动目的区分，有不同的流动形式：

(1) 贸易资本流动。贸易资本流动指由国际贸易短期资金融通和贸易货款收支结算引起的短期资本流动，属传统国际资本流动的形式。贸易收支结算的资本流动是出于国际贸易引起的债权债务清算的需要，有明显的单向流动特征，即出口贸易货款结算形成出口国或代收国的资本流入，进口贸易货款结算形成进口国或代付国的资本流出。同时，在进出口贸易中，出口商或出口国银行向进口商提供的延期付款、信用证承兑和银行承兑汇票等形式的短期商业信用和银行信用的短期资金融通，则具有双向的可逆转流动的特征。

(2) 银行资本流动。银行资本流动指各国商业银行之间出于日常业务经营的资金调拨需要而发生的短期经营性资本交易引起的资本跨国转移。各国商业银行在业务经营过程中发生的资金跨境流动，资金规模庞大，流向交叉复杂，流速快而频率高，是国际短期资本流动最重要的组成部分。银行资本的流动既有银行经营跨国信贷引起的收支流动，也有银行、金融机构内部及相互之间资金拆借调剂引起的流动，如跨国银行总部与各分支行之间、各分支行之间进行的资金余缺调拨；国际银行之间同业拆借资金的拆入与拆出；国际间银行同业往来的收付和结算等，以及金融机构外汇头寸的抛补调拨和出于回避风险需要进行的掉期、期权、期货等交易产生的国际短期资本流动。

(3) 资本保值流动。资本保值流动又称为"资本外逃"(Capital flight)，指金融资产持有者为保证所有的资产价值免遭损失而进行的资本跨国转移。触发保值性资本外流的原因主要是资本流出国国内政局动荡、社会秩序失控、经济状况恶化、外汇管制趋严或税负过高、国际收支出现中长期逆差、外汇汇率波动风险加大等各种经济政治因素引起的资本缺乏安全保障和面临风险损失威胁、资本流动性下降或资本未来收益减少。资本保值流动一般具有突发性、流量规模大的特征。

(4) 投机性资本流动。资本投机流动指投资者利用国际金融市场的利率、汇率变化、以及黄金、有价证券等金融资产的价格波动，通过交易金融产品或衍生金融产品牟取差价收益所引起的国际资本短期流动。国际投机性资本流动主要包括不同货币之间利率差引起的投机套利流动；货币汇率波动引起的跨国套汇、掉期、期权等套利交易流动；国际金融市场股票、债券和黄金等金融产品价格波动引起的贱买贵卖及其衍生品的套利交易流动；各种金融衍生产品的投机套利交易流动等。在国际金融市场上，众多因素的变化都会引起金融资产供求关系变动，进而引起资产价格波动，从而为投机性资本跨国流动博取投机收益创造条件。在全球浮动汇率体系、利率市场化、金融创新和管制开放的金融环境下，国际间投机资本的规模增大，投机流动呈现机构化和专业化特征，已经成为各国金融监管的重点对象。

2. 国际长期资本流动

国际长期资本流动是借贷期限在一年以上资本的跨国流动。按照资本流动的载体不同，长期资本流动可分为国际直接投资、有价证券投资与国际贷款等三种形式。

(1) 国际直接投资(International direct investment)。国际直接投资是投资者通过跨国创立或收购兼并企业，掌控外国经济实体的部分或全部经营管理获取投资利润的国际投资形式。

国际直接投资具有显著特征：首先，国际直接投资的核心是掌握跨国经济实体的经营管理控制权，投资者以其所投资本取得企业绝对或相对的经营管理权，通过实际控制企业要素资源来实施经营管理。其次，国际直接投资是以资金流动为先导，带动其他生产要素的跨国配置流动。投资者不仅提供资金，往往还连带向资本输入方提供生产技术及知识产权、管理经验、市场营销渠道等。同时，投资者也获取被投资国的市场、人力及其他资源等有利的经营条件。第三，国际直接投资是各国利用外资的重要渠道，但直接投资不构成被投资国的对外债务。因为跨国投资者直接投资国外企业，其获得与投资额相称的企业股本权益，本质上说，直接投资仅是将投资者的资产形态从现金转为自主经营、自负盈亏的股权，并不构成投资者对资本输入国的债权。

国际直接投资通常包括创办新企业、收购兼并和利润再投资等三种具体形式：投资创办国外新公司，包括投资创办境外独资公司、创设跨国公司分支机构、子公司或同其他国(包括资本输入国)资本合作创设合营或合资公司等；直接投资收购兼并资本输入国的现有公司，即直接收购资本输入国现有公司一定比例的股权，如美国商务部规定，美国投资者收购国外企业10%以上有投票权的股份，或外国投资者购买美国公司10%以上有投票权的股份，即可视为跨国直接投资；以投资利润再投资，即投资者将国外获得的投资利润的部分或全部保留在国外，对外国原企业或其他企业进行再投资。利润收益再投资不发生实际的资本跨国流入与流出，一般不通过国际收支的资本与金融账户收支流量直接反映。

各国对国际直接投资总体采取鼓励政策，但具体管理政策并非一成不变，通常随本国经济发展变化和国家利益的需要而调整。由于国际直接投资涉及一国的技术保密、民族经济发展，经济金融安全、核心资源控制权以及反垄断、本国市场保护等众多方面的因素，当国外直接投资对本国的潜在收益大于潜在成本时，东道国会通过税收、土地供应、信贷、汇兑和降低市场与环境管制标准等各种优惠政策来吸引外来投资；反之，当国外直接投资对本国的潜在收益小于潜在成本时，东道国便实行管制或部分管制外资流入的政策。

(2) 国际证券投资(International portfolio investment)。国际证券投资指投资者购买境外资本市场有价证券形成的资本国际流动。国际证券投资属国际间接投资，投资者主要通过购买国际债券市场上以银行为代表的金融机构、公司和政府发行流通的中长期金融债券、公司债券和政府公债，或在境外股票市场上买卖上市公司股票方式进行投资。如果一国投资者在国际证券市场上买入债券或股票进行投资，就意味着该国资本的流出；反之，一国投资者在国际证券市场上卖出或发行债券、股票进行筹资，就意味着该国资本的流入。国际证券投资的投资者或筹资者既包括各国的政府、金融机构、国际金融组织和公司，也有个人投资者。

国际证券投资与国际直接投资存在区别：首先，国际证券投资是金融资本的国际流动，仅涉及国际资本市场有价证券所有权的跨国转移，不直接影响输出入国实体经济的生产与流通经营；国际直接投资通常是以资本为媒介带动各种要素资源的跨国流动，不仅有资金的跨境收付转移，还影响输出入国实体经济的生产与流通经营，以及市场的供求平衡。其次，国际证券投资的目的在于凭借股票、债券的收益权获取股息、红利和债息，甚至以获取有价证券的买卖差价投机收益为目的，投资者一般不直接掌控公司控制权和实际经营管理公司运营，仅通过拥有的股票选举权选择经营者并从外部监管公司经营；而国际直接投资的目的不仅要获得公司的经营利润，还通过绝对或相对控股直接控制公司的经营管理权并实际掌控公司资产的运作。第三，国际证券投资需要完善的国际证券市场制度、高效有序的市场交易体系，以确保所持有的有价证券可随时交易转让，具备最大限度的流动性；而国际直接投资则要求资本输入国具备完善的软硬投资环境，以保证其生产经营正常进行。第四，国际证券投资既涉及到债权债务关系，又涉及资产权益。当国外投资者购买筹资国证券市场发行的债券后，便拥有对资本输入国债权，当外国投资者购买一国证券市场发行上市的公司股票后，就拥有对该上市公司资产的所有权益；而国际直接投资的投资方仅形成公司资产的所有者权益，即股权，不构成对资本输入国的债权。

国际证券投资操作简便，流通变现快，投资组合灵活，公债等投资产品还具有安全性强、收益率高的优势，成为国际资本流动的重要途径和显著特征。

(3) 国际贷款(International loans)。国际贷款是一国政府、国际金融组织或商业银行跨国借贷一年以上期限的中长期资本的国际流动形式。国际贷款反映跨国借贷关系，资金借入方是资本流入国，构成该国对外国际债务或减少该国的境外资产；资金贷出方是资本流出国，构成该国对外国际债权或减少该国对外债务。

国际贷款一般有政府贷款、国际金融机构贷款和国际商业银行贷款三大基本形式。

政府贷款是各国政府之间利用本国公共预算资金对外发放的双边或多边贷款。政府贷款通常是政府间具有开发援助和赠与成分的中长期优惠贷款，资金来源于贷出国政府的公共预算支出，贷款额度有限制，但贷款利率低，期限长，主要是发达国家对发展中国家提供的用于开发和经济建设项目用途的援助贷款，也有发达国家之间相互提供用于弥补短期突发性国际收支逆差的互惠信贷。政府贷款是政府对政府的借贷行为，要经过法律规定的严格审批程序，通常在外交关系融洽的国家之间发生，一般有附加条件，有的以采购贷款国的出口货物为条件，有的严格限制贷款用途，有的甚至附带借款国必须实施特定经济政策或社会政治变革的要求。政府贷款常以混合贷款方式提供，即政府贷款一般约占贷款总额的 1/3，商业性的出口信贷约占 2/3，有利于发挥政府贷款的资金杠杆功能，带动私人金融资本输出，扩大受援国资金融入量，又可扩大贷款国的商品出口。如日本政府提供的项目贷款或商品贷款赠与成分在 25%以上，年利率一般为 1.25%～5.75%，偿还期 15～30 年，用于工程项目以外汇采购物资设备和劳务的资金，必须在日本、经济合作与发展组织成员国、发展中国家采购或以国际竞争性招标方式向合格货源国的合格供货厂商采购。

国际金融机构贷款是全球性或区域性的国际金融组织对其会员国政府或企业提供的各种贷款，包括作为全球性国际金融机构的国际货币基金组织、世界银行集团和区域性国际金融机构的亚洲开发银行、非洲开发银行和泛美开发银行等组织对会员国提供的各种贷款。国际金融组织贷款是不以盈利为目的、具有开发援助性质的贷款，与商业性贷款相比，贷款利率低、期限长，并视受贷建设项目性质、受贷国发展水平和资金成本等因素综合确定优惠程度。国际金融组织贷款申请、审批和贷后管理等贷款流程监管严格，通常与特定建设项目挂钩，通过项目审批确定贷款规模和放贷期限，并按项目建设进度分期发放信贷资金。

国际银行贷款指由各国商业银行提供的跨国中长期商业贷款，具体形式包括跨国银行信贷、出口信贷、租赁信贷、补偿贸易信贷等。国际银行信贷是纯商业运作的贷款和以盈利为目的的经营行为，贷款利率实行市场化浮动并收取相关的贷款费用，但贷款申请审批不与特定项目挂钩，主要取决于借贷人信用等级和担保水平，也不限定贷款金额和用途，借款人有较大的资金使用自由度。

8.1.3 国际资本流动控制

1. 国际资本流动控制含义及其不同观点

国际资本流动控制是各国政府通过运用货币、财政和汇率等各种政策手段调节管理国际资本的跨境流动，以减轻或消除国际资本流动产生负效应的行为。

国际资本流动客观存在的积极效应和消极效应的两面性，使得是否需要对国际资本流动进行控制出现两种对立的观点。西方经济学者的两大不同观点归纳起来主要包括：

(1) 反对控制国际资本流动的自由放任观点。主张放弃国际资本流动控制的观点认为，资本自由流动有助于要素资源的全球化合理配置，引导资源流向高利用率和高效益的国家和地区，通过提高全球资源利用效率来促进世界经济的持续增长；国际资本流动推动了国际分工与协作的经济一体化，有利于各国利用比较优势提高生产效率和经济效益，推动本国经济增长；国际资本流动有助于促进国际贸易往来和新技术跨国转移，扩大国与国之间经济技术交流与合作，实现优势互补；国际资本流动有利于资本流动通过利用国际商品市场与金融市场的吞吐容纳量，调节本国内部失衡的经济变量，维持宏观经济平稳运行。因而，管制资本跨国流动会在控制其消极作用的同时，抑制其积极效应的发挥，起到得不偿失的结果。例如盖杜蒂(P. E. Guidotti)和维弗(C. A. Vegh)依据大国开放条件下的经济模型分析认为，在资本完全跨国流动时，各国货币供给量通过国际资本流动进行全球范围的重新配置，一国内部经济和货币的失衡不会对本国经济运行产生实际影响。但是，当管制国际资本自由流动时，货币供应量必须根据经常项目的失衡状况重新配置，由此，国内经济的失衡将对实际利率、相对价格、消费支出产生不利影响。

鉴于国际资本流动的积极效应，1961 年联合国经济合作与发展组织(OECD)发布了《资本流动自由化准则》(The gode of liberalization of capital movements)，要求成员国逐步放松资本流动控制，允许资本自由流动。

(2) 支持控制国际资本流动的管制观点。赞成控制资本流动的观点认为，完全放任资本跨国自由流动不能兴利除弊，反而会引起国际金融市场的混乱和动荡，不利于各国维护政策的独立性和内部经济的平衡调控，不利于公众社会福利的增加和国际经贸、金融和各国经济的持续稳定发展。尤其是国际资本的短期过度流动更易对国际金融经济产生冲击影响，因而，需要采取必要的措施对国际资本流动进行适当的控制。

例如布朗森(W. Brmson)根据小国开放经济的模型分析认为，在资本可以跨国流动以及名义汇率被固定或被严格管制条件下，用于稳定经济的货币政策的效力受到削弱，而财政政策则可以发挥较大调节作用。如果一国的财政政策受到某种制约，除非能消除对财政政策的约束，否则取消对资本流动的控制是不利于该国采用经济政策稳定国内经济的。克罗斯(D. Kros)则通过国际投机资金冲击模型分析指出，在多数情况下控制资本流动可以限制私人部门资金的投机。政府控制资本流动会使国内利率高于或低于投机资金流动时的利率水平，私人部门可通过利率变量观察货币当局是否继续维持盯住汇率制度的动向并伺机进行投机。

因此，对资本流动的控制能否增进社会经济福利，取决于盯住汇率制度能否维持，如果能维护盯住汇率制度并实行配套的经济政策，则对资本流动控制可以增进一国的经济福利。此外，艾探格林、托宾、威普罗茨等人认为，市场的某些自我调整是不完全的，政府对资本流动的控制有助于改善市场的自我调整过程。例如周转税（Turnover tax）可以减慢资本流动和汇率的调整速度，长期也不改变资本净流动存量或扭曲汇率水平。又如对外汇交易征收交易税（Transcation tax）可以减缓汇率的波动幅度，以减缓资本的投机性冲击。

对此，《国际货币基金组织协定》修改条文第六条规定：会员国对国际资本转移须采取必要的管制；基金组织可要求会员国在某些情况下实行对资本的控制。尽管基金组织并未实际行使上述权利，但各国政府事实上对不同类型和方式跨国流动的资本，都采取不同方法进行不同程度的管制。

2. 控制国际资本流动的政策措施

各国控制资本过度流动，避免其产生负效应的可选择的政策与方法主要有：

（1）利用本国法律法规实施国际资本流动管制。各国政府可依据本国内外经济平衡调控的实际需要，制定相应的政策法规，引导和调节国际资本的流向和规模。如美国“M 条例”规定，美国商业银行从国外分行借入欧洲美元规模超过规定标准的部分，必须缴纳 10%的法定存款准备金；美国商业银行向海外银行提供贷款额度不得超出其资本额的 10%等。如日本和瑞士曾规定一年期以上的对外贷款须经政府的审批同意，许多国家还制定鼓励投资利润再投资规定，均起到了抑制资本过度流动的作用。

（2）实行外汇管制政策。利用汇率、货币汇兑等强制性措施干预调控国际资本转移，是各国货币当局常见的基本做法。实行固定汇率或限定汇率波动幅度，针对不同对象采取允许或不允许汇兑，以及汇兑币种、汇兑额度和汇兑期限差别等不同的汇兑政策，是应对国际资本突发性大规模流动的有效控制手段。但由于长期实行固定汇率和汇兑歧视政策会产生负效应，因而使用时应灵活适度控制政策力度、使用范围和使用期限。

（3）中央银行在外汇市场进行冲销干预。为尽可能运用市场化手段调控国际资本转移，一些国家货币当局试图以市场干预方式来抵消资本流动对国内经济金融的消极影响。中央银行的市场干预是通过其在外汇市场或在金融市场买卖外汇及金融产品，实现与国际资本流动的对冲，来避免资本流动可能带来的市场波动。但经验表明政府的市场化干预在有限资本流动规模内，可取得预期成效。但面对短期大规模的资本跨国流动，即使是经济实力较强的国家也难以进行有效干预并完全实现干预目标。这是因为中央银行的市场干预一方面如果在公开市场大量抛售债券，或者增发大量的政府债券，其支付的债券利息通常高于当局外汇储备所获利息，因而大规模“冲销”干预意味着一国政府需要扩大公共债务和增加财务成本；另一方面，如果中央银行在外汇市场大量吞吐外汇干预流动，需要储备足够大规模的外汇资产，同样要受外汇储备资产规模和储备成本制约。

（4）实行必要的资本控制政策。各国监管当局可综合考虑基本国情和国际惯例，对不同类型的资本流动实行区别的管控政策。通常对短期流动资本采取严格限制输出或输入、准许输出入期限和输出入的规模等隔离措施，以防范投机性资金的大规模无序流动冲击；对与实体经济结合紧密的生产流通性长期资本投资采取总体鼓励性的优惠措施，并利用土地、信贷、财税和产业政策综合调节其产业和地区的流向与规模，以促进本国经济增长；对长期借贷资本的流动则利用外债政策和监管体系，控制外债规模和偿债风险，实施外债借贷、使用和偿还的全过程监管,以有效控制债务风险。

(5) 实行特定管制措施。面对国际资本流动特别是投机性短期资本流动引发的金融市场失序和动荡,金融当局可采取应急性的特定措施来稳定局面。如规定流入资本一定比例限期的强制性存款;规定短期金融性资本或金融性资本必须通过特定账户收支流动进行监管;规定金融性资本的输出入额度或购买本国金融产品资金额度等,以控制国际资本流量。

(6) 实行国际协调与合作。加强国际间控制资本流动的政策协调,发挥国际金融机构作用和各国之间的合作,是维护国际金融秩序稳定,防范资本流动风险的重要途径。一方面,各国通过政策协调和信息情报协作,可使各国的政策协调一致,管理密切配合,堵塞政策漏洞,产生协同效应。如通过地区或双边政府之间的货币互换安排和备用信贷协议,来增强受援国应对资本流动风险的资金威慑力和外汇抵御能力;通过区域性经济或货币联盟内的利率或汇率机制协调,联手阻击国际资本的冲击等。另一方面,充分利用各国际金融组织对成员国的约束力、号召力和规范性,发挥其协调协商机制的作用以及经济与政治上的影响力来协调各国控制资本流动的政策,改善各国内部经济的调控效果,构筑国际资本流动风险的防范体系。

8.2 国际项目融资与国际租赁

国际项目融资与国际租赁是国际中长期资本流动的重要形式,具有独特的业务特征和管理要求。了解国际项目融资与国际租赁的基础知识,对于有效利用外资,合理控制国际资本流动有现实意义。

8.2.1 国际项目融资

1. 国际项目融资及其特点

国际项目融资(International project financing)是国际贷款人向特定的工程项目提供贷款融资,并以享有项目投产后产生的现金流的偿债请求权作为该项目贷款附属担保的国际融资业务。由于大型开发性或基础性建设项目所需资金规模大,建设运营的回收周期长,面临的风险大,融资成本相对较高,需要以项目为融资对象组织多家国际金融机构共同贷款。因而,国际项目融资自上世纪中叶产生后已逐步发展为大规模筹集国际资本的主要方式,被广泛应用于基础原材料、能源的采掘开发,冶金、化学等大型建设项目以及通信、交通、城市大型公共基础设施等大型项目的开发建设。

国际项目融资涉及众多影响贷款资金使用和项目建设运营的各方当事人,主要包括:项目主办人,即建设项目的主要投资人或负有主要管理责任的主管单位;项目单位,即作为项目借款人的具体从事建设经营项目的项目公司;项目合伙人,即参与项目投资的其他投资人;项目贷款人,即向建设项目提供贷款的国内外商业银行、政府和国际金融组织;项目建设人,即承建项目建筑和设备安装等工程的专业建设单位。此外还包括项目设备和项目原材料的供应商、项目设施的用户或项目产品的购买方、项目保险机构等。

国际项目融资与传统的国际贷款融资相比,具有以下显著特征:

(1) 国际项目融资以特定建设项目为融资对象,并要求以建设项目的资产权利作为项目运营和偿债的安全保证。国际项目融资要求项目主办人成立独立于自身经济实体的专门从事项目开发的、具有法律实体地位并能独立承担民事责任的项目公司,并以该项目公司作为特定借款人；要求对项目公司包括股东的股权资产和贷款人投入的项目贷款资产在内的所有公司资产和负债独立核算，并严禁将项目融资的贷款资金用于其他用途；在项目主办人作为借款人的条件下，贷款人要求主办人将项目融资仅投向该特定项目或项目公司，并要求将项目资产负债与主办人的资产负债严格分离，保证项目公司财务的独立性。这一特征表明，国际贷款人提供项目融资并非依赖项目主办人的信誉，关键在于建设项目自身的可行性、投产后的运营效益和偿债能力以及项目资产权利的完整性所提供的贷款安全性和收益性保证。

(2) 国际项目贷款的偿还来源主要依赖于拟建项目未来的现金流量以及该现金流中可合法用来偿债的净现值。国际项目融资额通常占项目所需资金的大部分，并且贷款人提供的贷款一般是无追索权或有限追索权的，如果该项目中途停建或经营破产，其资产或收益不足以清偿贷款本息时，贷款人无权向项目公司追索赔偿或无权向项目公司全部追索赔偿。由于以拟建工程项目未来可用于偿债的现金流量还本付息，其偿债资金来源并不限于正常的项目税后利润，因此，国际项目融资的贷款人在审批贷款时必须对项目未来的现金流量作出可靠准确的预判，并通过完整的合同安排约束项目产生的现金流量将主要用于偿债。同时，还会附带要求建设项目的东道国政府给予加速折旧、减免税收等方面的优惠特许，以确保控制项目贷款资金的风险。

(3) 国际项目融资通常以建设项目的资产作为附属担保，并根据不同国家法律的许可，由项目主办人或参与方提供各类有限信用担保。国际项目融资的担保方式不同于以资产价值为抵押的普通贷款担保，需要形成足以防范或分散各种项目风险的多重信用保证体系，包括投资参与方提供的直接财务担保，如投资者提供的有限资产担保、成本超支担保和不可预见费用担保，项目建设人提供的项目完工担保、项目关系人提供的现金流量缺额担保；也包括与项目有直接或间接利益关系的非财务性担保，如项目产品用户提供的长期购买协议、合作方的技术服务协议、项目供货方的长期供货协议和项目建设国政府机构提供的担保或承诺等。但应当明确的是，国际项目融资的资产担保并不以资产变卖赔偿为根本目的，贷款人获得担保意在控制一定时期内项目资产的收益权，其有限担保仅仅是在项目未来的现金流量不足以确保偿本付息时，由借款人或项目主办人向贷款人提供的补充性信用担保，使贷款人取得防备性的有限追索权。可见，在国际项目融资中，项目资产担保和有限担保不是信贷资产安全的直接保障手段，而是通过保障项目未来稳定经营收益来确保贷款还本付息的间接保障手段。

(4) 国际项目融资的资金来源多样化。在国际大型项目筹资中，融资的资金来源既包括项目建设国政府的项目贷款、其他国家的政府贷款、出口信贷和国际金融组织贷款，也包括国际银行业发放的商业信贷和供应商提供的商业信用。为分散项目风险，确保项目未来可能产生的风险不形成银行经营的重大威胁，国际项目银行商业贷款通常采用银团贷款的方式，由数家或数十家银行组成贷款银团分摊信贷资金的供给，使得资金来源分散和多样化，或将国际银行商业贷款与政府贷款、国际金融组织贷款等形成混合贷款发放以控制风险。

2. 国际项目融资的作用及风险防范

国际项目融资作为国际中长期资本的特殊融资方式，有以下四方面的积极作用：

(1) 国际项目融资方式有利于投资人扩大资产负债表外的融资。对项目主办人而言说，如果其以自身名义直接从银行贷款，公司会因负债率大幅提高而恶化资产负债比，提高其未来的融资成本和融资难度。国际项目融资专门成立具有法人地位的项目公司，由项目公司负责项目的融资与建设，只要项目主办人在项目公司中的股份不超过一定的比例，项目公司的融资就不会直接反映在项目主办人公司的资产负债表上，从而确保不会因项目建设融资影响主办人公司的正常经营活动。

(2) 国际项目融资方式有利于借款人以较高债务比例融资扩大融资来源。国际项目融资允许项目主办人初期投入较少股本，发挥财务杠杆效应进行高比例的负债，这是其他融资方式所不具备的融资优势。融资项目规模主要受项目所在国的经济政治稳定性、项目的预期经济收益、项目融资规模及项目当事人的股本投入额等因素的影响，一般的债务比例在70%～80%之间。并且，由于项目融资是以项目未来预期收益作为还本付息的根本保证，只要项目可行度高，未来预期收益有保证，项目建设国就可"借船出海"，扩大建设项目的资金来源，加快本国的发展步伐，并通过借贷资本运营提高项目公司自有资本的净收益水平。

(3) 国际项目融资方式有利于实现风险隔离和分散风险的目的。项目主办人通常希望将项目债务和项目失败的风险与自身公司隔离，尤其是对小规模公司而言，其本身的资产负债规模不足以承担大型建设项目的负债和风险。国际项目融资要求项目主办人在包括贷款人在内的所有参与者之间分配资金风险，形成各方分担的风险分配结构，既隔离了项目主办人与项目之间的风险，使项目主办人不至于因项目失败而破产，又使各参与方分担风险压力而积极关注项目建设，充分调动各方的建设积极性。

(4) 国际项目融资方式有利于降低跨国筹资成本。国际项目融资享受的税收优惠，在一定程度上降低了建设项目的融资成本。由于许多国家贷款利息允许在税前抵扣，国际项目融资高比例负债支付的大额利息在税前扣除缩小了应纳税基数，无疑减轻了投资人的税负。此外，国际项目融资一般规定项目工程建设和设备、材料采购必须实行公开的国际竞争性招标，并对项目建设实行质量监理和成本监管，有助于减少资金浪费，节约建设资金成本。

国际项目融资与一般贷款相同也存在风险，但其除有普通贷款的风险外，由于其要以项目建成后经营产生的现金流量作为偿还本息的经济来源，因而项目建设和建成后经营过程中任何环节的失误，都可能导致贷款资金面临风险。归纳起来，主要有：不按期完工导致的不能按期回收贷款本息的风险；项目中途暂停建设导致延长还款期限的风险；项目建设预算费用超支引起还款额超过项目预算收益，加重借款人债务负担的风险；项目停建引起投资人丧失还款资金来源的风险；项目建成后市场需求有限，设备开工不足致使预算盈利歉收，还贷资金来源不足的风险；项目经营不善导致成本上升，收益下降无法按期还本付息的风险等。为此，贷款人需要事先与项目主办人、合伙人、项目单位、项目建设人以及项目供货商、项目用户和保险机构分别签订担保或保证合同，以防范风险损失。

3. 国际项目融资中的BOT方式

BOT是英语Build-Operate-Transfer三个单词的缩写，即建设—经营—转让的简称，指东道国政府通过同招标选择的国际商业资本或私人资本建立的项目公司签订合同，由该公司进行筹资、设计和建设政府指定的基础设施或公共项目，项目建成后在双方约定的特许经营期内，由项目公司负责项目经营并收取项目运营的全部收益，公司以取得的收益偿还债务本息和形成投资利润。特许经营期满后，由项目发展商将项目产权无偿转让给政府。

国际项目融资的BOT方式是国际上通行的大型或特大型基础设施项目建设的融资方式。基于公共基础设施的混合产品性质，各国长期由政府公共预算拨款或国际金融组织贷款提供建设资金，由公共企业或政府机构指定的企业直接承建。20世纪80年代后，随着世界经济迅速发展，各国对基础设施的需求急剧膨胀，而公共预算财力不足又限制了政府的投资建设能力，于是一些国家便以项目经营权及经营期收入作为投资回报，鼓励私人资本参与公共基础设施的开发建设，由此形成BOT项目融资建设方式。BOT方式出现后在英吉利海峡隧道、悉尼港口隧道和马来西亚南北高速公路等国际重大工程项目建设中都取得了成功，许多国家还制定了规范BOT方式运作的专门法规。

BOT项目融资方式的运作具有以下方面的特征：

(1) 建设项目所在国的政府机构通常是项目发起人，但其一般不向或小额地向建设项目投资，也不在协议约定的项目经营期内拥有项目产权和实际营业控制权，其仅通过特许权协议、给予附属性贷款或贷款担保形式对项目提供支持。而在协议约定的项目经营期满后，项目所在国政府机构将按协议约定成为项目产权的最终所有者。

(2) 政府机构签署的给予投资者一定期限内经营项目的特许权是BOT融资运作的基础，因而协议通常必须明确规定项目公司拥有项目专营及获取专营收益的特许权；项目公司拥有将其专营权和专营收益转让或抵押的权利；项目公司按特定条件取得相关土地使用权的允许；项目公司在贷款偿还期内政府给予税收财务优惠的许可；在特许权期满后，由政府机构收回或购回项目的约定等。

(3) 国际贷款人向项目公司提供贷款不仅要求项目公司以项目资产作为担保，而且通常要求将项目特许权协议项下的专营权及专营收益设为抵押来防范风险。在项目经营期内，项目营业收入在扣除必要的成本费用和法定税费后，应首先按贷款协议用于偿还债务本息，其剩余部分方可作为利润供投资者分配。

(4) BOT项目所需资金由项目公司负责筹集，资金来源主要有项目公司各股东投资入股的股本金；项目公司在国际证券市场发行股票或债券的融资收入；项目公司向国际商业银行或国际性金融组织申请的无追索权或有限追索权的信贷资金；政府以合资、合作形式投资参股或直接提供附属贷款的资金。其中，项目资金70%～90%来自于国际银行业的信贷。

(5) BOT项目的所在国政府对项目负有国际上通行的责任与权益。BOT融资大多为市政工程、交通、电力、通信、环保等资本与技术密集型项目，建设周期长，涉及利益主体多，风险巨大，政府作为项目产权的最终所有者、项目产品的采购方或用户，必须以国际通行的方式向投资者提供担保或承诺，如以长期买断产品合同或补贴合同提供收入担保；保证外国投资者自由汇兑和汇出项目利润；承诺同一地区不重复建设同类项目以避免过度竞争；保证项目的建设与经营不受政府行政部门的多头干预；保证项目在建设经营期间提供必要的原材料、能源供应及后勤支持等。同时，政府也对项目建设和运营拥有相应的权益，如对项目设计审查、施工监理、工程检测验收、项目财务检查审计等方面的监管权，以及到期回收项目物权的权益。

8.2.2 国际租赁

1. 国际租赁及其作用

租赁是出租人在租赁期内，将租赁财产使用权转移给承租人使用并收取租金的资产有偿使用的交易行为，其实质是资产使用权的借贷关系，租金即为借贷利息。因此，租赁也是一种信用形式，是物品的所有人以收取报酬为条件，让渡一定时间内物品使用权的信用交易。国际租赁则是现代租赁业务由国内向国外发展的结果。国际租赁(International lease)又称跨国租赁(Cross border lease)，指分属不同国家的出租人与承租人之间发生的租赁交易行为。

国际租赁除上述狭义定义之外，还有广义解释。广义的国际租赁不仅包括跨国租赁，还包括离岸租赁(Off-shore lease)。离岸租赁又称为间接租赁(Indirect lease),指租赁公司以合资或独资方式设立的海外法人公司在注册所在国经营的租赁业务。间接租赁对母公司而言,不管承租人是否为子公司的注册国用户,其海外子公司经营的租赁业务就属间接对外租赁。但对母公司的海外子公司而言,如果承租人为注册国企业,租赁交易应属国内租赁;如果承租人为非注册国企业,租赁交易即属跨国租赁。我国则根据交易三方当事人的国别属性及合同所使用的计价货币来区分租赁业务的国内或国际属性。当三方当事人均为我国公司并以人民币作为合同计价货币时,即为国内租赁业务;若三方当事人中有一方为外国企业,并以外币为合同计价货币时,即属国际租赁业务。我国的国际租赁业务中承租人通常为国内公司,出租人或供货商为境外公司并以外币为合同计价货币。

现代国际租赁是上世纪中期国际金融市场出现的以租赁物为媒介,将融物与融资结合的新型金融业务,也是世界各国实业投资大量采用的融资方式,对国际经济贸易和金融发展有着多方面的作用,具体表现在:

(1) 国际租赁的投资作用。国际租赁的投资作用指租赁带动跨国投资和促进世界经济发展的作用。由于租赁是先使用设备,后分期支付租金,并且租金仅是租赁设备新创造价值的一部分。对资金紧缺尤其是发展中国家的承租人而言,利用财务杠杆效应的租赁方式获得资本性实物设备资产的使用权,减轻一次性巨额投资的压力和大量借款承受的财务风险,能有效扩大投资规模,加快建设项目投产,形成产能促进经济和就业增长。此外,企业投资结构应随市场需求和产品结构的变化而调整,但由于设备的专用性以及购置费昂贵等原因,企业要随市场需求变动而频繁淘汰旧设备,采购新设备往往进退两难。通过租赁业务,企业既可租入所需新设备,又可将调整的设备出租,实现资本、技术和产品结构调整目的。

(2) 国际租赁的融资作用。租赁的融资作用指租赁跨国融通资金的信用中介作用。现代租赁的典型业务是融资性租赁,其融资额最高可达租赁物的全价,企业相当于获得全额的分期付款的设备贷款。承租企业既可在不投资或少投资的情况下,扩大生产经营规模,加快技术进步和产品升级,迅速提高企业的国际竞争力,又可使融资租赁物的价值额在会计处理上不计入企业负债,不增加负债比例,无形中提高企业的信用等级,为企业后继融资创造有利条件。同时,企业在国际租赁中还可获得许多国家给予租赁交易税收减免的优惠,以及出租人或租赁公司将其享受的投资减免和加速折旧的优惠以低租金的形式转让给承租人,降低筹资成本的益处。从国际租赁发展看,其已成为许多国家新建企业和中小企业固定资产融资"借船出海"的重要途径。

(3) 国际租赁的促销作用。租赁的促销作用指以租赁带动生产资料投资品销售的作用。租赁方式提供设备能减少承租人自购设备一次性付款的资金压力,还可避免因技术更新导致的设备陈旧过时的无形损耗风险,激发潜在客户的购买力。并且,国际租赁中双方不转移租赁设备所有权,可规避国际贸易中的关税和贸易壁垒,有助于开拓产品的国际市场。

(4) 国际租赁的资产管理作用。租赁的资产管理作用指以租赁方式购买使用生产资料产品对企业技术进步与经营管理的促进作用。国际租赁有利于承租人充分利用出租方出租设备附带的技术和管理服务,学习国外先进技术和企业经营管理经验。而且,对使用率低而价格高的设备,租赁既能满足生产经营对设备的需求使用,又可大量减少企业的资金投入与占用,提高资产的流动性和资金使用效益。通过租赁处置企业闲置的设备与物资,也可提高资源利用率和企业的经济效益。

2. 国际租赁的主要形式

国际租赁自产生以来，已成为仅次于银行信贷的国际金融市场直接投融资的第二大融资方式，在国际资本市场中占有极为重要的地位。近年来，国际租赁业平均以年均30%左右的增长速度发展，全球租赁交易总额在2000年就已接近5000亿美元，发达国家GDP的租赁渗透率平均已达20%～30%。国际租赁的主要业务形式有：

(1) 金融租赁。金融租赁(Financial lease)又称融资租赁或资本租赁，指出租人向生产商或销售商购买承租人选定的设备，并将该设备的使用权出租给承租人，通过分期收取租金方式回收购置设备投资本息的租赁形式。融资租赁具有明显的固定资产购置特点，实质是承租人从出租人处获得分期还款的全额设备贷款，是采用融物与融资结合形式进行的中长期融资活动。融资租赁是现代租赁的典型形式，也是跨国设备制造企业凭借先进技术和金融实力渗透国际市场的重要销售模式，在国际市场中，60%以上的工程机械、飞机船舶、运输车辆、医疗设备、通信和信息设备产品是通过融资租赁方式销售的。因此，融资租赁业在发达国家被视作"朝阳"产业。

融资性租赁具有以下特征：首先，融资租赁涉及的租赁关系复杂。融资租赁一般涉及出租方、承租方和设备供应商三方当事人，如出租方自有资金不足需要融资，就还需涉及提供贷款资金的银行。其次，租赁物和供货商由承租人选定，出租人不能干涉承租方的选择权，只需按承租人的要求与供货商签订购置设备合同，给予融资便利，支付货款购买设备。但出租人对设备缺陷、设备性能、交货期限和维修保养等因素造成的风险损失概不负责，承租人也不得以此为由拖欠和拒付租金。第三，租赁期长，租赁合约不可中途解除。融资性租赁标的物通常是特定的专用设备，使用面狭窄，租赁物难以多次重复出租。承租人租赁目的是通过融物进行中长期融资，租赁期与租赁设备折旧使用年限基本相同。因而，融资租赁的承租人是特定的，出租人一般只对一个承租人出租，并必须在一个租赁合约期内完全或基本收回购置设备的本息，具有完全的租金可回收性。租赁合同不允许中途撤销，相应风险也主要由承租人承担，如承租人坚持终止或解除合同必须按合同付清全部租金。第四，融资租赁业务要签订两个以上的合同。融资性租赁要由出租人和承租人签订租赁合同，由出租人和供货商签订设备购货合同，出租人如果资金不足需要融资的，出租人还要与金融机构签订贷款合同。第五，租赁物处理形式多样。融资性租赁合同到期后，处理租赁设备有多种形式，一般有留购、续租或退租，承租人有优先选择权。由于租赁物的购置本息在租赁期已全部收回，承租人无论选择何种方式，其价格或租金都很低廉。第六，租赁设备所有权与使用权长期分离。租赁设备的所有权在法律上属出租人，租赁设备的使用权在租赁期内属承租人，相应租赁设备的日常维护保养由承租人自行负责。

(2) 经营租赁。经营租赁(Operating lease)又称为服务性租赁，是由出租人购买设备出租给承租人使用，并提供设备维修保养服务，在出租期内分期收取租金或租赁期结束收取租金的租赁行为。经营性租赁是传统意义上的租赁形式，属直接"融物"的信用活动，承租人需要短期或临时使用租赁设备，但出于成本高、设备利用率低等多种因素考虑不适宜自购，便通过支付租金方式向出租人租借使用。

经营性租赁具有以下特点：首先，租赁当事人的关系简单。经营性租赁交易涉及出租人和承租人两方当事人，以及涉及出租人与承租人之间的租赁合同。其次，租金具有不完全支付性。经营性租赁具有租赁期限短于租赁设备法定折旧年限的短期性质，出租人无法通过单个租赁合同回收租赁设备的全部购置成本和利润，每次租赁仅回收设备的部分价值，需要通过多次重复出租才能完全回收。因此，出租人风险较大，租金定价相对较高，租赁期和承租人也具有不确定性。第三，承租人选择租赁物的范围有限。经营性租赁的设备都由出租人选择购置，要考虑适用面广，能反复出租，因而选购的一般都是技术含量大、更新较快的通用设备，如计算机、建筑设备、运输和起重设备等，而不是只适用于特定承租人的专用设备。承租人只能在出租人已购设备的有限范围中选择租赁所需设备。第四，租赁合同灵活。经营性租赁租赁期短，租赁物需要反复多次租赁使得租赁合同具有较大灵活性。租赁合同签订后，承租人只要提前告知出租人后，可中途解约；租赁期结束时，承租人可在退租、续租或留购租赁物形式中自由选择。第五，附带租赁技术服务。经营性租赁期内，出租人通常要负责租赁设备的运输安装调试、日常维修保养、提供技术咨询等配套的技术服务，解决承租人技术人才不足的难题，保证租赁设备有效使用。

(3) 衡平租赁。衡平租赁(Leverage lease)又称为杠杆租赁或借贷租赁，是出租人利用财务杠杆原理，以小额自有资本投资组织带动高额资本集约型设备购置出租的长期租赁业务。杠杆租赁是金融租赁派生的租赁形式，出租人仅需投资租赁设备购置款20%～40%的资金，就能获得设备所有权并对外出租，购置租赁设备其余的60%～80%资金，出租人以设备所有权和承租方承诺支付租金的收款权作抵押向银行贷款。

衡平租赁具有以下特点：首先，涉及的租赁关系复杂。完整的杠杆租赁业务一般除涉及出租方、承租方、供货商和贷款方四个基本当事人外，还涉及专门管理租赁资产的物主受托人、代表债权人行使合同权利的合同受托人和提供租赁交易服务的经纪人。涉及资金融通合同、租赁合同、租赁物采购合同、租赁物转让合同和租赁物信托合同等七个商务合同，业务流程与涉及的租赁关系复杂。其次，租赁对象通常为资本密集，折旧期限长，投资规模大的飞机、远洋运输轮船等大型运输设备，以及卫星系统、输油管道、石油钻井平台等大型设备及工程装备，单靠出租人无力筹资和承担风险，需要通过出租人的小额投资撬动社会资本共同融资投入。第三，贷款人提供的租赁设备购置贷款属无追索权贷款，以设备第一抵押权、租赁合同和收取租金的受让权为贷款担保，如承租人违约致使出租人无力偿还贷款本息时，清偿对象仅限于设有担保权的出租资产，不涉及出租人的其他资产。第四，租赁双方可享受税收优惠。对出租人而言，以小额投资获得出租物所有权，就可享受投资税收减免和加速折旧在内的相当于设备全额投资的税收优惠；对承租人而言，也可获得出租人转让部分税收优惠而降低租金的好处。

(4) 回租租赁。回租租赁(Sale and leaseback lease)又称为售后回租，指资产所有者将拥有的设备、房屋等资产出售给租赁公司后再通过租赁继续使用资产的租赁形式。在回租租赁中，承租者是租赁物原所有人，出租人是租赁物现在的产权人，通过产权变化和以支付租金为代价，承租人获得与租赁物等值的资金融通而又未影响其正常的生产经营活动。

8.3 国际债务危机

债务危机是引发债务国和区域关联国家币值下降，金融市场动荡和经济混乱的重要诱因。探讨国际债务危机的成因和有效化解债务危机的途径，是国际金融理论和实践面临的时代课题。

8.3.1　外债与债务危机

1. 外债及其衡量指标

根据国际货币基金组织和世界银行等国际金融机构的定义，一国的外债是指向非本国居民用本国货币或外国货币承担的具有契约性偿还义务的全部债务，即一国居民欠非居民的、已使用而未清偿的、具有契约性偿还义务的债务。依据外债的性质可以认定，外债是一国居民与非居民之间发生的债务，是以契约形式存在的具有偿还义务的非口头协议或非意向性协议的债务，是以外币、本币或实物形态表现的债务，也是一定统计时点上对外债务的余额。

一国的外债包括对外公债和对外私债。对外公债是由一国政府对外借贷形成的外债，对外私债是由一国经济实体和社会团体等法人居民，以及自然人居民对外举债形成的外债。无论是对外公债或私债，清偿外债本息对非世界主要储备货币国而言需要以外汇对外支付，因而，对外债务偿还不仅涉及债务人的资金清偿能力，还涉及一国的外汇支付能力。

国际通行的各国控制对外债务规模，防范对外债务风险和债务危机的外债监控指标，主要包括外债总量指标和外债相对指标两类。

(1) 外债总量指标

外债总量是用于衡量一定时期内一国外债总规模的指标，反映该时期中一国对外债务的总体负担，常用的监管指标有：

债务余额指标。债务余额是反映债务国某一时点上(通常为统计期末)尚未清偿的对外债务累积的总额，即当年债务余额＝上年度期末债务余额＋当年新增债务额－当年偿还债务额。债务余额是存量指标，总体上说，外债余额越大，一国承受的外债偿还负担越重，面对的风险也越大。但外债余额并非一定形成债务国的债务风险，外债余额包括短期内需要清偿的短期债务与短期内无清偿压力的中长期期债务，因而，在相同的外债余额下，一国可通过合理安排短期外债与中长期外债的比例结构，均匀分散外债的偿还期限，控制化解偿债风险。

应偿还债务本息指标。应偿还债务本息指债务国当年已到期应偿还的债务本金与利息之和。该指标反映一国政府当年无法回避需要实际清偿的债务负担，其规模越大，债务国还债压力越大，爆发债务危机的风险越大，是各国外债管理监控的重点指标。

当年新增外债余额指标。当年新增外债余额是债务国当年对外借入资金额减去当年偿还债务本息额后的余额，反映债务国当年新增的净债务规模，其表明债务国即期外汇资金支付需求量和债务负担的增加。一般说，一国当年新增外债余额少，对当年新增外债限制也就较少；如当年新增外债余额庞大，超过其偿还能力时，必然严格控制当年新增外债。

(2) 外债相对指标

由于各国的经济发展水平与经济总规模差异明显，利用外债总量指标进行国际横向比较缺乏可比性，需要借助相对指标分析。外债相对指标是一国外债额与国民经济特定指标参数的比值，可准确反映不同经济发展水平与经济总规模国家之间外债负担水平与外债风险。国际通用的外债相对指标主要有：

负债率指标。负债率是外债余额与同期国民生产总值(GNP)或国内生产总值(GDP)之间的比率，即负债率＝外债余额/GNP 或 GDP。国民生产总值和国内生产总值是一国综合经济实力的集中体现，在既定外债余额下，GNP 或 GDP 规模越大，负债率越低，该国负担外债清偿的能力越强，债务风险越小；反之，GNP 或 GDP 规模越小，负债率越高，该国偿债能力相对越弱,债务风险越大。负债率指标的国际控制上限通常为60%,低于控制值为外债安全区域,高于控制值则为外债风险区域。

债务率指标。债务率是一国外债余额与同期商品、劳务贸易外汇收入之间的比率,即债务率=外债余额/同期商品、劳务贸易外汇收入。清偿外债需要用外汇支付本息,一国外汇来源根本上取决于商品、劳务等实体资源出口的创汇收入。在既定外债余额下,本国贸易外汇收入规模越大,债务率越低,该国的外债偿还能力越强;反之,本国贸易外汇收入规模越小,债务率越高,该国的外债偿还能力相对越弱。国际上债务率指标的警戒线为100%,如果一国债务率高于警戒线,表明该国债务负担已超出其偿还能力,存在极大的债务风险。

偿债率指标。偿债率又称外债清偿率,是一国当年外债还本付息总额与同期本国商品、劳务贸易外汇收入的比率,偿债率=当年外债还本付息总额/同期本国商品、劳务贸易外汇收入。由于当年外债还本付息总额是一国已确定的当年必须对外支付的外汇,其占当年贸易外汇收入额的比重越小,债务偿还的安全系数越高;反之,则债务偿还的安全系数越低。国际上偿债率指标的安全控制线为20%,高于控制线极易引发债务危机,反之,则是安全的。

外债储备率指标。外债储备率是一国一定时期内外汇储备额与外债余额之间的比率,即外债储备比率=当年外汇储备额/当年外债余额。外汇储备规模是一国对外支付能力和债务清偿力的真实体现,是外债安全的直接保证。外汇储备额占同期外债余额的比率越高,表明该国的债务清偿力越强,外债安全度越高;反之,外汇储备额占同期外债余额的比率越低,表明一国的债务清偿力越差,外债安全度越低。国际上外债储备率的安全控制值为50%,高于安全比值的外债规模属安全区域,低于50%则易导致债务危机。

2. 国际债务危机

债务危机是因债务人缺乏债务清偿能力,不能按期全额偿还债务本息引起的债务人财政和经济危机。任何债务到期都须按期足额清偿本息。在私债中,债务危机易使债务人破产倒闭,在公债中,债务危机影响广泛,后果严重,会因债务重组引发国内社会冲突和国际纠纷,使金融动荡,经济倒退。

国际债务危机是指债务国因缺乏债务清偿能力或外汇支付能力,停止或协商按期足额偿还债务本息,与债权国发生债权债务纠纷导致的债务国国内以至于区域性国家和地区的社会经济危机。国际债务危机具体表现为债务国单方面停止按期偿还债务,或者与债权国协商重新安排债务偿还计划。

(1) 债务国单方面停止按期清偿债务,即债务国凭借国家主权单方面宣布拒绝偿还到期债务,具体表现为不履约和赖账两种方式。不履约指债务国明确向债权国宣布,因缺乏债务清偿力而停止履行偿债义务。不履约与技术性不履约是不同的,后者是由于预算流程、资金头寸周转、行政审批或突发性国际收支短缺等各种国内外客观因素引起的暂时性对外还债支付中止,一旦延误支付的因素消除,即会继续履行债务清偿义务并支付延期偿还的债务利息。一般说,技术性不履约性质上不属于债务国单方面停止按期清偿债务。赖账指债务国否认债务的存在而拒绝承担偿债义务,由于赖账易严重伤害债务国对外信誉和国际形象,现实中极少发生,因而单方面停止偿还债务主要表现为不履约。债务国停止按期清偿债务必然导致债权国资产损失和国际债务链断裂,加大国际金融市场风险,是引发国际债务危机的直接诱因。

(2) 债务国与债权国协商重新安排债务。债务国的债务到期而又缺乏偿债能力,通过与债权国协商谈判,重新安排双方接受的偿还债务的方式,具体有再融资和延期偿债两种常用形式。再融资指债权国再向债务国融通与到期债务本息等额的新贷款，并以新贷款资金偿还到期债务，实质是以优惠条件融资再安排的借新还旧方式清偿债务。延期还债是通过向后展延到期本息偿还期限或延长还款期限，缓解债务国的还债压力。与停止按期清偿债务方式相比，协商重新安排债务尽管也会造成国际债权国的资产风险和收益损失，但对债权国的影响和造成的损失相对和缓。

3. 国际债务危机的特点

20 世纪 80 年代一些发展中国家因债务链断裂，对外支付能力不足，无力偿还到期外债本息，引发连锁的国际债务危机。1981 年 3 月波兰宣布无力偿还到期外债，次年 8 月墨西哥决定停止偿还已到期的1 400家国际商业银行的 195 亿美元债务本息。此后，巴西、阿根廷、智利、委内瑞拉等国效仿，停止偿还到期外债，由此触发自第二次世界大战以来最严重的全球性债务危机风潮。此外，许多非洲国家也因经济落后，债务沉重而无力偿还到期债务。在 1980 年代初期，就有 34 个国家因无力履行偿债义务，中止还债或重新安排还债期限，涉及的债务总额约为发展中国家和东欧国家外债总额的 2/3。这场以拉美国家为代表的危机反映出国际债务具有以下特点：

（1）外债规模庞大。20 世纪 80 年代初爆发的债务危机，是发展中国家迅速形成的过于庞大的外债规模的结果。据国际货币基金组织统计，从 1973 年至 1982 年，非产油发展中国家的外债余额从1 301亿美元增加至6 124亿美元，偿债率从 15.9%增长为 23.9%。在外债总额快速增长的同时，年还本付息额不断扩大。从 1973 年至 1983 年，还本付息额从每年 179 亿美元猛增到每年 932 亿美元，年利息支付额占同期本国贸易外汇收入的比重从 6.1%提高至 13.2%。债务危机爆发后，发展中国家的外债总额继续增长，至 1988 年已达9 932亿美元，1994 年进一步增加到19 251亿美元。更严重的是，由于发展中国家还本付息额越滚越多，外汇收入与外资流入总额不足以抵偿外债本息总额，产生持续多年的外汇倒流现象。拉美国家 1982 年至 1986 年期间资金倒流达1 320亿美元，仅 1988 年发展中国家的资金净流出额就超过 500 亿美元。

（2）债务高度集中。据国际货币基金组织 1984 年《世界经济展望》统计，在世界上 100 多个发展中国家中，主要外债国有 25 个，其中重债国依次为巴西、墨西哥、阿根廷、韩国、委内瑞拉、印度尼西亚、土耳其、菲律宾、智利、哥伦比亚等十国，至 1983 年底十国外债总额为4 005亿美元，占发展中国家外债的半数以上。其中，前五个国家的外债总额高达3 262亿美元，占发展中国家外债总额的三分之一以上。而最大的两个债务国的外债总额1 859亿美元，几乎占发展中国家债务的四分之一。在发展中国家 5 个最大债务国中，除韩国以外都属拉丁美洲国家。

（3）债务结构不合理。发展中国家外债的债务结构也发生重大变化，除非洲国家主要是对官方债权人的负债外，具有援助性质的政府贷款比重相对降低，其他债务大部分是对私人商业银行的中短期贷款。1970 年，政府提供的开发性援助贷款占发展中国家外债比率曾高达 42%，而国际商业银行贷款仅占外债的 15%左右。到 1983 年，政府援助性贷款占发展中国家外债比率降至 29%，而国际商业银行贷款所占外债比重却提高到 46%，以盈利为目的的商业性债务增加必然加重债务国的债务负担。此外，债务期限缩短，短期债务额增长速度超过长期债务额的增长速度导致的债务结构短期化加重了债务国偿债密度和压力；采用浮动利率的国际债务规模增加，利率波动的不确定性加大了债务国的债务风险和付息负担。

8.3.2 国际债务危机的成因与影响

20 世纪 80 年代以来，全球债务规模迅速扩大，因债务国偿债支付能力不足引发的国际债务危机频发。国际债务问题凸现不仅严重影响债权国与债务国的正常经济金融运行，还对世界经济发展和稳定全球金融秩序产生恶劣影响，成为当代国际金融急需解决的一大难点。

1. 国际债务危机的成因

从理论上说，外债仅是引发发展中国家债务危机的直接诱因，发展中国家借贷和使用外债的外部经济金融环境变化和内部管理因素存在的不足，才是引发债务危机的深层原因。

(1) 引起债务危机的外部原因。首先，是受世界经贸环境恶化的影响。20 世纪 80 年代初，发达国家为转嫁面临的经济萧条对外实施贸易保护政策，利用关税和非关税贸易壁垒，减少从发展中国家进口商品，使发展中国家外贸环境恶化，出口收入大幅下降，导致外债偿还支付能力不足。如非产油发展中国家 1980 年出口收入增长率为 23.8%，次年下降为 3.7%，1983 年为－5.2%。发达国家在 1980 年代初实行的非关税壁垒有 900 多种商品，而发展中国家 2/3 的商品向发达国家出口，贸易保护使发展中国家每年减少约 500 多亿美元的出口外汇收入。其次，20 世纪 70 年代的两次石油价格暴涨，使许多非产油发展中国家进口外汇支出骤增，出现总计约上千亿美元的恶性贸易逆差，急需借入大量外债弥补赤字。同时，石油输出国在欧洲货币市场积累了巨额"石油美元"剩余资金，急需寻找贷款出路，一些发展中国家便利用国际资本市场资金充裕而盲目借贷资金扩大投资，追求经济高速增长。由此，形成发展中国家沉重的外债负担。第三，20 世纪 80 年代早期，主要工业化国为反通货膨胀而采取紧缩性货币政策，带动国际金融市场利率上升，如 LIBOR 从 70 年代中期的 7%上升到 1981 年至 1982 年的 17%。由于大多数商业银行贷款根据 LIBOR 浮动，利率上升加重了 70 年代借贷浮动低利率贷款的发展中国家的利息负担。同时，1982 年全球爆发严重的经济衰退，主要工业国总需求下降，债务国的出口价格下跌，利率上升与出口价格下降双重因素使债务国的实际利率负担加重，外汇收入减少而出现偿债困难。第四，国际商业银行错误信贷政策的影响。许多国际商业银行认为发展中国家的借债主体是政府，而政府所代表的国家是不会破产的。受国家债务无风险信贷指导思想的影响，国际商业银行放弃风险控制措施而大量向发展中国家增加贷款，助长债务国的私人债务规模急剧扩大。而在国际债务危机风险增大后，国际商业银行又大幅度减少对发展中国家的融资，使发展中国家资金链断裂，助推债务危机的爆发。

(2) 引起债务危机的内部原因。首先，债务国经济发展战略失误致使债务规模过大。发展中国家的外债以外币计价，这就需要借贷资金能直接或间接地增加出口创汇形成偿债外汇支付能力。但 20 世纪 70 年代中期后，一些发展中国家高估本国的生产和出口创汇能力，盲目大量举债投资追求工业化和高增长速度，当外债资金未形成出口创汇能力时，外债偿还风险凸现。如墨西哥在出口增长高期望支配下，借贷外债投资规模庞大的基础设施建设；阿根廷实施进口替代工业化发展战略，借入大量外债发展国内工业，但最终都未形成可靠的出口创汇能力。其次，发展中国家缺乏严格审慎的外债政策和外债管理制度。一些债务国的外债审批把关不严致使多头借款，借债过度，债务规模失控，超出自身偿还能力；外债资金使用导向不清使外债用途不合理，大量投向消费性和军事设施项目，投向不切实际的长期大型建设项目，无法形成实质性的偿债能力；外债统计监测及管理制度不健全，财务混乱，缺乏全过程的外债监控和切实的偿还保障措施；外债使用管理不当，监管不力，使资金经营效率低下，资金收益率低于债务成本无法形成有效还债资金来源。第三，宏观调控政策不当导致国内资本外逃。许多重债国政府自 20 世纪 70 年后一直采取扩张性财政和货币政策，导致内部消费急剧膨胀，国内储蓄减少，本币贬值和汇率下跌。同时，国内利率低于国内通货膨胀率和国际金融市场利率，加之不适当的汇率和外汇管制政策促使本国资本外逃，加剧外汇储备枯竭和偿债难度。

2. 国际债务危机的负面影响

国际债务危机对债务国、债权国及世界经济和国际金融产生多方面的不利影响和严重后果，主要表现在：

(1) 国际债务危机对债务国经济社会的不利影响。债务危机使债务国的国际资信骤降，国际银行业和国外投资者为回避风险，在短时期内大量撤减债务危机国的信贷投资，其国内投资者出于对国内经济前景的悲观预期，也缩减投资规模，导致债务国经济增长因资金流失而迅速减缓或停滞，甚至大幅倒退；债务国对外偿债能力不足，必然危及本币信用，使本币对外急剧贬值，外汇汇率高涨，从而爆发公众抛售本币，抢购外汇的浪潮，使本国货币体系陷于瘫痪，严重影响国内金融秩序稳定和金融安全；经济衰退，市场萧条使得国内失业增加，居民收入下降，本币贬值致导致本国居民持有的财富价值大量缩水，混乱的经济金融环境下社会公众产生和累积大量不满情绪，从而演变为全面的社会动乱，加剧国内局势动荡，并牵连周边国家与地区经济金融环境的动荡，引起区域性金融危机。

(2) 国际债务危机对债权国经济社会的不利影响。债权国与债务国同处相互依存的国际金融体系之中，债务危机势必牵连影响债权国。债务危机将严重危及债权国银行或投资者的资金与经营安全，由于不能按期收回贷款本息甚至遭受大量资产损失而破产倒闭，并连锁引起国内外债务链断裂，影响货币流通和企业经营；由于发展中国家是发达国家出口商品的重要海外销售市场，债务国经济萧条，紧缩进口需求，必然大量缩减发达国家的出口收入，使国内失业率居高不下，影响国民收入和经济增长。1982～1988 年，美国与拉美国家的贸易至少因债务危机损失 500 亿美元；债务国本币汇率下跌波动会波及国际外汇市场进而影响债权国金融市场稳定，债务国经济社会局势急剧动荡，也会从心理上影响债权国投资者的信心和预期，从而影响债权国经济金融的稳定与持续发展。如美国最大的 9 家银行至 1982 年底共向拉美国家提供了 510 亿美元贷款，相当于其自有资本总额的 176%，债务危机使债权银行基本丧失融资功能而陷入流动性支付危机。

8.3.3　缓解国际债务危机的对策

寻求国际债务危机的缓解途径和措施，是 20 世纪 80 年代国际金融领域的重大事件。在对债务危机认识和缓解危机的经验不断积累基础上，债权国与债务国共同制定和采取了一系列试图解决危机的对策措施。

1. 国际债务危机早期的解决措施

1982 年国际债务危机爆发后，美国所代表的债权国与国家货币基金组织共同制定债务重新安排计划，一方面，要求债务国实行紧缩性财政与货币政策调整国内经济，消减投资规模，压缩进口和扩大出口，增加国际收支盈余。另一方面，债权国政府、商业银行和国际金融组织也重新制定债务偿还计划安排。具体包括：

(1) 重新安排债务计划。债务重新安排指债权债务双方通过协商修改原借贷合同，延长债务的偿还期限。其中，政府间官方债务的重新安排通过债务国政府与“官方债权者俱乐部”，即债权者集团，如巴黎俱乐部、伦敦俱乐部等之间的多边协商谈判确定；私人债务重组在债务国政府与大国际商业银行代表组成的银行咨询委员会之间谈判签约。国际货币基金组织提出的作为各方协商基础的“稳定计划”，以及对债务国的测评与谈判监督对债务重组起到了决定性的作用。重新安排债务计划一般给予债务国12个月无须还本付息的整理期，7～9年的债务偿还期和3～4年的宽限期，其虽然不能从根本上解决债务危机，却暂时缓解了债务国的债务偿还压力。

(2) 提供新贷款。债务危机初期，国际货币基金组织、国际商业银行与债权国政府协商实施“一揽子挽救方案”，以“借新还旧”方式偿还到期的本息。其中，国际货币基金组织给予墨西哥、阿根廷和巴西各38亿美元、22亿美元和60亿美元的紧急贷款，一定程度缓解了债务偿还的燃眉之急。

2. 20世纪80年代中期以后解决国际债务危机的对策

鉴于IMF“稳定计划”的实施对大多数债务国而言弊多利少，1980～1984年期间，阿根廷等15个重债国执行经济调整政策使GNP平均每年下降0.3%，人均消费水平平均每年下降1.8%，加剧了债务国内部的经济矛盾，一些债务国便开始抵制重新安排的债务计划。1985年，秘鲁宣布每年偿还债务本息不超过当年出口外汇收入的10%，仅相当于该国每年应付利息的1/5。此后，阿根廷、墨西哥和委内瑞拉也相继宣布实施类似措施。国际社会不得不开始寻求通过帮助债务国经济长期发展，以提高偿还能力的解决债务危机的新途径，先后提出若干解决方案。

(1) 贝克计划(Baker's Plan)，又称为菜单计划(Manu-plan)，是指1985年9月美国前财政部长詹姆斯·贝克在汉城召开的IMF和世界银行第40届年会上，所提出的“美国关于发展中国家持续增长的计划”。作为解决国际债务危机的新方案，贝克计划将债务危机看作是债务国的长期发展问题而不只是暂时的流动性困难，一方面要求债务国调整财政政策，并实行贸易自由化、国外直接投资自由化和国有企业私有化的结构性改革，通过降低通货膨胀率来平衡国际收支，通过促进经济增长来提高偿债能力。另一方面，在IMF主持下，由世界银行等国际金融机构在三年内向15个主要债务国新增90亿美元贷款，由IMF的信托基金提供27亿美元的专项贷款，由国际商业银行在三年内向上述15国增加200亿美元新贷款。增长计划意味着每年新增贷款提供的资金足以弥补债务国1/3的到期应付利息。

贝克计划实施中由于各贷款方心存疑虑，实际新增加的贷款额远少于计划额，无法从根本上解决债务困境。同时，计划未涉及发达国家取消贸易保护主义和降低利率两个加重债务国债务负担的重要因素，因而计划实施收效甚微。为此，贝克在1987年IMF与世界银行的联合年会上提出设立IMF特别基金，补偿债务国因出口商品价格下跌、外汇收入减少和利率上升导致的损失，并建议国际金融机构与国际商业银行协助债务国探索债务资本化途径。

债务资本化即债务与股权互换，指债权银行按照官方市场汇率将债务折换成债务国货币，购买债务国企业公司的股票或直接投资债务国企业获得股权，通过经营公司获取利润，逐步回收本息。债务资本化首先在巴西和阿根廷实施，以后逐步在债务国推行，至1988年，规模已大幅度增加到270亿美元。

(2) 债务换债券计划。1987年美国摩根保证信托银行提出债务换债券计划，获得美国与墨西哥政府的认可。债务换债务是债务国通过发行债券举借新债筹措资金后回购或直接冲抵旧债的方式。计划安排墨西哥政府以20亿美元现金购买美国财政部发行的20年到期后一次还本付息的特别无息债券，并将其存入纽约联邦储蓄银行，墨西哥以此债券做担保向债权银行发行为期 20 年的 100 亿美元新债券，债权银行按 50%的折扣，用旧债务向墨西哥政府购买新债券，实质是墨西哥政府以 100 亿美元新债券冲低债权国的 200 亿美元债务，以较少的现金换取较大的债务来缓解债务负担。由于计划中美国政府仅担保墨西哥政府新债券的本金，而未担保利息，债权银行也难以接受 50%的过高折扣比例，计划实施仅抵消了墨西哥总额 780 亿美元债务中的 11 亿美元，实际效果十分有限。

(3) 日本的"资金还流计划"。日本政府 1987 年公布"资金还流计划"提出由其向国际金融机构提供 130 亿美元、向地区性金融机构提供 39 亿美元贷款，通过日本输出入银行和海外协力基金会对外提供 120 亿美元双边政府贷款，向非洲等不发达国家提供 5 亿美元特别援助资金，扩大国际金融机构 3 年内在东京资本市场的发债限额至 100 亿美元，以及鼓励本国企业对发展中国家直接投资和对实行债务资本化的本国企业实行税收优惠等缓解债务危机的措施。次年，日本政府又提出倡议，由日本输出入银行将日本的一部分外汇储备"还流"给债务国，以促进债务国经济增长；由 IMF 设立专门账户管理债务国的外汇储备，以担保债务证券化后的债券信用；帮助尚未实施债务证券化的债务国进行债务重组。

(4) 布雷迪计划。1989 年 3 月，美国前财政部长布雷迪提出关于解决发展中国家债务的新创议。布雷迪承认已有的债务规模远超出债务国的偿债能力，但尽管提供新的贷款是必要的，但解决债务危机的根本出路在于发展债务国经济，而政策改革和调整经济结构是发展债务国经济的必要条件。同时，要在自愿和市场导向基础上，采取不同形式减免各债务国的债务。为此，布雷迪提出解决债务的一揽子计划，主要包括债务国应继续实施以促进经济增长为目标的改革调整，并采取措施促使外逃资本回流；国际基金组织与世界银行应通过债务回购、按一定折扣用旧债交换附有担保品的新债券和以旧债交换面值相同而利率更低的新债券等方式向债务国提供新贷款；债权银行要与债务国合作，在 3 年内中止原贷款协议中规定的限制减债条款，增加提供新贷款和在自愿基础上加速减免债务本息；债权国政府应在管制措施、会计和税收方面对债权银行减免债务国债务提供优惠。

此后，在国际金融组织主持下，债权国与债务国开始磋商各种减免债务的具体方案，供各方自愿选择采用。如墨西哥有 40%的债权银行选择将债务换为等额的 30 年期债券，并实行原利率减免约 1/3 后形成的固定利率方案；有 41%的债权银行接受以债务折扣换取债券，削减 35%债务本金的方案；有 10%的债权银行选择保留原有全部债权，在 4 年内每年提供原风险债权 25%新贷款的方案。各种方案实施后使墨西哥削减了 35%的债务额。

布雷迪计划的实施前后共减免了债务国约 32%的债务额，提高了债务国的信用和债权国的信心。随着债务国实行的经济结构改革与政策调整开始显现成效，国际金融市场利率逐步下降和对债务国贷款逐步增加，债务国的偿债环境大为改善，至 1992 年，历时十余年的国际债务危机基本平息。

8.4　我国的外债与外债管理

改革开放以来，我国利用外债取得了显著成效，积累了有益的经验。随着我国外债规模的扩大，在合理有效利用外债的同时，加强有效合理的外债管理已经成为国民经济管理的一项重要任务。

8.4.1 我国的外债

1. 我国外债的范围

按照国际货币基金组织、世界银行和联合国经济合作与发展组织联合发布的《外债定义、范围和统计方法》定义，结合我国的国情，我国于1987年8月发布的《外债统计监测暂行规定》明确规定，外债是指中国境内的机关、团体、企业（包括外商投资企业）、事业单位、金融机构或者其他机构对中国境外的国际金融组织、外国政府、金融机构、企业或者其他机构以外国货币承担的具有契约性偿还义务的全部债务。我国规定的外债仅指以外国货币表示的债务，不含实物债务及以人民币表示的债务。

我国政府认定的外债主要包括以下形式：国际货币基金组织、世界银行及所属机构、亚洲开发银行等全球性与区域性金融机构对我国的贷款；外国政府向我国政府提供的政府双边贷款；境外银行及其他金融机构对我国政府、企业等提供的现汇贷款；国际贸易中向我国公司提供的买方信贷或延期付款（我国进口商的应付货款）；我国企业和个人向境外企业和个人的借款，以及境外机构和个人在我国境内的存款；我国居民在境外资本市场发行的票面金额以外币表示的债券和在境内资本市场发行的，由境外非居民购买的外币债券；国外金融机构向我国居民提供的具有融资性质的国际租赁；补偿贸易中合同规定须直接以现汇偿还的对外债务；我国银行与外国银行之间的同业拆借；我国居民替境外非居民担保并由我国居民实际履行偿还义务的债务；在境外注册的驻外机构调入境内并需境内机构实际偿还的借款等。《规定》明确我国境内借款单位向中国境内注册的外资银行和中外合资银行借入的外汇资金视同外债，但上述两类银行向境外借入的外汇资金不视为外债。

2. 我国利用外债的基本状况

自20世纪70年代起，我国重新恢复借用外债，但债务规模有限，仅为少量的政府双边贷款。改革开放后，为充分利用外资加快国内经济建设步伐，我国外债规模逐步扩大，借用外债建设的项目已遍及全国各地，从总体看，我国利用外债呈现以下特点：

（1）对外债务总规模不断增长。自改革开放以来，我国外债呈现规模不断扩大，债务余额年均增速回落的基本态势（见表8-1）。1986年，我国累计外债余额为214.8亿美元，至1990年，累计外债余额增至525.45亿美元，4年中增长约1.5倍，年均增长37.4%。至1995年，外债余额增至1 065.9亿美元，较之1990年底增长约1.03倍，年均增长约20.6%。至2000年，外债余额为1 457.3亿美元，比1995年增长0.86倍，年均增长约17.2%。至2006年9月末，我国外债余额达到3 049.76亿美元，债务规模又增长1.09倍，年均增长约18.2%。

（2）短期外债规模持续扩大，占外债余额的比重上升。1986年，我国短期外债规模为47.7亿美元，占全部外债余额的比重达22.2%，1990年，短期外债余额增至67.7亿美元，年均增长约10.48%，占全部外债余额的比重达12.9%。1995年，短期外债余额达119.1亿美元，年均增长15.2%，占全部外债余额的比重达11.2%。至2000年，短期外债规模130.8亿美元，占全部外债余额的比重下降为9%。2005年末短期外债余额为1560.14亿美元，比2000年底大幅增加10.93倍，占全部外债余额的大幅上升至55.56%，表明我国短期外债余额规模在逐年扩大基础上，近年来又有跳跃性的大幅增长，同时，短期外债余额占全部外债余额的比重近年也快速反弹增长。

表 8-1　1986～2005 部分年份中国利用外债情况表

项目/年度		1986	1990	1995	2000	2001	2002	2003	2004	2005
外债余额(10 亿美元)		21.48	52.55	106.59	145.73	184.80	186.33	208.76	247.49	281.05
中长期外债额	余额(10 亿美元)	16.71	45.78	94.68	132.65	119.53	115.55	116.59	124.29	124.90
	比上年增长(%)	77.6	23.6	14.9	−2.9	_	3.33	0.89	6.60	0.49
	占总余额的比例(%)	77.8	87.1	88.8	91.0	64.68	62.02	55.85	50.20	44.44
短期外债余额	余额(10 亿美元)	4.77	6.77	11.91	13.08	65.27	70.78	92.17	123.21	156.14
	比上年增长(%)	−25.7	58.5	14.3	−13.8	—	8.44	30.22	33.68	26.73
	占总余额的比例(%)	22.2	12.9	11.2	9.0	35.32	37.98	44.15	49.80	55.56
	与外汇储备的比例(%)	230.2	61.0	16.2	7.9	30.76	24.71	22.86	20.20	19.07

资料来源：国家外汇管理局网站。

(3) 外债净流量规模稳定。近年来我国在新借外债额和还本付息额均保持较大规模的同时，年新借款额冲抵还本付息额的外债净流量平稳，流动规模有限。以 2004 年全年外债流量变化分析，当年我国登记新借外债2 059.73亿美元，较上年增加1 044.29亿美元，增长102.84%，当年偿还外债本金1 850.23亿美元，比上年增加 921.17 亿美元，增长 99.15%，付息52.17亿美元，与上年基本持平。2004 年尽管外债净流入量是 2003 年的 4.6 倍，但债务净流动规模仅为净流入 157.33 亿美元。

(4) 外债的债务人结构基本合理。从我国债务人构成看，外资银行外商投资企业是借债主体。自 2004 年，我国外资银行发生的外债余额为 313.61 亿美元，占我国全部外债余额的13.72%。外商投资企业发生的外债余额占债务总额的比重基本稳定在 20%左右。

(5) 外债管理严格，偿债安全度高。我国对外债实行从严统一管制的政策，并通过不断完善管理体制，改进管理措施来控制外债风险，加强外债使用和偿还过程的监督管理，确保外债的偿还安全。由于我国经济增长强劲，外汇储备不断增长，国际清偿力充足，使我国的外债偿还十分安全。1986 年我国外汇储备额与外债余额之间的外债储备率指标为 43.44%，未到50%的安全线，但 1990 年上升至 163.85%，1995 年升至 617.95%，2000 年升至1 265.85%，2005 年为 524.87%，在我国外债规模不断扩大的同时，外债储备比大幅提高，远高于安全线的要求。

应当看到，我国利用外债还存在有待改进的不足。首先，在借债的先后顺序、时间、方式、币种及还本付息等环节缺乏兼顾各方的总体规划，导致我国对外债务中商业借款增长过快，还款期限过于集中，不利于后期的平衡清偿。其次，外债使用投向结构和币种结构不尽合理，用于农业和教育卫生方面的项目过少，占总额不到 10%；技术引进中存在利用外债购买国外设备和生产线的重复引进。最后，部分使用外债建设的项目国内配套资金不落实，项目不能按期投产，或缺乏可靠的可行性论证，投产后市场需求未达预期销量，经济效益欠佳，偿债能力不足，形成偿债压力。因而，加强提高外债的监管水平，控制外债风险是我国利用外债工作的一项长期任务。

8.4.2　我国的外债管理

改革开放以来，我国不仅利用外债弥补了国内建设资金的不足，加快了能源、交通、通信等国家重点项目建设,促进了国民经济持续增长,而且通过引进先进技术设备和管理经营,提高了我国技术和管理水平,积累了外债管理的丰富经验,形成了外债管理的有效制度和管理体系。

1. 我国外债管理的目标

我国外债管理的总体目标是要在保持合理的债务规模和债务结构前提下,降低筹资成本,积极高效地利用外债资金,提高利用外债的经济效益;有效地防范和控制外债风险,确保国家对外债务的信用和偿债安全,保证利用外债的可持续性。

2. 我国外债管理的原则

我国外债管理遵循以下原则:

(1) 严格控制外债规模。我国控制外债规模不仅考虑与国民经济发展对资金的需求相适应,更要使借债规模与国内资金配套能力、偿债能力相吻合,严禁各地各部门各自为政,盲目对外举债的短期行为,严格依照各项外债控制的安全底线指标控制外债规模。

(2) 保持合理外债结构。我国外债的利率结构应争取优惠利率占尽可能高的比重,以降低筹资成本,并依据利率变动趋势合理安排固定与浮动利率之间的比重,以减少利率风险;应随世界主要储备货币汇率变动的趋势,选择有利的外债计价货币,防范可能的汇率风险,形成合理的外债币种结构;外债的期限结构应以中长期债务为主,将短期债务控制在25%以下,并使短期债务的增速低于中长期债务的增速,形成债务偿还均匀分布的期限安排,以防止集中还债的压力和风险;应选择借债条件有利的筹资市场和债权机构,合理安排借债形式,以降低债务成本和分散债权。

(3) 确保外债使用效益。确保外债高效合理使用是外债管理的关键,只要外债的使用合理高效,产生良好的经济效益,就能形成外债借、用、还的良性循环,确保外债按期偿还。因此,我国的外债资金应重点投向实体经济的生产流通领域,重点投向出口创汇、进口替代和引进先进技术的企业,投向基础产业、国民经济急需发展的项目,在促进我国经济增长的同时,创造良好经济效益和创汇能力,形成可靠稳定的还债资金来源。

(4) 确保外债安全偿还。我国实行外债偿还责任制,不论是采取由国家统借统还、国家统借地方和部门自还,或是地方和部门自借自还的偿还方式,都要贯彻"谁借债,谁偿还"的借取与偿还挂钩原则,以偿还责任制约借贷行为,确保偿还责任落到实处。

3. 我国的外债管理制度

我国现行外债管理在统一规划、归口管理、统一对外窗口和债务登记的外债管理政策指导下,形成计划管理、归口管理、统一进出窗口管理和债务登记管理的一体化管理体制。

(1) 外债规划管理。我国地方与部门借取使用外债必须符合国家外债管理政策,必须纳入全国的中长期外债规划和短期计划,进行统筹安排,综合平衡,凡未纳入计划的项目在对外收支结算、外汇汇兑、国内配套资金贷款、所需土地和物资供应方面均不予审批供应。

(2) 外债归口管理。外债归口管理是在国务院统一领导下,按各政府主管部门的管理职能分别对口监督管理我国筹借、使用和偿还外债的各个环节。目前由中国人民银行统一负责全国的外债收支结算的监督管理,审批国际货币基金组织、亚洲开发银行贷款和对外借用国际商业银行贷款,以及对外发行债券;国家外汇管理局负责全国外债的外汇汇兑以及外债的统计监测,审批对外借用国际商业贷款;财政部负责全国外债借、用、还各环节的财务会计核算监管,审批世界银行贷款;商业部和海关总署负责全国借用外债的进出口货物监管,商业部负责审批外国政府贷款；农业部负责农业发展基金组织贷款；国家审计署负责全国外债的审计监督；国家税务局负责实施全国外债的税收管理和监督；中国银行负责负责审查监管各国提供的出口信贷和日本输出入银行的能源贷款等。

（3）外债进出管理。为确保实施严格统一的外债管理，我国对商业性外债资金的收支结算通道采取集中管理，将借用国际商业贷款和对外发行外币债券业务操作集中于中国银行、中国国际信托投资公司、交通银行、中国投资银行、广东国际信托投资公司、福建国际信托投资公司、海南国际信托投资公司、上海国际信托投资公司、天津国际信托投资公司、大连国际信托投资公司等。除上述十大银行公司外，任何金融机构不得直接承办借入境外商业贷款和对外发行债券的业务。

（4）外债登记管理。我国外债管理制度规定，所有借取外债的债务人必须在当地外汇管理机构办理债务登记，以保证国家对外债的监控。外债登记管理形式分为定期登记和逐笔登记。定期登记是借用国际金融组织和外国政府贷款的借款单位以及借用外债的金融机构，在第一笔外债签约后的 15 天内，到所在地外汇管理局办理外债登记手续，领取“外债登记证”并按月将新发生的外债签约、提款、偿还情况登入“外债签约情况表”和“外债变动反馈表”报送外汇管理局。逐笔登记是除定期登记对象以外的非金融机构外债借款单位，在每笔借款合同签订后的 15 天内，到所在地外汇管理局逐笔登记所借外债并领取外债登记证。

本章重要名词概念

国际资本流动　短期资本流动　贸易资本流动　银行资本流动　资本保值流动　投机性资本流动　国际直接投资　国际证券投资　国际贷款　国际资本流动控制　国际项目融资　BOT 融资　国际租赁　离岸租赁　金融租赁　经营租赁　外债　债务余额　负债率　偿债率　债务率　国际债务危机　债务重新安排计划　贝克计划　布雷迪计划　债务资本化　债务换债券计划

本章复习思考题

1. 20 世纪后期以来国际资本流动呈现哪些新的变化？
2. 20 世纪后期以来国际资本流动快速发展的原因是什么？
3. 国际资本流动如何分类？
4. 国际资本流动有何利弊？
5. 国际短期资本流动有何特点？
6. 国际直接投资具有哪些特征和具体形式？
7. 国际证券投资与国际直接投资有何区别？
8. 国际贷款有哪些具体形式？各种贷款形式有何特点？
9. 管制国际资本流动有何不同的观点？
10. 国际资本流动管制可采用哪些基本措施与方法？
11. 国际项目融资与传统国际贷款相比有何特征？其有何积极影响？
12. 国际项目融资主要有哪些潜在风险？
13. BOT 融资经营方式有哪些特征？
14. 国际租赁有哪些作用和主要形式？

15. 国际融资租赁和国际经营租赁各有哪些特点？
16. 如何判断一国外债规模的安全性和债务风险？
17. 国际债务危机有哪些具体表现形式？
18. 为何会发生债务危机？国际债务危机有何负面影响？
19. 国际社会为解决国际债务危机所提解决方案的内容是什么？
20. 我国规定的外债范围和外债形式是什么？

本章案例

阿根廷债务危机

一、阿根廷债务危机的发生背景

阿根廷是地处南美洲的中等发达国家，土地肥沃，资源丰富，国民教育程度和人口素质居南美洲各国前列。早在19世纪末期，阿根廷因对外大量出口粮食和牛肉而被誉为“世界粮仓和肉库”，并以经济快速增长和经济实力强闻名于世。至20世纪50年代，阿根廷国民富裕程度与意大利、奥地利等一些西欧国家大体相等，领先于日本。此后，阿根廷在世界经济竞争中逐渐落伍，1998年其人均GDP为8 030美元，不足同期美国人均GDP 29 240美元的三分之一。

从1983年开始，阿根廷针对军人政权进行“还政于民”的民主化改革进程，并选出首位民选总统。尽管解除了军人统治，建立了社会民主体制，但在此后的一段时期中军方试图复辟，多次发动未遂政变，导致政局动荡，社会秩序混乱，人心不稳。结束军人专制统治后的首位民选总统阿方辛在恢复公民政治权利和社会民主秩序的同时，开始阿根廷经济改革的艰难历程。但在此后近20年时间里，阿根廷经济发展依然举步维艰，存在诸多长期无法化解的难题，主要表现在：首先是经济增长乏力，国民经济长期维持不稳定的低速增长甚至负增长，失业率居高不下，产品质次价高，缺乏对外出口的国际竞争力，企业活力和创汇能力不足，技术落后，不少企业长期亏损，经济效益普遍低下，削弱了政府平衡国际收支的基本调控力。其次，国内经济政策鼓励公众高消费和低储蓄，使得内需过旺，通货膨胀严重。1998年阿根廷国内储蓄率为17%，低于拉美地区19%的平均水平，也远低于韩国34%的储蓄率，但当年其人均国民消费7 818美元，高于韩国同期6 695美元的水平。高消费低储蓄既制约国内投资增加供给，又扩张消费需求，其形成的供给缺口只能依赖进口和对外负债，导致国际收支赤字持续增加。同时，社会保障福利水平超前，公共部门开支庞大形成阿根廷经济的巨大负担。再之前的十年中，阿根廷公共部门开支增加了一倍，财政赤字增加了六倍。政府便以财政性货币发行弥补财政赤字，超量印发通货使社会信用规模急剧膨胀，引发严重通货膨胀，最高时竟达5 000%的天文数字，导致金融秩序混乱，预期恶化，国内资本外逃，国外资本望而却步，资本与金融项目差额扩大。第三，政府外债高筑，缺乏必要的还债能力。在经历了80年代恶性通货膨胀和经济衰退以后，阿根廷政府采用货币局制度改革外汇体制，实行阿根廷比索与美元以1∶1比例挂钩的固定汇率，中央银行必须储备1美元准备金才能发行1比索，并无条件地按固定汇率向公众开放比索兑换美元，以保持公众对本币的信心。虽然货币局制对抑制通货膨胀、促进经济增长起到了一定的积极作用，但货币局制度也带来两大灾难性后果：一是与美元挂钩的盯住汇率制度下，阿根廷货币供给规模取决于本国的美元储备规模，而美元储备来源取决于本国出口收汇和外资流入量，一旦上述两因素发生波动，国内货币供给必然随之相应波动，进而引发经济金融的动荡。但政府无法有效掌控出口创汇和国外资本输入规模，由此，本国货币当局基本丧失了相机抉择调控本币供应量的自主权和主动权。二是本币"美元化"下政府无法再以增发通货弥补财政赤字,便转向国外金融市场发行债券筹资用于弥补非生产性的公共赤字,导致政府所欠外债由1991年的613亿美元,增至2000年的1470亿美元,公共债务余额占本国当年出口创汇的比重高达5倍,创汇来源与债务规模的巨大反差,使债务风险陡增,国际信用急剧下跌。

二、阿根廷债务危机的基本过程

阿根廷面临的债务危机早已露出端倪。从1998年起,阿根廷经济已连续三年衰退,尽管德拉鲁阿政府1999年上台后为重振经济做了各种努力和尝试,但仍无法遏制经济衰退势头。到2001年不断恶化的经济形势逐步引起金融市场动荡,由此拉开了长达两年严重的债务危机。归纳起来,阿根廷债务危机过程大致可划分为四个阶段:

危机第一阶段。2001年3月,阿根廷面临偿债小高峰,虽然新上任的经济部长卡瓦诺在采取削减政府开支、压缩财政赤字、与国外债权人谈判债务重组等一系列措施后勉强度过了债务风波,但国际债权人对阿根廷经济发展的预期和偿债能力继续趋于恶化。同年7月,阿根廷首都布宜诺斯艾利斯外汇兑换所汇率出现三次大幅波动,至7月12日比索已累计贬值5%。面对险恶的经济金融环境,政府不得已在7月11日推出"零财政赤字计划",准备实行大幅度紧缩公共开支,削减工资和养老金,增加税收和压缩地方政府财政支出等措施。由于计划影响有关方的利益,立即遭致反对党、工会和企业家组织的强烈反对,金融市场随即发生更大规模的动荡,仅7月份阿根廷股票市场主要股票指数累计跌幅就高达20%,到8月中旬危机到了一触即发的地步。8月21日,经过艰苦谈判,阿根廷终于获得IMF80亿美元的紧急追加贷款,作为交换条件,阿根廷承诺严格执行"零财政赤字计划"。新贷款资金到位使一度危急的阿根廷金融市场暂时得到稳定。

危机第二阶段。11月1日德拉鲁阿总统宣布,阿根廷政府将实施重新谈判偿还外债、增加税收、发行新债券等一揽子经济调整的计划,以克服债务危机,但新政策又引发金融市场的疑虑和信任危机。10月底,当政府计划与债权银行再启谈判,重新安排高达1280亿美元的消息传出后,金融市场再度恐慌引发动荡。政府发行的债券价格一路下跌,资本纷纷外逃,仅11月30日就流失7亿美元,货币市场利率急剧飙升,以至银行隔夜拆借利率竟高达250%~300%,股票指数大幅下挫,国家风险指数突破4000点大关。阿根廷政府只得继续向IMF请求13亿美元的紧急贷款援助。12月5日,IMF正式回复拒绝给予资金援助,使危机到了最后爆发的关头。

危机第三阶段。为应对严重局面,政府当局于12月3日颁布外汇管制法令,规定从当日起每个成年人每月累计带离出境的外汇现钞不得超出1000美元,支付对外贸易货款或境外消费费用的外汇不得以外汇现钞结算。法令还规定不论是个人或机构储户,每周提取的存款额不得超出250比索或等额美元,储户所需资金超过上限数额的,可以银行支票或信用卡支付。同时,为吸引存款,法令规定比索存款实行"美元化",即比索定期存款可按1∶1的比价自动转换为美元存款,并以美元计付存款利息。由于紧缩经济措施和外汇管制未获得公众理解,社会矛盾开始激化,从12月12日起,金融危机逐渐演变为社会政治经济的全面危机,阿根廷街头连续爆发大规模抗议游行活动并不断升级。12月18日,反对经济紧缩的游行演变成街区暴乱,导致28人丧生。12月20日德拉鲁阿总统和经济部长卡瓦诺宣布引咎辞职。在此后的11天里,阿根廷走马灯似地更换了4位总统,出现历史上罕见的由金融债务危机引发的严重的社会危机。

危机第四阶段。杜阿尔德总统于2002年元旦任职后，除坚持停止偿还外债的政策外，宣布废除货币局制度，自2月3日起实行浮动汇率制度，比索贬值29%，由1.4比索兑换1美元。此外，还采取压缩政府开支，削减公务员13%的工资，减少社会保障体系拨款；对出口企业增税，完善税收征管，减少税款流失；严格管制现金和存款等措施，此后，各种实施的政策效应开始逐步释放，金融市场和社会秩序渐趋稳定。

第9章 国际货币体系与国际金融组织

本章学习目标

理解国际货币体系含义；了解国际货币体系的演变过程及布雷顿森林体系和牙买加货币体系的内容及影响；理解现行国际货币体系存在的问题以及改革方案；了解国际金融组织的主要构成及各自的职能。

国际货币体系是国际金融活动的制度基础，其既是国际金融业发展的历史产物，又对国际金融发展产生重要影响。在世界经济、贸易和金融全球一体化，以及国际金融深化的背景下，现有国际货币体系内在矛盾日益暴露和尖锐，难以适应世界经贸发展的需要，已成为影响国际金融稳定和发展的制度性障碍，迫切需要世界各国共同努力，探索寻求稳妥有效可行的改革途径。

9.1 国际货币体系

国际货币体系经历了长期演变过程，先后形成了多种货币制度形态。了解国际货币体系的历史沿革，总结各种国际货币制度形态的利弊，对推动国际货币体系的制度改革和创新有重要现实意义。

9.1.1 国际货币体系概述

1. 国际货币体系概念

国际货币体系(International monetary system)又称国际货币制度，是指处理各国对外货币金融关系的规定、制度和组织机构等的总称，或者说，是各国政府为发展对外经贸与金融，规范国际收支结算秩序，维护国际金融稳定而协商确定的规范各国货币关系的各种业务标准、国际协议、国际惯例、规定制度、组织机构和协调机制的统称。国际货币体系是与各国货币流通、汇兑、收支，储备和管理相关的制度与组织要素的整合体，其既包括有法律约束力的规范国际货币关系的规章制度，也包括约定俗成的具有传统约束力的习惯做法，还包括协调监督国际货币关系的国际金融机构等。

国际货币体系的形成与演变有两大途径。早期的国际货币体系是在各国国内货币体系基础上，通过推行各国共同遵守的约定俗成的惯例而自发渐进形成的，主要表现为早期的国际金本位货币制度。随着世界经贸规模扩大，国际货币关系日趋复杂，单纯依靠自发形成的国际惯例体系难以维系国际货币秩序。第二次世界大战后各国政府通过协商合作，签订建立国际货币新体系的国际协议，将具有传统约束力的国际惯例和具有法律强制力的国际协议结合，在国际金融组织协调下塑造了国际货币领域的新体系。

现行国际货币体系主要包括以下方面的制度规定和组织机构：

(1) 国际储备资产管理制度。国际储备资产管理制度是各国政府建立和管理本国国际储备的基本规范，主要包括国际储备适度规模的国际评价准则；国际储备资产工具范围及其使用管理规则，如特别提款权的使用管理制度；国际储备的资产形态构成和流动性结构的国际规范，如欧盟要求成员国的黄金储备应占本国全部国际储备资产的15%；国际储备货币发行约束制度；各国之间国际储备资产的融通与管理协作机制等。

(2) 外汇与汇率制度。外汇与汇率制度主要包括选择全球汇率制度的基本类型；规范汇率决定与调整的模式；确定不同货币之间比价的标准；外汇汇兑支付管理的基本规范；本币汇率的调节方式；维护国际市场汇率秩序稳定的跨国协商协调机制等。

(3) 国际收支的清算与调节制度。国际收支的调节制度涉及弥补国际收支逆差的资金融通制度；国际收支差额的调节方式规定；国际债权债务清算制度；国际支付结算标准和支付工具的管理规定；国际收支分类标准与统计监督规定等。

(4) 国际金融事务的协调监督机构。国际性金融组织与机构包括国际货币基金组织；世界银行及其下属机构；国际清算银行，以及各大洲区域性金融机构与货币同盟等。

2. 国际货币体系的作用

国际货币体系的根本作用在于维护国际金融稳定运行，促进世界经济贸易的持续发展。具体说，国际货币体系作用体现在：

(1) 通过制定和实施国际清算制度和国际储备货币规则，规定国际储备货币的运作与管理方式，及其与各国货币的兑换结算关系，规定各国货币之间的结算规范与清算纪律，为世界经济贸易发展提供充足的国际支付手段和储备货币，为各国开展对外经济交流和贸易往来营造必要的货币清算和货币流通秩序。

(2) 通过制定和实施国际汇率制度和国际货币流通管理规定，规范各国汇率决定与汇率调整的基本范式，形成全球外汇汇兑支付管理的基本规范和稳定国际市场汇率的跨国协商协调机制，来防范和化解国际性或区域性的金融危机，为世界经济和国际金融发展提供安全的经营环境和市场秩序。

(3) 通过制定和实施国际收支调节制度和国际储备制度，规范各国国际储备资产及其使用管理，形成弥补国际收支差额的资金融通途径，规定各国国际收支差额的基本调节方式和国际债权债务清算方式，以及国际收支管理标准与统计监督规定，为各国防范和化解对外支付危机，保持国民经济内外均衡的可持续发展和世界经济的协调发展提供保障。

(4) 通过建立和实施国际货币金融事务的全球磋商机制和协调监督机制，建立职责分工的国际金融组织，形成各国进行金融合作的组织载体和行动机制，形成利用世界各国共同遵守的基本行为准则处理国际金融矛盾的国际平台，形成借助国际社会的共同力量在必要时向成员国提供援助的救助和促进发展的功能，为各国通过合作应对全球经济金融挑战服务。

9.1.2 早期国际货币体系

国际货币制度是历史的产物，世界经济、贸易和金融的不同历史发展阶段，催生了国际货币体系的不同形态。纵贯国际货币体系的历史演变，已先后经历了国际金本位制、布雷顿森林国际货币体系和牙买加国际货币体系。早期国际货币体系即国际金本位制。

1. 国际金本位制

国际金本位制是以黄金铸币或其替代币作为各国法定本位币的货币制度，也是人类历史上首次出现的规范的国际货币体系。国际金本位制是在金银复本位制的基础上形成发展的。

在金银复本位货币制度下，各国通过立法允许金银币的自由铸造、自由流通和输出入，并可按官定汇价兑换。由于各国不断波动的黄金与白银之间的市场比价与固定的金银币官定价格经常存在可供套利的价差，投机者利用金银币的自由流通和金银自由输出入条件实施跨国套利，引起国际间金银币大量的跨国流动，导致许多国家货币供求失控。为此，英国率先于 1819 年和 1844 年先后通过金融法规，控制黄金输出入，规定货币的金平价，实行单一的金本位制。19 世纪 70 年代德国和美国先后宣布实施金本位货币制度。1880～1990 年，欧美主要国家大多已实行金本位制，从而确立了金本位制的国际货币体系地位。

国际金本位制先后实施了金币本位制、金块本位制和金汇兑本位制的具体形式。

国际金本位制作为国际货币制度的基本特点是：

(1) 各国货币以黄金为价值实体，黄金执行货币的全部职能，金币可自由铸造，自由流通，金币的价值与其的黄金含量价值保持一致，作为金币替代品的各种价值符号可代表一定数量的黄金或金币的价值流通和自由兑换。

(2) 各国货币以黄金形成的金平价为基础保持固定比价关系，即各国货币之间形成以铸币平价为中心的国际货币汇率体系，各国货币的汇率在黄金输送点上下限区间内波动。

(3) 各国实行自由多边的国际结算制度，黄金可自由输出入在各国之间自由转移，政府不对国际收支结算进行直接管制。

(4) 黄金具有直接对外支付的世界货币功能，是各国主要的对外支付工具和国际储备资产。

(5) 金本位国际货币制度是在市场机制自发作用下逐渐形成的，同样，金本位制也具备自动调节国际收支的内在机制，其运行依赖市场的自发调节，无需政府货币当局或国际金融机构的管制。

在国际金本位制下，金币的价值与其所含的黄金价值相等，铸币平价或足额的黄金保证可以有效地抑制货币超额发行，保持币值和货币体系的稳定，避免通货膨胀。铸币平价为各国货币确定相互比价提供了客观标准，并通过黄金输送点维持汇率的波动范围来维护汇率稳定，减少国际贸易和资本流动的汇率风险。此外，国际金本位制依靠市场机制调节国际收支，也能避免因政府过度干预汇率和管制外汇所引发的国际矛盾。

1880～1913 年期间是国际金本位制的黄金时代，前后仅维持了 30 多年，主要是由于制度本身的固有缺陷无法适应世界经济发展的要求所导致的。首先，金本位制下世界经济迅速发展使商品生产交换对货币需求量日增，但黄金生产增长缓慢，黄金供给与需求的矛盾尖锐，各国便超量发行纸币，导致纸币流通量大幅度增加，为金币和黄金最终退出流通领域奠定了物质基础。其次，金本位制下的国际收支市场调节机制无力纠正各国结构性国际收支不平衡矛盾。由于黄金可自由输出入和自由兑换，导致贸易盈余国大量囤积黄金，赤字国因黄金短缺而对外支付能力不足，一些国家为克服国际收支的支付危机不得不限制黄金自由输出入和货币自由兑换，瓦解了金本位制的国际支付清算基础。第三，国际金本位制下的黄金清算交割、保管、运输等流通成本高昂，需要花费大量的财力和人力资源。第四，国际政治和军事冲突成为国际金本位制瓦解的催化剂。1914 年第一次世界大战爆发，各参战国为备战大量发行纸币筹措军费，并停止纸币兑换黄金和禁止黄金输出，国际金本位制的黄金时期宣告结束。战争结束后，1922 年世界各国共同召开热那亚“世界经济与金融”国际会议，讨论重建国际货币体系，决定实行节约黄金的原则，除美国继续实行金币本位制外，英法等国实行金块本位制，其他国家实行金汇兑本位制。

2. 国际金币本位制

金币本位制指以金币作为本位币流通的货币制度，是国际金本位货币制度的典型形式，前后历时长达100多年。在金币本位制下，政府通过法律规定具有一定含金量的金币作为本位货币；允许银行券流通，但仅作为黄金的符号，保持按固定比价与黄金兑换；金币充当国际货币，具有无限法偿能力；金币可自由铸造，自行熔毁，可以自由输出入国境，银行券和纸币等价值替代品可自由兑换黄金。

国际金币本位制是比较稳定的货币制度，对世界经济、国际贸易和国际资本流动的发展起到了积极作用。在金本位制下，通过自由铸造与熔毁金币能保持金币价值与黄金含量的一致，使金币数量可自发地与流通中的货币需求量平衡；借助金币自由兑换，使各种银行券稳定地代表一定数量的金币流通，可维持流通币值稳定；通过黄金自由进出口执行货币支付手段的职能，保持各国货币汇率的基本稳定；通过"价格—铸币流动平衡机制"，能自动调节平衡各国的国际收支差额。

第一次世界大战后，各种因素导致金币本位制解体，金本位国际货币体系的形式逐渐转向金块本位制与金汇兑本位制。

3. 金块本位制

金块本位制是以黄金作为货币发行准备，以发行流通银行券等价值符号作为流通支付手段的货币制度，即是不实际发行和流通金币，流通中的银行券等纸币价值符号可按规定比例与金块兑换的货币制度。在金块本位制度下，金币仍然作为本位货币，但国内不流通金币，仅发行银行券作为流通中的货币符号代替金币流通；政府法定黄金官价，不允许自由铸造金币；当公众对外国际支付或工业生产需要黄金时，可按法定比例以银行券向中央银行兑换金块，但只有兑换量达到规定额度才能实际兑换金块。例如英国1925年实行金块本位制时规定，银行券一次兑换金块的最低数量为400盎司黄金；法国1928年规定，兑换黄金的最低金额为215 000法郎。由于大多数人对高限额望尘莫及，仅有少数富人拥有大量的货币符号才可能兑换金块，所以金块本位制又被称为"富人本位"货币制度。

金块本位制是不完全的金本位制度。在金块本位制下，禁止公众自由铸造和熔毁金币，实际流通的是规定金平价的信用纸币，并对银行券等纸币兑换金块限定数额，就在一定程度上割裂了保持信用纸币与金块之间金平价的平衡机制，也就难以保证纸币自身的币值稳定和纸币发行量与流通中的货币需求量的平衡；由于限制黄金输出入并由官方储备金块，削弱了通过黄金自由进出口执行货币支付手段的职能，抑制了"价格—铸币流动平衡机制"自动调节平衡国际收支差额的功能。

4. 金汇兑本位制

金汇兑本位制又称为虚金本位制，是指以发行规定金平价的银行券作为流通的本位货币，银行券在国内不能兑换黄金或金币，可通过购买外汇在国外兑换黄金的货币制度。金汇兑本位制属于不完全的金本位制，或者说，属于混合本位的货币制度。其基本特征表现在：

(1) 在金汇兑本位货币制度下，虽然规定金币仍为本位货币，并规定银行券的含金量，但在国内不准铸造也不流通金币，而仅流通国家统一发行的银行券。黄金仅充当对外国际支付的最后手段，以维持汇率稳定。

(2) 银行券不能兑换黄金，但可换取外汇，并允许以外汇间接兑换本国中央银行存放于其他实行金本位制国家的黄金。

(3) 本国货币依附于和本国经济联系密切的实行金本位制国家的货币，规定本国货币与该国货币的法定比率，通过固定汇率兑换外汇以稳定币值和汇率，并由政府利用外汇平准基金干预外汇市场维持汇价稳定。

(4) 金汇兑本位制实质是一种附庸货币制度，通过将本国货币依附于经济实力雄厚的外国货币，使本币处于附属地位来提高本币国际信誉，避免可能的信用危机和货币冲击。

国际金汇兑本位制是具有过渡性质的国际货币体系，自身存在固有缺陷。在国际金汇兑本位制下，由于禁止国内流通金币，各国已无法通过纸币与黄金的自由兑换自发保持货币流通的供需平衡，而需要依赖各国政府维持固定汇率稳定，由此，既增加了货币当局的调控压力，又增加了人为扭曲市场机制的风险。其次，国际金汇兑本位制下黄金仅在紧要关头作为最后储备资产对外支付，使“价格—铸币流动平衡机制”自动调节平衡国际收支差额的功能严重削弱，国际收支顺差国可以采取冲销性政策抵消顺差对货币供应量和物价的影响，而非储备货币国家出现逆差时则缺乏有效的国际收支调节手段。第三，尽管国际金汇兑本位制是既以黄金为基础维持固定汇率，又节约流通占用黄金的货币制度，在1915～1922年期间，世界黄金产量下降三分之一，黄金供给量不足，以及各国拥有黄金数量不均，黄金高度集中于美、英、法等采用金本位制的国家的情况下，采取金汇兑本位制起到了一定的积极作用，但金汇兑本位制仍然未从根本上解决黄金供不应求的基本矛盾。最后，国际金汇兑本位制下，金汇兑本位货币制度的正常运行，以英镑、美元、法郎等少数储备货币国的经济发展、国际收支平衡和汇率稳定为条件，但身处经济周期的储备货币国无法保证本国经济金融的持续稳定，因而，势必影响国际经济与金融长期稳定发展。

5. 国际金本位制的崩溃

在20世纪30年代全球性经济大危机的冲击下，已十分脆弱的国际金本位制逐步走向全面崩溃，向不兑现的纸制本位货币制过渡。

1929年10月，美国股市的股价暴跌，拉开了空前严重的世界性经济危机的序幕。在经济危机冲击下，阿根廷、澳大利亚、乌拉圭等十多国首先宣布放弃金本位制。危机随后波及欧洲，德国首先于1931年7月宣布实行外汇管制，放弃金本位制。各国随即怀疑英美能否确保其货币兑换黄金的能力，开始大量兑现黄金，英美两国难以应对挤兑黄金的国际风潮，被迫停止英镑、美元兑换黄金，并于1931年和1933年先后放弃金本位制。此后，法国、比利时、荷兰、瑞士、意大利和波兰一度组成“黄金集团”，试图在现行平价下继续实行金本位，但到1935年就陷于瓦解。至此，国际金本位货币制度彻底崩溃。

国际金汇兑本位制崩溃后，国际货币秩序处于无序和混乱状态，各国货币纷纷采取竞争性贬值措施以刺激出口，抑制进口，并广泛实施外汇管制、双边支付和“货币区”政策。对此，英国于1931年组成英镑集团，并使之在1939年转化为具有法律约束力的英镑区，由英国和英联邦国家以及与英国有密切经济联系的一些国家组成。在英镑区内各成员国货币汇率盯住英镑并保持固定比价，成员国货币可相互自由兑换；允许资本在区内自由流动，成员国货币要兑换区外国家货币必须经过英国外汇管理机关批准；区内国际结算一律使用英镑；成员国将黄金外汇集中保存在英国作为共同储备。

此后，美国和法国也先后组建与英镑区相似的美元区和法郎区，分别以美元和法郎为区内核心货币，美元区以拉美国家成员为主，法郎区以法属殖民地国家成员为主，货币集团内部货币开放，对外则实行统一管制。

货币区在集团内部实现了固定汇率和多边结算，但是各货币区之间的经济往来壁垒重重，人为操纵汇率和货币关系形成了不公平的贸易环境，严重影响国际货币金融的稳定，破坏了国际经贸的发展。对此，英、美、法三国曾于1936年达成三国货币协定，试图通过三国外汇稳定基金的协同干预来稳定国际外汇市场的汇率秩序，但效果有限。国际货币分离的体系和混乱的秩序一直延续至第二次世界大战结束。

9.1.3　布雷顿森林国际货币体系

1942～1943年，为创立战后世界经济和国际贸易复兴发展有序的国际货币环境，美英等国经济金融专家开始着手拟定重建战后国际货币新体系的方案，酝酿新的国际货币制度。

1. 布雷顿森林国际货币体系的建立

以美元为中心的布雷顿森林国际货币体系是战后美英两国在国际金融领域争夺主导权的产物。第二次世界大战以后，世界政治、经济格局发生重大变化。英国尽管遭受巨大的战争创伤，但仍具相当经济实力，英镑仍是最主要的国际储备货币，约40%的国际贸易仍以英镑结算，英国竭力通过维持其国际地位来保护自身的势力范围。同时，美国已取代英国成为世界经济新霸主，成为全球最大的债权国和经济实力最雄厚的国家，迫切需要建立以美元为中心的国际货币新体系攫取最大的国家利益。

1943年4月7日，英美两国分别在伦敦和华盛顿公布英国财政部顾问凯恩斯拟订的“国际清算同盟计划”(Proposals for the international clearing union)，简称凯恩斯计划(Keynes Plan)以及美国财政部长助理怀特拟订的“联合国平准基金计划”(Proposals for the united and associated nations stabilization fund)，简称怀特计划(White Plan)。此后，两国政府围绕计划进行双边谈判达成协议，又经30多个国家的共同商讨，于1944年4月发布基本反映怀特计划的《关于设立国际货币基金的专家共同声明》(Joint statement by expert on establishment of an international monetary fund)。同年5月，美国邀请参加筹建联合国的44国政府代表团在美国新罕布什尔州布雷顿森林举行“联合国货币金融会议”，又称“布雷顿森林会议”(Bretton Woods Conference)，讨论重建国际货币体系的问题。会议经激烈讨论，于同年7月通过以怀特计划为基础的《国际货币基金协定》和《国际复兴与开发银行协定》，总称布雷顿森林协定(Bretton Woods Agreement)，最终形成了以美元为中心的布雷顿森林国际货币体系。

2. 布雷顿森林国际货币体系的内容及其作用

《布雷顿森林协定》的宗旨是建立永久性的国际货币机构以促进国际货币合作；维护汇率稳定，防止各国实施竞争性货币贬值，建立多边支付制度，促进国际贸易发展和资源开发；通过向成员国融通资金，以减轻和调节国际收支的不平衡。根据协定宗旨，协定规定了国际货币制度的具体内容。

(1) 制定各国确定和调整货币汇率的规则，实行美元与黄金挂钩和各国货币与美元挂钩的“双挂钩”的“可调整的钉住汇率制度”。首先，规定美元与黄金挂钩，即各国认可美国政府1934年1月规定的35美元兑1盎司黄金的官定汇价，每1美元的含金量为0.888671克黄金。各国政府或中央银行可随时用美元直接按官价向美国兑换黄金，美元处于准黄金地位，其他国家的货币则不能直接兑换黄金。为使黄金官价不受市场金价冲击，各国政府有义务协助美国在国际金融市场维持美元的黄金官价。其次，其他国家货币与美元挂钩，与美元保持可调整的固定比价。其他会员国可规定本币的含金量，再通过金平价确定同美元的固定汇率，也可直接规定本币同美元的固定汇率。例如1946年1英镑的含金量为3.58134克纯金，1美元的含金量为0.888671克纯金，则英镑与美元的含金量之比（铸币平价）为1英镑＝3.58134/0.888671＝4.03美元，形成法定汇率。第三，成员国货币之间实行可调整的固定汇率。《国际货币基金协定》规定，各国货币对美元的汇率在法定汇率上下限各1%的幅度内波动。若市场汇率超过法定汇率1%的波动幅度，各国政府有义务干预外汇市场以维持汇率的稳定。当会员国发生根本性国际收支不平衡时，才允许该国货币升值或贬值，但如本币法定汇率的调整幅度超过10%，必须经国际货币基金组织的批准。1971年12月，各国货币对美元汇率的波动幅度扩大为上下限2.25%的范围，同时，决定各国货币与美元"平价"的标准也由黄金改为特别提款权。

（2）规定各国货币兑换与国际支付结算的原则。"协定"第八条规定各会员国应取消经常项目的外汇管制，不得限制经常项目对外支付或清算，不得采取歧视性的货币措施，实行经常项目交易中货币自由兑换的基本原则。会员国有对其他会员国在经常项目收支中积存的本国货币履行货币兑换的义务。

考虑到立即在会员国普遍实行经常项目货币自由兑换的实际困难，"协定"第十四条规定，允许成员国有延迟履行经常项目货币自由兑换义务的过渡期，同时规定会员国有权对"稀缺货币"采取暂时性的兑换限制和允许对资本跨国移动实施管制。

（3）确定国际储备资产的构成。在布雷顿森林国际货币体系中，由于实行"两挂钩"，在美元与黄金直接挂钩，其他国家货币与黄金间接挂钩下，外汇与黄金共同构成国际储备资产。"协定"中关于货币平价的规定，使美元处于准黄金的地位，成为各国外汇储备中最主要的国际储备货币。

（4）规定会员国国际收支的调节机制。"协定"规定货币基金组织为会员国设立普通贷款账户，用于向会员国提供弥补国际收支暂时逆差的贷款，以维护国际货币体系的正常运转。同时，通过"稀缺货币"条款约束顺差国履行帮助逆差国调节国际收支平衡的责任。由于国际货币基金组织会员国份额的25%以黄金或可直接兑换黄金的外汇缴纳，另外的75%则以本国货币缴纳。当一些成员国发生国际收支逆差时，有些成员国的国际收支必定会出现顺差，逆差国为弥补赤字，可用本国货币按规定额度向基金组织购买（即借贷）顺差国货币对外支付，使货币基金的顺差国货币需求激增，库存下降，当库存低于顺差国的75%的会员份额时，基金组织可宣布该国货币为"稀缺货币"并按逆差国需要实行限额分配，逆差国也有权对"稀缺货币"实施临时性兑换管制或限制进口"稀缺货币"国的商品劳务。由此，必然影响"稀缺货币"国的对外贸易而迫使其承担调节国际收支逆差的责任，但实践中该条款的作用有限。

（5）建立永久性的国际金融机构。设立国际货币基金组织和世界银行及其下属机构是布雷顿森林体系的重大成果，为国际金融的协作提供了实施机制和组织保障，成为国际货币新体系的核心。各国借助国际货币基金组织的国际协作机制，在货币金融领域进行协商合作，维护全球的金融和汇率稳定，协调各国对外收支平衡，维护国际货币体系安全；通过世界银行的融资平台，进行国际间的经济与金融合作，促进发展中国家和世界经济的复兴与增长。

布雷顿森林货币体系是人类历史上首次通过国际协定建立的全球高度统一完整的货币体系和世界性金融组织，其制度严密，体系覆盖完整，对所有成员国具有强大的国际约束力。体系的建立与运转，扩大了各国间的经济交往，对战后复兴世界经济和重塑国际金融秩序起到了积极作用。首先,体系形成了相对稳定的国际货币关系和国际金融环境。新体系实行统一的汇率制度和结算规则,消除了“二战”结束前各个国际货币集团之间各自为政、相互对立冲突的货币政策,消除了世界范围货币金融的混乱与动荡秩序,尽管基金组织各成员国还有各自不同的利益,存在分歧和矛盾,但“协定”毕竟使战后世界货币体系开始正常运转,为各国经济和国际贸易的复苏发展创造了平稳的世界环境。其次,体系促进了国际贸易和世界经济的发展。布雷顿森林货币体系实行固定汇率和经常项目下的货币自由兑换,有助于稳定进出口贸易成本和核算外贸利润,有助于贸易自由收支结算和贸易自由化,形成多边贸易体系和多边国际支付体系,维护结算秩序,加快资金流动,减少贸易风险。在新体制下,全球国际贸易增长速度远超过战前,以世界出口贸易额年均增长率为例,1913～1918 年平均年增长为 0.7%,而 1948～1976 年平均年增长为 7.7%。最后,体系形成了控制国际支付危机的机制。新国际货币体系通过国际金融组织对逆差国的支付流动性暂时短缺提供信贷支持,以及实行国际收支逆差调节的国际互助保障机制,使美元作为准黄金流向全球,一定程度上弥补了各国清偿能力和支付手段的不足,有利于帮助会员国克服国际收支困难,平衡国际收支差额,维持币值稳定和国际清算体系秩序,防止国际支付链断裂和出现重大支付危机。

3. 布雷顿森林国际货币体系的制度缺陷

尽管布雷顿森林体系形成了战后国际经济的新秩序,促进了全球经济和国际贸易的复兴,但体系自身也存在先天性的制度缺陷。具体表现在:

(1) 布雷顿森林体系存在不可克服的两难矛盾。布雷顿森林体系是建立在美元与黄金直接挂钩与兑换的基础之上的,美元作为本国货币,其发行受制于美国的货币政策和黄金储备量;作为世界货币,美元供给又必须适应世界经济和国际贸易发展的需要。在“双挂钩”规定下,美元处于两难境地。一方面,要保持美国国际收支平衡和维护美元的黄金比价,控制美元的发行量,就难以满足世界经济与国际贸易发展的货币需求;另一方面,要扩大美元发行量,满足全球支付手段需求,就难以维护美国的国际收支平衡和保持美元的币值,以及美元与黄金的可兑换性。1960 年美国耶鲁大学教授特里芬(R. Triffin)在其著作《黄金与美元危机》中指出,在世界黄金产量和美国黄金储备不足条件下,国际储备货币的供给完全取决于美国的国际收支状态决定的美元发行规模,当美国国际收支顺差,美元发行量减少,美元币值稳定,但国际储备货币就不能满足国际经贸发展的需要;当美国国际收支逆差,美元发行量增加,就使国际储备货币过剩,美元币值下降,难以维持美元与黄金的官定比价兑换,危及美元及国际货币体系。布雷顿森林体系的两难内在矛盾因此被称为“特里芬难题”(Triffin dilemma),表明布雷顿体系存在的内在不稳定性和可兑换危机发生的必然性,即人们怀疑美元能否按固定比价与黄金兑换的信心危机难以避免。

(2) 布雷顿森林体系可调整汇率制度的缺陷。尽管体系在“两挂钩”基础上制定了非美元货币与美元比价的调整规则,但实践中难以按照实际情况进行调整。一方面,美元作为基准货币对发行国及其他国家的利益影响广泛,无论其实际汇率是高于或低于黄金比价,也难以依据汇率变动频繁调整。另一方面,非美元货币国家出于自身利益考虑,盈余国不愿本币升值,逆差国不愿贬值。由此,各国货币汇率不能依据实际币值变化灵活调整汇率,使名义汇率与实际币值脱节产生套利机会,为投机资金大规模跨国流动提供条件,从而就难以维持国际经济与金融的稳定发展。

(3) 布雷顿森林体系固定汇率制度的缺陷。在布雷顿森林体系固定汇率制度下,各国基本丧失利用汇率价格工具调节国际收支平衡的政策手段。当出现国际收支失衡时，通过采取可能损害国内中长期经济增长、就业和物价稳定的财政货币政策调节，会危及一国的内部均衡与发展，形成牺牲国内经济平衡来维持对外平衡，最终影响本国内外总体均衡。

(4) 布雷顿森林体系的制度不平等缺陷。布雷顿森林体系为美国攫取美元的货币利益和向外输出通货膨胀提供了制度保护。在新体系下，美国可利用美元独占的国际储备货币地位，大量创造派生存款对外贷款或投资，掠夺高额利润；利用美元可对外直接支付的优势，从储备美元国获取“铸币税”，即通过发行和输出美元纸币使美元储备国的实际资源流向美国形成的美元发行净收益；通过低估黄金价格和高估美元币值，攫取别国的黄金财富；以美元为中心的国际金汇兑本位制下，美国长期保持国际收支赤字并利用通货膨胀导致贬值的美元对外清算逆差来对外传输通货膨胀和牟取不当的货币利益。

4. 布雷顿森林国际货币体系的崩溃

在制度存在先天性缺陷条件下，要维持体系“双挂钩”机制正常运转和公众信心，美国必须保持国际收支顺差，必须有充足的黄金储备和严格控制美元发行量，以维持黄金官价、美元对黄金的可兑换和美元的对外币值。但至20世纪50年代末，美元因过量发行而过剩，导致美国的黄金储备大量外流。到1960年，美国对外短期债务额已达210亿美元，首次超过自身178亿美元的黄金储备额，从根本上动摇了国际社会的美元信用基础，从而开始引发美元危机，并最终导致布雷顿森林国际货币体系崩溃。

(1) 初期美元危机及解决措施。1960年10月，全球爆发第一次美元危机。投资者在伦敦金融市场抛售美元抢购黄金，推动金价涨至每盎司41.5美元，高出官价约19%。1961年西德马克和荷兰盾升值，再次引发抛售美元，抢购汇率上升的硬币的风潮，黄金官价和美元信用面临严峻考验。为维持黄金官价稳定和外汇市场秩序，保卫美元的可兑换性和固定汇率制，至1962年美国与主要工业国在基金组织的合作框架内先后采取了以下平抑措施：

签订“互惠信贷协议”。互惠信贷协议(Swap Agreement)是美国与其他14国中央银行签订的、彼此在规定的期限和额度内借贷对方货币稳定外汇市场汇率的双边信用贷款协定。协定国中央银行相互在对方开立资金账户，当本国货币在外汇市场遭受抛售压力时，通过预先开立的账户在规定的互换额度内互换对方国家货币干预外汇市场，维持汇价稳定。互惠信贷期限一般为三个月，能发挥暂时应急的作用。如当外汇市场抛售美元，抢购西德马克时，美国可按协议约定额度以美元向前联邦德国兑换马克，然后在市场抛售马克购进美元来平抑美元汇率下跌。

建立“黄金总库”。黄金总库(Gold Pool)是1961年美、英、法等8国中央银行在巴塞尔国际清算银行会议上达成的共同储备黄金以稳定黄金官价的协定。协议规定由8国提供相当于2.7亿美元的黄金建立黄金总库，由英格兰银行代管黄金，当金价上涨即抛售黄金，反之买入黄金来调节市场黄金价格。但由于储备规模小，抢购黄金风潮不断，库存黄金出多进少，黄金总库于1968年美国实行黄金价格双轨制后即告解体。

签订“借款总安排”协定。“借款总安排”(Generd Arrangement to Borrow)是国际货币基金组织与美英法等10个工业国签订的于1962年10月生效的备用信贷协议，协议期5年，其目的是为美国融借资金缓解美元危机，维持国际货币体系正常运转。十国集团又称巴黎俱乐部，当时共筹集60亿美元资金用于干预外汇市场汇率的备用资金，以后协议几经展期和扩募资金，至1983年资金总额已达190亿美元。

此外,美国还与欧洲主要国家中央银行达成以不高于35.20美元的价格购买黄金的稳定黄金价格协议;与国际清算银行理事会的8国中央银行达成稳定汇率的合作协议等。但所有措施都不能从根本上消除体系的内在缺陷,仅暂时缓解了美元危机的进程。

(2) 中期美元危机及解决措施。20世纪60年代中期,美国因侵越战争和实施大规模国内福利计划导致财政赤字大幅增加,金融状况恶化,国内通货膨胀加剧,美元对内持续贬值,法国等西欧各国为避免美元储备资产缩水,便以美元向美联储银行大量兑换黄金,到1968年3月美国黄金储备已下降至121亿美元,同期美国对外流动负债额达133亿,超出黄金储备额,由此引发第二次美元危机。挤兑黄金风潮在半个月内使美国外流14亿美元的黄金储备,巴黎市场金价一度涨至每盎司44美元。为应付危机美国要求英国暂时关闭伦敦黄金市场,召集黄金总库成员国紧急会议,宣布解散黄金总库,各成员国不再按官定价格向黄金市场出售黄金,听任市场自发波动调节黄金价格。1968年3月,美国不得不正式宣布实行“黄金双价制”(Two-tier gold price system)。

“黄金双价制”指黄金实行市场价格和官定价格并行的体制,各国中央银行仍按每盎司35美元的官定价格向美联储兑换黄金,黄金的市场价格则随供求关系变化自由波动。价格双轨制虽然暂时缓和了美元危机,但随着黄金市场价格不断上涨,与黄金官价差价不断拉大,表明作为国际货币体系根基之一的美元与黄金挂钩已名存实亡,整个体系的基础已局部崩溃;还表明在黄金供给不足条件下,维持固定金价是难以持久的,最终会因金价无法稳定而使货币体系走向全面崩溃。

美元危机使各国意识到布雷顿森林体系的制度缺陷,为摆脱体制困境,国际货币基金组织于1969年创设被称为“纸黄金”的特别提款权,作为对美元支付手段的补充,成员国可以特别提款权充当国际储备资产,也可以特别提款权取代美元对外清算国际收支差额。特别提款权是人类历史上首次通过国际协调产生的国际通货和国际信用储备资产,使国际货币体系从黄金—美元本位转向黄金—美元与特别提款权本位,表明国际社会试图消除将国际货币体系建立在一国货币基础上而必然产生的不稳定性和破坏性。

(3) 后期美元危机及解决措施。20世纪70年代初,美国对外短期负债与黄金储备之比已达战后历史最高点,首次出现20多亿美元的巨额贸易赤字,黄金储备减少至102亿美元,对外负债高达500亿美元。由此,国际外汇市场1971年5月和7月两度爆发战后规模空前的抛售美元,抢购黄金和硬通货的风潮。在严峻的形势下,尼克松政府无奈于8月15日宣布实行“新经济政策”,立即停止美元兑换黄金,不再履行外国中央银行以35美元向美国兑换1盎司黄金的承诺;征收10%的临时进口附加税限制进口,控制贸易逆差。同时,向日本和联邦德国施压,迫使日元和马克升值,以改善美国的国际收支。

“新经济政策”停止美国履行美元兑换黄金的义务,使布雷顿森林国际货币体系美元与黄金挂钩的制度基础彻底崩溃。其他国家便纷纷宣布本币与美元脱钩,不再官定本币与美元的汇率平价,而改由市场供求关系自发波动决定汇率,由此,国际金融市场陷入极度混乱。

为拯救摇摇欲坠的布雷顿森林货币体系,十国集团经4个月激烈争论于1971年12月18日达成“史密森协议”(Smithsonian Agreement)。主要内容包括:将黄金官价从每盎司35美元调整为38美元,即美元对黄金贬值7.89%;调整部分国家货币的汇率平价,意大利里拉、瑞典克朗和瑞士法郎对黄金各贬值1%,日元升值7.66%,西德马克升值4.16%,比利时法郎和荷兰盾各自升值2.76%,英镑与法郎保持不变;各国货币对美元汇率的波动幅度由上下限1%

扩大为上下限 2.25%的区间;美国取消征收 10%的临时进口附加税,但维持不履行美元兑换黄金的义务。

“史密森协议”仅是试图通过修补体系的制度缺陷维持体系运转,无法从根本上解决问题。1973 年初,美国的国际收支和黄金储备状况继续恶化,在国际金融市场又先后爆发两次美元危机的压力下,美国政府被迫宣布美元再度贬值 10%,黄金官价从每盎司 38 美元调整为 42.22美元,西欧和日本遂纷纷不再履行“史密森协议”规定的新汇率平价并取消固定汇率制度,“史密森协议”宣告失败。1973 年 3 月,西欧又掀起抛售美元、抢购黄金和马克的风潮,伦敦黄金市场金价一度疯涨达每盎司 96 美元,西欧与日本外汇市场被迫关闭 17 天。3 月 16 日,欧洲共同市场 9 国在巴黎举行会议并达成协议,联邦德国、法国等国家对美元实行“联合浮动”,彼此之间实行固定汇率。英国、意大利、爱尔兰实行单独浮动,其他西方主要货币也都对美元实行浮动汇率。至此,支撑国际货币制度的固定汇率制度崩溃,宣告布雷顿森林货币体系濒临解体。

5. 布雷顿森林国际货币体系崩溃的原因

布雷顿森林体系崩溃有其深刻的原因,总体上说是体系自身制度缺陷与世界经济发展日益不相适应导致矛盾尖锐化的必然结果。

首先,布雷顿森林体系存在不可解脱的制度缺陷,是导致体系解体的根本原因。布雷顿森林体系实行“双挂钩”导致的“特里芬两难”,不断引发全球范围的货币信用危机与金融混乱;实行固定汇率制度致使汇率调节机制僵硬,影响各国平衡国际收支差额的调整效率,牺牲国内经济增长,助长投机行为;实行以黄金与美元一体的储备资产制度,国际储备货币供给缺乏依据实际需求灵活调节的弹性机制,致使国际储备货币供求失衡;实行单一美元作为国际中心货币的体系,在体系建立之初,美国独占世界经济鳌头,储备了全球绝大多数的黄金,各国对美元充足的信心确保了体系的正常运转。但随国际经济发展和经济结构变化,美国与其他发达国家经济实力相互消长,美元难以独自承担世界货币的重任,体系便难以维系。

其次,美国国内政策不当引起国内经济危机和国外美元危机频繁爆发,是导致布雷顿森林体系崩溃的直接原因。美国在二战后于 20 世纪 50 年代发动朝鲜战争,60 年代发动侵越战争,对外长期实行军事扩张和军备竞赛,致使海外军费剧增,财政军费负担沉重;国内执行扩张性财政政策和推行普遍的社会福利制度,扩大公共支出,使财政赤字庞大,不得不依靠财政性货币发行弥补,造成国内通货膨胀严重,美元币值下跌;大量进口和出口不力导致对外贸易逆差不断扩大,加之美国政府执行扩张性货币政策,通过大量输出美元来输出通货膨胀,掠夺别国财富,致使美元大量外流,形成全球性“美元过剩”,严重降低了美元信用和增加美元汇率下跌压力,成为别国挤兑黄金的直接动因;国际收支逆差和对外负债不断扩大,黄金储备源源外流,最终丧失美元兑换黄金的能力而瓦解美元与黄金挂钩的制度基础。

9.1.4 牙买加国际货币体系

布雷顿森林体系崩溃后,国际金融秩序又陷入动荡不安的局面,国际社会迫切希望尽快重建新的国际货币体系,以稳定国际金融秩序,促进世界经济和国际贸易的增长。

1. 牙买加国际货币体系的建立

1974 年,国际货币基金组织根据“二十国委员会”的建议,设立“国际货币制度临时委员会”,负责研究国际货币制度的改革问题。经反复研讨磋商,1976 年 1 月,IMF 理事会“国际货币制度临时委员会”在牙买加首都金斯敦达成“牙买加协议”。同年4月，IMF理事会通过了《IMF协定第二修正案》，后经会员国多数票批准从1978年4月1日生效而正式形成新的国际货币体系。

2. 牙买加国际货币体系的内容

牙买加国际货币体系顺应世界经济发展需要，在大幅度改革旧体制和制度创新基础上，形成根本性变化的国际货币体系。体系的主要内容包括：

(1) 实行多种形式的汇率制度。牙买加体系承认浮动汇率制的合法性，允许固定汇率制与浮动汇率制并存及汇率制度形式的多样化，成员国有权自主选择汇率制度。同时，会员国的汇率政策须受IMF的严格监督，以防止成员国采取损人利己的贬值政策。当条件许可时，实行浮动汇率制的成员国应逐步恢复固定汇率制。当具备国际经济条件和经85%以上成员国同意，基金组织可以决定恢复可调整的固定汇率制。

(2) 实行黄金非货币化政策。牙买加协议规定废除黄金条款，逐步使黄金退出国际货币体系，黄金不再作为各国确定货币平价的标准；取消黄金官价，成员国中央银行可按市价自由交易黄金；取消成员国相互之间以及成员国与IMF之间须用黄金清算债权债务的规定，各成员国原须以黄金交纳的25%基金份额部分改以外汇交纳。

(3) 增加成员国在基金组织的特别提款权份额。牙买加协议规定成员国的基金总份额由原来的292亿特别提款权增加至390亿特别提款权，增幅达33.6%，以提高基金组织清偿能力。调整各成员国交纳份额的比重，发展中国家份额比重维持不变，发达国家份额比重有所下降，石油输出国组织成员国份额由5%提高至10%。会员国之间可自主交易转移SDRs，以SDRs替代黄金用于会员国与IMF之间的某些支付，会员国在IMF一般账户中所持有的资产均以SDRs表示，强化特别提款权的国际储备资产地位和支付作用，使之逐步取代美元和黄金的国际货币功能。

(4) 增加对发展中国家的融资规模。为适应发展中成员国的融资需求，牙买加协议规定以IMF出售黄金部分所得收益设立“信托基金”，按优惠条件向最贫困的发展中国家提供援助或贷款，以解决其因外汇收入短缺导致国际支付的困难。协议授权IMF扩大对成员国信贷部分贷款的融资额度，由占会员国份额的100%扩大至145%，并放宽“出口波动补偿贷款”的融资额度，由占会员国份额的50%提高到75%。

3. 牙买加国际货币体系的作用

牙买加体系的建立和实施，对重塑国际金融秩序，推动世界经济发展起到了应有的积极作用。

首先，牙买加体系形成多元化的、更适应各国对外支付需求变化的国际储备资产和储备货币结构。尽管新体系中美元仍是主导的国际货币，但其地位明显削弱，改变了国际储备货币单一过分依赖美元的被动结构和黄金供给不足对世界经济发展的制约，欧元和日元已成为重要的国际储备货币，形成以美元为主，欧元与日元为辅的世界货币三元结构，为国际经济提供了多种清偿和储备货币选择，利用多种储备货币互补机制在一定程度上解决国际储备货币供求的矛盾。

其次，牙买加体系多样化汇率安排适应了不同发展阶段成员国的需要和经济环境的变化。不同汇率制度各有优劣，浮动汇率制可为国内经济政策提供更大的调节空间与独立性，而固定汇率制则减少本国企业可能面临的汇率风险。灵活多样的汇率制度既便于成员国根据自身的经济实力、开放程度、经济结构等影响因素权衡得失自主选择，有利于更好发挥汇率的调节功效，又利于各国依据经济环境变化适时调整汇率制度，维护经济金融稳定和促进经济增长。

第三，牙买加货币体系形成多种调节手段互补的国际收支调节体制。与旧体系依赖自身储备资产和基金组织融资不同，牙买加体系允许成员国采用汇率、利率、基金组织的干预及贷款、国际金融市场融资、本国外汇储备和国际间经济政策协调等多样化、市场化手段和多种渠道并行地调节国际收支差额，提高调节有效性，确保各国对外支付的安全。

此外，牙买加国际货币体系更加重视对发展中国家援助和融资，增强发达国家帮助发展中国家平衡国际收支的责任，客观上也有利于发展中国家经济开发和发展对外经济关系。

9.1.5　国际货币体系的改革

1. 牙买加国际货币体系的缺陷

牙买加体系诞生之初曾被认为是一种较为理想的国际货币体系。但实际上，作为以旧体系为基础改造而成的"无体系的体系"，长期实践证明其也存在缺陷。牙买加体系自建立后一直弱势运行，尤其通过亚洲金融危机，其制度缺陷暴露无遗。因而，长期以来改革国际货币体系的呼声不断。牙买加体系缺陷主要表现在以下方面：

首先，牙买加体系实行浮动汇率，各国都不同程度放松汇率管制，致使全球汇率波动加剧，波幅扩大，严重影响国际贸易和国际资本流动的稳定环境，也制约了基金组织的国际汇率协调功能，增加了各国储备资产的风险和管理难度。尤其在国际经济一体化条件下，过度的汇率波动成为跨国传输通货膨胀或通货紧缩的途径，成为连锁影响各国经济稳定增长的破坏性因素，成为培养过度投机和诱发货币危机的温床。为此，许多国家为趋利避害都对市场汇率实行必要的干预，并实施形式不同的有管理的浮动汇率。

应当看到，国际金融界长期存在固定汇率与浮动汇率孰优孰劣的论战。事实上，不论是固定汇率或浮动汇率制，还是自由浮动汇率或管理浮动汇率制都各有长短，各自适应性也不相同。布雷顿森林体系下的固定汇率有缺陷，牙买加体系实行浮动汇率制同样存在缺陷表明，国际货币体系需要不断总结历史经验，深化理论与实践探索，通过与时俱进的改革，创新形成更多的优势互补的形式多样的与世界经济和国际环境不断发展变化相适应的汇率制度。

其次，牙买加体系增加多元化储备资产体制的不确定性和储备资产管理的难度。在健全的国际货币体系下，国际储备货币的定价机制应当透明客观，储备货币供给机制应具有充分的弹性和灵活性，能随各国对外支付需求增长而相应适度增长，满足世界经济和国际贸易发展的需要，避免因供给过多引发全球通货膨胀或因供给短缺导致国际清偿力不足。同时，国际储备货币应价值稳定，价格波动小，支付操作简便，储备成本低和易于管理。尽管牙买加体系下，基本实现了国际储备货币的多元化，但各种储备货币仍缺乏统一稳定的货币发行基础，其价格在多种复杂因素影响下随供求关系频繁大幅波动和相互交叉影响，增加了国际金融市场动荡和储备资产价格的不稳定性，增加了汇率风险和管理储备资产的难度；虽然储备货币多元化增加了全球货币供给，缓解了国际支付工具不足的困境，但国际储备货币身兼世界货币和发行国本币的供求机制仍然存在新的"特里芬两难"。随着世界经济和国际贸易的发展，各国需要储备更多数量币值稳定、信誉良好的国际货币以应对国际支付，但国际储备货币的供应是以供给国的国际收支逆差为前提条件的，如果储备货币供应国扩大国际收支赤字，其通过对外支付提供的国际支付手段规模越大，虽然储备货币供给满足了各国的支付储备需要，但储备货币信誉和币值下降，增加了储备国的储备成本和资产损失；如果如果储备货币供应国压缩国际收支赤字，其通过对外支付供给的国际支付手段规模减少，虽然维护了储备货币信誉和币值，避免了储备国的资产损失，但储备货币数量就无法满足各国的支付储备需要；尽管全球储备货币形成多元化格局，改变了单一美元储备货币的体系，但现行体制下，对世界主要储备货币特别是美元的依赖性仍然过大，世界储备货币对各国制定执行经济政策的影响仍然过大，储备货币发行国仍可通过“铸币税”和输出通货膨胀攫取大量不公平的货币利益。

第三，牙买加货币体系缺乏高度合作协调和有效的国际收支调节机制，致使全球性的国际收支失衡现象难以避免。在现行牙买加体系下，汇率的过度和失常浮动，不仅严重阻碍市场汇率机制调节国际收支的功能发挥和调节效果，甚至恶化各国的国际收支失衡；调节国际收支差额的国际合作协调能力不足，基金组织的贷款机制调节国际收支的功能主要局限于缓解危及地区或全球金融稳定的金融危机，国际收支逆差国更多的是依靠对外借贷商业银行贷款、实施保护性贸易政策和紧缩国内经济来解决逆差，从而不可避免地增加逆差国外债负担、影响国际贸易和逆差国经济增长；监督国际收支逆差国恢复国际收支平衡的国际约束制度不健全，缺乏对国际货币储备国通过发行货币偿还外债，造成储备货币贬值损害其他国家利益的制约制度，也缺乏对发展中国家因外汇短缺仅靠紧缩国内经济克服国际支付困难或大量借取外债弥补对外赤字的有效援助措施，许多发展中国家由此沦为重债国而爆发债务危机。

第四，牙买加体系缺乏有效的国际金融合作和协调机制。在现行体系下，作为承担维护全球国际金融稳定职能的国际金融机构对国际金融秩序与储备货币供求平衡的协调机制不力，各种世界储备货币的供给决策机制分散，缺乏保持储备货币供求规模与结构平衡的全球统一的约束机制；放任各国汇率自由，缺乏必要有效统一的汇率纪律约束；缺乏防范储备货币和汇率安排多样化产生的市场波动风险的预警监控机制，缺乏应对区域性金融危机应急处置机制；国际金融机构的决策受制于主要发达国家的立场和利益取向，缺乏独立执行基于公平和全球共同发展原则的经济与金融政策，甚至以贷款为筹码迫使发展中国家贯彻不利于自身稳定和发展的政策而沦为少数发达国家对外扩张的工具。如在对发生金融危机国贷款时，IMF迫使受贷国执行所谓“华盛顿共识”的“药方”进行不切实际的经济调整和改革，还迫使一些发展中国家超越自身条件盲目开放金融市场而遭受灾难性的损失。

2. 国际货币体系的改革设想

鉴于现行国际货币体系存在的多种弊端和体制改革的复杂性，以及不同利益的相互牵制影响，国际社会在长期的探索与争论中提出多种改革方案。

(1) 恢复金本位货币制度方案。法国最早于20世纪60年代即提出恢复金本位制的建议，法国经济学者吕埃夫明确提出建立“国家之间的金本位制”的具体方案，要求西方各国通过签署提高黄金价格，恢复黄金的国际货币支付功能和本币自由兑换黄金的协议，发挥金本位制自动恢复国际收支平衡的调节功能。20世纪80年代美国学者也提出恢复金本位货币制度的方案，美国政府为此还专门成立黄金委员会论证研究，最终因从长期看，受黄金矿储资源和黄金产能限制，无法解决黄金产量供给不能满足世界经济贸易急剧增长引起的国际支付储备货币需求增加的矛盾而否决方案。

(2) 回归布雷顿森林体系方案。美国经济学家金德尔伯格、麦金农等人认为，现存的国际金融体系简单地修补已无济于事，必须进行根本性改革，提出建立新“布雷顿森林体系”。该方案主张美元本位但美元不能自由兑换黄金，美元发行规模由国际金融市场供求关系决定，为保持美元币值稳定，美国必须在国内执行稳定货币供应的稳健货币政策；主张坚持全球自由化的同时，建议重新设立“托宾税”来控制国际资本流动，对所有与货币兑换有关的国际证券和外汇即期交易征收税率统一的国际税，以交易成本的提高来减少国际资本流动的不稳定性，从而降低国际证券价格和汇率的波动性，并将资本管制看作是与贸易限制类似的合法工具；强调新的国际金融机构应向发展中国家分配更多的份额，IMF 应是能为危机国家创造更大流动性，而不是在提供紧急贷款时附加苛刻条件的机构。

回归美元本位为基础的国际货币体系仍然不可能解决布雷顿森林体系的“特里芬难题”困境，必然重新引起世界经济和国际金融的动荡与混乱。同时，将全球经济金融重新置于美元独霸控制的体制，对日趋维护各国独立性的国际社会是难以接受的。

(3) 建立以特别提款权为基础的国际货币体系方案。以特别提款权作为基本的国际支付手段和主要的储备资产形成国际货币新体系，是上世纪末提出的方案。建议者认为特别提款权是人为创设的资产工具，其创设供给完全受人的控制，具有充分的弹性和灵活性来适应全球国际清偿手段需求的增长与变化。并且，国际货币基金组织是唯一创设分配特别提款权的机构，能统一有效地进行协调控制。但以特别提款权为中心的国际货币制度安排必须以特别提款权具有货币功能为前提，由于特别提款权目前仅是跨国支付的记账单位，不能在国际贸易和非贸易收支中实际支付流通，要使其具备世界货币功能成为全球统一货币在现阶段又面临诸多极难解决的障碍，因而，这个方案也不具备现实可行性。

(4) 建立以多种货币为基础的国际货币体系方案。瑞士经济学家拉兹提出，维持除美元以外的其他主要发达国家货币与美元相同的关键货币地位，让多个国家的货币承担国际支付和国际储备货币的功能，利用多国经济实力稳定国际货币的发行基础，发挥多种国际货币优势互补的长处，形成多元化货币共存的国际货币体系。但多元化货币的体系仅能解决布雷顿森林体系单一美元世界货币发行流通的弊端，仍然无法克服牙买加体系面临的众多实际问题。

(5) 设立汇率目标区方案。设立汇率目标区是以威廉姆斯(John Williamson)为代表的美国学者于 20 世纪 80 年代提出的改革国际汇率体制的重要设想。从狭义角度看，汇率目标区是以限制汇率波动幅度为目的，通过设定中心汇率和相应的汇率波动区间，以及制定维持汇率波动所需的相关配套政策来维持稳定的汇率秩序的国际货币和汇率制度安排。汇率目标区有公开和隐蔽的区分，公开目标区属硬目标区，其控制汇率波动的指标公开并不留弹性，货币当局维护汇率波动指标严格，对货币当局的调控压力较大；隐蔽目标区属软目标区，其控制汇率波动的指标保密，指标具有较大的弹性，货币当局实际操作比较宽松。

在狭义汇率目标区设想基础上，还有国家提出设立以美元、欧元和日元组合的汇率目标区，将三种货币的汇率变动有效控制在限定幅度之内，一旦超出目标区，各国便实行联合干预来稳定国际市场汇率。但汇率目标区实质属于可调整的固定汇率制，因而，一些国家认为在现行世界经济关系的格局中，只能维持浮动汇率体制，不具备恢复固定汇率制的条件，也没必要大规模改革现行国际货币秩序。

此外，以国际金融机构为代表的观点认为现行国际货币体系总体框架是可行的，应在现有国际货币体系基础上进行调整改革，通过建立更具国际权威、国际约束力和国际协调力的新型国际金融组织，实施全球金融事务的监管、协调和仲裁，提高反国际债务危机和国际货币危机的能力；通过完善国际金融监管体制、资金融通援助机制和协调体系，加强国际间的金融合作和形成新的国际金融秩序，以维护全球金融与经济的稳定和发展。还有观点认为在通货区内经济一体化基础上，实行统一的区域货币是一定程度上解决现行国际货币制度难题的可行方法。目前，通过欧洲经济共同体和欧元统一货币的实践，通货区理论进行了有益的尝试，取得了自布雷顿森林体系瓦解以来国际金融领域最重大的成果。但通货区理论与实践仍然存在诸多尚未破解的难题，任重而道远，并且全球各地区的条件环境不同，欧洲通货区的经验并非能照搬复制。

总之，国际货币体系的改革是十分复杂和艰巨的工程。一方面，各种方案互有利弊且在基本机制上难以兼容。另一方面，各国的国情千差万别，经济社会发展所处阶段不同而有不同的目标和要求，对不同货币制度的适应性也不相同。因而，各国应遵循平等合作互利精神和积极的态度，通过持续探索和不断努力推进国际货币体系改革的进程。

9.2 国际金融组织

国际金融组织是从事国际金融事务协调管理的超国家的金融机构，是各国进行国际金融互利合作的平台，其在协调会员国外汇政策和经济政策，支持会员国稳定货币汇率和平衡国际收支，维持国际货币支付体系运转和稳定国际外汇市场汇率，防范和化解债务危机与金融危机，促进发展中国家经济增长等方面，都发挥了积极作用。

自 20 世纪 30 年代产生国际金融组织以来特别是第二次世界大战后，国际金融领域涌现了一系列国际金融组织。国际金融机构既包括全球性的，如国际货币基金组织和世界银行，也包括成员主要在区域内，但也有区域外的成员参加的半区域性的，如国际清算银行、泛美开发银行、非洲开发银行等，还有区域性的，如亚洲开发银行、欧洲投资银行、阿拉伯货币基金、伊斯兰发展银行、非洲开发银行、阿拉伯银行等。其中，在全球范围影响相对较大的国际金融组织主要有国际清算银行、国际货币基金组织和世界银行等。

9.2.1 国际清算银行

1. 国际清算银行概况

国际清算银行(Bank for International Settlements, BIS)于 1930 年 5 月在瑞士巴塞尔正式开业，是历史最悠久的国际金融机构。其创始成员为西方 10 个国家的中央银行，因此又称为“十国集团”。第一次世界大战后，协约国决定建立国际清算银行取代凡尔赛协议设立的德国战争赔款委员会，负责德国战争赔款事宜和监督德国财政。1930 年 1 月 20 日，由美国摩根保证信托公司、纽约花旗银行和芝加哥花旗银行组成的银团和英国、法国、意大利、德国、比利时、日本等国的中央银行在荷兰海牙会议上签订协议，正式成立国际清算银行。1944 年，根据布雷顿森林协议国际清算银行应当解散，但最后仍作为国际货币基金组织和世界银行的附属机构得以保留。

国际清算银行由其成员国的中央银行拥有和控制。国际清算银行初创资本金为 5 亿金法郎(每个金法郎含金量为 0.29032258 克)，分为 20 万股，每股2 500金法郎，由六国中央银行和美国银行集团七方平均认购。至 1991 年资本金增至 15 亿金法郎，分为 60 万股，其中 4/5 的股份由各成员国中央银行掌握，1/5 的股份由私人持有，但私人股东无权参加股东大会。1996 年 9 月，国际清算银行接受中国、印度、韩国、新加坡、巴西、墨西哥、俄罗斯、沙特阿拉伯和香港等九个国家和地区的中央银行或行使中央银行职能的机构为新成员，现已发展成为由 49 个有表决权的中央银行和货币当局组成的国际金融机构，被称为是各国"中央银行的'中央银行'"。

国际清算银行采取股份公司的组织形式，其组织结构有股东大会、董事会和办事机构。国际清算银行的最高权力机构为每年 6 在瑞士巴塞尔举行的股东大会，股东选票按各成员国认购的股份比例分配，股东大会主要审议批准公司年度财务预决算、资产负债表和损益计算书、利润分配办法和接纳新成员国等重大事项。

董事会由 13 名董事组成，负责国际清算银行的日常行政事务和业务管理，董事主要由各成员国的中央银行行长和本国工商和金融界的代表担任，董事会设主席 1 名，副主席若干名，每月召开一次例会，审议安排日常业务工作。董事会主席和银行行长由同一人担任。董事会根据主席建议任命总经理和副总经理各一名具体负责银行日常经营活动。国际清算银行下设银行部、货币经济部、法律处、秘书处等办事机构。

2. 国际清算银行的宗旨与业务

国际清算银行的宗旨是促进各国中央银行之间的合作，通过各国中央银行向整个国际金融体系提供专业化的国际金融业务服务，作为会员国国际清算业务的受托人或代理人。

国际清算银行以各国中央银行、国际组织如国际海事组织、国际电信联盟、世界气象组织、世界卫生组织等为主要服务对象，不办理私人业务。依据章程规定，国际清算银行的主要业务包括：受托为成员国中央银行代理购买、出售、交换和储存黄金；向各成员国中央银行提供贷款或接受各成员国中央银行的贷款；为各成员国中央银行办理票据清算，收买或出售票据以及发行其他优等级短期债券；接受各成员国中央银行委托或委托各成员国中央银行收受展品、出售外汇和除股票外的有价证券；接受各成员国中央银行的闲置资金和存款；接受成员国政府的财政存款但不得向成员国政府提供贷款（购买国家公债除外）；受托办理成员国政府之间的政府贷款；同有关国家中央银行签约代办国际清算业务等。

目前，全球约有 80 多国中央银行将其 10% 的外汇储备和 3 000 多吨黄金储备存放于国际清算银行。将外汇储备存放于国际清算银行既便于储备国随时提取使用，又便于储备币种转换，改善外汇储备的币种结构。而在国际清算银行存放黄金储备是免费的，也可用作抵押资产，从国际清算银行取得黄金价值 85% 的现汇贷款。第二次世界大战后，国际清算银行还成为欧洲经济合作组织各成员国中央银行汇兑担保和欧洲货币合作基金收付清算的代理人；欧洲支付国盟、欧洲煤钢共同体以及黄金总库的收付代理人等。

除银行业务外国际清算银行作为各国中央银行的俱乐部，是各国中央银行合作和交流信息、相互沟通的重要机构。现在世界上绝大多数国家的中央银行都与国际清算银行建立了业务关系与合作机制。

3. 我国与国际清算银行的关系

中国人民银行自 1983 年正式行使中央银行职能后，于 1984 年底与国际清算银行建立正式的业务往来关系，并开始在国际清算银行开立外汇与黄金账户办理外汇与黄金业务，自 1985 年起，国际清算银行开始向我国提供贷款。同时，中国人民银行应邀列席国际清算银行股东大会，并以观察员身份参加该行年会，为中国广泛发展对外经济关系、国际金融合作和扩大与各国中央银行之间关系提供了新的场所。我国部分外汇储备存放于国际清算银行，也有利于我国国际储备的管理。1996 年 11 月，中国人民银行成为国际清算银行的正式成员后，与该组织的业务交往不断增加，已成为我国中央银行发展对外金融活动的重要渠道。

9.2.2 国际货币基金组织

1. 国际货币基金组织概况

国际货币基金组织(International Monetary Fund,IMF)是依据44个国家1944年7月在美国新罕布什尔州布雷顿森林达成的《国际货币基金协定》,于1946年3月正式成立,并于次年3月开始运作。现有会员国182个。

国际货币基金作为推行国际货币合作的非独立法人的机构,从属于联合国的社会经济委员会,其组织体系由理事会、执行董事会、临时委员会、发展委员会和下属的业务机构组成。

理事会是IMF的最高权力机构,由会员国各派一名正副理事组成。理事通常由各会员国政府的财政部长或中央银行的行长担任。理事会一般每年在9～10月间召开一次年会,必要时可召开特别会议。理事会的主要职能是审议批准调整基金份额规模和各会员国的份额比例;接纳新会员或老会员退会;审议调整基金信贷政策;审议会员国货币平价调整等基金组织的重大事务,以及协调国际货币体制的关系。1972年为协助理事会处理国际货币体系改革成立"理事会国际货币体系改革及有关问题临时委员会",即"二十国委员会"。1974年"二十国委员会"决定解散,另成立"理事会国际货币制度改革临时委员会"和"世界银行-基金组织理事会实际资源向发展中国家转移部长级联合委员会",即"临时委员会"和"发展委员会"作为咨询决策机构协助理事会工作。

执行董事会是负责IMF日常业务和行政管理的常设机构,由总裁和执行董事组成,总裁兼任主席,由执行董事会选举产生。执行董事共22名,由基金份额前5名成员国各指派一名执行董事,其他会员国按地理区域划分16个选举区各选举一名执行董事,我国作为单独选区指派一名执行董事。执行董事不得兼任理事,每两年由会员国指派或改选一次。

国际货币基金组织下属业务和管理机构按区域划分设置非洲、欧洲、亚洲、中东和西半球部,按业务归属设置会计、外汇服务、中央银行服务、行政、法律、研究、统计、秘书和语言部,以及IMF学院。

总裁是IMF的最高行政领导人,负责IMF的日常业务工作。总裁平时无投票权,当执行董事会表决同意与反对票持平时,由总裁投决定票。总裁可出席理事会,但无投票权,其任期五年,另设副总裁一名辅助总裁工作。

国际货币基金组织的重大问题均由理事会或执行董事会投票表决决定,重大问题须有80%以上多数票通过,特别重大问题须85%以上多数票通过。各会员国的投票权取决于各自拥有的基金份额。按照基金组织规则,每个会员国分有250张基本票,在此基础上,成员国每多认缴10万美元基金组织份额增加一票,认缴份额越多,增加票数越多。在实际投票时,凡IMF贷款发放会员国相当于40万美元的货币,即增加该会员国一票;凡会员国向IMF借款相当于40万美元的资金,即扣减该会员国一票。

2. 国际货币基金组织的宗旨与功能

根据《国际货币基金协定》规定,国际货币基金的宗旨是促进国际货币与金融互利合作,为各国进行货币协商协调提供条件;促进汇率稳定,维持成员国之间的汇兑秩序,避免各国竞争性货币贬值;促进国际贸易持续平衡发展,维持和提高会员国的就业水平与国民收入,加快会员国生产资源的合理开发利用;推动消除阻碍国际贸易发展的外汇管制,协助会员国建立相互之间经常性交易的多边支付制度和维持正常的支付秩序;在有充分偿还保障的前提下,向会员国提供资金，以增强会员国纠正国际收支暂时性失衡的信心，而不至于采取有损本国或世界经济繁荣的措施。

国际货币基金宗旨决定了IMF主要的业务功能是对成员国融通资金，帮助成员国有效克服暂时性国际收支的赤字，维护国际多边支付体系正常运转；创设、分配和管理作为各成员国国际储备资产工具的特别提款权，保障特别提款权的正常支付使用；评估监督成员国的汇率和外汇政策，评估和协调会员国国内经济金融政策，以维持全球有序稳定的汇率环境。

3. 国际货币基金组织的资金来源

IMF资金来源于会员国的基金份额、向会员国借款和出售黄金建立的信托基金，其中，会员国缴纳的基金份额是基金组织最主要的资金来源。

(1) 会员国的基金份额。基金份额相当会员国加入IMF缴纳的股本金，基金份额数决定会员国在IMF的投票权、提款或借款的额度，以及分配特别提款权的数量。目前，美国、德国、日本、法国和英国居认缴份额前五位国家，认缴额约占IMF总份额的43%，发展中国家认缴份额仅占IMF总份额的28%。基金份额早期以美元为计值单位，1969年后改为特别提款权。各会员国应缴份额在综合参考该国的国际储备规模、国民收入额、对外贸易规模和对外依存度等后，由IMF和各会员国协商确定。IMF每五年对各成员国的基金份额进行一次审查，并按理事会决议调整会员国的基金份额。

会员国应缴纳的基金份额中，25%的基金份额以黄金缴纳，1978年后改为缴纳外汇和特别提款权；份额的75%缴纳会员国本币，存放在本国中央银行，供IMF随时按需调用。

(2) 向会员国借款。IMF需要时与会员国协商借入资金，作为补充性资金来源弥补信贷资金缺口。如20世纪70年代，全球石油危机期间，IMF通过借款发放石油贷款，帮助石油进口国弥补因石油进口支付额增加引起的国际收支赤字。

(3) 出售黄金建立的信托基金。1976年IMF决定，将其持有的1/6的黄金在4年中按市价出售，以市价高于黄金官价(每盎司35美元)获取的利润共计46亿美元设立信托基金，作为专门向低收入会员国提供优惠援助贷款的资金来源。

4. 国际货币基金组织的贷款

向会员国贷款是IMF最主要的业务，通过贷款提高会员国短期对外经常性支付的能力，维持国际支付体系秩序和汇率稳定。IMF贷款仅对会员国政府的财政部、中央银行、外汇平准基金等机构发放，贷款一般为中短期，资金限于会员国弥补国际收支差额和本国的经济结构调整或经济体制改革用途，贷款规模与本国缴纳的基金份额成正比例增加。会员国向IMF贷款和还款均采取“购买”(Purchase)和“购回”(Re-purchase)方式。购买又称提款，是借款国按议定汇率以本币购买IMF的外汇来借入弥补本国国际收支赤字所需的外汇资金，购回则相反，是会员国以外汇购回本币以偿还IMF贷款本息。目前所有贷款均以SDRs计值，利息以SDRs支付。

国际货币基金组织贷款的种类主要有：

(1) 普通贷款(Normal credit tranches)。又称基本信用贷款(Basic credit tranches)，是用于解决会员国暂时性国际支付能力不足发放的贷款，属IMF的基本贷款种类。其最高贷款额度为会员国认缴基金份额的125%，贷款期限3～5年，具体分为两种贷款形式：储备部分贷款(Reserve tranche)是借款额不高于借款国认缴基金份额25%部分的贷款，会员国可无条件借款，自由提用，不付利息；信用部分贷款(Credit tranches)是贷款额高于借款国认缴基金份额

25%，低于借款国认缴基金份额 125%部分的贷款，具体分四档，每档各占认缴基金份额的 25%。会员国用完储备部分贷款后依次逐档申请四档信用部分贷款，其中申请第一档信用贷款条件宽松，经批准后可以直接购买现汇方式提款，也可以备用信贷安排（Stand-by arrangement）方式按实际需要分次提款。对申请后三档组成的高档次信用部分贷款，审批条件逐档严格，并采用备用信贷方式按会员国实际完成贷款条件的情况分批发放。

(2) 补偿与应急贷款（Compensatory and contingencing facility）。原称出口波动补偿贷款，是 IMF 对会员国因出口外汇收入下降或谷物进口外汇支出增加导致国际收支赤字发放的贷款，期限 3～5 年，最高贷款额为会员国认缴基金份额的 122%，其中，补偿贷款与应急贷款各占 40%，谷物进口成本补偿贷款占 17%，另 25%由借款国自由选择。贷款要求借款国的出口收入下降或谷物进口支出增加必须是暂时的，是会员国自身不可控原因造成的，并有义务与 IMF 合作采取适当措施平衡国际收支。

(3) 缓冲库存贷款（Buffer stock financing facility）。它是 IMF 对出口初级产品的成员国增加产品库存发放的贷款，以支持出口锡、铜、橡胶、糖等初级产品国家增加缓冲国际市场供求的库存产品来稳定国际市场初级产品价格，贷款最高额度为会员国认缴基金份额的 45%，贷款期限 3～5 年。

(4) 临时信用贷款（Temporary credit facility）。它是 IMF 根据实际需要临时设立和发放的贷款，其资金主要来源于借款。IMF 曾设立两项临时贷款：1974～1976 年期间设立的石油贷款和 1993 年设立的体制转轨贷款。后者主要对经济体制转轨中发生国际收支困难的国家提供资金帮助，贷款额为会员国认缴基金份额的 50%，贷款期限为 4.5～10 年。

(5) 信托基金贷款（Trust fund）。它是利用信托资金向低收入的发展中国家发放的提高其国际支付能力的优惠贷款，期限 10 年。第一期受贷会员国 1973 年的人均国民收入须低于 360 美元，第二期受贷会员国 1975 年的人均国民收入须低于 520 美元，并经 IMF 审查确有资金需要和有调整国际收支的合理计划。

(6) 补充贷款（Supplementary credit facility）。它是 IMF 对已用完普通贷款额度后，仍需融资弥补国际收支逆差的会员国补充发放的贷款。其贷款资金由石油输出国和有国际收支顺差的发达国家提供的总额为 84 亿的 SDRs。贷款最高额度为会员国认缴基金份额的 140%，1985 年最高贷款额度调整为会员国认缴基金份额的 90%～110%，3 年累计的额度为会员国认缴基金份额的 270%～330%，全部累计的最高贷款限额为会员国认缴基金份额的 400%～440%，贷款备用安排期限为 1～3 年，还款期限为 3.5～7 年。

(7) 中期贷款（Extended financing facility）。它是 IMF 帮助会员国克服中长期国际收支逆差发放的贷款。贷款额度最高为会员国认缴基金份额的 140%，中期贷款与普通贷款总计的贷款额不超过会员国认缴基金份额的 165%，贷款期限为 4～8 年，备用安排期限 3 年，本息分 16 次偿还。中期贷款审查和监管制度严格，必须经 IMF 确认受贷国需用比普通贷款更多资金才能克服本国的国际收支逆差，申请贷款须提出贷款期内平衡国际收支的可行计划并每年向 IMF 汇报计划进展情况，IMF 则根据借款国完成计划的进度分期发放贷款。

(8) 结构调整贷款（Structural adjustment facility）。它是 IMF 支持低收入的发展中国家进行国内经济结构调整发放的贷款，贷款额度为会员国认缴基金份额的 70%，期限最长为 10 年。通过贷款推动低收入的发展中国家加快国内宏观经济结构调整和体制改革，实现经济转型增长，从根本上改善国际收支状况。

5. 我国与国际货币基金组织的关系

我国是1944年布雷顿森林会议44个与会国之一，也是《国际货币基金协定》缔约国和IMF的创始成员国。因历史原因，新中国曾在一段时期内脱离IMF，经长期努力IMF于1980年4月17日正式恢复中国在该组织的合法席位。此后，我国与IMF业务往来与合作关系发展迅速。我国向IMF指派了正副理事和正副执行董事。我国认缴的基金份额不断增加，从IMF建立初期的5.5亿美元，增至2001年的63.692亿特别提款权（约折合83亿美元），在IMF的份额位次上升至第八位。从20世纪80年代初起，我国已使用IMF贷款约13.85亿特别提款权。此外，我国与IMF在人员往来、信息沟通、会议交流和金融货币合作方面日益加强。

9.2.3　世界银行集团

1944年12月，布雷顿森林会议签署《国际复兴与开发银行协定》（Articles of Agreement of the International Bank for Reconstruction and Development）。1945年12月，国际复兴开发银行（International Bank for Reconstruction and Development，IBRD）正式建立，简称世界银行，并于1946年6月开始营业。以后又相继建立了国际开发协会、国际金融公司、多边投资担保机构和解决投资纠纷国际中心等四个直属机构共同组成世界银行集团。

1. 世界银行（World Bank）

世界银行是全球性非独立法人的永久性国际金融机构。1947年11月，世界银行成为联合国下属的专门机构，其成员国必须是IMF的会员国。目前，IBRD有182个会员国。

1）世界银行的宗旨

根据《国际复兴与开发银行协定》第一款规定，IBRD的宗旨是通过为成员国组织和提供中长期贷款和生产性投资，协助会员国复兴与建设经济，并鼓励不发达国家开发生产与资源；以保证或参加成员国私人贷款和私人投资的方式，促进全球私人公司或机构的对外投资；鼓励以国际投资方式开发会员国的生产资源，促进国际贸易的长期均衡增长，以维持国际收支的平衡；在提供贷款保证时，应与其他方面的国际贷款配合。总之，世界银行的核心功能是通过向会员国提供中长期贷款，促进战后世界经济的复兴与增长，以及协助发展中国家开发资源，实现经济发展和维持国际收支长期平衡的能力。但在IBRD建立之初，其主要资助目标是恢复深受战争创伤的欧洲经济。1948年后，世界银行将资助重点转向亚洲、非洲和拉丁美洲发展中国家的经济开发与振兴。

2）世界银行的组织体制

世界银行组织体系设有理事会、执行董事会以及下属业务和行政管理机构。理事会是世界银行的最高权力机构，由各会员国委派正副理事各一名组成。理事、副理事任期5年，可以连任。副理事在理事缺席时才有投票权。理事会的主要职责是批准接纳新会员国或停止会员国资格；增加或减少银行资本金；决定银行收入分配等各种重大事项。理事会每年举行一次年会，一般与IMF理事会联席举行。

执行董事会是负责IBRD日常业务运行和行政管理的常设机构。执行董事会现执行董事21名，其中5名由持股额最多的美、英、德、法、日5国指派，其余16人由其他会员国按地区分组推选。我国属独立地区组，单独指派正副执行董事各一名。执行董事会选举1人为行长，兼执行董事会主席主持日常工作。正副理事和正副执行董事不得兼任行长。行长无投票权，仅在执行董事会表决赞成与反对票数相等时，才可投票决定最后取舍。行长任期 5 年并可连任。

世界银行办事机构庞大，在美国华盛顿的总部其按地区和专业分别设置约 50 个局或相当于局的直属机构，分别由 18 名副行长分管领导，并在全球 40 多个国家和地区设有代表处或派有常驻代表处理银行事务。

世界银行的重大事务由理事会和执行董事会按简单多数投票决定。各会员国投票权依据其认缴世界银行的股本金额决定，股本金份额越大，其投票权越大。各会员国在平均享有 250 张基本投票权的基础上，会员国每多认缴 10 万美元的股本金即增加一票。

3）世界银行的资金来源

世界银行的资金来源于会员国缴纳的股本金、发行债券收入、利润收入和转让银行债权收入，其中，主要来自于发行债券收入。

（1）会员国缴纳的股本金。世界银行规定会员国均须认购其股份。会员国认购的股份额度以本国经济和财政实力为基本依据，参照其在 IMF 认缴份额，由各会员国与 IBRD 协商并经理事会批准后确定。会员国认购的股金分期缴付：首先，会员国申请加入 IBRD 时，实缴 20%的股金，其中的 2%须以黄金或美元缴付，IBRD 可自由使用；剩余的 18%股金可以会员国的本币缴付，世界银行使用这部分股金时须经该会员国同意。其次，会员国 80%的股金是待缴股金，当 IBRD 需要使用资金时，再由会员国以黄金、美元或 IBRD 需用的币种缴付。但世界银行自设立至今从未征收会员国的待缴股金，待缴股金的实际作用仅仅是为 IBRD 在国际资金市场发行债券提供了信用保证。

世界银行创立时法定总股本为 100 亿美元，每股 10 万美元。1978 年 4 月 1 日后，每股按 10 单位特别提款权计算。后经数次增资，至 1995 财政年度，IBRD 的法定认缴股金已达1 840 亿美元。世界银行创建初期会员国缴付股金的方法是由 IBRD 协定规定的，但在 1959 年 IBRD 增资时，将会员国认缴股金增加一倍，但会员国实际缴付的股金并未同比增加，会员国实际缴纳的股本金占总股本的比重即由原 20%降为 10%，以黄金、美元缴纳部分占比由原 2%降为 1%，会员国用本币缴付部分占比由原 18%降为 9%，而待缴股金占比增至 91%。

（2）发行债券收入。发行债券取得债务收入是 IBRD 最重要的资金来源，世界银行放贷资金大部分通过发行债券筹措。如在 1990 财政年度中，世界银行借款 117 亿美元，而贷款 139 亿美元，借款额占贷款额的 84.17%。世界银行主要在欧美等发达国家的资本市场发行债券，期限从 2 年到 25 年不等，其利率随国际金融市场行情变化调整，由于 IBRD 的资信较高，其债券利率通常低于公司债券和部分政府债券。IBRD 既通过投资银行、商业银行等中间包销商向投资者出售中长期债券，也直接向政府机构或中央银行出售中短期债券。

（3）业务净利润。由于 IBRD 经营有方，管理严密，每年有稳定的净利润收益，除将部分净利润赠与开发协会外，剩余均形成储备金作为放贷的资金来源。

（4）债权转让。自 20 世纪 80 年代后，世界银行将部分贷款资产的债权有偿转让给商业银行等私人投资者，提前收回资金增强银行的资金流动性，也形成其贷款的资金来源。

4）世界银行的贷款业务

向发展中国家提供开发性贷款是 IBRD 的核心业务。此外，IBRD 还结合发放贷款向受贷国附带提供项目组织和管理以及技术咨询等技术援助服务。

世界银行的贷款条件不同于商业性贷款，其通常仅向中等收入水平以下的会员国政府机构和中央银行提供担保的公营或私营机构提供贷款，贷款一般用于经 IBRD 审查批准的技术和经济上可行的会员国特定项目，主要为交通、农业、教育等基础产业和基础设施，仅在特殊情况下，IBRD才发放非项目贷款。贷款必须专款专用，并接受IBRD对项目工程全方位和全过程的监督。贷款期限最长可达30年，宽限期4年。贷款利率自1976年7月起实行浮动利率，随金融市场利率变化定期调整，基本以金融市场借款成本加0.5%的利息计算，相比国际货币基金组织贷款，利率较优惠。

世界银行的贷款程序的管理严格规范。IBRD贷款首先要由借款国提交借款建设项目的计划书，经IBRD初审和实地调研评估后，与借款国洽商筛选出符合条件的可能贷款的项目。再由IBRD的专家组对贷款项目从技术方案、设备和原材料配套、资金组织和财务安排、项目的市场前景以及经济与社会效益等进行全面的严格评审，提出贷款建议后，安排IBRD与借款国就项目贷款进行实质性的具体谈判。双方谈妥贷款协议后由IBRD行长向执行董事会提出贷款报告，经执行董事会审议批准即与借款国代表正式签约，并在联合国注册登记。随后IBRD按工程进度与质量状况分期分批地发放贷款，并对工程定期进行动态跟踪监管，确保资金合理有效使用。项目完成后世界银行还须对贷款项目进行财务审计和项目绩效作出综合评价。

世界银行贷款主要有项目贷款与非项目贷款、“第三窗口”贷款和技术援助贷款等。

(1) 项目贷款与非项目贷款。项目与非项目贷款是IBRD传统和主导性的贷款种类。项目贷款(Project loan)是IBRD在对会员国申请贷款项目的审查基础上，针对工农业生产、交通、通信，以及市政、文教卫生等具体建设项目发放的贷款，如世界银行初建时期对西欧国家复兴经济发放的贷款。非项目贷款(Nonproject loan)是世界银行不针对会员国具体建设项目发放的贷款，其通常是为支持会员国发展经济进口生产性物资和设备所需外汇提供的贷款，如世界银行支持发展中国家为解决国际收支困难而进行经济调整及体制改革发放的调整贷款，以及支持会员国应付各种自然灾害等突发性事件而提供的应急性贷款。

(2) “第三窗口”贷款(The third window loan)。所谓“第三窗口”贷款，指在世界银行一般项目贷款和国际开发协会优惠贷款之外增设的贷款，其贷款条件优于世界银行的一般项目贷款，但差于国际开发协会贷款，介于两种贷款之间。世界银行为此设立由发达国家和石油输出国捐资的“利息补贴基金”(Interest subsidy fund)，由该基金补贴贷款4%的利息。“第三窗口”贷款期限最长可达25年，是特定向1972年人均GNP低于375美元的较贫穷的发展中国家提供的开发性贷款。

(3) 技术援助贷款。技术援助贷款是对会员国使用项目贷款建设的项目中用于项目可行性研究、项目管理或技术咨询，以及技术与管理培训方面所需资金的贷款，以及包括与项目贷款建设项目无关的、会员国急需的技术咨询与技术管理提供的资金贷款。

(4) 联合贷款(C-financing)。联合贷款是世界银行与其他金融机构组成银团共同向会员国的建设项目提供的贷款。联合贷款既可由世界银行同借款国政府共同选定贷款项目，再与其他贷款人签订联合贷款协议，世界银行和其他贷款人再分别按各自的贷款条件和贷款程序同借款国签约并实施贷款操作；也可由世界银行同其他贷款者按商定的比例出资，统一由世界银行按其贷款程序与借款国签订借贷协议和实施贷款操作。

5) 我国与世界银行的关系

我国是世界银行的创始会员国之一。新中国成立后，直到1980年5月世界银行执行董事会才正式恢复我国在世界银行的合法席位，我国也向世界银行指派了正副董事与正副理事各一名，向多边投资担保机构指派了五名董事。到1990年6月底，我国认缴IBRD的股金42.19亿美元，实缴股金2.99亿美元，投票权为35 221票，占总票数的3.27%。

鉴于世界银行扶持发展中国家经济复兴与开发性质，作为发展中国家的我国与世界银行的业务往来频繁，IBRD已成为我国对外经济合作最重要的国际金融组织。我国是迄今为止向世界银行贷款项目最多的国家和执行贷款项目效果最佳的国家之一。从1981年IBRD向我国的大学发展项目提供首笔贷款至2003年，世界银行共向中国提供各类优惠项目贷款约366亿美元，以贷款建设了245个各类项目，其中部分项目仍在实施。世界银行贷款项目涉及国民经济的各个部门，遍及中国的大多数省、市、自治区，其中交通、能源、工业、城市建设等基础设施项目占贷款总额的半数以上，其他还包括农业、教育、卫生、社会保障、环保以及供水和环境卫生等项目。IBRD的贷款项目建设对我国的减贫和社会经济发展起到了重要作用。如在2003财政年度期间，IBRD向中国提供11.45亿美元贷款建设6个项目，具体包括改善公路设施和公路管理的新疆公路项目；改善贫困地区道路交通的湖北孝感至襄樊全长243.5公里的湖北高速公路项目；提高江苏省电力部门行业总体效益的宜兴抽水蓄能项目；提高天津市城市污水管理和交通系统效率的天津城市发展与环保项目；改善上海城市环境和提高居民生活质量的上海城市环境改善项目；改善公路基础设施交通条件的安徽公路项目二期工程。

世界银行在中国境内的业务由IBRD驻中国代表处负责管理，IBRD的财务部主管世界银行对中国贷款计划的制定和实施。按照我国"归口管理，分工负责，加强协调"的外债管理原则，财政部作为我国管理IBRD贷款的直接主管机关，与国家发展改革委员会、商业部、国家外汇管理局、海关总署等部门共同对世界银行贷款进行管理。

2. 国际开发协会(International Development Association, IDA)

国际开发协会是专门向低收入发展中国家提供优惠长期贷款的国际金融机构。1959年10月，经美国财政部长提议，世界银行决议设立国际开发协会并于1960年正式成立营业。其宗旨是通过向较贫困的发展中会员国提供比世界银行更优惠的长期贷款，促进欠发达会员国资源开发和经济发展，提高居民收入和生活水平，作为世界银行贷款业务的补充，共同推动世界银行目标的实现。

1) 国际开发协会组织体系

国际开发协会在法律上是独立的国际金融机构，但人事管理附属世界银行集团，故有"第二世界银行"之称。IDA的组织体系与世界银行是两块牌子，一套机构与人员，其内部机构设置与IBRD机构对应，人员均由世界银行对应机构的人员兼任，但在财务上分别设账，单独核算。

按照规定，凡是世界银行的会员国均可申请加入国际开发协会。会员国在IDA的投票权大小同其认缴的股本成正比，在每个会员国均有初始基本的500票基础上，会员国每增加认缴5 000美元即增加一票。此后，在第四次扩充股本金时，每个会员国有基本票3 850票，每增加认缴25美元即增加一票。

1980年5月，我国恢复在IDA的合法席位。到1990年6月底，我国共认缴股本金13 916.8万美元，有投票权13 895票，占总票数的2.01%。我国派往世界银行的官员同时负责我国与IDA的业务联系。长期来我国与国际开发协会的业务合作密切，尤其在20世纪90年代IDA曾援助我国建设一批有影响的贷款项目，如2 500万美元的黄浦港扩建项目、5 000万美元的教师培训项目、5 690万美元的大兴安岭森林火灾恢复项目等。随着我国经济建设发展，自1990财政年度后IDA对我国的援助贷款基本停止。

2）国际开发协会的资金来源

IDA的资金来源于会员国认缴的股本金、会员国提供的补充资金、世界银行的拨款和协会业务经营的净收入。

(1) 会员国认缴的股本。会员国认缴协会股本数额按其在世界银行认购股份额同比例确定。协会初始法定资本为10亿美元，将会员国划分为两组分别认缴股本金，第一组以工业发达国家为主，须以黄金或可自由兑换货币认缴7.6亿美元的股本金，所认缴的股本金全部供协会发放贷款；第二组主要为发展中国家，共需认缴2.4美元的股本金，其中10%须以可自由兑换货币缴付，其余90%用本币缴付，以本币缴纳的股本金未经货币发行国同意协会不得随意使用。

(2) 会员国提供的补充资金。由于会员国缴纳的股本有限，协会又规定不得在国际金融市场发行债券募集资金，与会员国信贷需求增长导致的资金供求矛盾尖锐。因此，协会只能每隔三年提请会员国政府以自愿捐赠形式补充一次资金，其中绝大部分由第一组会员国捐赠，先后有包括发达和发展中的约40个国家捐款。

(3) 世界银行拨款。世界银行根据需要，不定期地从其净收入中拨出部分款项，补充IDA对会员国贷款的资金来源。

(4) 业务净收入。此外，国际开发协会自身业务经营收入扣除成本费用后的净收入也充作其放贷资金来源。但因IDA的贷款利率优惠，其经营的净收入有限。

3）国际开发协会的贷款业务

贷款是IDA最主要的业务，但其仅向低收入的发展中会员国提供优惠贷款，最初规定的标准是受贷国的年人均GNP低于425美元，以后逐步提高，2004年标准已提高至年人均GNP低于865美元，即可获得协会信贷。协会规定贷款对象为会员国政府或会员国的公、私企业，但实际只向会员国政府贷款。

IDA的贷款称为信贷(Credit)，以区别世界银行的贷款(Loan)，两者差别在IDA贷款条件更优惠，被称为软贷款(IDA Credit)，而世界银行贷款条件相对较严，而被称为硬贷款(Hard loan)。软贷款优惠主要体现为利率低与期限长，IDA贷款期限为35～40年，宽限期10年，第二个10年内每年还本1%，其余各年每年还本3%。偿还贷款可全部或部分以本币偿还，贷款不收利息，仅收取0.75%的手续费，对签约而未实际使用的资金收取0.5%的承诺费。IDA贷款用途和程序与世界银行基本相同，主要对借款国经济发展具有基础性意义的农业、电力、交通运输、电讯、城市供水，以及教育设施、计划生育等项目。

3. 国际金融公司(International Finance Corporation, IFC)

1956年7月成立的国际金融公司既是世界银行的下属机构，但在法律和财务上又是对外独立的国际金融机构。按照IFC规定，只有世界银行会员国才能成为公司的会员国，至2004年，IFC有176个成员国。鉴于世界银行仅以会员国政府为贷款对象，为促进各国特别是发展中国家私人企业的发展，经美国国际开发咨询局建议，世界银行与各会员国磋商后决定建立IFC，其宗旨是通过对发展中国家会员国，尤其是欠发达会员国私人生产性企业的新建、改建和扩建项目提供无需政府担保的贷款，鼓励国际私人资本流向发展中国家，推动发展中国家私营经济的增长和国内资本市场发展。

1）国际金融公司的组织体系

作为世界银行的下属机构，IFC 的组织体制与世界银行相同。最高权力机构是公司理事会，下设执行董事会负责日常事务，其内部机构设置多数与世界银行对应，正副理事、正副执行董事及业务行政部门职员也由世界银行人员兼任，世界银行行长兼任 IFC 总经理，也是 IFC 的执行董事会主席。

2）国际金融公司的资金来源

IFC 的资金来源主要有会员国认缴的股金，其是公司最主要的资金来源。公司最初的法定资本为 1 亿美元，分为 10 万股，每股1 000美元，会员国认缴股金须以黄金或可自由兑换货币缴付。各会员国的基本票为 250 票，每增认 1 股，增加 1 票。经多次增资后 IFC 总资本金已达 29 亿，其中美国认缴股金约占 30%。此外，还包括发行国际债券形成的债务收入；世界银行与会员国政府向 IFC 提供贷款形成的资金来源；IFC 经营的利润收入等。

3）国际金融公司的贷款与投资

IFC 的贷款与投资对象为发展中国家会员国的私营中小型生产企业，且无须会员国政府为之提供担保。IFC 主要对制造业、加工业、采掘业、旅游业等行业的企业贷款或投资。其贷款额一般不超过 200～400 万美元，最高不超过2 000万美元，投资额一般不超过受贷企业注册资本的 25%，贷款通常先贷给会员国的金融投资公司，再转贷给当地企业。国际金融公司贷款期限一般为 7～15 年，需用原借贷货币还贷支付，贷款利率视投资对象的风险和预期收益确定，通常高于世界银行贷款的利率，对签约后未实际借用的资金，按年收取 1%的承诺费。

国际金融公司融资采取直接向会员国私人生产性企业提供贷款或直接向会员国私人生产性企业投资入股，分享企业利润，并参与企业管理的方式。公司既可先单独贷款或投资，随后视情况需要将债权或股票再出售给私人投资者，也可与私人投资者共同对会员国生产性私人企业联合贷款或联合投资。

4）我国与国际金融公司的关系

我国于 1980 年 5 月恢复了在 IFC 的合法席位，成为国际金融公司的会员国。至 2000 年 6 月底，我国已认缴股金2 450万美元，占总股本的 1.04%，有投票权24 750票，占总票数的 1.03%。同时，我国是国际金融公司的第九大投资国，也是投资规模增长最快的国家。国际金融公司对我国贷款或投资的重点是以有限追索权的项目融资方式，提供项目建设资金，促进地方非国有经济部门的发展和金融行业开放；加强对中西部投资，促进中西部发展；鼓励私营企业参与基础设施建设以及支持国有企业的改制。国际金融公司除对我国贷款或投资 20 多亿美元的建设资金外，还就发展私营部门经济及吸引外国投资向中国政府提供技术咨询。

4. 多边投资担保机构(Multinational Investment Guarantee Agency, MIGA)

多边投资担保机构创建于 1988 年，是世界银行集团的新成员，但在法律与财务上独立于世界银行。机构的宗旨是通过向投资者提供担保，消除贷款或投资障碍，鼓励会员国相互间进行以生产为目的的投资，特别是促进对发展中国家的直接贷款或投资。

为此，MIGA 主要职责是向投资者提供非商业风险的担保；对会员国设计和执行吸引国外投资政策、规划以及程序提出建议；并协调国际商业界与吸收外资国政府之间的沟通与对话。其中，MIGA 提供的非商业性风险担保业务包括：由于投资所在国政府对货币兑换和转移的管制导致的转移风险；由于投资所在国政府的法律或行政行为造成投资者丧失其投资所有权、控制权的风险；当投资者无法进入主管法庭，或这类法庭不合理拖延或无法实施已作出的对其有利的判决时，政府撤销与投资者签订的合同而造成的风险，以及武装冲突和国内动乱造成的风险。

5. 解决投资纠纷国际中心(The International Center for Settlement of Investment Disputes, ICSID)

1965年3月，世界银行董事会通过《解决投资争端国际公约》，依据公约随即成立作为世界银行下属的促进国际投资机构的解决投资纠纷国际中心。解决投资纠纷国际中心是调解和仲裁投资所在政府和外国投资者之间投资纠纷的常设机构，通过调解和仲裁跨国投资争端，维护国际贸易和国际投资增长秩序。至1992年6月底，已有112个国家签署公约加入中心，我国于1992年7月加入中心。

中心的执行理事会是其最高权力机构，由各成员国指派1名理事组成。世界银行行长兼任中心主席。当事人要求调解投资争端的，应向中心秘书长提出申请，经批准后由双方当事人共同选定独任调解人或选出非偶数调解人组成调解委员会调解争端。当事人要求仲裁投资争端的，应向中心秘书长提出申请，经批准后由双方当事人共同选定独任仲裁员或选出非偶数仲裁员组成仲裁庭仲裁争端，仲裁的裁决对双方具有强制约束力。

9.2.4　区域性国际金融组织

区域性国际金融组织数量众多，是国际金融机构体系的重要组成部分，对扩大区域内融投资与改善金融服务，促进各国社会经济发展有着不可或缺的作用。

1. 亚洲开发银行(Asian Development Bank, ADB)

亚洲开发银行1966年由联合国所属的亚洲太平洋经社委员会创办，是西方发达国家与亚洲、太平洋地区发展中国家政府出资合办的多边官方金融机构，总行在菲律宾首都马尼拉。ADB规定凡属联合国亚太经社委员会成员国和准成员国，及联合国非本地区的经济发达的会员国均可申请入行，因而，亚行现有会员国或地区58个，除42个本地区会员国外，还包括英国、德国等10多个欧洲发达国家会员国。1986年3月我国成为亚行的正式成员。ADB宗旨是通过为本地区发展中国家筹集建设项目资金、提供技术援助、协调经济政策和发展计划，促进亚太地区经济发展与合作。

ADB的最高决策权力机构是理事会，通常每年举行一次年会，讨论决定重大事项，各国投票权由各自认缴的股本额决定。理事会由各成员国或地区指派理事和副理事各一名组成，正副理事通常由各国财政部长或由中央银行行长担任。理事会下设董事会负责亚行的日常事务，董事会由理事会选出8名本地区董事和4名非本地区董事组成。行长由理事会选举产生并兼任董事会主席，任期5年。

ADB的资金主要来源于会员国认缴的股本，以及对外借款、发行债券、发达国家的捐赠款和经营净收益。ADB主要业务是向亚太地区成员国或地区的政府及其所属机构、境内公私企业以及发展本地区有关的国际性或地区性组织提供长期贷款。贷款分为普通贷款和特别基金贷款两类，普通贷款属硬贷款，主要对较富裕的发展中国家的生产性开发项目贷放，期限一般为10～30年，执行半年调整一次的浮动利率。特别基金贷款属软贷款，主要对贫困的发展中成员国的开发项目贷款，期限为25～30年，最长可达40年，不收利息，每年仅交1%的手续费。此外，ADB还通过贷款和无偿赠款向成员国提供各种咨询服务和技术援助。自加入亚行以来，我国已成为亚行重要的合作伙伴，是亚行硬贷款的第二大借款国，技术援助赠款的第一大使用国。

2. 非洲开发银行(African Development Bank,AFDB)

非洲开发银行成立于1963年9月,是非洲地区国家合办的互助性国际金融机构,总行设在科特迪瓦首都阿比让。早期AFDB规定除南非外的非洲国家均可加入该行,为扩大资金来源该行理事会于1980年通过决议允许非洲以外国家入行,但地区外成员不得借款。1985年我国正式加入非洲开发银行。目前AFDB有50个非洲成员国和25个地区外成员国。AFDB宗旨是通过为成员国经济社会发展提供资金和技术援助,协调各国的发展计划和经济政策,促进非洲地区资源开发、经济发展和社会进步。

非洲开发银行实行理事会领导下的董事会负责制,理事会是最高权力机构,由各国指派一名理事组成,各国投票权由各自认缴的股本额决定,由理事会选举18名董事组成董事会,负责日常业务和行政管理,董事会选举行长并兼任董事长。非行资金主要来源于成员国认缴的股本,以及从私人机构借款和非洲开发基金、尼日利亚信托基金、非洲保险公司和非洲投资与开发国际金融公司等机构筹集的资金。非行对成员国贷款业务分为普通贷款和特别贷款。普通贷款是用股本资金提供的贷款,期限一般为20年。特别贷款是以特别基金提供的优惠贷款,期限可达50年,实行免息或低息,主要用于受贷国大型工程项目建设,贷款对象仅限于成员国。

3. 泛美开发银行

泛美开发银行成立于1959年,是由美洲及美洲以外的国家联合建立的向拉丁美洲地区成员国提供贷款的区域性金融合作机构,总行设在华盛顿。其宗旨是通过对本地区发展中国家和地区的经济社会发展提供资金和技术援助,促进本地区的经济发展和社会进步。

泛美开发银行资金来源于成员国认缴股本和对外借款,主要业务是向发展中会员国提供普通贷款和特别基金贷款。普通贷款对象为会员国政府及公私经济体的特定开发项目,期限一般10～25年。特别基金贷款对象为会员国大型公共基础工程为主的建设项目,期限一般为10～30年,利率优惠并可部分或全部用本币偿还。

本章重要名词概念

国际货币体系　国际金本位制　布雷顿森林货币体系　互惠信贷协议　黄金总库　借款总安排　黄金价格双轨制　新经济政策　史密森协议　牙买加货币体系

本章复习思考题

1. 国际货币体系包括哪些方面的制度规定和组织机构?
2. 国际金本位制崩溃的根本原因是什么?
3. 构成布雷顿森林货币体系的主要内容是什么?
4. 如何客观评价布雷顿森林体系的优缺点?
5. 布雷顿森林货币体系是如何逐步崩溃的?
6. 构成牙买加货币体系的主要内容是什么?
7. 如何评价牙买加货币体系的积极作用和缺陷?
8. 国际社会关于国际货币体系改革主要有哪些观点与方案?
9. 国际清算银行的宗旨与业务是什么?
10. 国际货币基金组织的宗旨与功能是什么?其资金来源和贷款种类有哪些?

11. 世界银行的宗旨与功能是什么？其资金来源和贷款种类有哪些？

本章案例

从亚洲金融危机看国际金融组织援助贷款

通过国际间协调和合作以及对成员国的资金援助，缓解单个国家或区域内多个国家的金融风险，维持区域和全球金融秩序稳定，促进世界经济和国际贸易持续发展是国际金融组织的基本职责之一。在亚洲金融危机期间，国际货币基金组织（IMF）虽然对主要危机国实施了紧急救援并取得一定效果，但也充分暴露出现行国际金融机构存在的缺陷。

一、国际基金组织对亚洲金融危机国的援助及条件

20 世纪末亚洲金融危机爆发后，亚洲各国曾计划建立“亚洲货币基金”，通过依靠区域金融合作的力量来克服危机。但该方案因美国反对而在 1997 年世界银行与国际货币基金的香港年会受阻。随着金融危机的扩散和蔓延，危机国又先后呼吁美国和日本给予援助，在遭到拒绝的情况下，各国开始向 IMF 提出援助申请。从 1997 年 8 月至 1998 年 2 月，IMF 对泰国、印度尼西亚和韩国实施了自基金组织成立以来最大规模的紧急援助，总额约达1 000亿美元。此后，IMF 还对马来西亚等其他亚洲金融危机国提供援助。

1997 年 8 月泰国国际储备额仅存约 300 亿美元，而外债总额高达 884 亿美元，面临严峻的货币信用和国际支付危机，为此，经泰国政府申请紧急援助，IMF 同意向其提供 127 亿美元的备用信贷，双方在其后的 9 个月内就落实贷款先后进行四次谈判。

1997 年 7 月，金融危机波及印度尼西亚，印尼被迫放弃固定汇率，印尼盾大幅贬值，印尼政府无奈只得向 IMF 申请援助贷款。当年 10 月，IMF 同意向印尼提供 400 亿美元贷款，其中的 30 亿美元于 11 月到位。但由于印尼未完全履行 IMF 贷款协议规定的义务，后继援助资金中断，次年双方经两次谈判达成协议后才予恢复。

同时，韩国因少数大企业集团不良贷款引发短期国际债务支付危机，韩元大幅贬值，对外支付能力不足，请求 IMF 给予紧急援助。经近一个月的磋商，IMF 同意提供 210 亿美元的短期贷款，并与世界银行、亚洲开发银行、美国和日本共同实施对韩国总额 570 亿美元的一揽子援助计划。

IMF 对亚洲金融危机国实施援助贷款并非是无条件的，其在与各国的贷款协议中都附加了特定条款，主要包括：第一，整顿和重组金融机构，勒令部分金融机构破产，保护存款人和债权人利益，促使金融机构资本充足率达标，以恢复市场信心，提高金融体系抗风险能力。第二，开放金融市场，取消外资参股或投资本国金融机构的限制，以引进外资和吸收国际先进技术及管理经验，通过加快本国金融机构与国际接轨步伐，提高本国金融资源利用效率。第三，紧缩财政支出和货币政策，遏制通货膨胀，降低经济增长率以减少有效需求，控制进口，改善国际收支赤字，稳定货币汇率。第四，调整本国的经济结构，加快市场化和私有化改革进程，以减少政府机构的非市场干预，维护市场化的资源配置机制功效，提高市场运行效率和产品的国际竞争力，增强可持续的出口创汇能力。

二、IMF 援助贷款的效果与评价

事实上，IMF 的援助贷款并未达到化解危机，恢复亚洲地区金融经济秩序的预期效果，甚至在一定程度上激化了矛盾从而恶化了危机。当泰国 1997 年 8 月 5 日与 IMF 达成第一次援助贷款协议后，因担心协议条款实施的影响，泰国证券市场的股票价格指数即刻下跌3.4%，所

有银行和其他金融机构的交易立即中断。1998年初，IMF与危机国就援助贷款进行的谈判未提升市场信心，在谈判期间亚洲各主要国家股市和汇市大幅动荡。印尼盾在10天内贬值36%，印尼国内股市下跌16.3%；泰铢在1998年1月12日的单日跌幅达10%；香港恒生指数跌破8000点大关。一些国家还爆发了社会动乱或大规模骚乱。由此，IMF的援助贷款受到国际社会的广泛质疑与批评。

著名经济学家斯蒂格利茨曾对国际货币基金组织的援助贷款方案提出强烈批评，认为国际货币基金组织的紧缩化、自由化和市场化的政策条件对深陷危机的国家而言并无积极作用："国际货币基金的经济治疗往往使得事态变得更糟——它使得经济发展放缓变为衰退，经济衰退变为经济危机。"探究IMF援助贷款效果不佳的原因，主要反映在以下方面：首先，IMF无视国情差别的过激的改革措施激化了危机国矛盾。亚洲各国所处的发展阶段和人文背景存在差异，金融危机产生的具体原因也有区别，化解危机的措施应对症下药。但IMF在理论上完满的条款不仅没有对症下药，而且脱离亚洲各国的实际，提出超越现实条件和发展阶段的金融机构改革和对外金融开放的强制性要求，拔苗助长，结果适得其反。其次，要求经济过度紧缩抑制了危机国的经济发展，影响金融市场信心复苏。从理论上说，紧缩经济和国内需求有助于控制进口，增加出口而平衡国际收支。但紧缩过度同样会抑制国内供给，从而影响出口创汇和金融市场信心的恢复。并且，亚洲危机国的经济结构性矛盾突出，并非单靠经济紧缩即能解决，过度紧缩导致的经济衰退更无助于国内经济结构的调整。第三，IMF协议的破产保护措施损害了危机国利益，不利于形成经济金融复苏的宽松环境。IMF条款要求危机国政府在勒令国内部分金融机构破产的同时，保护存款人和债权人利益不受损害，其事实上是代表了发达国际的利益，将金融机构破产的债务负担全部转嫁给亚洲国家，加大了危机国恢复经济增长和化解债务压力的难度。第四，IMF协议条款未真正站在危机国立场，帮助危机国摆脱危机。鉴于国际金融机构受控于发达国家的现实，决定了其难以成为完全公正的国际金融秩序的维护者。IMF协议条款迫使危机国开放金融市场和实行国有机构私有化等措施，并非真正有利于协助危机国渡过难关，而在一定程度上是为发达国家乘人之危抢占危机国金融市场，控制其经济命脉创造条件。因而，必然招致援助失效和国际社会的批评。

第10章 国际货币危机

本章学习目标

掌握国际货币危机的含义、负面影响及产生原因；了解国际货币危机理论的基本观点；了解应对和防范国际货币危机的主要措施。

20世纪90年代以来，伴随国际资本全球大规模频繁地跨国流动，国际货币危机频发，其危害范围广，烈度强，影响广泛而持续，并扩散形成区域性的金融危机，危及国际金融和世界经济的安全与稳定，引起了各国和国际金融业界的高度关注。如何防范货币危机发生和完善货币危机的管理体制，已成为近年来国际金融领域的亟待解决的重大热点问题。

10.1 国际货币危机

20世纪末的欧洲货币危机和亚洲金融危机是20世纪90年代影响最大和最典型的货币危机引发的国际金融危机。通过危机管理的探索和经验总结，深化了国际社会对危机的认识，形成了金融危机理论，丰富了各国防范和应对货币危机的经验和方法。

10.1.1 国际货币危机概述

1. 货币危机概念

目前，国际金融理论界对货币危机(Monetary crisis)尚未有统一的定义。一般说，货币危机概念有广义与狭义之分。

广义的货币危机是指在资本自由流动和货币自由兑换条件下，因国际短期资金针对一国货币汇率高估或低估实施大规模投机套利流动引起的外汇市场大规模抛售本币和挤兑外汇，抽资外逃，汇率剧烈波动，本币汇率大幅下跌，金融市场秩序极度混乱，本国国际储备严重短缺和对外支付能力不足，国际收支赤字扩大，国民财富对外大幅度缩水，国内通货膨胀高企等危及本国货币和金融体系安全，以及本国经济发展的集中性爆发的货币金融现象。广义货币危机通常是外汇市场投资者对危机国的货币、汇率制度和经济前景丧失信心时发生的，市场参与者通过抛售本币抢购外汇直接冲击管制汇率制度，从而引起外汇市场汇率持续动荡并危及国内经济发展。

狭义的货币危机则指短期内一国外汇市场上本币汇率非正常地持续大幅度贬值导致汇率制度崩溃和本国货币体系局部甚至基本瘫痪的货币金融现象。

货币危机本质上是由多种复杂因素综合作用形成的社会公众对一国货币的信任危机，总结已发生的国际货币危机，其作用过程和内在机制具有共同规律。受各种基本因素的影响，本币或外币所代表的内在币值是动态变化的，但受僵化汇率制度的约束，已变化的货币实际币值无法通过名义汇率反映，即作为本外币币值相对比价的汇率被实际高估或低估，为短期投机的套利资金提供货币攻击的差价空间。当实际汇率被低估时，短期国际游资便以外汇兑换本币大量进入该国购买房地产等实体资产和股票债券类金融资产，既享受本币升值的收益，又获取炒作房地产和金融产品的收入，一旦本币升值到位，便开始大规模抛售房地产和金融资产，挤兑外汇撤离该国导致外汇汇率骤涨和本币汇率急跌，以及房地产和资本市场价格暴跌的灾难性后果。当实际汇率被高估时，短期国际游资便以外汇兑换本币进入该国购买房地产等实体资产和股票债券等金融资产，同时，利用金融衍生工具在国际外汇市场抛空该国远期货币。由于大量外资进入购买导致本国不动产和金融资产价格大幅上升而带动通货膨胀，迫使货币当局提升利率，在利率平价作用下，进一步吸引外资流入扩大国内需求而促进物价上涨。一旦远期合约到期，短期投机性资金便抛空资产兑换外汇撤资，导致国内资产价格和本币汇率大幅下跌，攫取丰厚的投机利润和远期货币合约的收益。

应当看到，货币危机与金融危机是两个既有联系又有区别的概念。从联系上看，金融危机与货币危机是相互影响的，货币危机处置不当或无法有效控制，必然触发全领域的金融危机。同样，由其他类型的局部危机引发的金融危机也会连锁引发货币危机。从区别上看，金融危机是一国金融领域的整体性危机，不仅包括外汇市场的货币危机，还包括对外债务危机和国内债务危机，其他金融市场的信贷危机、信用危机、金融资产价格危机和金融机构破产危机等，其危机诱发的成因、危机范围与危害影响远大于局部危机。货币危机属于金融领域的局部性危机，只要有效应对处置即可避免扩散为整体性的金融危机。

按照诱发货币危机的成因，货币危机可分为以下类型：

(1) 体制型货币危机。体制型货币危机是因本国货币汇率制度设置滞后或超前于本国实际，致使本币汇率背离外汇市场货币供求关系或过度波动所引发的货币危机。在体制型货币危机下，一国汇率制度长期僵化固定，无法反映因本国经济基本面变化产生的本币币值变化，使得本币汇率被严重高估或低估；或超越本国实际承受能力过度开放，使短期投机性资本可大规模自由流动带动汇率大幅波动而缺乏监管约束，为货币危机创造了制度性条件。体制型货币危机在已发生的国际货币危机中具有典型意义。

(2) 政策或管理型货币危机。政策或管理型货币危机是因本国制定实施的财政、货币、汇率等金融经济政策或货币金融的宏观调控管理不当所引发的货币危机。在政策或管理型货币危机下，本国的货币金融制度是基本合理或符合本国实际的，但因一定时期内本国实施的经济金融政策和宏观调控管理失误，使经济基本面恶化和市场预期转变，在市场恐慌心理支配下为防范潜在货币汇率风险，诱发资本挤兑外汇大规模撤离。

(3) 外来冲击型货币危机。外来冲击型货币危机是因国际资本短期内过度频繁和大规模冲击性流动所引发的货币危机。一般说，国际短期资本突发性大规模的流动冲击是货币危机的直接诱因。在外来冲击型货币危机下，国际短期投机资金在进入和撤离一国资本与金融市场实施投机套利，必然引起该国尤其是中小国家外汇市场汇率的剧烈波动，在市场心理预期变化和“羊群效应”下放大共振为大规模危机。

(4) 国际传递型货币危机。国际传递型货币危机是由其他国家货币危机蔓延传递形成的货币危机。在经济金融一体化的国际环境下，各国间经济金融往来、货币收支和市场心理预期等各种因素的相互影响都会导致货币危机的相互传递，特别对与危机国经贸关系紧密和内部经济基本面及对外金融状况不稳定的国家而言，更易遭受影响和冲击。

2. 货币危机的危害

尽管货币危机能充分暴露危机国经济金融存在的体制缺陷，便于纠正克服，但毕竟是以对当事国及区域和世界经济金融产生严重负面影响为重大代价的。货币危机的危害主要表现在：

(1) 货币危机致使本国经济金融遭受重创和倒退。在货币危机下，危机国金融秩序混乱，本币严重贬值，资产缩水，国民财富大量流失，经济发展数年甚至数十年的成果毁于一旦；对外出口不振，国内经济萧条，通货膨胀和失业严重，经济增长停滞甚至出现倒退；大量企业和金融机构破产，信用支付链断裂，货币金融体系瘫痪，严重破坏社会信用；国民收入、国民生活和福利水平大幅下降，国内社会矛盾紧张；对外债务大量增加，国际信誉和国际地位下降。可见，货币危机不仅是货币金融领域的危机，还会扩散为一国的经济和社会的全面危机；不仅是一国内部金融经济的危机，还是对外金融经济的危机。

(2) 货币危机影响区域经济金融的稳定和发展。货币危机通常在一国率先发生，随后在金融经济往来和贸易收支结算及心理预期层面的影响下迅速向周边国家扩散蔓延，最终导致区域内国家难以幸免，不同程度地遭受危机的危害。并且，区域性货币危机极易在各国间形成重复交叉传染，加重各国危机程度和延长危机周期，增加各国克服危机的难度。可见，货币危机不只是一国的危机，也是区域内各国共同面对的危机。

(3) 货币危机破坏全球经济金融的稳定和发展。在现行牙买加国际货币体系下，各国普遍实行不同形式的以市场供求关系为基础的浮动汇率，国际外汇市场对各种影响外汇供求的因素高度敏感，任何国家或地区的货币危机不可避免地会通过国际外汇市场的汇率波动向各国传导影响。因而，货币危机必然全面阻碍全球资本流动、跨国贸易、国际资本市场与金融衍生品市场，以及世界经济的稳定与增长。如 1997 年爆发的亚洲金融危机中，国际投机基金先从外汇现货和货币期货市场开始对泰国实施货币攻击，后经泰国向东南亚各国和地区蔓延，再向东亚各国和地区扩散，并最终祸及世界各主要金融市场。

3. 货币危机产生的原因

尽管导致各国货币危机的具体成因不尽完全相同，但各国的研究表明，货币危机的形成与发生有其共同的内在规律和成因，并且，是由多种因素共同作用的结果。

总结各国经验教训，本国经济增长乏力和经济结构不合理是发生货币危机的基础性原因。一国经济规模的持续增长是维护本国货币币值的根本保证，也是防范和化解货币危机的经济基础。而合理的产业、产品结构和具有国际竞争力的制造业是支持出口，控制进口，平衡国际收支和保证国际储备的必要条件。如阿根廷国内产业结构调整滞后，农牧产品出口占总出口额的 60%，制造业产品出口仅占总出口额约 10%。在国际市场初级产品价格持续下跌及提高农产品贸易壁垒后，其丧失了国际比较竞争优势，出口受挫，国际收支赤字扩大。而泰国、印尼等货币危机发生国的国内产业结构长期以劳动密集型加工制造业为主，在中国大陆与东欧转型国家的竞争下，逐渐丧失原有的低成本价格优势，导致出口减少，外汇收入持续下降。因而，保持经济持续增长，形成合理的经济结构，形成本国的国际竞争优势是防范货币危机的基础。

但也应看到，基础条件并不直接引发货币危机，其是通过各种直接诱因的传导而起作用的，引发货币危机的直接原因主要有外汇与汇率制度、国际收支与国际储备、国内金融体系、外债控制管理、国内经济政策以及国内体制改革与社会政治等方面存在的问题。

(1) 汇率制度与外汇管理政策不当。各国的经济基本面和货币的市场供求状态是动态变化的，汇率应具有充分弹性以反映各国货币币值的变化。因而，尽管固定汇率制短期可降低汇率波动的不确定性，但其长期僵化固定，无法反映因本国经济基本面变化产生的本币币值和对外相对币值的变化,使得本币汇率存在被严重高估或低估可能,为投机攻击提供了套利空间。同时,在市场浮动汇率下,本国短期资本流动和外汇管制超越本国实际承受能力过度开放,短期投机性资本可大规模自由流动带动汇率大幅波动而缺乏必要的监管约束,为货币危机创造了制度环境。许多货币危机国都长期实行缺乏弹性的管制汇率,形成本币名义与实际汇率的偏差,从而为投机攻击提供可乘之机。

(2) 国际收支长期失衡,外汇储备不足。一国出口创汇能力差,进口过度,外汇入不敷出,国际收支长期逆差,国际储备不足,国际清偿力有限,使本国外汇供求紧张,长此以往必然使市场对本币信心不足而贬值预期强烈,一旦受突发因素影响出现撤资挤兑,必然引发大规模抛售本币,导致本币汇率崩溃的危机。如发生货币危机的拉美国家,经常项目长期存在逆差导致外汇储备锐减,当外债到期无力清偿支付时,货币危机便集中性爆发。

(3) 国内金融体系潜在信用风险丛生,抗风险能力脆弱。在大部分爆发货币危机的新兴市场国家,金融机构主要是商业银行存在资本充足率低,信贷资产质量低劣,呆坏账率高,收益差,资产泡沫大,缺乏严格的内部风险控制和外部金融监管,银行业收益过度集中依赖债权利息等弱点。一国金融机构尤其是商业银行作为国内资金流动和对外收支的中枢,其抗风险能力弱,缺乏稳定性,既会动摇公众对本币的信心,强化金融市场的恐慌心理,又易因流动性不足触发支付危机和债务链断裂,成为全面货币危机的触发因素。如东南亚危机国的一些银行资本不足而又向国外大肆借款,资金贷放累积的呆坏账率高,流动性差,偿债能力低,成为助长货币危机爆发的重要因素。

(4) 金融业超越本国承受能力过度开放。部分拉美和亚洲等新兴市场国家过快或过度对外开放本国金融市场,尤其是过快或过度取消对资本项目尤其是短期资本项目的控制,是导致货币危机发生的直接因素。当本国金融体系尚缺乏吸纳国际资本大规模流动的能力,本国金融管理部门缺乏金融监管和控制能力条件下,金融市场过快或过度开放,其弊多利寡甚至有弊无利,既使本国金融体系无法承受国际资本的冲击,又为国际资本特别是短期投机性资本大规模出入创造条件,一旦时机成熟便不可避免地爆发货币危机。如捷克为加入经合组织,加快资本项目开放步伐,1995 年 10 月生效的新《外汇法》规定资本项目实行部分可兑换。但由于银行体系承受能力脆弱和缺乏有效金融控制,1997 年底出现大量短期资本外流,最终引发货币与金融危机。据统计,在过快或过度对外开放本国金融市场的发展中国家中已有 3/5 的国家发生过金融危机。

(5) 外债规模和外债结构失控,债务使用不当,债务负担沉重而偿债能力不足。货币危机的实践表明,一国长期依赖外债维持对外支付,债务规模超过本国创汇收入和国际清偿能力,债务的期限结构与币种结构与外汇储备不匹配,债务非生产性使用或使用效益不佳,必然使外债不可持续而恶化公众对本币的信心,当出现债务支付困难时便集中爆发货币危机。如俄罗斯在 1991～1997 年期间共吸收外资 237.5 亿美元,其中约占 70%的短期投资以财政部发行的短期国债和股票为主,当最终因债务负担过重使俄罗斯财政部宣布停止 1999 年底前到期国债的交易和偿付导致债市崩溃后,迅即掀起抛售股票债券狂潮,资金撤离挤兑外汇造成卢布急剧贬值,引发货币危机。

(6) 国内财政赤字庞大,国内货币供给失控,通货膨胀严重,财政货币政策不当。一般来说,一国脱离本国经济能力安排国内公共福利高水平并由此扩大公共支出,使公共预算入不敷出,如果其靠借贷外债弥补赤字,必然增加本国外债规模,为货币危机埋下隐患;如果其通过财政性货币发行弥补赤字，必然引起本国通货膨胀，本币贬值，形成货币危机的潜在诱因。同样货币供给泛滥使通货膨胀严重，也必然要对外反映为本币汇率下降，打击本币的市场信心，形成抛售本币的预期，成为货币危机的助推剂。从已发生货币危机的国家看，或多或少都存在财政债务规模庞大的问题就是证明。

(7) 外部短期投机资金冲击和周边国家的危机牵连影响。在各国金融管制减少，国际金融开放度提高，以及国际经贸金融一体化条件下，国际短期投机套利资金的流动规模不断扩大，流动频率加快，其大进大出对一国货币实施套利攻击已经成为诱发货币危机的直接因素。

此外，一国内部的社会分配贫富不匀，政见对立，社会矛盾尖锐，政局不稳定，社会持续冲突与动乱，政府的公众信任度低，行政控制力差，法制无度，社会公共秩序混乱等，都会导致公众降低对本国经济和货币的信心，助长货币危机的爆发。

10.1.2　国际货币危机理论

长期以来，货币危机理论是国际金融理论界的研究热点之一，20 世纪末随着货币危机不断出现，货币危机的理论研究文献也大量增加，并逐步形成相对独立的体系。从时间上看，货币危机理论演变发展大致分为三代层面。

1. 第一代货币危机理论

鲍尔·克鲁格曼(Paul Krugman)是第一代货币危机理论的主要代表，其以美联储官员沙郎特(S. Salant)的价格稳定机制模型为基础，研究固定汇率制度下的货币危机，形成第一代货币危机模型。克鲁格曼 1979 年发表的《A Model of Balance of Payments Crises》论文中构造的模型是关于货币危机最早的理论模型。1986 年，弗劳德(R. Fload)和戈博(R. Garber)进一步完善建立了关于货币危机的线性模型。

克鲁格曼认为，在货币需求基本稳定的条件下，一国过度扩张的财政货币政策必然导致外汇储备流失和经济基本面恶化，引发对固定汇率的投机攻击并最终产生危机，因而，货币当局为维持内部均衡而采取的过度扩张财政货币政策是导致固定汇率下货币危机爆发的根本原因。

按照货币分析法及其前提假设条件，一国货币供给由国内信贷形成的内部货币供给和对外净外汇收入即外汇储备形成的外部货币供给两部分组成。在本国内部货币供给过剩或不足时，本国居民对外购买或出售商品、劳务和金融资产等国际贸易和国际金融交易的收支会通过外汇储备额增减，自发调节本国货币供给与货币需求达到总体平衡。当一国为弥补财政赤字而持续扩张货币供给，货币过剩使本国居民大量进口商品劳务和购买国外金融资产，必然持续减少外汇储备，同时，货币当局为维持固定汇率动用外汇储备干预外汇市场也大量消耗本国外汇储备，并使本币名义汇率高估，产生由外汇市场真实供求关系决定的影子汇率与政府干预下的固定名义汇率的持续偏差，为外汇市场投机者提供牟利的可能机会。由于外汇储备是货币当局维持固定汇率的主要手段，只要外汇储备枯竭，中央银行势必因缺乏干预手段被迫放弃固定汇率而以汇率自由浮动替代。在政府为解决财政赤字而不顾外汇储备承受力扩张信贷发行纸币，中央银行为维持固定汇率制而抛售外汇时，市场公众逐步强化固定汇率崩溃和本币大幅贬值的预期，并在外汇储备告罄前提前作出反应，开始大肆抢购外汇，抛售本币，形成对本国固定汇率"羊群效应"的大规模冲击，最终加速外汇储备消耗致使固定汇率解体。

克鲁格曼危机理论关于货币危机的分析表明，货币危机是由政府对内维持经济均衡与对外维持固定汇率的政策目标相互冲突的结果。在通过货币供求自动调节国际收支平衡的机制作用下,国内扩张性财政货币政策最终必然使外汇储备流失而导致货币危机。面对政府的政策目标,中央银行基本处于被动应对的地位而无力防止危机的发生。其次,从理论上说,外汇储备量为零是货币危机爆发的临界点,但在实际上,市场预期下公众为规避自身资本损失提前形成的挤兑冲击加速了危机的爆发。可见,外汇储备存量是决定危机产生的核心变量,市场预期仅仅是提前了危机爆发的时间。因而,挤兑和投机冲击是微观投资者在经济基本面与汇率制度的矛盾中理性选择的结果,并非是非道德的行为,故模型又被称为理性冲击模型(Ration attack model)。第三,分析表明一国政府实行紧缩性的财政货币政策是防范货币危机根本之策,尽管诸如管制资本流动、对外融资等反危机的应急措施能暂时稳定汇率,但如果不从根本上调整国内基本经济政策,保持经济基本面健康运行来维持民众对固定汇率制的充分信心,仍将无法防范和化解危机。

第一代货币危机理论也存在未深入探讨除国内信贷扩张外,是否还存在其他引发货币危机的因素,以及由哪些因素决定着危机爆发的具体时间等不足。特别是 20 世纪 90 年代后出现该理论无法解释的一些经济基本面比较正常的国家同样发生货币危机的现象,决定了货币危机理论需要继续发展。

2. 第二代货币危机理论

第二代货币危机理论的主要代表人物是奥伯斯特菲尔德(M. Obstfeld)等。针对第一代货币危机理论的不足,20 世纪 80 年代中后期,一些经济学家开始从国内经济基本面未出现持续恶化的角度解释货币危机爆发的原因,从而形成第二代货币危机理论。

奥伯斯特菲尔德等认为,宏观经济基本面是重要的,但市场的投机攻击并非单纯是因为扩张性经济政策致使经济基本面的恶化导致的,主要由公众对本币的主观贬值预期的自我实现引发的。当一国宏观经济基本面基本正常但其中某些变量指标不十分理想时,受多种因素影响公众对本国经济基本面的预期和心理出现偏差,信心危机通过市场机制扩散,导致市场共振,引发危机爆发。因而,理论模型也被称为“自我实现式”危机模型。奥伯斯特菲尔德在其《Modele of Currency Crises with Self-Fulfilling Features》论文中进行的危机博弈模型推导,说明动态博弈下自我实现的危机具有“多重均衡”性质,即投机冲击的结果不能完全预期,市场投机者在与政府货币当局之间的动态博弈中,央行和市场投资者的收益函数相互包含,双方均根据对方的行为或有关对方的信息不断修正自身行为选择,而自我行为修正又再反射影响对方的行为,因此,博弈导致投机冲击形成多重均衡解的结果。

第二代危机理论强调,一国货币当局放弃或维持固定汇率的决策,以及市场投资者是否继续或放弃货币攻击行为都取决于各自成本与收益的比较。从政府角度看,作为汇率制度选择的主动行为主体,在目标函数最大化下,本国维持或放弃固定汇率制度是中央银行权衡成本与收益后的主动选择,并非一定是外汇储备耗尽后的无奈决定。理论上本国政府可通过提高利率进而抬高货币投机攻击的成本,抵消本币的市场贬值预期,吸引外资流入和增加外汇储备来维持货币平价,但当提高利率维持平价的成本高于维持平价所获取的收益时,政府只能理性地选择放弃固定汇率。政府维持固定汇率的收益主要包括为本国国际贸易和对外经济交流创造的稳定汇率环境;固定汇率“名义锚”所起的抑制国内通货膨胀,维护本币信誉的效应,以及通过形成政府政策连续一贯的公众印象而提高的政策威望等。政府维持固定汇率的成本主要包括高利率致使政府债务利息负担增加而扩大公共预算赤字;实行高利率抑制国内经济增长的后果，以及放弃固定汇率本币贬值后，所减轻的以本币计价的外债负担等。因而，提高利率是有限度的，当以高利率维持本币平价的收益高于成本时，政府有动力继续实施固定汇率，反之，则选择放弃。从市场投机者角度看，投机攻击可能与经济基本面因素无关，由投机成本与收益比决定。投机者首先在该国的货币市场借入本币，然后在外汇市场抛售本币打压本币汇率，当本币贬值后再以外汇购买本币归还借款本息，获取本币汇率差扣除借款利息后的收益。投机者的成本包括本币借款利息，其收益是本币贬值形成的汇率差，只要收益大于成本，投机者便会展开攻击。从这个角度说，投机行为对东道国的公众是不公正和不道德的。

奥伯斯特菲尔德等还在模型中划定宏观经济主要经济变量的中间区间，认为当宏观经济主要变量处于中间区间外的两极时，危机处于不可能爆发或必然爆发状态。当宏观经济主要变量处于中间区间时，触发危机的主导因素是投资者的心理预期，经济基本面因素无法解释危机产生的原因。这时，政府意愿与公众预期偏差越大，维持固定汇率制的成本越高。因此，当公众产生不利于固定汇率制的预期时，投机者行为将导致公众彻底丧失信心并使危机提前爆发。

第二代货币危机理论除上述预期自我实现的主流危机理论外，还有学者从其他角度解释货币危机的产生原因，主要有"羊群效应"行为理论和"传染效应"理论。

(1) "羊群效应"行为(Herding behavior)理论认为，市场参与者在信息不对称的有限信息环境下行为的非理性，使金融市场是不完全有效的(第一代与第二代主流货币危机理论均假定市场参与者拥有完全信息使金融市场是完全有效的)，当投资者行为建立在有限信息的基础上，投资者拥有各自的信息渠道和对市场上的各种有效和无效信息高度敏感时，个别领先的交易行为极可能成为市场猜测经济基本面变化的依据，引发盲目跟风交易，形成大规模的市场共振，导致经济基本面正常的国家遭受突然的货币冲击。另外，基金管理人的收益和处罚不对称，也会造成受托理财的投资基金代理人消极规避风险，出于求稳心理采取随大流跟风的羊群行为，加重金融市场集中抛售的压力。

(2) 传染效应(Contagion effect)理论主要解释货币危机在区域国家间联动发生的原因。其认为由于全球一体化以及区域一体化的影响，区域内国家之间的经济高度依存为危机传播提供了众多的传输通道，同时，一国发生货币危机释放的信息，也动摇投资者对经济依存度高或经济特征相似国家货币的信心，加大周边国家货币危机发生的可能性。

概括说，第二代货币危机理论注重危机的"自我实现"性质，认为仅仅依靠稳健的国内经济政策不足以抵御货币危机，固定汇率制的先天不足使其易受投机冲击。因而，选择固定汇率制，必须辅之以资本管制措施。

3. 第三代货币危机理论

亚洲货币危机爆发后，其与以往货币危机不同的特征引起国际金融界的高度关注。首先，危机爆发前多数危机国财政预算平衡，宏观经济基本面正常，国内物价平稳，尽管出现经济增长放缓现象，但就业状况基本稳定。其次，危机国信用体系多数以间接融资为主，金融机构不良资产比例较高，国内资本市场金融产品价格高估。一些学者认为亚洲货币危机在成因、传播的广度与深度等方面有自身显著特征，以原有的货币危机理论解释力不足，需要新理论的解释，由此，推动第三代货币危机理论的形成与发展。第三代货币危机理论内容丰富，观点众多，以下谨介绍若干种主要流派观点。

1) 克鲁格曼关于亚洲金融危机的理论

克鲁格曼关于亚洲金融危机理论的主要观点包括以下方面：

(1) 关于公众信心与实体资源转移因素的影响。克鲁格曼认为亚洲货币危机对于距离遥远、彼此联系松散的经济体造成的影响证明，一些经济体对公众信心的敏感度很高，其货币危机可由外部松散关联的经济体所发生的危机辐射影响本国公众信心崩溃而诱发。东南亚国家经常账户逆转改善的原因主要在于危机导致货币大幅度贬值促进出口和严重经济衰退所带来的进口大量减少。但以往的货币危机理论模型的构造者将注意力集中在金融投资行为而非实体经济上，忽略了跨国贸易和实际汇率变动引起的实体资源转移因素的影响。因此，货币危机理论模型应讨论由实际贬值或是经济衰退所带来的经常账户逆转及与之对应的资本账户逆转的需求问题。为此，在单种商品的假定之下，其建立了开放的小国经济模型，专门分析了跨国贸易及实际汇率汇率变动影响危机的效应。

(2) 金融过度的问题。在东南亚金融危机发生后发表的一系列文章中，克鲁格曼提出金融过度(Financial excess)的概念，认为当一国金融机构难以进入国际金融市场时，本国过度的资金需求并不会引起国内大规模的过度投资，仅会提高资金市场的利率。但是当本国金融机构融合于国际金融市场时，金融中介机构的道德风险会转化形成证券金融资产和房地产投资过旺，资产价格过高和风险过度积累的金融过度现象。金融过度加剧了一国金融体系的脆弱性，在适当的外部条件助推下必将导致泡沫破裂而产生危机。并且，东南亚国家持续了数十年的亲缘政治增加了金融过度的程度，主要表现为政府对与政客们有裙带关系的银行、企业提供各种隐性担保，增加了金融中介机构和企业的道德风险，使表面健康的财政状况实际隐含大量隐性财政赤字，20 世纪 90 年代大规模的对外借款最终使金融过度的风险转变成现实的金融崩溃。

(3) 道德风险理论。麦金农和克鲁格曼作为道德风险理论的主要代表指出，在亚洲金融危机中，道德风险表现为政府对存款者所作的明确的或隐含的担保，使金融机构敢于进行高风险投资行为，其造成的巨额坏账引起自身支付流动性危机和公众信心危机，最终导致危机爆发。所谓道德风险是因当事人权利与义务不匹配而使其所代理或管理的他人的资产或权益受损的风险。20 世纪 80 年代对美国存贷款危机的研究就表明，政府仅对存款实施保险制度，不同时对金融机构进行有效监督，金融机构便容易产生道德风险。

但亚洲金融危机的道德风险表现更为复杂，政府对金融机构的担保不仅表现为政策或存款保险制度等显性担保，更在于政客与金融商业界错综复杂的裙带关系、政府对市场过度的指令性干预等引起的公众默认的隐含担保，即公众认为在政府干预下只要出现危机政府一定会施以援助。在隐含担保下，金融机构偏好选择高风险高收益的投资项目，投资者踊跃投入资金，促使金融机构不断过度借贷，经济整体过热，各种资产价格高涨，产生大量的经济金融泡沫。同时，在资本市场开放条件下，金融机构可摆脱仅依赖国内储蓄条件下资金需求扩张带动利率上升引起的投资成本约束，从国际金融市场获得更多资金满足国内投资需求膨胀而滋生更多经济泡沫。随泡沫持续增加，金融机构和投资者产生警觉并逐渐演变为普遍的恐慌性心理预期，市场抛售行为导致资产价格下跌使高风险投资项目财务状况恶化，并蔓延为金融债务链断裂和金融机构支付流动性危机的全面爆发。因而，政府的隐含担保导致的道德风险是引发危机的真正原因。防范危机的关键在于尽可能减少政府与金融机构之间的“裙带关系”和强化对金融机构与资本市场的监管。

(4) 关于实体经济对金融危机的影响。克鲁格曼认为产生东南亚货币危机的关键在企业，由于销售疲软、利息升高和本币贬值，企业的资产负债表出现财务困难并约束了企业的投资需求，即使银行重组对财务状况大大恶化的公司而言也于事无补。企业经营与财务出现的困难必然反馈影响投资者的心理预期，事实上，在危机爆发前投资者行为函数中就已经包含了对企业经营与财务恶化的预期，从而增强了投资者抛售本币的决心，促使预期“自我实现”。因而，保持汇率稳定实际处于两难选择，当抑制投资以压缩资产泡沫，降低潜在金融风险的同时，其成本是引起实体经济经营与财务恶化，以及产出下降，进而形成引发金融危机的经济风险因素。

(5) 关于防范和化解货币危机的政策建议。克鲁格曼在危机理论中对防范和化解危机以及危机国的经济重建提出相应的政策建议。首先，克鲁格曼认为预防货币危机最好的方式是企业不持有任何期限的外币债务。认为银行的道德冒险还不能解释危机发生的全部原因，谨慎的银行体系不足以使开放经济不受自我加强式金融崩溃风险的威胁。当一国的资本项目可自由兑换时，控制短期债务的作用有限，因为短期债务只是众多资本外逃的一种渠道，即便一国的外债全部是长期债务，如果公众预期将发生货币危机，其国内短期债务的债权人拒绝到期信贷展期同样会导致本币汇率贬值和企业破产。因此，最好的方式是严格控制企业持有任何外币债务。其次，克鲁格曼认为，货币危机发生后缓解控制危机的必要措施是一方面对危机发生国实施紧急贷款援助，紧急贷款额度须足以稳定或恢复市场投资者的信心；另一方面危机国应实施紧急资本管制，以有效地、最大限度地控制挤兑外汇和资本外逃，稳定金融市场。其三，克鲁格曼认为危机国重建经济的关键在于恢复国内企业的投资能力，相应可在私人部门实施激励投资和吸引外资计划，同时帮助本国的企业家或者培养新的企业家，或者通过引进外资来引进国外企业家。

2) 基本因素理论

基本因素理论是金融危机的早期传统理论之一，亚洲危机爆发后，经学者修正和充实形成新的理论体系。萨尔瓦多(Dominick Salvatore)和可塞提(Corsetti)等人是理论的主要代表人物。

基本因素理论认为，一国经济基本因素恶化是决定危机爆发及蔓延恶化与否的根本因素。基本因素恶化包括一国经济外部不平衡如经常项目赤字、本币汇率高估或低估、外汇储备不足等，也包括内部经济不平衡如金融体系的风险隐患、政府财政债务规模等，其通常可用宏观经济与金融指标组成的危机预警体系进行量化监控。传统的危机预警体系主要由国际收支状况特别是经常项目收支状况指标、对外债务细化指标等组成，亚洲金融危机后，又加入金融脆弱性指标，以反映一国金融部门资产质量、经营风险等潜在金融风险度的量化状态。但理论也指出，一国的基本面因素分析仅是表明货币危机的趋势，而不能预测危机爆发具体时点，在多种内外部条件干扰下，投机攻击、社会矛盾或政治危机等通常都可催化发生危机。

以基本因素指标衡量亚洲货币危机发生前各国的基本面状况，可以清楚看到自1990年起亚洲实行盯住美元汇率制度国家的货币因美元强劲而持续升值，币值不断被高估；许多国家从20世纪80年代起就出现经常项目贸易赤字，并且差额不断扩大；资产价格不断上升，经济金融泡沫滋生，经济过热导致资金需求激增，高利率与开放的资本市场又吸引大量外资流入，本国金融体系经营状况与资产质量不断恶化，金融体系高度脆弱；外债规模巨大，并且资产负债期限结构错配，短期债务比例过高，外汇储备不足，债务风险高企，已充分暴露危机端倪。从而说明基本因素理论具有一定的危机解释力，并提供了预先防范货币危机的可操作的对象指标。

3) 金融恐慌理论

金融恐慌理论是在1980年代初期戴梦德(Dybvig Diamond)等经济学家关于金融恐慌会导致并恶化危机的观点上发展而来。早期金融恐慌理论认为大量快速流动的国际资本极其敏感脆弱,一旦受市场金融心理恐慌影响发生大规模逆转,就会引发危机。所谓"金融恐慌"(Financial panic)指投资者在众多因素影响下产生恐慌性心理预期而大规模撤回资金的市场群体行为。这是因为,金融市场存在多重均衡,当一国或单个金融机构短期负债超过短期资产,或一国或单个金融机构缺乏足够的流动性清偿短期债务,或没有任何经济单位具备充当最后贷款人的能力时,单个或局部债权人的撤资行为会引发市场的跟风现象,市场向不利于均衡的变化最终演变成大规模的"金融恐慌"导致危机爆发。

1998年亚洲金融危机发生后美国经济学家瑞德里特(Steven Radelet)以及萨克斯(Jeffrey Sachs)进一步修正了金融恐慌理论,认为国际资本的流入存在不同阶段的变化,20世纪80年代亚洲各国开放资本市场初期,外资流入生产部门等金融风险小的实体经济领域,促进了经济发展。但90年代以后资本流动的投机性增强,投向风险部门的短期外资迅速扩张,资本流动逆转的条件日趋成熟。当金融市场出现金融机构或企业破产、投机者大肆恶意炒作或攻击、政府无力履行义务或违背承诺等各种触发事件时,市场信心开始崩溃,外资大规模逆转撤资流出最终爆发危机。在危机爆发后,各种危机现象进一步打击公众信心,加速资本外逃,金融恐慌不断蔓延而恶化危机。

分析亚洲金融危机,导致市场金融恐慌心理不断放大的因素首先是危机国政府和国际社会政策不当或失误,导致投资者怀疑政府维持金融市场秩序的能力而恶化对未来的预期。如各国政府超出自身承受能力,以抛售外汇储备及其他激进措施为代价维持固定汇率制度,严重打击了市场对固定汇率制的信心。其次,资本外逃加剧金融恐慌,本币贬值和汇率下跌促使大量资本外逃,而资本外逃又引发新一轮银行挤提资金、挤兑外汇、利率上涨和本币贬值的浪潮,两者互为条件,相互影响,恶性循环。第三,国际信用评级机构降低危机国的国际信用等级,严重打击了市场对危机国政府克服危机对策效果的预期,严重降低了危机国政府克服危机所必须的融资能力,从而,削弱政府反危机的干预调控能力和效果。第四,区域性国家之间危机的相互传染影响。当一国爆发金融危机后,资金与经贸往来密切、经济结构相似的亚洲同区域国家投资者便预防性撤资,带动极度脆弱的金融市场更加恐慌。第五,各国社会动荡,政局不稳定及爆发的大规模动乱进一步催化金融恐慌心理,加剧金融危机。对此,危机国应通过改革金融体制来保持金融体系的健康运转;必须建立具备充足支付能力和具有充分公信力的公平有效的最后贷款人金融机构;政府应在危机端倪初现时即采取必要的防范和控制措施,以防蔓延扩散。危机爆发后,政府应谨慎地制定全面配套的反危机综合措施,有序应对危机以形成积极的市场预期,有效控制金融恐慌的扩散蔓延。

总之,三代货币危机理论各自从不同角度试图解答货币危机的成因和内在传导机制,但已有的理论在各种经济基本变量对货币危机积累、传导扩散的影响分析;对信息、新闻、政治等短期影响投资者交易心理预期因素的研究;对资本管制下货币危机爆发的原因及传导渠道等许多问题的研究上还存在很大不足,需要深入探讨发展。

10.2　国际货币危机管理

货币危机形成有众多错综复杂的原因，又涉及区域乃至全球的众多国家，因而，国际货币危机管理是一项极其复杂的系统工程。总结国际经验教训，反货币危机需要危机国内部实施谨慎的经济金融政策及管理，同时，还需要各国政府、国际金融组织之间通力互助协作，构建有效的国际反货币危机体系。

10.2.1　一国内部的反货币危机管理

单个国家内部的反货币危机，既要坚持防止经济金融基本面恶化形成风险源的中长期管理政策，又要有适时适度控制国际资本流动逆转、市场预期趋坏、金融恐慌蔓延和触发事件爆发的短期应对性管理措施。具体说，一国政府为防范和化解货币危机，加强金融安全，应着重从以下方面采取经济金融政策和管理措施：

1. 从本国实际出发，坚持实施稳健的经济增长及财政与货币政策

一国保持良好经济效益前提下的经济持续增长，物价和就业平稳，形成合理的产业结构，保持产品的国际竞争力和合理的资产价格水平是维护本国货币币值的根本基础。因而，防范货币危机必须从源头上坚持以反通货膨胀为主，兼顾经济增长和就业的稳健的财政与货币政策，保持货币供给与需求以及社会总供求的基本平衡，控制公共财政债务、社会投资与消费需求的规模，不断改善产业结构和经济结构，通过控制经济过热和大幅度波动，夯实本国经济基础来消除导致货币危机的经济与金融泡沫及其潜在风险。

2. 实行内外均衡的对外经济金融政策

一国国际收支长期逆差，贸易品创汇能力差，外汇支付能力和国际清偿力不足，外债规模超过本国的承受力，过度依赖外债平衡对外收支等对外经济隐患是导致本国外汇供求紧张，市场预期恶化并引起危机的重要条件。一国防范货币危机必须在兼顾内外均衡前提下坚持国际收支平衡政策，严格控制贸易逆差，不断提高本国的对外创汇能力，保持必要足够的外汇储备和对外支付流动性，以维持本国外汇市场供求关系平稳，维护本币的国际信用，保持政府货币当局必要的市场干预能力，防止形成抛售本币和挤兑外汇的市场群体行为。同时，应长期坚持实行审慎的外债和外资管理政策，严格控制外债规模和短期外债比重，严格监管外债的用途和偿还能力，不断提高外债资金的使用效益。外资政策应坚持以引进实体经济领域的生产性资本为主，以引进本国薄弱产业发展所需的资本为主，以引进长期资本为主，并根据本国经济发展的实际需要适时优化调整引进外资的产业结构，严格控制短期非生产性资本特别是金融、房地产等领域中投机性资本的流入，以控制国际资本流动的脆弱性，防止资本流动逆转外流。

3. 实行有弹性的汇率机制和适度的外汇管理政策

在固定汇率制度下，本国与世界主要储备货币国的经济发展水平出现差异时，汇率不能及时通过自身比价变动反映各国货币所代表的内在价值的变化，必然导致本币的高估或低估，给通过资本项目自由兑换流动的国际投机资本提供套利差价。并且，固定汇率削弱了本国货币政策的独立性，在外汇储备不足，依赖高利率吸引外资维持国内外汇供求平衡的条件下，必然导致国内外利差不断扩大，又进一步吸引短期套利资本大肆流入。同样，过度严厉的外汇管制也会阻碍国内外资本的合理流动和正常的经贸金融交易。但是，各国的危机证明，在本国经济基础薄弱，金融体系风险承受力差和金融监管不完善条件下一味盲目放弃汇率管制，实行彻底的市场浮动汇率是弊多而利寡。汇率与外汇管理制度是一国防范货币金融危机的制度屏障，各国应依据本国实际条件安排汇率与外汇制度，在条件许可时尽可能地增加汇率的浮动弹性，以反映市场外汇供求和各国货币币值的变化，以充分发挥市场汇率机制调节国内外资源配置、国际资本流动和国际收支的作用。同时，辅之于实行差别性的外汇管制政策，对正常的贸易与非贸易收支、生产性长期资本流动及合规的金融资本流动实行自由兑换或宽松管理，对投机性强的短期资本流动实施重点管制，以形成防范国际资本过度流动风险的"防火墙"。

4. 健全完善国内金融体系

一国以银行为主体的金融机构风险内控管理薄弱，缺乏稳健经营意识，道德风险导致的非市场化融资与放贷冲动严重，资本充足率低，对外债务规模过大，资产负债结构错配，资产质量与抵御风险能力差，风险资产拨备和债务清偿流动性不足，金融市场融资方式单一，过度依赖银行间接融资导致风险高度集中等金融体系存在的重大内在缺陷是引发市场信心危机的重要诱因。因此，一国防范货币危机必须在确保本国金融控制和金融安全的前提下，遵循市场化原则有序渐进地改造以商业银行为主体的金融机构，建立健全金融机构产权明晰、责权利制约结构配置合理、自主经营和自负盈亏的市场化运作规范、管理严格的产权制度、法人治理结构和内部控制管理体制，充分利用多元化产权和责权利制衡结构约束金融机构的经营行为，增加金融机构经营的市场透明度，切断信用体系中非市场化的"裙带关系"，严格实施资产负债比例控制、资本充足率和资产风险管理，严格控制不良资产率，确保金融机构具备充足的支付流动性和抗御金融风险的能力。同时，通过全方位培育发展金融市场体系，建立由多层次交易市场、多样化交易品种和多元化融资方式相辅相成的金融市场体系，为金融体系提供分散业务风险的渠道和安全经营的机制与环境。

5. 健全国内金融监管体制

亚洲货币危机经验表明，金融监管法律法规和金融风险救助保障机制残缺不全，过度放纵金融自由化而放弃或放松金融监管导致金融监管流于形式，金融市场违规严重，金融秩序混乱，缺乏金融风险预警监控和金融危机应急处置体系，监管手段落后，监管能力不足等金融监管存在的缺陷是助长金融风险的不可忽视的因素。防范和化解货币危机应审慎推行金融自由化，依据本国实际承受能力渐进有序地开放金融市场和货币管制，应始终抓紧金融监管并形成一国金融监管的长效机制，必须全方位健全完善金融监管的法律法规和透明公开的监管政策，依据国际通行的监管原则建立职能明确、独立行使监管权的强有力的金融监管机构，强化灵敏高效的金融实时监控与危机预警体系，健全危机紧急处置程序、应急预案和机构体制，依法查处各种金融违规行为，及时化解金融运行中的风险，防止风险积累。同时，应建立健全覆盖全国的存款保险制度、金融机构破产清算制度和最后贷款人救助制度，为债权人提供必要的基本保护，以明确公众和投资者预期，形成金融秩序和社会稳定的制度保障。

6. 保持国内社会稳定

社会稳定与秩序是一国经济金融稳定与发展的前提条件。吸取各国货币危机的教训，建立本国公平合理的社会分配体制，妥善调节国内各阶层利益分配关系，建立多渠道、多形式的社会危机对话机制和民主管理制度，实施谨慎的渐进式经济体制改革战略，稳妥处理稳定、改革与发展三者之间关系，有助于及时化解社会矛盾，形成社会和谐互信环境，确立社会公众信心，避免因社会动乱触发和恶化危机。

10.2.2 国际反货币危机管理

在国际经济一体化环境下,货币危机扩散传播呈现出区域性联动的"多米诺骨牌效应"特征。由此,国际反货币危机管理应当借助国际社会力量,充分发挥国际金融组织作用,形成跨国互助合作的国际机制和体系,以提高防范和化解货币危机管理的效率。

1. 健全以国际金融组织为主体的国际反货币危机管理体系

半个多世纪以来,作为担负全球金融管理功能的超国家的国际金融组织,通过融资贷款、危机救助、金融管理协调和金融监管等业务活动,对国际经贸金融发展以及发展中国家的经济增长和经济转型发挥了重大影响。面对国际上频繁发生的金融危机,国际社会迫切需要健全以国际金融组织为中心的国际反危机组织体系,强化各项反危机的功能,健全完善反危机的国际互利合作机制。

(1) 完善国际货币金融体系,构建国际金融新秩序。随着世界经贸迅速发展和国际货币金融关系的演变,当代国际金融已经和正在发生根本性变化,现有国际货币金融体系存在的制度缺陷,决定其已难以适应当代全球化程度日益提高的世界经济和金融的发展要求,也难以有效承担国际反货币危机的重任,构建新型国际货币金融体系为国际反货币危机管理提供基础制度的支撑,已经成为重塑国际金融新秩序的关键。因而,国际社会应以国际金融机构为组织依托,设立世界主要储备货币国与非世界储备货币国、发达国家与发展中国家,以及各利益冲突方之间货币金融问题平等协商的对话机制,通过探讨国际货币制度改革和协商解决国际货币金融领域的各种矛盾,共同构建维持国际金融市场稳定的体制基础。其次,货币危机本质上也是货币制度的危机,全球各国发生的货币危机表明,应在国际金融机构的组织协调下,探寻既能满足世界经济发展形成的货币需求,又能确保货币价值基础稳定的国际货币新机制,不断完善有助于分散风险的世界储备货币的多元化体系,严格监管世界主要储备货币国的经济基本面状况和货币发行规模,防止滥发货币破坏国际储备货币稳定,确保国际清算系统有序运作,维护国际金融秩序。第三,在国际浮动汇率制度的背景下,国际金融机构应积极探索适应国际经贸发展需要的汇率制度新形式和有效管理资本跨国流动的新措施,并从实际出发协助各国不断完善汇率制度及配套的外汇管理政策,辅助各国调控市场浮动汇率和对国际资本流动的监管,为各国提供干预市场汇率的必要资金和货币信用支持,提供汇率与资本流动管理的信息沟通和协作监管调控的国际平台,形成稳定汇率的国际金融市场环境,确保世界主要储备货币和全球外汇市场的稳定运行。

(2) 改革国际金融机构,健全互助互利、协商协调的国际反货币危机合作体系。在金融全球化进程中,国际金融组织是国际经济与金融的不可或缺的组织协调者,改善与加强其行动效果对稳定全球金融市场有极其重要的作用。20世纪末以来,国际金融界已形成加快推进国际货币金融体系改革,重建后工业化时代全球性金融机构,以提高国际反货币危机能力的共识。但鉴于改革复杂性,国际上相应存在多种改革方案,有些方案甚至有根本性分歧。

第一种不干预方案主张完全接受自由市场原则,恢复市场奖励合理投资和惩罚不合理投资的激励机制,取消国际货币基金组织等救援机构。方案认为国际金融机构的救助增加了各国政府、投资者与放款者的依赖性而放松警惕,采取随意和不负责任的行为,因而,国际货币基金组织干预适得其反会引发更大的危机,而不是防止或消除危机。

第二种超国家的全球性机构方案建议设立国际信贷保险公司或主要国际机构和市场监督

委员会作为新的国际金融机构,负责监督国际资本流动和国际金融机构资本风险,管理信贷配置和会计运作,指导全球金融市场和金融机构运行,补充国际货币基金组织等国际机构的管理功能,并惩罚不遵守准则的投资者,限制其放款、借贷和销售的能力。

第三种改良方案主张采取介于超国家全球金融体系和放任金融市场之间的“第三条道路”,认为应在基本保持现存国际金融体系结构基础上,采取旨在对金融市场交易进行组织控制和监督管理的改革措施,既避免过于苛刻监管国际资本流动导致影响国际经贸发展的弊端,又利用国际货币基金组织提供的安全网防范货币金融危机。

第四种重建布雷顿森林体系方案认为,从20世纪90年代以来,随着金融泡沫在全球大肆扩张及“衍生品市场”兴起,全球金融体系的弊病进入毁灭性的最后阶段。因而,现存的国际金融体系包括国际货币基金组织及其相关机构已走到尽头,国际社会应达成新“布雷顿森林协议”,通过重组国际金融体系以挽救世界经济。

由于国际金融体系改革不仅是国际经济金融问题,也是复杂的国际政治、社会和安全问题,涉及协调资本与国家之间以及各个国家之间的复杂利益关系。权衡各种方案利弊和目前具备的条件,改革现行国际金融机构,增强其监控和管理货币危机能力的第三种方案现实易行。因而,国际社会应按照平等互利、协商合作的原则,在各国协商决策基础上,加快国际金融组织的机构设置、运行模式、决策机制、工作目标与工作程序等全面体制改革,以增强国际金融机构的权威性、行动和救助能力,使其成为反货币危机的国际协调中枢,以适应世界金融市场的管理要求。

(3) 建立健全国际反货币危机的预警监管体系和反危机工作机制。亚洲货币危机暴露出国际金融组织事先预警不足,事中救助决策失误,延误遏制化解危机最佳时机的体制缺陷。从反危机成本效益及有效性角度分析,通过预警与合作,将危机消除在萌芽阶段以及利用全球各国的力量共同遏制危机最为经济有效。因而,应依托国际金融机构,完善各国经济金融统计数据申报收集系统和全球性经济金融信息管理系统,建立由各种影响危机发生的基本面因素和触发因素量化指标组成的货币金融危机预警体系,实行全球金融市场和国际资本流动的实时跟踪监控,定期发布风险警示,并在及时预警风险的基础上,协助当事国采取必要适当的措施控制风险点和风险源,将危机消除在萌芽状态。此外,还应在国际金融机构的组织框架内,建立健全国际反危机的决策机制、工作预案和工作程序等在内的反应敏捷和高效的全球共同行动机制,保持各国政策协调一致和监管相互配合,以充分利用国际资源和力量迅捷遏制危机事态的深层恶化和区域蔓延。

(4) 健全完善国际反危机救助保障体系。国际反货币危机经验证明,通过国际合作,充分利用国际资源和各国力量对危机国实施救助,既能增强危机国应对危机的国际储备和国际支付能力,更重要的是能及时平抑市场恐慌性心理,稳定公众预期和金融紧张局势,缓解挤兑外汇和抛售本币的压力,为最终克服危机赢得时间。因而,国际社会迫切需要加强反货币危机的全球性救助体制建设。首先应在现有国际金融机构基础上,建立国际反货币危机的专业救助机构,以专职承担国际反货币危机的预警、合作协调及救助事务。其次,要健全国际反货币危机救助的稳定的筹资机制,形成救助资金的正常资金来源和突发性资金需求的资金动员渠道,以加强救助化解货币危机的力度。第三,要健全完善国际反货币危机救助的评审标准和工作程序,提高危机救助的工作效率和救助实效。一方面,既要改进现行危机救助贷款评审标准存在的过度拘泥同一性的僵化死板机制,以及由于地缘政治条件、国际地位或政治倾向原因使用双重标准的过度灵活性做法，又要改变政策建议无视各国实际并强制要求实施的“一刀切”的教条主义“药方”，在基本评审原则与标准基础上，建立各方协商和依据各国不同国情确定危机救助方案的原则性与灵活性有机结合的评审机制，以提高反危机的效果。另一方面，要改进国际反危机救援的工作程序，强调工作时效，加强工作流程的协调整合，提高救助体系的运转效率。

2. 加强各国之间反货币危机的双边、多边和区域性互助合作和跨国协调机制

由国情以及政治、经济以及外部环境差别决定，触发各国货币金融危机的具体因素及其形成演变方式不尽相同，应对危机的策略与手段也有差异，各国应通过双边和多边互助合作和跨国协调途径，加强信息情报的交流，改进金融监管协作，实行多形式的货币合作，形成反货币金融危机的国际协作网络。

(1) 建立健全双边、多边和区域性国家之间信息情报交流机制。在国际资本大规模跨国自由流动，国际投机资本实施多国、多市场和多种金融产品组合攻击条件下，加强双边、多边和区域性国家之间信息情报交流，互通情资及时掌握货币金融市场动向，预先采取措施防范危机具有重要现实价值。各国之间可在自愿与互助互利的原则基础上，建立互通国内经济金融统计资料、金融市场运行数据和国际收支状况等情资互换交流的常态合作机制，建立定期的情况通报、意见交换和探讨分析问题的货币金融监管联席会议制度，加强各国货币当局的往来联系，增加相互沟通和信任，共享反危机的经验教训。

(2) 加强各国反货币危机的国内政策协调整合，以形成协整效应和改善国内政策的外部环境。一国内部的反危机政策和措施，会因外部环境不同产生政策共振叠加的积极效应或对冲抵消的漏损效果，甚至因其他关联国政策措施不当而产生相互助推危机的负面效应。如亚洲金融危机期间，我国宁愿承受损失坚持实施人民币不贬值政策，为周边国家分担和阻击货币冲击，创造了有助于东亚危机国缓解危机的有利区域环境。尽管各国制定实施国内经济金融政策属主权范畴不应干涉，但按照互助互惠原则进行国内政策协调整合无疑有助于维护各国的共同利益。因而，各国特别是同区域国家间应建立反货币危机政策及实施效果的相互通报制度，并在一致行动基础上建立一体化的政策协调整合机制，以形成反危机的国家联盟威慑力。

(3) 建立健全反货币危机的国际货币合作机制。在货币危机中，及时向危机国提供必要的外汇资金来补充国际储备，提高对外支付流动性，维持本币信用是稳定市场和化解危机的有效救助措施。但在现行国际金融体系下，紧急救助危机国的融资途径和规模有限，并且，缺乏可靠的事先信用安排，待危机发生后再谈判援助贷款事宜既延误遏制危机的时机，又无法利用事先信用保障支撑市场信心，吓阻投机攻击。因而，应建立区域性的双边或多边货币合作机制，通过备用信贷协议、备用货币互换协议等各种货币信用形式，形成区域国家之间反危机的相互金融支持能力和货币安全屏障，以防止货币的市场信任度下降，一旦爆发危机便能快速启动区域合作机制平抑市场动荡。欧洲经济与货币联盟、北美自由贸易区的实践，已从正反两方面表明区域合作效果显著。

本章重要名词概念

货币危机　体制型货币危机　政策型货币危机　外来冲击型货币危机　国际传递型货币危机　羊群效应　传染效应　金融过度　道德风险　金融恐慌

本章复习思考题

1. 广义与狭义货币危机有何不同？
2. 国际货币危机、国际债务危机与国际金融危机有何区别与联系？
3. 国际货币危机有何重大危害？其产生的原因是什么？
4. 货币危机第一代理论是如何解释固定汇率制度下货币危机产生原因的？
5. 为何第二代货币危机理论被称为“自我实现式”危机模型？其主要观点是什么？
6. 克鲁格曼关于亚洲金融危机理论的主要观点是什么？
7. 基本因素理论是如何解释亚洲金融危机及其形成原因的？
8. 金融恐慌理论是如何解释亚洲金融危机及其形成原因的？
9. 国际社会应从哪些方面健全以国际金融组织为主体的国际反货币危机管理体系？
10. 应从哪些方面加强各国之间反货币危机的互助合作和跨国协调机制？

本章案例

汇率政策选择与东亚货币危机形成

自 20 世纪 60 年代以来，东亚各国采取了与拉美国家不同的发展模式，进入快速发展的轨道。亚洲经济发展模式的基本特点是政府在经济发展中发挥主导作用，实施适当的产业政策和出口导向政策，保持较高的储蓄率和投资率，推行稳健的财政货币政策以及盯住美元的固定汇率制。上述政策相互关联，构成一体，在东亚各国经济发展初期起到了积极的助推作用。但随着东亚各国经济开放程度增大和国际资本流动全球化扩大，国际金融市场变化对亚洲各国的影响也日益加深。自 90 年代后，国际经济环境的变化对亚洲经济发展和货币稳定产生了巨大冲击，亚洲经济模式日益暴露出其内在弱点并最终引发货币危机。概括而言，亚洲国家货币危机从形成到爆发分为三大阶段：

第一阶段：出口增长，经济快速起飞。

从 20 世纪 70 年代起始，为了稳定出口导向战略的汇率环境，亚洲国家普遍采取盯住美元的汇率制度。在布雷顿森林货币体系崩溃后，美元兑日元持续走弱，因此，盯住美元的固定汇率制使得东亚各国出口竞争力相对增强，促进了各国出口快速增长，本币升值和汇率稳定。除此以外，东亚各国还实施了谨慎的财政和货币政策，有效地控制了通货膨胀，对相关产业和基础设施进行大规模投资，带动了经济持续增长，保持了较高的国内储蓄率，使各国可以依靠本国的储蓄推动出口的增长，保持实际汇率的稳定。并且，当时亚洲各国进入国际资本市场的能力较低，国际资本流动对汇率的影响有限。

值得注意的是，这一时期已经存在着银行体系监管不力隐患，但在经济起飞初期并未对经济发展形成巨大的障碍。总体说，经济发展初期的亚洲经济模式，包括固定汇率的安排，是推动经济稳定发展的成功的政策因素。

第二阶段：国际资本流入，经济继续高速增长。

从 20 世纪 80 年代中期开始，东亚各国经济发展进入高速增长阶段。由于经常账户盈余和经济快速增长，吸引了大量境外资本投资，在经常账户持续盈余的同时，东亚各国的资本与金融账户也出现盈余。

在经常账户盈余扩大和国际资本流入增加的情况下，东亚各国大体有三种汇率政策选择：

一是根据外汇供求过剩状况允许本币汇率升值；二是继续坚持盯住美元的固定汇率，并以货币政策的中和措施维持本币汇率稳定；三是实行限制资本流入措施。如果东亚各国根据国际收支特别是经常账户盈余水平，采取本币适度升值的汇率政策，控制资本账户开放速度，缓解资本流入对货币供给的冲击，并调整产业结构和投资结构，提高银行贷款质量和推动产业结构升级，无疑有助于本国经济持续发展和汇率稳定。但因担心本币升值将不利于出口和制造业发展，东亚各国并未允许本币汇率适度升值，而是在货币政策上实行各种维持性措施，试图通过控制基础货币投放和国内通货膨胀，维持实际汇率水平不变。问题在于受东亚国家普遍采取中性平衡的财政政策，公共赤字融资需求少；东亚各国国有企业较少，金融机构政策性贷款比例较低；在开放条件下美元利率低水平，促使大量国际资本流入套利推动本币利率下降；东亚各国储蓄率较高，资金供应充裕使利率水平下降等因素的影响，各国货币供给仍趋宽松，货币政策中和措施的效果十分有限，本币升值的压力依然强大。

同时，充足的流动性和较低的利率水平降低了银行贷款收益率，银行体系力图通过扩张贷款规模来增加收益，而低利率也有利于企业在资本市场低成本融资。在宽松的融资条件下，国内外银行普遍放松信贷，资金开始流向低利润企业和低信用级别借款者，导致资金使用效率下降和风险增加。东亚各国采取的低估本币的汇率政策还使大量资本流向劳动力密集型产业，导致低水平上的产业重复扩张，客观上阻碍了产业升级和劳动生产率提高，又为出口竞争力下降埋下隐患。

第三阶段：经常账户恶化，货币危机爆发。

从20世纪90年代后，东亚各国银行贷款质量不断下降，并且，在政府主导型经济下，各国政府对商业银行信贷公开或隐性的担保，进一步怂恿国内银行的不谨慎行为和恶化信贷质量。对外资银行而言，也认为在现行国际货币制度安排下，国际货币基金组织将对实行固定汇率的国家承担最后贷款人的救助责任，从而忽视汇率和偿债风险。由于资本大量流入推动国内总需求上升，国内通货膨胀上升使东亚各国外汇实际汇率升值，出口竞争力下降，经常账户开始出现赤字，货币逐渐由低估转变为高估。而东亚各国并未采取本币名义汇率贬值的汇率政策，而是普遍通过加速放开资本账户，试图以吸引外资增加资本账户盈余来冲抵经常账户赤字的方式来进行调整。

需要指出，在这一阶段，流入东亚各国的大量是进行证券化投资的短期资本。其不仅与各国的工业保护政策有关，还因为国际资本出现私人资本比例上升和证券化趋势的结构性变化；东亚各国为吸引外资，更大程度地放开证券市场，导致大量国际金融资本流入；各国货币政策中和操作使本币利率上升，在固定汇率和资本账户开放条件下，吸引大量短期套利资本流入。短期资本过多流入进一步削弱中央银行货币政策的独立性，无法有效地调控过热的经济。

更为危险的是，在汇率高估的政策下，出口不振导致出口关联产业的投资利润率下降，内部需求不足而储蓄率较高，流动性宽松。因此，短期资本大多流入到房地产及证券市场，促使各类资产价格大幅飙升并形成资产泡沫。资产价格上升又带动劳动力成本增加，致使贸易条件进一步恶化。但由于大量资本流入并未表现为实物经济通货膨胀的上升，使得以控制通胀为主要政策目标的中央银行决策者放松警惕，未及时采取措施抑制经济与金融泡沫的膨胀，使危机的潜在风险不断扩大。

1995年后随着美元对日元持续升值，与美元挂钩的东亚各国的国际收支受到双重压力。因美元升值，各国出口竞争力削弱使贸易收入下降，经常账户收支恶化。资本账户由于美元升值驱使国际投资者将美元撤出东亚金融市场，投资于美元资产而出现逆差。由于流入东亚各国的外资以短期资本为主，为保持资本账户稳定，东亚国家被迫提高利率水平，扩大本外币利差来阻止资本外流。但随国内利率水平持续上升，国内金融资产价格下跌又促使资本外流，从而出现克鲁格曼所描述的货币危机的典型征兆。资本外流严重打击市场信心，使得市场更加担心东亚各国的国际收支恶化，短期债务借贷者便通过抛空亚洲货币，对冲保值来回避风险。随着市场对亚洲货币贬值预期增强，投机者开始介入实施货币攻击，使货币危机最终爆发并进一步演变为金融体系危机和全面的经济危机。

东亚货币危机产生表面看是泡沫经济的崩溃，但其深层原因是多方面的。其中，汇率政策失误是重要原因之一。从汇率政策看，盯住美元政策在经济起飞初期是成功的，有效地推动了出口和经济的增长。其失误在于汇率机制缺乏必要的弹性，失去了调节外部经济平衡和在部门间有效分配资源的价格调节功能。当经常账户出现盈余时，没有利用汇率机制调节外部均衡，而是以放开资本账户来平衡，导致进一步加大国际收支盈余和增加货币供给，推动实际汇率升值，恶化贸易条件。反之，当经常账户出现赤字时，又不及时贬值，而是进一步依靠短期资本流入来维持经济增长和国际收支平衡，又为资产价格上涨和泡沫经济形成创造条件。

主要参考文献

[1] 刘舒年.国际金融[M].北京:首都对外经济贸易大学出版社,2003.

[2] 姜波克.国际金融新编[M].上海:复旦大学出版社,2001.

[3] 裴平,等.国际金融学[M].南京:南京大学出版社,2006.

[4] 侯高岚.国际金融[M].北京:清华大学出版社,2005.

[5] 潘英丽,马君潞.国际金融学[M].北京:中国金融出版社,2002.

[6] 易钢,张磊.国际金融[M].上海:上海人民出版社,1999.

[7] 朱孟楠.国际金融学[M].厦门:厦门大学出版社,1999.

[7] 陈雨露.国际金融[M].北京:中国人民大学出版社,2006.

[9] 阚澄宇,安辉.国际金融[M].大连:东北财经大学出版社,2002.

[10] 傅予行.国际金融学[M].成都:西南财经大学出版社,1999.

[11] 信红玉.国际金融学[M].北京:中国经济出版社,2005.

[12] 朱箴元.国际金融学[M].西安:陕西人民出版社,2004.

[13] 宋浩平.国际信贷[M].北京:首都对外经济贸易大学出版社,2006.

[14] 吴晓灵.中国外汇管理[M].北京:中国金融出版社,2001.

[15] 陈岱孙,厉以宁.国际金融学说史[M].北京:中国金融出版社,1991.

[16] 黄达.金融学[M].北京:中国人民大学出版社,2003.

[17] 陈琦伟.国际金融风险管理[M].上海:华东师范大学出版社,1997.

[18] [美]易臣格瑞.金融危机的防范与管理[M].北京:经济科学出版社,2003.

[19] 国际货币基金组织.国际收支手册(第五版)[M].北京:中国金融出版社,1994.

[20] 国际货币基金组织.金融体系稳健性的宏观审慎指标[M].北京:中国金融出版社,2001.

[21] 国际货币基金组织.全球金融稳定报告:市场发展与问题[M].北京:中国金融出版社,2005.

[22] [美]克鲁格曼,奥伯斯法尔德.国际经济学[M].北京:中国人民大学出版社,1998.

[23] 涂永红.外汇风险管理[M].北京:中国人民大学出版社,2004.

[24] 王元龙.中国金融安全论[M].北京:中国金融出版社,2003.

[25] [美]丹尼尔斯,范户斯.国际货币与金融经济学[M].北京:机械工业出版社,2004.

[26] 孙钢,等.当代国际金融演变及发展趋势[M].大连,东北财经大学出版社,2004.

[27] 张礼卿.资本账户开放与金融不稳定:基于发展中国家(地区)相关经验的研究[M].北京:北京大学出版社,2004.

[28] Dennis R. Appleyard and Alfred J. Field, Jr: International Economics. 4th Edition. McGraw-Hill, Inc,2001.

[29] Robert J. Carbaugh: International Economics. 8th Edition. South-Western College Publishing, 2002.